法的门前

〔美〕彼得·德恩里科 邓子滨 编著

北京大学出版社
PEKING UNIVERSITY PRESS

图书在版编目(CIP)数据

法的门前/(美)德恩里科(d'Errico, P.),邓子滨编著. —北京:北京大学出版社, 2012.7

ISBN 978-7-301-20643-0

I. ①法… II. ①德… ②邓… III. ①英美法系—研究 IV. ①D904

中国版本图书馆 CIP 数据核字(2012)第 091930 号

书　　　名	法的门前 FA DE MENQIAN
著作责任者	〔美〕彼得·德恩里科　邓子滨　编著
责 任 编 辑	曾　健　陈晓洁
标 准 书 号	ISBN 978-7-301-20643-0
出 版 发 行	北京大学出版社
地　　　址	北京市海淀区成府路 205 号　100871
网　　　址	http://www.pup.cn　http://www.yandayuanzhao.com
电 子 邮 箱	编辑部 yandayuanzhao@pup.cn 总编室 zpup@pup.cn
新 浪 微 博	@北京大学出版社　@北大出版社燕大元照法律图书
电　　　话	邮购部 010-62752015　发行部 010-62750672 编辑部 010-62117788
印 刷 者	三河市北燕印装有限公司
经 销 者	新华书店
	880 毫米×1230 毫米　A5　14.125 印张　315 千字 2012 年 7 月第 1 版　2023 年 11 月第 24 次印刷
定　　　价	49.00 元

未经许可,不得以任何方式复制或抄袭本书之部分或全部内容。
版权所有,侵权必究
举报电话:010-62752024　电子邮箱: fd@pup.cn
图书如有印装质量问题,请与出版部联系,电话:010-62756370

序 言

关于法律的首要提问

已故的约翰·博西格诺（John J. Bonsignore）教授曾说：法律的基石是什么？这是人们关于法律的首要提问。

我相信，"关于法律的首要提问"源自一个更基本的问题："许诺了正义的法律，何以成为非正义的借口？"这种担心存在于任何国家的任何法律制度中；这个提问产生于人类对非正义的感受和对正义的渴望之中。这种感受和渴望标志着人类的健康、远见、想象和勇气，而这一切正是和谐社会的基石。

人们渴望在国家法制中发现并创造正义的可能性，这种渴望就是人们研习法律的动力。从法律专业人士到普通公众，每个人都有一个博大的襟怀：通过法治来构建并维系一个和谐社会，通过彼此努力和共同参与来解决社会冲突。这不仅是我们的胸襟，也是我们寻求的生活方式。

对法治的需求原本就是根深蒂固的。无论在美国还是在中国，每一代人都面临很多社会难题，都不同程度地需要法治，因而法治一直处于历史进步过程中。

与中国社会科学院法学研究所研究员邓子滨博士合作编著本书，我深感愉快和荣幸。通过与这位中国同仁的交流，我开始关注并逐渐懂得如何向中国读者讲述什么是法治。我们精心筛选和编撰了比较适合中国读者的素材。我们的兴趣不仅在于法理，而且在于实践。

我们希望运用法律之外的观点和资料来阐释法律，并且通过提问的方式，拓展思考的空间，引导更多的答案。法律不是冲突的答案，而是疏导冲突的手段。比如，法官基于先例作出判决，就不只是法律，而且是社会期待，它使法律具备可预测性。一个冲突将在法律中得到解决，而独立于外在的政治和经济动机。这就是法治的要义和精髓。

如果本书能为中国法治的推进作出一些贡献，那将是我们的极大荣誉。[1]

我研究法律，始于对《联邦印第安法》的好奇。20世纪60年代后期，我作为律师为纳瓦霍人（Navajo）工作，逐渐熟悉了这部法律。在北美大陆西南部，纳瓦霍人拥有很大一片土地。他们与美国签署一部条约，从纳瓦霍人的角度看，他们是一个独立国家；但以美国人的观点论，他们是一个内属国。[2]

---

〔1〕以上是彼得·德恩里科（Peter d'Errico）先生2012年4月为本书撰写的《序言》，曾用作2012年7月版第1次至第10次印刷《后记》。以下内容系2015年5月德恩里科先生以八十高龄特为中国读者撰写的《我的法律故事》，讲述自己如何步入法律之门，由北京大学法学院与德国慕尼黑大学联合培养博士生邓卓行迻译，经德恩里科先生同意，自本书第20次印刷起用作序言。

〔2〕Nation一词被印第安人使用时有其特殊涵义，即作为土著人民，他们拥有自己的主权。有时他们也会用"部落"（tribe）这个词，但使用起来没有nation显得有力度。"内属国"（domestic, dependent nation）这一词组是美国最高法院在1823年"约翰逊诉麦金托什案"（Johnson v. McIntosh）中创造出来的，用以区分印第安政府与美国政府间地位的高低。最高法院认定，土著政府的地位低于美国政府。前者是国内的，而不是国际的，它依附于美国。当然，美国法律在很多方面还是承认印第安人民主权的，其效力甚至高于各州。

最高法院用一系列判决，将本土居民认定为联邦政府的被监护人，19世纪前叶，《联邦印第安法》的基本框架逐步确定下来。根据这部法律，美国作为监护人，将拥有本土居民的土地，控制地上煤和石油等资源，并且管理本土居民的生活。

最初，我并不理解《联邦印第安法》的丰富蕴含。我期待运用法律的一般规则，并通过我的努力，为纳瓦霍人谋取福利。但是很快，我发现情况正好相反。

在详细叙述这段故事之前，我先说说自己是如何成为律师的。高中时代，我想成为一名海岸警卫队员。我喜欢大海，相信为国家巡卫海疆一定是非常惬意的事情。在20世纪50年代的美国少年中，这种想法非常流行。

我读大学时，美越战争如火如荼，公众抗议与日俱增。美国发动越战，旨在阻止越南沦为共产国家，而这种趋势在法国人被击败于奠边府之后就已经形成了。政客们唯恐被冠以"对共产主义心慈手软"的恶名，纷纷支持美国参战。其间参杂着对中国的极大敌意，这种敌意既源于朝鲜战争，也来自毛泽东战胜蒋介石后美国"失去中国"。

越战中的美军饱受诟病，就像奥利弗·斯通导演的影片《生于七月四日》所表现的，美国媒体连篇累牍地报道、刊载无辜者的新闻与图片，尤其是被美军杀害的妇女和儿童。很多美国人不再笃信"反共"，开始意识到美国是以"反共"为借口向他国派兵，而无论该国政府到底是不是共产主义的。

校园弥漫着一种令人深陷两难的氛围，要么参军去杀害那些保家卫国的人，要么拒绝参军而甘冒身陷囹圄的危险。[1] 这种情况下，我不再希望成为美国战争机器的一部分。与此同时，我开始涉足新闻业，并在《贝茨学院学生报》担任编辑。大学四年级快结束时，在缅因州离贝茨学院不远的一个小镇得到了报社编辑的职位。我知道，记者很容易成为征兵对象，但我还是决定冒冒险。

大四这一年，我还向耶鲁大学法学院提出了入学申请。说实话，法律并不是我最想干的事情，不过朋友们劝我，应该打通毕业后从事学术研究的道路。这不仅因为学者通常可以免除兵役，而且因为法学院教育能够提供广阔的职业前景。一个准备与我同去报社工作的朋友被征召入伍，而我却幸免了。我在报社工作了一个夏季，秋天便去耶鲁大学法学院入学。虽然念念不忘新闻职业生涯，但是我知道，这需要等待。

多年后我研究了征兵政策才发现，在许多国家无从逃避的兵役法，却可以用美式的间接方法加以规避。换言之，美国兵役法为国民预留了其他职业通道，以实现政府的各种政治经济计划。一些人被征入伍，另一些人获准延期，因为国民经济需要工作者，包括工程师、矿工、医生、机械师、教师以及——看似不可思议——为穷人们服务的律师。

事实上，赫希（Hershey）将军作为征兵首脑，以痛恨强征穷人参军闻名。他想让征兵趋于公平，而且不希望美国经济因征兵而丧失劳动力。在这一背景下，很多像我这样的男青年（征兵对象不含女人）选择了征兵委员会所谓"符合国家利益"的职业，而这样的选择在法

---

[1] 马丁·路德·金的演讲最简洁地说明了为什么很多美国人对越战持怀疑态度。演讲中说，人与人的和谐不是软弱和怯懦，而是人类生存的根本需要。最近有篇反战的文章也谈到："有时，效忠你的国家，就是站出来质疑它。"

律上等同于入伍。

当我完成法学院的学业时，正好有个法律援助律师的职位。征兵委员会认定，这种职位"符合国家利益"，许可我延迟入伍。但法学院的第一学期令人非常泄气。我在大学期间攻读哲学，哲学课上讨论的内容非常广泛，相比之下，法学院的学术显得非常狭隘，课程大多集中在"为金钱而斗争"上。课堂讨论也没有给争议问题留出足够空间。失望之余，我离开美国去了苏格兰，认为在那里没准儿能学哲学。

我在苏格兰的人生实验很快就结束了。我意识到自己并不想被祖国放逐，而且爱丁堡大学的哲学课对我也不怎么有吸引力。于是我发电报给耶鲁大学，说自己打算在第二个学期准时回校报到。法学院院长欢迎我的归来。随着时间推移，我逐渐发现耶鲁大学法学院其实拥有一个宽松的环境，我也意识到自己开始成为这个精英群体的一员。

令我惊讶的是，这回吸引我的课程不再是哲学，而是诉讼法和破产法。从法学院毕业几十年间，我理解了法律中最关键的就是程序。没有程序，正义什么都不是。在法律中，程序问题无论如何总是重于实体问题。事实上，法治主要是由程序事项构成的，因此，法学教育的关键在于，规则如何制定以及规则如何被挑战，而非规则是什么。

学习法律的第二年，我依然不清楚获得法律学位后该干什么。有一天，一位三年级的学长招募我到一个新的法律援助项目中做实习生，这个项目是由纽黑文市的福特基金会赞助的。作为林登·约翰逊总统"向贫穷开战"政策的一部分，它是国家为穷人提供律师服务制度的前身。这位学长说，能有机会将法律运用于人道事业，为贫穷人士服务，是一件令人激动的事。

法律援助项目主管把我安排在一间办公室，隔壁就是黑豹党，一群热切参与民权运动的人。我与社区的组织者一起工作，见到许多被卷入法律纠纷的人，这也令我打起精神。

我们的办公室处于城区核心地带，这里发生过被报界称为"纽黑文暴乱"的事件。一些建筑损坏了，甚至烧毁了。我们的办公室有着很大的玻璃窗，却是这条街上唯一没有被触碰的地方。

很快，我得知项目主管并不喜欢我处理问题的方式，在某次评议会上，他批评我经手的一个案件，说我所认为的成功反倒证明我不适合做一名律师。案情是，我的一位女委托人与房东关系搞僵了，房东在冬天把暖气关掉了，目的是迫使她搬出租住的公寓。主管说我不应该跑到公寓楼里把暖气打开，而且竟然三次这么干。

可正是在第三次以后，房东终于投降了。不过这一次我勇敢地对抗了一只拴在暖气炉旁的德国牧羊犬。主管说，我原本应该等待法庭要求房东打开暖气的强制令。我问他，在我们等待的时候，寒夜降临了，我的当事人——一个带着幼子的女人——跑到办公室来求助，你会怎么做？

我还问他，房东已经违反了法律，你怎么就能期待他还会服从法庭命令？主管说，这不是律师该考虑的问题。至于我自己动手解决了问题，他很不以为然，警告我说，为寻求实际效果而直接卷入冲突，这不是什么好事。我很不开心，不过没有影响我对法律援助工作的兴趣。

在法学院的最后一年，我看到了一则告示，说有一个为纳瓦霍人服务的法律援助机构（Dinebeiina Nahiilna be Agaditahe, Inc.）正在面试招聘毕业生，人们用首字母称呼它为DNA。纳瓦霍人好像离我特别遥远，他们那块土地迥异于我曾居住过的任何地方，我并不真想跑到那里去，这次面试权且当作争取更现实工作机会的演练。

在 DNA 预约面试前几天，那些曾把我引入法学院的事件和经历在心中一直挥之不去。毕业临近了，除非想再次选择出国、入伍抑或坐牢，就不得不设法沿着脚下的路继续走下去：做一名法律援助律师，从事法律职业。

我穿过法学院的木制长廊，经过那些有钱有势的前辈校友的画像，来到作为面试场所的一座木屋前，心潮起伏。当时坐在桌旁的两个人，现在我仍能忆起他们的面容：一个白人和一个纳瓦霍人。他们直视着我，邀我落座。我们对视了片刻。我突然意识到，这不是一次做做样子的面试。当他们发出要约时，我当即接受了这份要在"纳瓦霍国"东北小镇从事的工作。

到任后不久，纳瓦霍地区法院的弗吉尔·柯克（Virgil Kirk）法官让我去参加一项特别工作，为纳瓦霍各法院制定一部新的青少年刑事诉讼规程。1967 年，美国最高法院针对亚利桑那州吉拉县（Gila County）——与"纳瓦霍国"南部接壤——的一起少年犯罪案件作出裁决。这个被称为"In re Gault"的著名判例确认，少年被告人享有正当程序权利，包括获知指控罪名的权利、获得律师帮助的权利、与证人对质并且进行交叉询问的权利，以及不自我归罪的特权。柯克法官的课题是想把纳瓦霍的传统司法实践与这个判例融汇起来。

不论柯克法官是否认为纳瓦霍各法院应当遵从正当程序规则，显而易见的是，他觉得这些规则非常重要。事实上，美国国会已于 1968 年通过了《印第安民权法案》，该法案规定，向"印第安部落"提出请求保护的权利，属于美国宪法中《民权法案》的基本要素。

柯克法官非常有魅力，能追随他工作一段时间，我感到非常荣幸。他还有着强烈的是非感，对法律的不公极其敏感。他所主持的这个项目对我特别具有吸引力，让我了解，纳瓦霍的传统司法实践是如何依亲属关系来解决少年违法问题的。

我越是受益长进,就越是担心,这个项目尽管出自好意,但最终会消解纳瓦霍的传统。由于学识所限,我还不能准确把握,但我知道纳瓦霍人有自己的法律,也有一套与其生活方式相适应的解决争端的方法,而美国的法律体系生成于一种完全不同的生活方式。柯克法官希望走一条中间路线,既想保护纳瓦霍的传统习惯,又要向外来的法律制度妥协。因此,这个项目既有吸引力,又令人不安。

仅仅几年之后,当我教授法律课程时,发现斯坦利·戴蒙德(Stanley Diamond)著作中的几句话正好说出了我的感受:"我们生活在一个法律大行其道的社会里,法律吞噬了它本拟加强或与之互动的那些制度。习惯与法律之间的关系,其本质是一种矛盾冲突,而不是和谐一致。"法律工作伊始,我似乎已经体会到,法治向来就更像一把双刃剑,它可以提供解决冲突的空间,创造用以挑战政府的手段,并且让政府不得不作出自我解释。当然,它同样能为政府找到借口,侵入人民生活,并且强迫人民作出自我解释。

法治是一种方法,允许运用某种有序的方式同反对的立场相竞逐,允许对手之间相互挑战,甚至当对手是一个国家时候。法治生成于英美普通法的"对抗制"中。在英美法系,司法判决是主要法源;而在德法等大陆法系国家,其主要法源是立法机构的制定法。在两大法系中,法院高度独立于政府的行政与立法两个分支。

形成鲜明对比的是,以行政权作为主要法源的法系,司法或者立法机构的独立性是非常有限的。我们还可以将伊斯兰法作为第四种法系,因为他们的行政系统是以经文和神职人员为基础的,法院几乎没有独立性。

对我而言,法治并非由绝对正确的事物构成,相反,它经常表现出一种模糊状态。不应简单拒绝，也不能不加批判。法治需要与历史、哲学、社会学、心理学、经济学等相结合。

在《法的门前》这本书中，对法治的批评并不是反对法治本身，而是针对那些能够导致法治被损害或者扭曲的花样儿，尤其是那些受行政与政治经济影响，进而引起偏见与滥权的状况。

我们批评法治，针对的是它特定的缺点，这些缺点使得法治体系未能达到法治理想。这个理想本身难以企及。在某种意义上，这个理想必定无法企及，因为它是一种悖论：一个权力系统怎会允许自己被挑战？一个国家怎会维持一种制度，允许自身成为诉讼当事人？

在我看来，法治蕴含着模糊与悖论，而这种模糊与悖论某种程度上是自由无法摆脱的。不管"自由"一词真义为何，它起码意味着个人或团体享有一定程度的脱离国家的独立行动力。换言之，自由需要一定程度的由法治提供的模糊与悖论。

我工作的第一周，就有一个受"非印第安经济"吞噬的纳瓦霍团体找我寻求法律帮助。白人不仅以歧视的方式与纳瓦霍人做生意，而且利用纳瓦霍人的贫穷牟利。我意识到，许多案件可能成为改变法律图景的潜在工具。白人不是凭借增加新的规则，而是依靠任何人都能从律师那里获知的既有规则。我想起当年纽黑文那位项目主任的鼓励：像个律师一样干事儿，上法院去。

1968 年，纳瓦霍地区还没有汽车经销商，纳瓦霍人只能到附近的非印第安城镇购买汽车，其间还被当作二流公民对待，他们得到宽忍的唯一理由是有要花掉的钱。而白人反倒成了宽忍的一方，并且有了轻松挣钱的机会。这套系统有着成熟的运行模式，它依靠法律实践与合同条款来攫取利益。

于是，我与同事打算以集团诉讼的方式挑战这些合同条款。随着时间推移，我们听到许多相同的故事：买方无力依照合同规定继续付款，卖方就以违约的名义重新取得汽车所有权。

这一分期付款方式的独特之处是，在一系列小额付款后，突然出现一个巨额付款的要求，以此屡试不爽地使买方尤其是家境贫困者败诉。卖方以轻易的初期付款承诺，引诱买方签订一项最终不可能履行的契约。不仅如此，即使只是最后一期无力付款，买方也无法收回他们之前已经支付的任何一笔钱。他们不仅得不到车，而且丧失了自己所支付的一切。

在纽黑文市实习期间，我曾见过家具商店使用这种分期付款合同。如果买方未能完成任何一次支付，那么店家就有权收回买方购买的所有家具。运用这一伎俩，白人汽车经销商一次又一次卖出和收回同一辆车。每辆车就像一座金矿，不停地被卖出和收回，直到最终报废，一直在产生利益。即使发生撞车事故，依然有利可图，因为合同要求买方必须购买碰撞险。

我们知道这种合同纠纷在其他管辖区域曾经败诉，因为根据《美国统一商法典》，它是不公平的。以这种主张提起诉讼，我们是有机会胜诉的。于是，我们开始在汽车被收走的人中寻找能够承受庭审压力的委托人。与此同时，我们寻找那些最能彰显此类合同恶名的案子。

由于很多委托人只会说纳瓦霍语，我们需要既能流利地说英语和纳瓦霍语，又能向纳瓦霍人解释外来法律概念的人，共同组建一个可以理解我们行动计划的原告团队，一同为庭审做准备。

不料，这一集团诉讼的提起惹恼了当地律师协会。在一次律师午餐会上，最大汽车经销商的律师冲到我身边，咆哮着说我是个煽风点火的人，在纳瓦霍人中挑词架讼，因为以前纳瓦霍人从不抱怨，甚至还对汽车经销商提供的服务感恩戴德。

所受的教育使我将法律职业群体看作某种俱乐部,在那里充满了友好,或者至少能保持礼貌,尽管这种友好或礼貌可能不符合委托人的利益。而当我看到这充满恶意的个人表演时,感到非常震惊。

一位地区检察官走过来救场,他简直可说是一个职业典范。早在最高法院将"尊重被告人各项权利"视为刑法中的问题之前,这位检察官就已经开始在执业过程中践行这一原则。他告诉我不要气恼,"那家伙总是把客户的案子当成自己的"。

我知道,我也正在把客户的案子当成自己的,否则,那些针对纳瓦霍人的不公与歧视,不可能折磨着我,使我同样愤怒。但不管怎么说,我希望与人讨论这些不公,即便是与我的对手。奋斗,争辩,努力去证明显而易见的事实,这些经历都曾使我深感无力。即使步入晚年,我也无时无刻不感到惊奇:当自己实际想要远离社会纷争时,不管是出于义务感还是道德感,我居然卷入社会冲突中。就这样,法律不停地拒斥我,同时又吸引我。

就在我们准备集团诉讼时,新墨西哥州律师协会职业伦理委员会收到一份投诉,说纳瓦霍法律援助机构为自己做广告,涉嫌违反职业伦理。就在几年后,美国律师协会便解除了对律师广告的限制。而那时却存在着一个长久保持的传统,法律是职业化的,其从业人员不得做广告宣传自己。这份有关职业伦理的投诉信,指控"为人民的经济复苏而工作的律师们"一语涉嫌广告宣传。职业伦理委员会接受了这一指控,决定"不得继续使用该条短语"。我只是听说了委员会的决定,但并没有想太多。

这一天终于来了,法院择期听审汽车经销商要求驳回我们集团诉讼的动议,其主张之一是,根据禁止第三方赞助诉讼的普通法原理,我们的法律援助违反了职业伦理。该主张在法庭上从未得到过支持，所以我不怎么担心，但听审开始后，我感觉不妙。

汽车经销商律师的指控内容，既没有提到普通法原理，也没有涉及第三方资助诉讼。相反，那个律师谈及的都是我们提交的诉状。我突然意识到，他说的是律师职业伦理委员会那个"不得继续使用该条短语"的决定。诉状的每一页都印有纳瓦霍文的我们法律办公室的名称和地址，以及这条短语，英文翻译印在纳瓦霍文下方。对方律师主张，我们的起诉必须被驳回，因为起诉理由是写在违反职业伦理的诉状上的。

我再说什么都没用了，法官同意对方动议，驳回我方起诉。法官拒绝我们在其他纸上重写诉状，我们不得不另案起诉，根据法庭日程，只好几个月以后再说了。

幸运的是，有利于纳瓦霍人的一件事在法律世界中发生了。纳瓦霍政府施行一项法律，在没有得到部落法庭许可时，禁止卖方收回汽车。因此，经销商就再也不能依靠"自救行为"随便将未能付清价款的汽车拖走了。新法要求，收回汽车须经纳瓦霍法庭听审并下达回收令。有了这部纳瓦霍新法撑腰，我们重新在州法院提起集团诉讼。

不过，我们知道还有更切近的解决途径：可以直接挑战那种分期付款合同本身，然后在纳瓦霍法庭上寻求阻止不公平的回收行为。同其他法律一样，关于"回收"的最新法律，只有在执行时才是有效的。很多委托人甚至根本没意识到还有这部新法，汽车经销商也就一直按他们的老办法行事。当一位委托人终于发现，经销商原本需要法院的回收令才能采取行动，经销商却已经在纳瓦霍法院管辖区域之外将汽车弄到手了。

某个下午，我最亲近的委托人之一，一个浑身充满活力、对生命饱含热情的大块头，气喘吁吁地来到我的办公室，非常焦虑，因为他认为自己可能有麻烦了。他说当时正和弟弟骑马回家，突然发现一辆拖车拉着他的小卡车向远处开去。他让弟弟调转马头追赶，最终将拖车拦下。委托人告诉我，当时他掏出手枪，强迫拖车司机把他的小货车卸下来，司机照做了。

目送司机开着拖车走远后，他开着自己那辆小货车直奔我的办公室。我很高兴，起码法律规定的"自救权"在我们这边。说实话，虽然有点不正统，但这种行为毕竟挽回了委托人的汽车，而且也给了我们一次机会去主张适用新的法律。

不到一小时，我就接到那个汽车经销商的电话。他劈头盖脸地说道："你的人居然用枪指着我的人。"他要求得到赔偿。依据委托协议所产生的特权，我说自己并不知道发生了什么事。但我警告他，如果他在没有法庭命令的情况下还敢故伎重演，我们就叫警察来没收他的拖车。我告诉委托人，我认为他很安全。而且，如果经销商企图再次对他的小货车动手动脚，那么我们就准备落实新的法律。自此，我再没听说经销商有其他尝试。这一汽车回收案，我们胜诉了。

程序既可以为正义服务，也可以对抗正义。

我开始明白自己在纳瓦霍法律援助中的角色，就像美国西部牛仔电影中头戴白帽的正面人物。我是道德游戏的一部分，同时这也是一场政治游戏。我是整个系统中的最后一个步骤，在此之前，这个系统已经提供了法律、法庭、警察，以及监狱。

我并不想成为这场游戏的一员，因为法律实践提出了很多我不能解决的问题。我需要更多地了解这些问题，并且去发现自己在法律方面还能做什么。与纳瓦霍人一同工作，并生活在他们中间，我得知那些令我不解的问题更多的是关于生活而不是关于法律的：我为什么在这里？做人的意义是什么？我同其他人和物的关系是什么？

当我开始找新工作的时候，接到来自耶鲁大学法学院的电话，告知我马萨诸塞大学阿默斯特分校正在招聘本科生教员。我并不真想回到学术界，但我知道自己需要对法律做更多的研究，而且需要检验一下，作为一名律师或者一个人，我到底做了什么，所以我应聘了。

接受了教师职位，离开 DNA，我不清楚大学会给我带来什么。我想没准儿自己会待上两三年，去搞清楚如何运用法律改变世人，并且与自己的正义观保持一致。我一直在寻找一个时机与场合，去更深层次地挖掘法与社会的关系。这种诉求成为我学术生涯的核心。

来到大学没几周，我遇到学术事务部副主任，他对创造法学院以外的新型法律教育充满兴趣，希望联合毕业生和在校生，从人文学科的角度来研究法律。我们开始一起工作，并且很快就计划建立一个"法律研究"项目。我被推选为项目主任。项目组成员是拥有不同学术兴趣与特点的法律人，各自从历史学、社会学、经济学、心理学、哲学以及其他角度讲授关于法律的课程。我们从其他院系吸纳项目成员，试图建立一种学科交叉式课程。

与纳瓦霍人共同工作的经历，促使我将法律史描述为国家制度向非国家社会的强加过程。有一节课，我重点讲《联邦印第安法》，主题称作"美国印第安人的合法化"，为的是唤起学生对一个事实的关注，即《联邦印第安法》试图将土著居民纳入法律管理，并强迫他们融入殖民者创制的政府制度中，而这些殖民者正是侵略他们土地的那些人。《联邦印第安法》是在一个特定的历史、政治和经济背景下由国家体制创造出来的，但我在课上要探讨"合法化"是如何塑造整体法律成长的特征的？

法治为斗争提供了工具，一如法治也限制了斗争。法治为施加权力与对抗权力都提供了手段。这种两面性创造了机会,也产生了危险。法治假定,法律规则会被每个人遵守,包括它的制定者。这个定义代表了一种理念,但在现实中它却经常受到挑战。然而法治依然在坚守着这种理念,尽管——也许是因为——法律史显示,统治者似乎凌驾于法律之上。

长久而血腥的斗争是很多国家法治史的标志,《联邦印第安法》构成美国法治史的一部分。有意思的是,《联邦印第安法》的成长不止源于美国与土著的斗争,而且也源自联邦政府与各州政府间的摩擦。有关《联邦印第安法》的研究,展现了存在于美利坚合众国背后的政治、经济以及社会动因。

在大学教书的最初时光里,也是我们创立"法律研究"项目的时候,一个学生过来采访我和那位处理学术事务的副主席。他问到我们的职业选择:"你们是怎么知道自己想干什么的?"我们都笑了,回答的大意是"我们现在也不知道"。我不知道也就罢了,可是那位副主席也这样回答,却把我和那个学生都震惊了。他当时是美国最有名的政治领导人之一——罗伯特·肯尼迪的第一助手,他怎么会不知道自己想干什么呢?

采访的时候,我还不知道自己未来居然教书30多年,不知道自己还会在联邦和州法庭上继续代表土著人民的利益,不知道自己会积极参与联合国在世界范围内确立土著人民权利的行动。

我依然致力于"法律研究"项目,并且仍然兴致勃勃。

后来,我有机会与邓子滨教授合作,编著适合法科学生阅读的《法的门前》一书,据说很有影响力,我感到非常高兴。在不断发展的法规范研究、法律史学以及法治领域,邓子滨教授的翻译与编著架设了中国与西方国家文化沟通的桥梁。

《法的门前》2012年版即将第20次印刷，法律书如此受欢迎，这在美国是难以想象的。2019年7月，邓子滨教授来到马萨诸塞州阿默斯特，我们商讨了本书修订再版的可能性。再次感谢邓子滨教授的努力，也真心希望在不久的将来新版《法的门前》能够问世。

彼得·德恩里科

马萨诸塞大学荣誉退休教授

马萨诸塞州阿默斯特

2019年9月1日

引　言

♣本书由弗兰茨·卡夫卡的小说《审判》中一则寓言开始，讲的是法及其混乱与矛盾。主人公遇到的具体法律问题并不重要，重要的是他解决问题过程中所遭遇的折磨。读罢寓言，你想要的可能不是一场思辨，而是一个简明的答案，因为寓言的含义是混沌的，逻辑上也不甚明晰。但在法的门前这个有纵深的场景里，无疑充满着张力，使你无法释怀，唯一的安慰是更多的思考和深入的追寻。

法的门前

弗兰茨·卡夫卡[*]

法的门前站着一个守门人，有个乡下人来到他面前，请求进门去见法。守门人说，现在还不能放他进去。乡下人问，过一会儿是否允

---

[*] Fransz Kafka（1883—1924），生于奥匈帝国统治下的布拉格。

许他进去？"可能吧，"守门人答道，"但现在不行。"

通向法的门像往常一样敞开着，守门人照例站在门的一旁，于是乡下人探身向门内窥望。守门人看到了，笑着说："如果你这么想进去，就进去吧，不必得到我的允许。不过，你要注意，我是有权力的，而我只是最卑微的一个。里面的每座大厅门前都有守门人站岗，一个比一个更有权力。就说那第三个守门人吧，连我都不敢正眼看他。"

乡下人不曾料到自己会被拦在法的门外，他原以为，任何人在任何时候都可以晋见法。他更切近地看着这个身穿皮外套、留着鞑靼胡须的守门人，觉得最好还是等得到许可后再进去。

守门人给他一条凳子，让他坐在门边。他就坐在那里等，一天又一天，一年又一年。为了获准进去，他做了多次尝试，不厌其烦地乞求着守门人。守门人则不时和他拉些家常，不过，像大人物一样，所提的问题很没有人情味儿，而且结论总是"还不能进去"。

乡下人为自己的旅程准备了很多东西，他不惜贵重，希望买通守门人。守门人照单全收，每次收礼时都说："我收下这个只是为了不让你觉得还有什么事该做而没做。"

在那段漫长的日子里，乡下人几乎是不间断地观察着守门人。对他而言，这个人是他与法之间的唯一障碍。开始几年，他大声诅咒自己的厄运；后来，因为衰老，他只能喃喃自语了。由于长年累月的观察，他连守门人皮领上的跳蚤都熟悉了，他甚至请求这些跳蚤帮忙说服守门人改变主意。

最后，他的眼睛变得模糊，不知道周围的世界真的暗了，还是眼睛在欺骗他。恍惚之间，他看到一束光线从法的大门里射出。现在，他的生命正接近终点，弥留之际，他将整个等待过程中的所有体会总结成一个问题，准备向守门人提出来。他招呼守门人到跟前，因为他已不能抬起自己正在僵硬的身体，守门人不得不把身子俯得很低才能听清他的话。

"你现在还想知道什么？"守门人问道，"你没有满足的时候。""每个人都拼命要到法的面前，"乡下人回答，"可这么多年来，除了我，竟没一个人来求见法，怎么会这样呢？"守门人看出乡下人已筋疲力尽，听力正在衰竭，于是在他耳边喊道："除了你，没有人能获准进入这道门，因为它是专为你开的，我现在要去关上它了。"

★寓言是一种古老而古怪的教育形式，在各种经典当中被广泛运用。寓言往往意味深长，很难归结为一个论点、一条信息或一句口号，我们的心智拼命去发现它似乎尽在掌握同时又无法捕捉的含义。寓言的每一行，分开来看是可以理解的，但它的整体意思却无从把握，所以经得起反复的阅读，并且每一次都有新的收获。关于法，卡夫卡勾画的图景给我们什么教诲？它让我们沮丧、愤懑，还是烦恼不安？这些不良感受的背后又是什么？理查德·迪尔戈多说：

> 故事、寓言、编年史和叙事体是强有力的摧毁思想定式的工具。所谓思想定式就是一组预设观点、公认至理和共享知性。也正是在这个背景下，法律和政治理论产生了。它们像一副戴了很久的眼镜，近在眼前却视而不见，只用来扫描和诠释世界，而其自身却几乎从未受到检视。被压迫者所讲的故事通常是冷嘲热讽，贴近底层，不加渲染的。讲故事有巩固共同体的作用：故事，建立一致性，建立共享的文化，

从而建立更深厚、更重要的道德规范。但是，故事与反故事[1]有着同等重要的摧毁作用。它们能够显示过去的信仰是荒谬可笑、自私自利或者残暴冷酷的；它们还能让我们知道如何躲避非正义的排斥，知道何时应当重新分配权力。[2]

迪尔戈多的这些看法适合卡夫卡吗？卡夫卡的寓言具有革命的潜能吗？

♣卡夫卡通过一位教士与 K 的对话，向我们展示了《法的门前》这则寓言的复杂和多义：

"就这样，守门人欺骗了乡下人，"K 说，深深地被故事吸引住了。

"不要匆忙，"教士说，"不能不加验证就接受一种意见。我给你讲的这个故事，里面可没有提到欺骗。"

"但这足够清楚了，"K 说，"守门人只是在一切都无法挽回时才把真相告诉乡下人。"

"可此前并没有人问这个问题，"教士说，"你还必须考虑到，他只是一个守门人，他也是在尽职责。"

"你为什么认为他尽了职责？"K 问，"他没有尽到职责，他的职责应该是将所有的陌生人拒之门外，但却应当让乡下人进去，因为门

---

〔1〕故事，作为一种主叙事，是社会共识的文化总结，经常用来支持权力机构的压迫行为；反故事，作为与主叙事相反的叙事，是独立解放的自由表达，目的是改变被压迫者集体或个人的观念，比如亚瑟王的传奇、梁山好汉的小说，都可以视为反故事。

〔2〕Richard Delgado, "Storytelling for Oppositionists and Others: A Plea for Narrative," in *Critical Race Theory*, 2nd ed., 61.

就是为这个人开的。"

"你没有充分尊重原文，在篡改故事情节，"教士说，"关于进门去见法，故事里有守门人的两句重要的话，一句在开头，一句在末尾。第一句话是：现在不能放他进去；另一句话是：这道门是专为你开的。但这并不矛盾，相反，第一句话甚至暗示了第二句话。人们几乎可以说，守门人暗示将来可能让乡下人进门，就是在超越自己的职责。当时，他的职责显然只是拒绝让人进去，而许多评论家对竟然有这样的暗示感到惊讶，因为守门人看起来是一个对职责一丝不苟的人。在那么多年里，他从未离开过自己的岗位，直到最后一分钟才把门关上；他意识到自己职责的重要性，因为他说'我是有权力的'；他尊重上级，因为他说'我只是最卑微的一个'；他不多嘴，因为那么多年里他只提一些'很没有人情味儿的问题'；他没有受贿，因为他在收礼时说'我收下这个只是为了不让你觉得还有什么事该做而没做'；只要与他的职责相关，哀求与暴怒，他都不为所动，因为我们知道，乡下人'不厌其烦地乞求着守门人'；最后，甚至他的外貌都暗示他是一个因循守旧的人，留着鞑靼人的黑胡须。谁能想象一个更忠诚的守门人呢？守门人性格中还有其他因素有利于任何求见法的人，也使人很容易理解，他竟然超越职责去暗示将来可能让乡下人进入法的大门。不能否认，他有点头脑简单，还有些自负，从而影响了他的理解力。评论家们指出：'对同一事情的正确理解和错误理解，不完全是相互排斥的。'不管怎样，人们必须承认，这种简单与自负虽然不很强烈，却很可能削弱了他对大门的守卫。还必须加上一个事实：守门人似乎是一位天生和蔼可亲的人，并没有一直摆出盛气凌人的架势。最初，他还玩笑似地邀请乡下人尝试自己进去，后来他也没有把乡下人赶走，而是给乡下人一条凳子，让他坐在门边。这许多年来，他忍耐乡下人的出现，做些简短的交谈，接受馈赠，礼貌地允许乡下人当着他的面大声责骂应由乡下人自己负责的命运——所有这些都使我们推断出他具有一定的同情心，并非每个守门人都会这样做。最后，乡下人对他做了个手势，他就低低俯下身去让乡下人有机会提最后一个问题。守门人知道一切就此结束了，他的那句话'你没有满足的时候'只不过是一种温和的不耐烦。有些人甚至再推进一步，认为这句话表达的是一种友好，虽然其中也有某种俯就。无论如何，守门人的形象都与你所想象的很不相同。"

"你比我研究这个故事更仔细，时间也更长，"K说。他们沉默了一会儿，然后K说："这么说，你认为乡下人没有受骗?"

"不要误解我，"教士说，"我只是向你介绍了各种不同见解。你不必太在意。书面的东西是无法篡改的，而评论通常只表达了评论家的困惑。在这件事中，甚至有一种解释声称真正受骗的是守门人。"

"这种说法太牵强了，"K说，"有什么根据?"

"根据在于，"教士回答，"守门人头脑简单，他不了解法的内部，只知道通向法的道路。他对法的内部的想法是幼稚的，而且据估计，他自己也害怕其他守门人，认为他们是挡在乡下人面前的妖怪。实际上，他比乡下人更怕他们，因为乡下人听说里面有可怕的守门人后还是要进去，而守门人却没有进去的愿望。还有人说，他一定到过里面，因为毕竟是受雇为法服务，任命只能来自里面。这种说法遭到反驳，因为他可能只是由里面传出的一个声音任命的。无论如何，他不可能进去很深，因为第三个守门人的相貌是他不敢去看的。此外，这么多年来，除了有一次提到那些守门人外，没有任何迹象表明他了解里面的情况。结论是，他对里面的情况和重要性一无所知，因此，他处于一种受骗状态。在和乡下人的关系上，他也是受骗的，因为他从属于乡下人。奴隶总是从属于自由人。乡下人确实是自由的，能够去他想去的地方，只有法的大门对他关着，只有守门人禁止他走近法。他接过凳子，坐在门边，待在那里一直到死。他这么做完全出于自愿，故事里从来没有提到任何强制。可是守门人却被固定在岗位上，他不敢走到乡下去，显然也不能走进法的大门。虽然他为法服务，但他服务的只是这道门；也就是说，他只为这个乡下人服务，因为这道门是专为乡下人开的。可以设想，乡下人长大成人的那些年里，守门人的工作某种意义上只是一种空洞的形式，因为他必须长期等待乡下人的到来，以便实现自己的工作目的。此外，他还得等乡下人高兴，自愿而来。守门人职责的期限也取决于乡下人的寿命，所以，归根结底，他是从属于乡下人的。故事里始终强调，守门人对所有这些显然一无所知。这不足为奇，因为守门人在一件重要得多的、影响他职责本身的事情上，同样也是受骗的。例如在故事末尾，他提到法的大门时说'现在我要去把它关上了'，但是，故事的开头告诉我们，通向法的大门一直敞开着，如果它一直是开着的，就意味着不管乡下人是死是活，守门人都不能把它关上。至于守门人说这话的动机，有几种不同意见：他说要去关门，或者只是为了回答乡下人而已，或者他是在强调自己忠于职守，或者是为了使乡下人在弥留之际感到沮丧和懊悔。不过也不乏这样的观点：守门人没有能力关门。很多人声称守门人在智力上还不如乡下人，至少在故事结尾是如此，因为乡下人看见法的大门里射出光线，而守门人的岗位使他必须背对着门。"

"说得有理，"K低声复述了教士讲的几个论点，说道，"我倾向于受骗的是守门人。不过，这不能使我放弃原先的看法，因为这两个结论是并行不悖的。守门人精明也罢，受骗也罢，都无关大局。我说过，乡下人受骗了。如果守门人受了骗，那么，守门人的受骗对他自已无害,但却给乡下人带来无穷的危害。"

"对这种看法也有反对意见,"教士说,"故事本身没有赋予我们评论守门人的权利。不管怎么说,他终究是法的仆人;他属于法,因此超出了人们所能评论的范围。在这种情况下,真不敢相信他从属于乡下人。虽然他受职守的制约,必须守在法的门前,但他却比世界上任何人都要自由,别人无法和他相比。乡下人只能求见法,守门人却已经被安置在法的身边。是法把他放在守门人的岗位上,怀疑他的尊严就等于怀疑法本身。"

"我不同意这种看法,"K摇头说,"因为如果接受这种看法,那就必须把守门人讲的每一句话都作为真的来接受。可是,你自己已经充分证明,这是多么不可能。"

"不,"教士说,"不必把他的每句话都作为真的来接受,而只须当成必然的来接受。"

"一个令人忧郁的结论,"K说,"这会把谎言变成普遍准则。"

★教士和K的评论符合我们对寓言最初的感受吗?教士与K谁赢得了争论?赢得争论是否赢得了正义?或者说,正义在"法的门前"始终未能实现,是正义本身抛弃了乡下人,还是守门人故意造成的恶果?在教士与K的对话中,教士几乎主宰了谈话,这种失衡难道不是生活中的一种常态吗?教士的立场似乎随着K提出的每个新问题而转变,这是争论的深入,还是娴熟的诡辩?时常有这样的说法:坏的秩序也比根本没有秩序要好,甚至有人说,与其要暴政也不要暴民。这意味着,人们认为有规则总比没有规则要好些。这个看法从独裁者那里得到证实,独裁者不喜欢法律,即使是他自己炮制的法律。不过,寓言中的规则似乎发生着变化:开始时法的大门不让乡下人进入,但后来乡下人被告知法的大门是专为他而开的。规则不断变化的地方，还能有秩序吗？规则可能不同，但结果是一样的——乡下人一直未能进入法的领域。如果法从未为他服务，那么法又为谁服务呢？

♣卡夫卡对法律秩序的简单勾勒留给我们一个深刻的矛盾：法律是为少数人或与之相关的人服务的，但是，多数人却不反抗。卡夫卡继续探究了"我们的法律的问题"：

我们的法不是广为人知的，它们被小团体隐藏和把持。小团体的人要让我们相信，这些古老的法被一丝不苟地实施着；然而，被那些我们所不知道的法统治，是一件非常痛苦的事。我想到的不是法的解释过程中可能出现的差异，也不是只有一小撮人有权解释法所导致的损害。这些损害也许不是特别重要，因为法是非常古老的，对法的解释是许多世纪以来的工作，这种解释本身也毫无疑问地取得了法的地位。尽管还可能有对法的自由解释，不过法的解释现在已经变得非常严格了。尤其是，贵族们在解释法的时候没有理由受个人利益影响和左右，因为法从一开始就是为了贵族们的利益制定的。他们高居法之上，法全部执掌在他们手中。当然，法是有智慧的，但对我们来说也有困苦，也许是不可避免的困苦。

传统上认为，法是属于贵族阶层的秘密，一部法典的实质就在于它必须保持一种神秘性。或许，我们正努力揭示的那些法也许根本就不存在。有一小批人的确持这种观点并且努力去说明，如果真有法存在，那它只能是贵族们的所作所为。在这一小批人眼里，到处都是贵族阶层的专横与擅断，并且要拒斥公众传统。传统仅具有一些琐屑而偶然的优点，不足以弥补其重大的缺陷，因为在人们面临事变时，它给人们一种错误的、骗人的和过分自信的安全感。这一点无可否定，

《人民公敌》插图（1979年）

但绝大多数人都这样作出解释：传统远不是完善的，必须进行更为深刻的探究，所提供的材料看似数量庞大，实则太过贫乏，要用几个世纪才能使它变得充足。终有一天，一切都会变得明确，法将属于人民，贵族阶层将消逝。这不是在维持反贵族阶层的仇恨情绪，根本不是。我们更应该痛恨自己，因为我们还没有显示出自己有能力被委任以法。

事实上，可以只用一种悖论来表达这个问题：任何小团体，如果它不仅要抛弃所有对法的信仰，还要抛弃贵族阶层，就应当有全体人民作为后盾；然而，这样的团体是不可能诞生的，因为没有人胆敢抛弃贵族。一位作家这样总结道：强加在我们身上的唯一可见的法，就是贵族阶层本身。难道我们一定要剥夺自己的法吗？

★依卡夫卡之见，什么是法的核心问题？什么是其解决的障碍？如果人民知道，法为贵族享有，受贵族治理，为贵族服务，人民必须反抗吗？卡夫卡说："我们更应该痛恨自己……"这是不是说问题在于人民内部？哲学家阿尔弗雷德·诺思·怀特海德（Alfred North Whitehead）曾经说过：所有西方哲学只不过是柏拉图的注脚。同样可以说，所有西方法律都不过是卡夫卡的注脚。

目 录

第一章　遵循先例　001
　第一节　布满荆棘的丛林　004
　第二节　北卡罗来纳殴妻案系列判决　009

第二章　法官　024
　第一节　判断的形成　025
　第二节　紧急时无法律　032

第三章　价值　038
　第一节　让弱智者绝育　041
　第二节　死刑是否违宪　045
　第三节　一次绞刑　057
　第四节　反思断头台　062

第四章　利益　069
　第一节　富人优先　071
　第二节　美国 GDP　081

第五章　身份　　085
第一节　打工与不准打工　　088
第二节　谈判与不准谈判　　090

第六章　公意　　095
第一节　法的权威　　101
第二节　钱能说话　　111
第三节　撤回保护　　115

第七章　女权　　121
第一节　分工就是歧视　　123
第二节　性骚扰　　128

第八章　法的实施　　135
第一节　法律解释的暴力　　138
第二节　你们无罪　　142
第三节　法统与道统　　153

第九章　法的面目　　169
第一节　法律是形诸文字的恐怖　　170
第二节　挑战法律　　176

第十章　警察　　181
第一节　滥用警械　　183
第二节　当街盘查　　187

第三节　未能说明身份　　195
第四节　拉网式搜查　　200
第五节　证件决定存在　　207
第六节　我们生活中的秘密法　　210

第十一章　**律师**　　221
第一节　律师的品格　　224
第二节　友军的炮火　　228
第三节　大赌场　　235
第四节　法学院　　249
第五节　教授日记　　255

第十二章　**对抗制**　　261
第一节　辩护伦理　　263
第二节　争斗与真相　　269
第三节　不一样的使命　　275
第四节　与正义无关　　282

第十三章　**信奉陪审团**　　306
第一节　陪审团的过去和未来　　307
第二节　要求陪审团审判　　316
第三节　陪审团首先是一个政治机构　　320
第四节　说不的权利　　323
第五节　仁慈的陪审团　　327
第六节　不必理睬法官　　332

第十四章　选择陪审员　338
- 第一节　平等与归属　339
- 第二节　强制剔除　341

第十五章　陪审团的式微　346
- 第一节　商人不喜欢陪审团　348
- 第二节　我们的陪审团　350

第十六章　一致裁决　353
- 第一节　九比三的定罪　354
- 第二节　要一致还是要多数　356

第十七章　冲突的解决　362
- 第一节　通过律师解决纠纷　364
- 第二节　殴妻文化　367
- 第三节　抛弃辩诉交易　369
- 第四节　社区调解　373
- 第五节　面对加害者　379
- 第六节　与敌人谈判　382
- 第七节　以正义换和谐　389

第十八章　网络空间的冲突解决　393
- 第一节　法律与边界　395
- 第二节　谁有你的名字和地址　398

后记　徘徊在法的门前　409

第一章

遵循先例

在法学院里,他们告诉你,法律是一门了不起的科学,是尽善尽美的理性。事实上,它是罗马法、圣经、教会法、迷信、封建残余、狂乱的虚构和冗长死板的制定法的大杂烩。教授们努力从混乱中得到秩序,在鬼都找不到的地方寻求意义。

——伊弗雷姆·图特,《美国佬律师》,1944 年

时而听到一种说法:遵循先例是一种奴性,先例禁锢了法官的心智,迫使他不考虑原则就决定案件。但请记住:遵循先例本身就是一项至大至重的原则。对于任何司法体系的形成和成熟而言,遵循先例原则都是绝对必须的。没有遵循先例原则就没有法律,这样说并不为过。法律是一种既定既成的规则,毫不仰仗那些碰巧运用它的人的任意。

——宾夕法尼亚州法官琼斯,1961 年

有一个基本问题：什么构成了法律？你会发现一些教科书作者告诉你，法律是某种不同于马萨诸塞或英格兰法院裁决的东西，是一个推理体系，是来自原则、道德或公理的推论。它与裁决可能相符，也可能不相符。不过，如果站在我们坏蛋朋友的立场，我们就会发现他毫不在乎什么公理或推论；他只想知道，马萨诸塞或英格兰的法院事实上会做什么。我和他的想法绝大部分是一样的。我们所指的法律，就是对法院事实上将做什么的预测，而不是其他的虚伪矫饰。

——奥利弗·温德尔·霍姆斯："法律的道路"，载《哈佛法律评论》1897年第10期

♣ 法律定义是对政治哲学信仰的表述，又是关于宗教信仰或者科学直觉的论文。定义者天才的火花，使整个法律时空顷刻间井井有条。一旦定义形成，事件将被重塑，以适合定义；起初的心理事实一变而为活生生的现实。正是这一现象使定义如此重要而又如此危险，它们提供了对法律世界的解释，但又事先排除了瓦解这一定义的可能性。

法律作为一种思想体系，其结构是模型领先而不是追随数据——地图通常既先于又取代了地域本身。例如，一位非洲的商贩看到儿子从学校带回的一张地图，他反对地图把不同的东西搞成一个样子。在地图上，一切都是均匀的，几英寸就代表了一英里。他的儿子回忆说：

用英里表示距离对他来说是没有意义的，"地图是骗子"，他斩钉截铁地说。从他的语调里，我能感觉到他生气

了。一方水土的真实性就在于这个地方生成的喜怒哀乐。他忠告我,最好不要相信任何像地图一样浅薄的东西。现在我明白了,装腔作势的距离跨越,贬低了他疲惫的双脚所丈量过的路程;关于地图的妄谈,抹蚀了他酷热中负重跋涉的重大意义。[1]

经商的父亲更看重传统智慧,他知道那些忠实于地图的人所不知道的事情:对待地图比对待地形更认真的旅行者,更有可能遭遇不幸。

我们仅看到那些被教导去看的东西。我们可能认为自己是好学的,乐于接受新的观点。但是,情况正相反,我们总是仰仗已经知道的事情得过且过。我们进行越来越多的学习,真正的效果却越来越小。我们希望、祈求手里的地图让我们走过这片地域,因为它已经让我们走了这么远。

开始学习法律的人经常觉得对法律所知甚少,而事实上,每个人心目中都有法律的模型和期待,它们来自电视、报纸、个人经验、家庭历史和其他来源。这种先入知识的地图可能既干扰又促进新的学习。写下一些句子,描述法律涉及什么,法律行为最常发生在哪里,以及法律值得称道和令人生厌的方面。你可能惊讶于这些知识储备揭示的内容如此丰富,它就是你有关法律的初始地图,可能适合,也可能不适合这块法律领地。

法律学习的复杂性要求我们具备人性的勇气,即卡夫卡寓言所加于我们的那种勇气,去摒弃那不足以解释我们所要理解的事物的世界

---

[1] Marshall McLuhan, *Understanding Media* (New York Signet, 1964).

观。教与学的行为应当打破陈规成见，以便提供新的可能性。通观一系列法律定义，你可以获得更有批判力的见解。每一定义都饱含了提出者智慧的火花，每一定义又都排除了无法解释的东西，因而限制了我们的眼界。比如，法律可被定义为规则的体系，官方肆意胡为的遮掩，价值探究的论坛，冲突解决的机制，精英的权力把戏，对公意的反映或压制，或者维护不公、否定自由的政体。这些简短的解释为研习法律提供了有益的线索。跨越多种解释的思考，有助于更加清晰的洞察，因为对立的思想观点造成紧张状态，但也为法律提供生机与活力，使热忱的学习者有机会找到解释法律的最佳方式。

律师如何确定委托人的案子是"好"是"坏"？通常情况下，律师们由委托人告知的事实开始，经过一番询问，将法律"运用"于那些事实并预测出一个结果。律师们假定，法官们会以相同的方式裁决相同的案件，也就是，当案件涉及可比事实时，先前的结果将被重复。有关法律的预测是否准确，有赖于正被讨论的案件与先前案件的比较。发现案件之间相同点和不同点的技巧，即案例分析法，是专业法律学习的基础部分。美国现实主义法学先驱卡尔·卢埃林（1893—1962）的文章和一套出自北卡罗来纳州的判例，显示了法官和律师如何处理案件。

第一节　布满荆棘的丛林

何谓先例？总体而言，暂不考虑法律和法律原则的特点，先例就是一位法官再次做实质相似情境下有人曾经做过的事情。解决难题要耗费时间和精力，一旦你解决了一个难题，重新解决一遍就显得非常愚蠢。懒惰与方便使你在既有的建设上继续建设，将曾经做过的决定和曾经给出的答案引入你正在处理的案件。

从这里你会看到，寻求先例的冲动存在于任何法官的行为之中，不论他是否想要，也不管他是否认为先例已经存在。从这一角度说，先例只不过是对法官实际做法的尊称。很明显，这些实际做法提醒人们注意法官的存在；更为明显的是，由于有先例记录，法官们实际做法的范围可能大幅扩展，被外界模仿的可能性更是进一步扩大。最后，如果有先例记录并且被仔细而不断地征询讨教，那么，不声不响的改变实际做法的可能性就极大地减小了。

就法律而论，律师制度在此起到重要作用。虽然法院可能制作并保存判例记录，但如果它后来改变了看法，它就很少注意这些判例，甚或有意忽略它们。这种情况下，律师就会寻找支持其观点的判例，用法院以前的判例向法院施压。通过寻找、阐释和极力主张先前案件，充分利用人类重复以前行为的冲动。

继续过去的实际做法，就是为没有经验的法官提供前人积累的经验。如果他无知，他可以向前人学习，从先行者的知识中获益；如果他慵懒，他可以注意前人的行为，并从先驱者的勤奋中获益；如果他愚蠢，他可以从前人的智慧中获益；如果他有偏见，对比可以起到公开监督的作用，限制肆意妄为的空间。即使前人也曾慵懒、无知、愚蠢而有偏见，倘若知道他将继续前人所为，也会提供一个基点，使人们能够由此预测法院的行为，事先调整自己的预期和事态。知法有益，即使法为恶法。

因此，很容易理解，在我们的体系中首先形成遵循先例的习惯，然后才是先例应被遵循的法律规范。这一原则所采用的主要形式是：每个案件都必须在一般规则之下作为特例加以裁决。这是一条基本准则，几乎所有的法系在这一点上都是共同的。确立基本准则是为了更好地利用既往的判决，并从既往的判决开始推理。

我们首先转向所谓先例的正统原则，它的实质是为每一案件都设定一个规则，它是法庭赖以裁决的基础。但是后来的法庭可以重新审视这个案例，能够援引"法官无权决定无先例者"这一准则，能够通过重新检视事实或程序要点，来缩小法庭实际面对的事物的图景，并且能够认定，既定规则需要这样的严格理解，"将案件局限于特定的事实"。这一规则就像"暗红色别克车里坐着红头发的沃波尔斯"一样是非常特定的。

当你发现人们谈论过去的某个案件时，认为它很特别，你就知道它实际上已经被人们认为是无效的先例了；仅仅因为惯例、一种不可思议的惯例，才避免了直截了当的否决。说法庭在审理前案时是错误的，肯定让人感觉不合适，如果该案是同一个法庭审理的，就尤其不合适，似乎有损于"法院不会犯错"的信条。因此，人们一边为这一信条高唱赞歌，一边将前任法庭设定的规则开膛破肚。只不过该规则的死刑是在庄严的司法礼仪程式中进行的。

关于先例权威性的正统观点，只是相互矛盾的两种观点之一。实践中，这一信条被用于不受欢迎的先例。它是公认的、合法的、可敬的删削先例的技术，以便使律师在辩论中、法庭在裁决时不受先例的束缚。

当你转向法庭的实际运作或者律师的争辩时，你将发现，与上述严格观点并列的还有一个完全不同的先例观点，我将其命名为宽松观点。这种观点就是，法庭已经权威性地确定了赖以宣判的全部要点。

很明显，这就是一种工具，它不是为了从法官脚下抽去以前的法庭意见，而是在认为方便的时候用它作为跳板，以便利用受欢迎的先例。律师和法官都是这样利用它的。以普通法法院的实际做法来判断,这种先例原则像另一原则一样,是公认的、合法的和可敬的。

因而,关于先例原则,我想让你们铭记它是双面的。它不是一个原则,也不是一列原则,而是两个、两列原则,它们同时运用于同一先例时,相互之间是矛盾的。其中一个原则是为了剔除注定要造成麻烦的先例,另一个原则是为了利用似乎是有所助益的先例。两个原则肩并肩地存在着。同一律师在同一辩护词中,同一法官在同一法庭意见中,可能运用严格原则将过去的案件删削一半,而运用宽松原则去重建另一半。如果不认识到这一点,就无法懂得法律何以能够变化和发展,而又立足于过去。

严格观点——删削过去的案件——是难以运用的。一个无知而笨拙的法官会发现它难以运用,过去的判例将束缚他,但老练的法官却可以得心应手。直到你看清原则的这种两面性,你不会理解,单从规则本身,能够预测的东西多么有限;而为了预测的目的,你多么有必要转向探求法官对事实和周围生活的反应。

第一个问题是,如果先例是受欢迎的,这个案例中会有多少内容被后来的法庭所明确主张?第二个问题是,即使后来的法庭希望回避,这个案件中又有多少内容是无法绕过的?

现在转向法律预测问题。对一个事实稍有不同的后来案件,同一法庭将采用的观点是严格的还是宽松的?这里,要援用你所知道的所有判例,只要它们对于法庭裁决本案具有明显而重要的意义。

但你总要牢记,每一先例都不只一个价值,而是两个各自独立的价值。无论后来的法庭指定哪一种价值,这种指定都是受尊重的、传统上坚实可靠的、信条上正确无误的。最重要的是,当你将这一知识用于法律学习中时,你会发现,在最具争议的案件里,直到法庭认定哪一个先例是受欢迎的,先例必然是模棱两可的。如果你想要依照自己的计划利用先例,你要去说服法庭相信,你对案件事实的看法是可靠的。

奇怪的是,有那么多人认为先例产生过确定性,或者他们认为,我所描述的只是法庭不当的含混或者对黄金岁月一贯作风的背离。这些人一点儿也不了解我们生活其中的先例体系。

★ 卢埃林说,知法有益,即使法为恶法。但他同时又将先例比作"布满荆棘的丛林"(The Bramble Bush),这是为什么?将卢埃林的文章与已故的奥尔德斯·赫胥黎的语录相比较:

> 为使生物的生存成为可能,无拘无束的心智必须被导入大脑和神经系统的压缩阀中。为了表达和阐释这种被压缩的意识内容,人类发明了并永无休止地装潢着被称为语言的符号系统和内在哲理。每个人都同时是他生长其中的语言传统的受益人和受害者——受益,在于语言使他能够接近其他人的经验记录;受害,在于语言使他坚信被压缩的意识仅仅是意识,使他对现实的感知混沌不清,以至于轻易将概念当成数据,将言词当成实物。在语言的宗教里,被称为"这个世界"的,是被压缩的意识所表达的领域,换言之,是被语言所僵化了的领域。[1]

♣ 我们都生活在过去的记录中,每个人都是随身塞满过去经历的

---

[1] Aldous Huxley, *The Doors of Perception* (New York: Harper & Row, 1954).

先例系统。在做个人决定时,每个人都要用到过去的先例。下面的案例都来自北卡罗来纳州最高法院,生动说明了遵循先例的原则。

第二节 北卡罗来纳殴妻案系列判决

一、北卡罗来纳州诉潘德格拉丝案 [State v. Pendergrass, 2 Dev. & B., N. C. 365 (1837)]

陪审团查明:被告是一名小学女教师,被控殴打罪。她用鞭子抽打一名年幼的学生。孩子身上不仅留有鞭打的痕迹,而且还发现了显然是钝器所致的伤痕。当然,所有伤痕都在几天内消失了。裁决被告有罪,被告随即上诉。

法官加斯顿(Gaston):

很难精确叙明法律赋予小学教师们管教学生的权力,它类似于家长的那种权力,并且,教师的权威被认为是家长权威的代理。家长最神圣的义务之一是培养孩子成为有用的、品行良好的社会成员。这种义务不可能有效履行,除非家长具有要求服从、控制顽劣、激励勤勉、纠正恶习的能力。为了行使这种有益的支配权,应该赋予家长在认为正当而必要的时候实施适度管教的权力。教师是家长的代理人,在某种程度上被赋予了家长的权力,以便履行这些代理义务。

法律并不保证为每一特定的不当行为规定明示的惩罚,它只满足于一般性地授予适度管教权,并且,在授权范围内,将惩罚的强弱等级交予教师自由裁量。区分适度管教与不适度惩罚的界线,只能诉诸一般原则加以确定。孩子的幸福和利益,是允许对其施加痛苦的主要目的。因此,任何可能严重危及生命、肢体、健康的惩罚,任何将会毁损孩子形貌或者引起任何永久损伤的惩罚,都可以被宣布为不适度。因为对于管教权的授予目的而言,这样的惩罚不仅是不必要的,而且是不相符的。但是,任何管教,无论如何严厉,如果只是产生了暂时的疼痛而没有永久的伤害,就不能被宣布为不适度,因为它可能是矫正所必须的,并且不会对孩子的未来幸福和利益造成损害。由此,我们主张建立一条一般性的规则,即,如果造成了持续的伤害,教师们就是超越了权限,但如果只是引起了暂时的痛苦,他们就是在权限范围内行事。

我们认为,合法与非法必须完全取决于实施管教的意图。在权限范围内,教师就是法官,他有权判断何时需要管教和必要的管教强度,并且,像其他所有被授予自由裁量权的人一样,他不应为自己的判断错误而只应为其邪恶目的承担刑事责任。最优秀、最聪慧的凡人,也是有弱点、易犯错的动物,他在实现自己作用的过程中,其判断受到这种作用的引导,因而不应当超越其诚实的目的和勤勉的努力来要求其判断的正确性。他的判断必须被推定是正确的,这不仅因为他在此就是法官,而且因为难于证明存在需要管教的不当行为及其积累,难于展现被管教者特殊的脾气、禀性和习惯,也难于在诉诸管教前展示各种更温和的但却曾经徒劳的手段。

但是,如果教师严重滥用被授予的权力,即使没有超越它们,也是可受刑事处罚的。如果他用手中的权威遮盖恶意,在管教权的伪装下满足自己邪恶的激情,那么,他的法官面具应被剥去,将作为一个没有被授予司法权的人接受正义的审判。

我们相信这些规则适于裁决我们面前的案件。对陪审团的指导本应是这样的:除非陪审团从证据之中清晰地推断出,所实施的管教已经造成或者本质上是有意造成对孩子的永久伤害,否则,被告就没有超越被授予的权限。无论施加的皮肉之苦多么严重,无论依陪审团的判断，这种痛苦对年幼而柔弱的孩子的过失或不当行为而言是多么不相称，只要没有造成永久伤害，也不具有这样的危险，陪审团就有义务判定被告无罪，除非质证的事实在他们心中引起这样一种确信：即使依照被告自己的正义感，她也不是在诚实地履行义务，而是在履行义务的掩护下正在满足其恶意。

我们认为，尽管这些规则使教师们有机会在用权时实施草率的严厉行为，并且还能获得法律上的豁免，家长的情感、公众的舆论还是足以制约或矫正这些不够审慎的行为。如果不能做到这一点，那么就必须将其作为瑕疵与不便的一部分而加以容忍，而瑕疵与不便是人的法律无法完全消除或彻底纠正的。

本庭推翻原判。

★"潘德格拉丝案"遵循了所有法庭意见的写作模式：讨论事实，提出法律问题，并适用一项或一组规则。通常，法庭要对规则适用做一些说明，以使人们确信案件的结论是适当的。通过朴素的实践，任何人都能掌握这一技巧并且看到案例分析法的要点。法庭拒绝承担维护学校纪律的责任，授予了教师管控孩子日常生活的权力。家长的影响或公众的舆论对于教师权力制约的效果如何？如果法院选择介入本案，会不会削弱家长的行动或减少公众的义愤？法庭判决的主要理由似乎是保护已经建立的权威或者维持等级关系。无等级制的教育是可想象的吗？也许正是基于家庭等级制的思想，本案才成为后续的殴妻案不断引证的先例。

本案至今已经许多年了，这期间我们不断遇到儿童遭受心理、身体和性侵犯的案件，在判决本案的年代，法院可以听凭其他权威体系支配本案，而现在，人们期待法院、社会机构、警察等介入这类案件。然而，孩子们易受侵犯的一些场所，也是被认为最隐私和神圣的场所。即使所有的人都承认隐私必须让位于孩子的利益，但谁应介入？在何种情况下介入呢？这些都是不容回避的现实质问。

二、乔伊纳诉乔伊纳案 [Joyner v. Joyer, 59 N. C. 332 (1862)]

陪审团查明：原告人请求离婚，她生长于体面的家庭，本人有良好教养；丈夫与她也算般配；她丈夫有一次用马鞭打她，还有一次用树条抽她，在她身上留下了几处青肿的伤痕；有几次，他曾用侮辱性的语言骂她。

首席法官皮尔森（Pearson）：

立法机关认为扩充离婚的理由是有益的，但是，作为对离婚申请的限制和制约，防止离婚理由的滥用，离婚理由必须在离婚请求中"详尽而特别"列明。

根据普通法的诉讼规则，对每一事实的主张，都必须辅之以具体的"时间和地点"。这一规则的采用是为了确保诉求的适当性和确定性，但是，在诉求中没有成功证明确切的时间和地点并不总是致命的，除非时间和地点涉及本质问题并构成事实的实质部分。

从表面判断，本诉求中没有什么表明时间是实质性的或者是离婚原因的本质部分，譬如，抽打是在妻子怀孕状态下实施的，意图在于引发流产，并置她的生命于危险之中；也没有什么表明地点是离婚原因的本质部分，譬如，抽打是在公共场合实施的，意图在于羞辱她，使她的生活不堪忍受。因此，我们倾向于这样的意见：叙明时间和地点在此不是绝对必要的。

但是，我们的意见是，必须叙明用马鞭和树条抽打的情境，比如，离婚请求人的举止怎样，她都做了什么或者说了什么，以致引出丈夫的如此暴力？我们从离婚申请人那里得知，她是一个"生长于体面家庭，本人有良好教养"的妇女，丈夫与她也算般配；没有说他喝醉了酒，也没有任何一方有不忠的行为（这是请求离婚的最常见的原因）。因此，显然需要一些解释，如果不叙明产生不幸的具体情境，离婚的理由就没有被"详尽而特别"列明。

据说有这样的论点：既然丈夫有一次"用马鞭打她，还有一次用树条抽她，在她身上留下了几处青肿的伤痕"，这一事实本身也就构成离婚的充分原因，不必列明伴随这些伤害实施的具体情境。这正是本案要面对的问题。

妻子必须服从丈夫。每个男人都必须统治他的家庭，如果妻子因其不羁的性情和放肆的言辞而不断辱没丈夫，而他竟然容忍屈服，那么他不仅失去了所有的自尊感，而且丧失了家庭其他成员的尊敬；没有这种尊敬，他就不可能统治他们，并且会在邻里中名誉扫地。从人类的原初开始，这种状态就一直是婚姻关系的应有之义。上帝对女人说："你必恋慕你丈夫；你丈夫必管辖你。"因而，法律授权丈夫使用必要的强力使妻子安分守己。为什么妻子辱骂或袭击、殴打一位邻居，依据普通法的原则，丈夫要负责赔偿？或者，妻子当着丈夫的面实施了重罪以外的不法行为，她并不承担责任？这是因为，法律赋予丈夫对妻子的人身管辖权，因而要采取适当的措施以防这一权力的滥用。

我们不再深入讨论了，这不是一个令人愉快的话题，我们也不愿招致不必要的、缺乏对弱性适当尊重的指责。就我们的目的而言，这样的阐明已经足够：可能存在这样的具体情境，它将减轻、宽宥丈夫，乃至认为丈夫"用马鞭打她，还有一次用树条抽她，在她身上留下了几处青肿的伤痕"是正当的，因而不给她声请离婚、丢弃丈夫的权利。举例来说，假如丈夫回家后妻子对他恶言相向，叫他流氓，不如死了算了。他因这种挑衅刺激而暴怒，举起恰好在手中的鞭子打了她。依我们的意见，这就是附随于丈夫行为的具体情境，并且也是他行为的诱因，它使丈夫的行为正当化，以至于法庭不仅驳回她的请求，还要奉以劝诫："如果你改善自己的一言一行，你就能指望更好的待遇。"

★ 皮尔森法官对夫妻关系的一本正经的叙述，可能使当代的读者感到震惊。除了《圣经》，皮尔森还可以引证一些令人尊敬的权威，以支持某些关系是"传统的"和"自然的"思想。亚里士多德在《政治学》中说：

> 第一个家庭是从妇人和奴隶这两种人的联合中脱胎而来的，诗人赫西俄德（Hesiod）说得好："首先得到一座房子、一个妻子和一头牵犁的耕牛。"（牛是穷人的奴隶。）这种按照自然法建立而又日复一日延续下来的人的联合就是家庭。

三、北卡罗来纳州诉布莱克案 [State v. Black, 60 N. C. 262 (1864)]

首席法官皮尔森：

丈夫要为妻子的行为负责，为统治家庭之目的，法律许可他对妻子施用必要的强力，以克制她的暴躁脾气，使她安分守己。除非造成了永久的伤害，或者有过分的暴力，其残忍程度说明了暴力的实施是为了满足丈夫自己邪恶的激情，否则法律将不会介入家庭或者走入幕后。法律更愿意让夫妻双方自行解决，这是引导他们重修旧好的最佳方式。

像本案这样暴露家庭内幕，肯定是毫无益处的。对当事双方而言，在法庭上将夫妻间的争吵和打斗公之于众，扩大了感情裂痕，使和好几无可能，并且鼓励了桀骜不驯。对公众而言，这是个危险的趋势。因此，为了公众利益，这类事情应被排除法庭，除非造成了永久的伤害，或者存在过分的暴力，其残忍程度昭示恶意与报复。

本案中，妻子挑起了争端。在极端的羞辱导致的激情支配下，丈夫拽着她的头发，把她拖倒在地，但他克制住自己，没有动手打她。她承认，他并没有卡她的脖子，而她在站起来以后继续辱骂他。在这种状态下，陪审团应当作有利于被告的裁决，像"潘德格拉丝案"和"乔伊纳案"所作的那样。

有人坚持认为，本案夫妻分居，不适用上述原则。我们认为，对正式离婚者可以不适用，但法律可以不理会私下的分居协议。在此，丈夫仍然为她的行为负责，婚姻关系及其附属内容都未受影响。

★ 法庭援引"潘德格拉丝案"与"乔伊纳案"作为先例。这两案和"布莱克案"的事实有何相似与不同？作为"布莱克案"指导的两个先例，其明确程度如何？"布莱克案"的结果是否已由两个先例所注定？法庭在"布莱克案"中指出：不必承认夫妻双方私下的分居协议。为什么维护这一协议没有维护家庭隐私重要？这些案例反映出，家庭中的权力失衡问题被回避了。法庭避重就轻，径行过渡到"责打如何发生，何时何地发生"这类问题上，不过这类问题的确能够在"较少感情用事"的情况下加以处理。像法律这样的职业，能够以感情为基础吗？感情用事的法治会是什么样子？"闭嘴"、"住口"之类能是法治吗？

四、北卡罗来纳州诉罗兹案 [State v. Rhodes, 61 N. C. 453 (1868)]

陪审团查明：本案中，丈夫被控殴打罪，他用一根手指粗细的树条打了妻子三下，其他事实在法庭意见中陈述。

法官里德（Reade）：

如果被打者不是被告人的妻子，那么，所指控的暴力无疑构成殴打罪。问题在于，被打者是打人者的妻子，这一事实在多大程度上影响本案？

法庭一向不愿关注由内部关系引起的琐细指控，比如师徒、师生、夫妻以及父母与孩子之间的关系。不是因为这些关系不受制于法律，而是因为将他们的纷争公之于众的害处大于这些琐细指控内容本身的坏处，这些纷争应该留给内部管辖。从刑事方面说，仅有两个案例记录：其中一案提出的问题是，妻子是不是一个有足够资格的证人去证明丈夫对她的殴打，殴打并未造成严重的、永久的伤害。法庭裁决她没有作证资格。另一案件涉及丈夫受到挑衅刺激后对妻子的一次轻微殴打，丈夫没有受到刑事处罚。法庭对该案的看法是，除非造成了永久的伤害，或者有过分的暴力，其残忍程度昭示了丈夫邪恶的激情，否则法律不会介入家庭或走入幕后。以上两案都不同于我们眼前的案件，第一个案件取决于妻子的作证资格；第二个案件涉及强烈挑衅刺激下的轻微殴打。

本案中没有值得证明的挑衅刺激，所发现的事实是"除了证人也想不起来的几句话外，没有任何挑衅刺激"。这几句话肯定是最不重要的，以至于没有留下任何记忆，因而我们必须认为暴力是没来由的。所提的问题也因而仅仅是，法庭是否同意给丈夫定罪，因为他在没有起因的情况下给妻子以中度的责打？

有关离婚的法律并不强迫夫妻分居，除非丈夫的举止粗暴残忍到使妻子不堪重负。丈夫的何种举止可以产生这样的结果，这是一个曾被反复考虑的问题。我们发现，很难就这一问题制定任何铁的规则。在有些案件中，必须存在实际而一再的针对人身的暴力；而在另一些案件中，谩骂、侮辱和漠视就足够了。可见，每一案件的处理是多么有赖于特定的情境。

我们曾经从其他年代和国家的经验、智慧中寻求帮助。

布莱克斯通[1]说："依照古老的法律，丈夫可以给妻子适度的管教，因为既然他要对她的不良行为负责，他就应当有权力控制她。但是，在查理二世的温和统治时期，这种管教权力开始受到怀疑。"沃顿[2]说，依照古代的普通法，丈夫有责打妻子的权力，但今天的刑事法庭则倾向于认为，婚姻关系不能构成殴打罪的抗辩事由。大法官沃尔沃司（Walworth）说，任何文明国家的法律都没有认可这种管教权；其实这倒不意味着英格兰不文明，而是源于野蛮风尚的古怪遗物，它附丽于英格兰的法律制度。有关适度管教的古老法律，即使在英格兰也受到质疑，而在爱尔兰和苏格兰已经被废止。这种古老规则在密西西比州被认可，但在美利坚合众国的其他地方却很少得到青睐。

从已有的论述可以看出，这一问题是多么令人迷惑。或许它将永远如此，因为它总是受到每个社会共同体的习惯、生活方式和条件的影响。不过，有必要设立符合事物本质的精确而实用的规则，用以指

---

[1] Sir William Blackstone (1723—1780)，曾在牛津大学任教，先后任王室法律顾问、王座法院法官等职，经典著作是 *Commentaries on the Laws of England*。

[2] Francis Wharton (1820—1889)，马萨诸塞州的坎布里奇神学院教授，主要著作有 *Treatise on the Conflict of Law*。

导我们的法庭。

我们的结论是：家庭治理是像国家统治一样被法律认可的，并且是从属于国家统治的；不论是对丈夫有利，还是对妻子有利，我们都不愿干涉或者试图控制它，除非造成了永久或恶意伤害，或者有这样的危险，或者当事人已经不堪忍受。这是因为，无论暴躁、争吵乃至造成短暂痛楚的个人冲突有多么大的恶害，它们也无法与揭开家庭帷幕，将家庭生活暴露于公众的好奇和品评之下所导致的恶害相提并论。每个家庭都有也必须有自我治理，治理方式要适合其成员的脾气、禀性和状况。仅仅是爆发的激情、冲动的暴力和短暂的痛楚，很快会被情感遗忘和原谅，每个成员都会宽宥他人的弱点。但是，一旦家务琐事被公众所关注，当事各方被曝光进而丧失尊严，并且每个人都不遗余力地归罪对方而为自己寻找正当根据，那么，本应一天忘却的事情将被终生牢记。

在本案中有人极力主张：既然没有挑衅刺激，暴力当然就是过度而充满恶意的；每个人，不论与他人的关系如何，在服从权威、恪尽职守的前提下，都应当能够免于痛苦和伤害。并且强调，关于女教师鞭打孩子的"潘德格拉丝案"，已经确立了一项规则：如果教师极大地滥用权力，将权力的运用作为其恶意的遮掩，即使没有超越授权，没有造成永久的伤害，也仍然要给他刑事处罚。但请注意，这里的用语是"如果教师极大地滥用权力"，于是每个人都立刻说，本案没有任何原因，纯粹是出于恶意与残忍。如果不是这条规则的存在，那么任何针对陌生人的堪称袭击的暴力都将被立案调查，看有没有挑衅刺激，那将与我们曾说的"不罚琐细之事"相矛盾。如果在每个案件中都寻找挑衅刺激，那又如何举证呢？以本案为例，证人说除了一些不重要的话以外，根本没有什么挑衅刺激。但是，谁能说清这些无关紧要的话对于丈夫的意义？谁能告诉我们此前一小时发生了什么，一周来每个小时都发生了什么？对丈夫而言，这些话可能比宝剑更加锋利。假定能够知道每一案件的挑衅刺激，则法庭将费尽气力去称量每一家庭争吵作为挑衅刺激的分量，用以称量的砝码又是什么呢？

假定一个案件来自陋屋茅舍，住在那里的人，对于细腻的情感、优雅的举止既不欣赏也不了解，如果让他们为鲁莽行为或琐碎暴力负责，当事人自己会惊诧不已。他们在乎什么侮辱和玷污呢？在这类案件中，立案调查或惩罚又能达到什么目的呢？再假定一个案件来自中产阶级，那里是温情与纯真的栖息地，不过仍然难免脆弱的本性，有时也会被神秘的激情所驱动。有什么能比把事情闹得满城风雨，对他们来说更为懊恼，对社会来说更为有害呢？或者，考虑一个来自上层社会的案件，在那里，教育和文化如此高雅，以至于眼神亦如刀割，言辞宛若锤击；在那里，最精致的关怀给人快乐，最轻微的忽视带来痛苦；在那里，不敬即为屈辱，曝光就是毁灭。如果将这些案件一并呈上法庭，指控的罪名和所作的证明也都相同，那么，适合于所有这些案件的对陪审团的指导只能是这样：它们都有自我形成的、适合各自特定情况的家庭治理，除了某些极端重要的案件要求法律伸出有力臂膀以外，那些治理是终局性的、不能上诉的，必须服从这些治理。

必须注意，我们这样裁决的依据，不是丈夫有权鞭打妻子，而是我们不愿干涉对琐细事务的家庭治理，不愿去处罚琐碎暴力这个较小的恶害，使社会蒙受揭开家庭隐私帷幕这个更大的恶害。两个不满14岁的男孩在操场上打架，法院将不予理会。这不是因为孩子们有权打架，而是因为应由课堂或家庭给他们更适宜的管束。像一些古老权威所说，很难看出拇指是如何成为打人工具的尺寸标准的。一次或几次轻微的责打，即便用一根比拇指还粗的木棍，也可能不会产生伤害，但是，用一根只有拇指一半粗细的树条，也可能致人死亡。标准只能是实际产生的效果，而不是产生效果的方式或者所用的工具。

因为我们的意见与一些兄弟州的判决不一致，也不符合一些令人尊敬的法学家的观点，又由于他们的见解本身就相互矛盾，所以不可能与其完全一致。对他人意见合乎礼仪的尊重，促使我们非常详尽地陈述理由。原判正确。丈夫胜诉。

★ 就北卡罗来纳州以前的判例看，法庭认为案件所涉及的问题"令人困惑"，也就是尚未解决。如果法院不介入低于一定标准的家庭纠纷，那么丈夫很容易成为家庭暴力袭击的发动者，法院难道不是认可了丈夫直逼底线的惩罚权吗？家庭治理是怎样的一种治理？将家庭类比为国家统治，有助于法庭解决眼前的问题吗？法庭还引证其他国家和州的案例，这些援引是加强了还是削弱了作为先例所确立的、丈夫可以责打妻子的规则？

五、北卡罗来纳州诉梅布瑞案 [State v. Mabrey, 64 N. C. 592 (1870)]

陪审团查明：1869年6月7日，在被告人的房子里，被告人和妻子拌了几句嘴，他威胁要离开她，说了一些很不得体的话。妻子动身离去时，他抓住她的左臂，说要杀死她，并抽出一把匕首向她挥去，但没有刺到她；他抽回匕首，好像要再次挥去，他的胳膊被一位旁观者拉住，妻子趁机挣脱跑掉；被告没有追赶，但警告她别再回来，否则就杀了她；他没有刺到她，也没有造成任何个人伤害；他是一个性情暴戾的人，等等。庭审法官阁下的意见是被告人无罪，并依此意见形成了判决。代表州政府的起诉律师提出上诉。

法官里德：

本案的事实说明了被告人野蛮而又危险狂躁，在一个信仰法律和基督的国家里不能容忍这一切。我们严格依照"罗兹案"以及其他先例所确定的原则，即，法院不愿侵入家庭内部，受理家庭治理过程中的琐碎暴力案件。但是，人与人的任何关系都不能作为实施或威胁实施恶意而危险的狂躁暴行的挡箭牌。在"罗兹案"中，陪审团得到的指导是："丈夫有权用不粗于他的拇指的树条鞭打妻子。"为平衡这一偏袒，法庭又说："一次或几次轻微的责打，即便用一根比拇指还粗的木棍，也可能不会产生伤害，但是，用一根只有拇指一半粗细的树条，也可能致人死亡。标准只能是实际产生的效果，而不是产生效果的方式或者所用的工具。"这些话对于该案的事实是适用的，但在本案的法庭辩论中，它们被曲解为在任何情形下，无论使用什么工具，出于何种动机或意图，除非造成永久伤害，法院不会干预。因此，在这里，尽管生命受到了威胁，使用了致命的刀具，只是被旁观者拨转了方向，法院依然不愿干预。我们拒绝接受对"罗兹案"的这种解释，应作被告有罪的判决。原判决是错误的。

★ 里德法官在"罗兹案"和"梅布瑞案"中都写了法庭意见。在先前的法庭意见里，有没有什么话是他希望自己不曾说的？又有哪些话是他希望自己早该说的？

六、北卡罗来纳州诉奥利弗案 [State v. Oliver, 70 N. C. 60 (1874)]

陪审团查明：某天早上，被告在早饭时间过后才醉醺醺地回到家中。他拿了一些咸猪肉，说上面有蛆，妻子不愿意去清洗。他将咖啡壶摔到屋角，走出屋去折了两根树条，拿回屋中掷在地板上，告诉妻子他要揍她，因为她和她那该死的妈妈气得他要死。然后，他用两根树条狠狠抽了她几下。两根树条大约4英尺长，有半截儿带有枝杈和叶子。其中一根有男人的小手指一半粗细；另外一根要细小一些。他用两手握着树条，在她的手臂上留下青肿的伤痕，两个星期才痊愈，但没有影响她的日常劳作。一个证人发誓说，丈夫使尽了全力；其他证人作证说，在他打了几下后，大家让他停手。被告停了下来，声言如果不看在大家的份上，就打她个皮开肉绽。

基于这些事实，法庭认定被告有罪，罚金10美元。被告上诉。

法官塞特尔（Settle）：

"只要树条没有他的拇指那么粗，丈夫就有权用它责打妻子。"我们可以假定这一古老原则在北卡罗来纳州不是法律。的确，法庭已经脱离了野蛮，直至进步到这样的立场：在任何情况下，丈夫都无权责打妻子。只是出于公共政策的动机，为保持家庭生活圈的神圣，法院才不理会琐细的控告。

如果没有造成永久的伤害，丈夫也没有表现出恶意、残忍或危险的暴力，那么最好还是放下帷幕，挡开公众视线，让当事各方自行忘却和宽宥。没有什么总的规则可以适用，任何案件必然有赖于具体的情境。

但在本案中，我们认为事实表明了恶意与残忍。

一个男人在神圣的殿堂里向一个女人承诺了爱、安慰、体面和抚养，竟然对她施以粗暴的双手，还说他没有满怀恶意与残忍，这简直是难以想象的。

州法院的判决是正确的，本庭维持原判。

★ 法庭有多个先例值得注意，但它都没有引证。这如何解释？本案的结果用先例的观点能够被预测出来吗？未来的案件还可预测吗？如果奥利弗在审判前问律师："我的结局如何？"律师能怎样答复？奥利弗能说自己是基于对本州判例法的信赖才精心策划了这一殴妻事件吗？

这些案例中值得特殊注意的是，法庭竟然在没有明确承认的情况下就似乎转变了态度。在稳定性的幌子下，变化不断发生着，人们不禁想到那个比喻：一把用了几百年的斧子——有两个新头和六支新柄！

第二章

法　官

> 在既没有对比，又无人知道差异时，公鸡也能冒充孔雀或夜莺。
>
> ——特里温，《政府》，1971年

> 法律是读出来的，不是写出来的。
>
> ——唐纳德·金斯贝利，《求爱的仪式》，1981年

♣ 从前，好莱坞为一部电影或电视连续剧物色法官的扮演者时，会找一个什么样的人呢？可能是白人，50多岁，平滑的灰白头发，略带傲慢但又不乏同情，冷静、深邃、孤高，等等。这样的形象在大众文化中盛久不衰，以至于它有了自身的生命，从而掩盖了判决过程的现实。普通人在法庭上面对法官时，会觉得自己非常渺小。流行的神话又大大有利于法律职业者，比如，律师们无需直接诋毁司法的智慧与权威，也无需承认自己处理案件的无能，就可以向不满的委托人解释说，法官在某种程度上是"被迫"这样判决的。

对混杂的先例原则的研究已经提示你，法律职业者有一系列的不必受判例法约束的行动。法官们同样能够且必须选择自己的行动路线，他们不是一台自动售货机，奴隶般地追随法律先人们所作的判断。在司法意见的表面之下，潜藏了怎样一些因素？

杰罗姆·弗兰克（Jerome Frank），一位教师，一位律师，后来是一位法官，他揭示了审判过程的现实，揭穿了法律及其过程的神话，并且建议进行有益的变革。法官、警察、检察官行使着自由裁量权，因而过滤着相互竞逐的有关法律、正义和程序的概念，并且操控着日复一日的法律结果。

第一节　判断的形成

顾名思义，法官达成裁断的过程就是在判决。如果想要了解什么东西参与了判决的制作，我们必须观察普通人在面对日常事务时是如何达成判断的。

心理学家告诉我们，判断的过程很少是从前提出发，随后得出结论的；与此相反，判断始于一个粗略形成的结论。一个人通常是从结论开始，然后努力找到能够导出该结论的前提。如果他不能如愿以偿地找到适当的论点，以衔接他的结论与他认为可接受的前提，那么，除非是一个武断而疯狂的人，他将摈弃这一结论而去寻求另一结论。

律师将案件提交法庭，在他的思想中，结论优于前提而占统治地位，这是比较明显的。他为委托人工作，因而有所偏袒。如果他想要取得成功的话，就必须从确保委托人胜诉的结论出发，从所渴求的结论倒推出他认为法庭乐于接受的某个大前提。他提请法庭注意的先例、规则、原则和标准构成了这一前提。

"结论占统治地位",虽然对律师而言是明显的,但对法官而言却不那么明显,因为对司法判断过程的传统描述,不仅不承认这种倒推的解释,而且认为,法官以某种规则或法律原则作为前提,将这一前提运用于事实,并由此达成判决。

既然法官是人,既然任何人的正常思维过程大都不是通过三段论式的推理达成判断的,就有理由假定,法官不会仅因身披法袍就采用这样一种人工的推理方法。司法判断,像其他判断一样,无疑在多数情况下是从暂时形成的结论倒推出来的。

教学实践证明,尽管书中的答案碰巧是错误的,但课堂上相当一部分学生却成功地得出这一答案。学生们会努力并最终获得书上所要求的答案。法庭的推理过程通常与此异常相似。

但是,法官从结论倒推出原则的想法是如此的异端,以至于很少发现这样的表达[1]。法官每天都与判决打交道,他们要发表所谓法庭意见,以便陈述他们结论的根据。然而,你无法通过这些法庭意见发现任何起码相似于真实判决过程的表述。它们是按照由来已久的理论写成的,也就是,将某个规则或原则作为大前提,将案件事实作为小前提,然后通过纯粹的推理过程得出他的结论。

时而,某个心智敏锐、开诚布公的法官会用朴实的语言描述他的方法。不久前,法官哈奇逊(Hutcheson)写出了一篇诚实的有关司法过程的报告。他告诉我们,在分析了所有掌握的资料并深思熟虑之后,他驰骋自己的想象,

---

[1] 多年前,格雷戈里(S. S. Gregory)曾劝告:"打赢官司的法门在于使法官乐于作有利于你的判决,为此,必须只援用那些证明这样一个判决是正当合理的先例。你几乎总能找到大量有利于你的先例来引用。"

沉思着原因，等待着感觉、预感——那直觉闪电在疑问与判决之间擦出的火花，照亮了司法双脚所跋涉的最黑暗的道路。在感觉或"预感"自己的判决时，法官的行为精确地与律师对案件的处理相一致。只有这样一个例外：律师已经在其观点中预设了目标——为委托人赢得诉讼——他仅搜寻和考虑确保既定方向的那些预感；而法官仅肩负作出公正判决的一般使命，他沿着预感引导的道路前行，而不计较会被引向何方。

我现在说的是判决的本身，而不是法官玩弄的辞藻和对判决的解释或辩解。法官的确是通过感觉而不是判断，通过预感而不是逻辑推理来判决的，这种逻辑推理只出现在法庭意见中。判决的关键冲动是个案中对于什么是正确、什么是错误的直觉；精明的法官，在已有定论后，劳其筋骨，苦其心智，不仅为了向自己证明直觉是合理的，而且还要使之经得起批评。因而，他检视所有有用的规则、原则、法律范畴和概念，从中直接或类比地选出可用于法庭意见者，以证明他所期望的结果是正当合理的。

可以认为，上述关于法官如何思维的描述是基本正确的。[1] 但要考虑一下后果：如果法律是由法官的判决构成的，并且如果这些判决是基于法官预感的，那么，法官获得其预感的方式，就成为司法过

---

[1] 一个世纪前，伟大的肯特法官（Chancellor Kent）解释了他形成判决的方法。他首先使自己"掌握事实"，然后，"我看到公正之所在，道义感在一半的时间里决定了法官的活动；随后我坐下来寻找权威，时而我可能受困于某个技术规则，但我几乎总能找到符合我的案件观点的原则"。

程的关键。产生法官预感的东西缔造了法律。

什么产生预感呢？什么刺激使法官觉得应该努力证明某个结论正当合理呢？法律的规则和原则就是这样一组刺激。但是，还有另外一些刺激未被揭示，在讨论法律的特征或本质时也很少被考虑，它们通常被称为法官"政治的、经济的和道德的偏见"。稍加思索就会承认，这些因素必定在法官心目中起着作用。

法官的经济和社会背景影响着判决，同样，习惯也影响司法判决。无论什么力量要影响法律的增长，最终都只能通过影响法官来施加它们的影响。但是，一般人的推论和意见背后隐藏的因素是什么？答案肯定是：取决于人的个性。这些独特的个人因素通常是更为重要的判决原因。

一个人的政治或经济偏见经常被他对某个人或组织的好恶所左右，这种好恶缘于他的某个独特体验。其次要考虑到，在了解事实的过程中，法官的同情和冷漠往往取决于证人、律师和诉讼当事人的形貌举止。他过去的经历也能增减对各色人等的反应——金发碧眼的女人、有胡须的男人、南方人、意大利人、英格兰人、管道工、部长、大学毕业生或者民主党人。某种特定的口音、咳嗽或手势就能勾起痛苦或愉快的记忆，这些记忆可以影响法官对证词及其分量或可信度的最初听取或随后回忆。

证人作证也受其经验和性格的影响，人们倾向于看那些他们想看的东西。即使证人是率直而诚实的，他们的内心确信也因其对当事人的偏爱或偏见而多少受些歪曲。我们很容易通过推理说服自己相信，我们所希望的事情确实存在。通常的情形是，一个长时间沉浸在某个问题上的人，认为一件事可能已经发生过，并且最终形成确信：那件事的确发生了。

法庭已经注意到这些错误的巨大可能性，因此一再声明，主审法官最为重要的作用之一就是在确定证据价值和分量的时候考虑证人的品行。

法庭提请注意下列至关重要的事实：证人陈述时的语调，回答提问时是踌躇犹疑还是迫不及待，证人的神色、仪态，他的惊讶迹象，他的手势、热情、沮丧、表情，他的呵欠，他的眼神运用，他的诡秘或意味深长的一瞥，他耸耸肩，他的音高，他的沉着或窘迫，他的坦诚或轻浮。由于这些情形只能彰显给确实听到和看到证人的人，因而上级法院一再声明，在推翻主审法官建立在言词证据之上的判决时颇感迟疑。上级法院认识到，摆在面前的仅仅是一份速记的或者打印的作证报告，这样一份书面记录并不足以重现任何事情，而只能记载证人的冰冷词句。

非常奇怪，很少有人认识到，证人在这一意义上是一位法官，而法官在同一意义上也是一名证人。他是法庭上所发生的一切的证人，他必须从自己的所看所听，从证人的用语、手势和其他举止中确定案件事实。像那些在他面前作证的人一样，法官对事实的确定也不是机械的。如果证人不免记忆失误或者想象重构，那么法官同样不免对证词的理解缺陷。因此，远在他必须以案件事实来决定正确与错误、公正与偏私之前，主审法官就已经随着证词的渗入而进行了诸多的判断或推论。他对证人所言及其真实程度的确信，将决定什么是他所认为的"案件事实"。自然而然，作为一个看到了庭上所发生的一切的证人，法官所确信的那些"事实"通常将处于支配地位。因而，法官不计其数的独特品格、禀性和习惯，经常在形成判决的整个过程中起着作用。

下面这段话出自一个人的回忆，他曾经做过检察官，也做过法官：

> 为了获得对自己有利的判决，运用一定的手段选择法官有时几乎是幽默十足的。几年前，芝加哥最精明的律师之一，就案件主审法官的选择问题与作为检察官的我交换意见。我只对28名法官中的一位提出反对，而针对我提到的一位法官，他说"不，几周前他判了一个案子，用了我不喜欢的方式"。针对另一位法官，他说"不，他头脑不够清醒，又很可能读了某篇社论"。他针对又一位法官的意见是："不，他会嘲笑我的证人。"对下一位法官的反对意见是："如果我的委托人被定罪，这家伙会判他最重的刑。"

因此，说人们通常因信赖"既定之法"而有计划地去行动，这样说是很荒谬的。

★卢埃林认为，杰罗姆·弗兰克夸大了心理因素和法律的不确定性，贬低了法律的可预测性：

> 法律，事实上比他所指出的更可预测，从而也更加确定。他对绝妙幻象的彻底热忱，使其对幻象的描绘比幻象本身更加虚幻。我们必须认识到，判断的方式、思想的方式以及"用法律术语"权衡事实的方式，在我们的法院是如此别

具一格，以至于从一个人的判断反应，就可以将法律人与外行人区别开来。[1]

杰罗姆·弗兰克有可能怎样回应卢埃林呢？判决是在律师和当事各方的参与下公开制作的，记录在案，公布结果并且可以上诉，这些事实是否为自由流动的心理力量和直觉提供了额外的限制？对某些人而言，法官在判决制作过程中会尽量避免直觉和预感，并且"严格依照法律和事实"。直觉应当起什么作用？直觉可以培养和改进吗？或者直觉就在那里？直觉与客观能够和平共处吗？规则或直觉、客观或主观，这些因素中有哪个是可以控制的？弗兰克相信，虽然法官受过专业训练，进行过案例学习，但他们依然像普通人一样进行判断。将法官说成"普通人"，是有其政治用意的。

♣ 案件发生时法官是不在场的，法官面临着两个难题：弄清案件事实；依法作出裁断。前者类似考古，只能依赖已找到的文字和实物，还原历史真相是极为困难的，很多时候甚至是不可能的；后者的前提是能够确定某种案件事实，但要作出正确裁断也是困难的，因为法有时也不在场，法官需要去找法。下面的"女王诉达德利和斯蒂芬斯案"［The Queen v. Dudley and Stephens, L. R. 14 Q. B. D. 273 (1884)］就是最好的示例。

---

［1］ Karl N. Llewellyn, *The Common Law Tradition* (Boston：Little, Brown, 1960).

第二节　紧急时无法律

理查德·帕克在公海上被谋杀,海事法院有管辖权,法官赫德莱斯顿(Huddleston)主审。在这位博学的法官建议下,陪审团裁决认定了以下事实:

在押人托马斯·达德利、爱德华·斯蒂芬斯和布鲁克斯都是健壮的英国海员,死者是一个十七八岁的英国男孩,他们都在一艘英国邮船上做事。1884年7月5日,在离好望角1 600英里的公海上,邮船因风暴而失事,他们4人被迫爬上邮船携带的一只无篷小船。小船上除了一磅萝卜的两个小桶以外,没有淡水和食物,因而3天时间里,他们没有其他可以维系生命的东西。第4天,他们捉到一只小海龟,靠了它又坚持到第12天,海龟的残体被彻底吃光,以后的8天他们没有任何东西可吃了。他们没有淡水,只是偶尔用油布斗篷接一点儿雨水。小船在海上漂流,离海岸大约1千多英里。直到第20天,即案件发生那一天。

达德利对布鲁克斯谈及,如果救援未到,应当牺牲某个人以拯救其他人,但布鲁克斯不同意;那个男孩——大家心照不宣地知道要牺牲的是他——没有被征求意见。7月24日,案件发生前一天,达德利提议抽签决定谁将被处死,以挽救其他人的生命,但布鲁克斯仍不同意,男孩也没有被告知,事实上也没有进行抽签。那一天,达德利建议说,他们都是有家口的人,最好是杀了男孩。如果到次日早上仍看不见船只,就采取行动。

次日,7月25日,没有船只出现。达德利告诉布鲁克斯最好走开去睡一觉,并对斯蒂芬斯示意下手,斯蒂芬斯同意,而布鲁克斯仍然反对。当时男孩无助地躺在船尾,因饥饿和饮用海水而极度虚弱,无法进行任何反抗,也从未同意被杀。达德利做了祷告,祈求他们都能得到宽恕,灵魂能够得到拯救。达德利在取得斯蒂芬斯同意后,走向男孩,告诉他死期到了,将匕首插入他的喉部,当即杀死了他。

他们靠男孩的血和肉生存了4天,也就是在本案发生后第4天,这条小船被一艘经过的船发现,3人获救,但身体已极度衰竭。如果这些人没有吃男孩的话,可能活不到被救的时候,他们会在4天之内死于饥饿。那个男孩,因其更为虚弱,非常可能死在他们前面。行为当时,看不到任何船只,也没有任何获救的合理展望。似乎除了当即食用男孩或他们中的某个人,他们将死于饥饿,没有可知的挽救生命的机会。但是,综合全部事实,陪审员们并不知晓,达德利和斯蒂芬斯杀死理查德·帕克是否构成谋杀,因此需要法庭的建议,并且会一致服从法庭的建议。

首席法官科尔里奇勋爵[1]:

本案的真正问题仍然有待思考,在上述情境下杀人是否构成谋杀。认为不构成谋杀的论点,对我们所有人而言是新颖而奇特的,我们想听清楚,什么样的说辞能够支持这种似乎既危险而无道,又有悖于所有法律原则的主张。

据说这种主张来自权威著作中的谋杀定义,称这些定义暗示了这样的原理:为了挽救自己的生命,你可以合法地剥夺另一个人的生命,即使这另一个人当时既没有企图威胁也没有实际威胁你的生命,并且没有针对你或他人实施任何非法行为。不过,如果看一下这些定

---

[1] Lord Coleridge,又译柯勒律治勋爵(1820—1894),时为英格兰高等法院首席大法官。

义,就会发现它们并不支持这一论点。

向我们引证的最古老的一段文字出自布拉克顿[1],他生活在亨利三世统治的时代。很清楚,布拉克顿是在通常意义上论述紧急状态的:用暴力来反抗,只要该暴力是抗制针对自己的不法暴力所必须的,就是正当的。布拉克顿说,如果该紧急状态是"可回避的,他能够不受伤害地逃避,则构成杀人罪"。用语清晰地表明,使杀人成为正当的只能是一种"无可回避的暴力侵害"。

更为清楚的是,所争辩的原理并没有得到伟大的权威黑尔勋爵[2]的支持。他的明确观点是,使杀人成为正当的理由只有紧急状态一种。他说:"在所有的紧急状态杀人案中,像追捕重罪犯,杀死为抢劫而袭击者或者杀死就要烧毁房屋或破门而入者,等等,本身都不构成重罪。"他又说:"使杀人正当的紧急状态,是指为防卫自我生命安全而杀人,通常称为正当防卫。"

黑尔勋爵在讨论因胁迫或紧急状态而免罪时是这样表述的:"如果一个人受到致命攻击,生死一线,只有杀死一名在场的无辜者,才能平息攻击者的愤怒。即使是这种情况,也不足以开脱其谋杀的罪与罚,因为他应当宁可牺牲自己,也不应当杀死一名无辜者;但如果他为挽救自己的生命而别无选择,法律允许他在防卫中杀死攻击者。"

黑尔勋爵进一步指出:有人说在极度缺衣少食的紧急状态下"偷窃不再是偷窃,至少不作为窃贼来惩罚。但我认为,至少依英格兰的法律,这种说法是错误的。因此,一个人在缺衣少食的紧急状态下,

---

[1] Henry de Bracton,生于英格兰的德文郡,卒于1268年,曾任巡回法官和王座法院法官。

[2] Matthew Hale (1609—1676),曾任理财法院首席法官和王座法院首席法官,他的 History of the Common Law 可能是英格兰普通法史上第一部成文著作。

怀有偷窃的意图,秘密地取得另一个人的财物,这是重罪,一种依英格兰的法律要处以死刑的犯罪"。因而,如果饥饿不能使盗窃变得正当,那么对于饥饿使谋杀正当的所谓原理,黑尔勋爵又会做何评说呢?

爱德华·伊斯特爵士[1]讨论的案例是人所共知的:两个翻船落水者只有一块仅能浮起一人的木板。但他没有给出确定的结论。萨金特·霍金斯(Sarjeant Hawkins)与伊斯特的观点相同:唯一正当的私人性质的杀人,只能是为了防卫一个人的人身、房屋或财产免受暴力侵害。

那么,有无权威观点支持提交给我们的无罪主张呢?判例是没有的。我的同事斯蒂芬[2]引用的一个美国判例认为,水手们虽然没有权利为了保全自己而将乘客扔到船外,但基于某种奇怪的理由却又认为,决定谁将作为牺牲品的适当方式是抽签。正如斯蒂芬所说,这一判例无法成为令我国法院满意的权威意见。

培根勋爵创制了下述法则:"紧急状态有其自身的特权,第一项特权就是维持生命。如果一个人为了免于饿死而偷窃食物,那既不是重罪,也不是盗窃。因此,如果某条小船倾覆而使落水者面临溺毙的危险,一个落水者爬上一块木板,使自己不至于沉到水里,而另一个人为了保住自己的生命,将第一个人推离,使之溺水而亡,这既非自卫亦非意外事件,但却是正当的。"要注意的是,培根勋爵没有引证权威的观点,这一定是他自己的观点。培根勋爵是伟大的,但也允许

---

[1] Sir Edward East (1764—1847),1813 年任英属加尔各达首席法官,后在枢密院司法委员会任职,因 *Pleas of the Crown* 一书而闻名。
[2] Sir James Fitzjames Stephen (1829—1894),英格兰法官和作家,著有 *Digest of the Criminal Law* 等著作。

没有他那么伟大的人，依据原则和其他权威来质疑他的法律格言的可靠性。

保护自身生命在多大程度上是一种绝对的、无条件的和至高无上的义务？我们不考虑战争中的情形，不讨论效忠王室、保卫国家所必须的那种杀人，只讨论个人性质的杀人。必须承认，深思熟虑地杀死一个既未挑衅又无反抗的男孩是不折不扣的谋杀，除非这一杀人行为能有法律承认的理由来使之正当化。但是，本案杀人行为的诱因并不是法律所认可的紧急状态。虽然法律和道德不同，且许多不道德的事情不一定是非法的，但是，法律与道德绝对分离，后果将是致命的。如果本案的谋杀诱因被法律认定为一种绝对的辩护理由，则法律与道德的分离将随之而至。

保存一个人的生命，总的来说是一种义务，但牺牲生命，也可能是最朴素、最高尚的义务。战争期间到处是这样的事例：一个人的义务不是去生，而是去死。海难中船长对其船员应尽的义务、船员对旅客应尽的义务，战争中战士对妇女儿童应尽的义务，这些义务赋予他们的道义责任，不是保全自己的生命，而是为他人作出牺牲。因此，存在绝对的、无条件的保全个人生命的紧急状态，这样的说法是不正确的。从希腊和拉丁的先贤那里引经据典，是对人所共知的学说的简便展示。先贤们用闪光而铿锵的语言，从世俗伦理中确立为他人献身的义务；而在我们这个信奉基督的国度，则只须提及我们誓言追随的耶稣的伟大榜样就足够了。在本案中，最弱小、最年轻、最无反抗能力的人被选中了。难道杀死他比杀死成年人中的一个更为紧急而必要吗？答案肯定是"不"。

这并不是说本案中的行为是"恶魔般的"，但非常明显的是，一旦这样的行径被承认，紧急状况就会成为肆意激情和残暴犯罪的烟幕。除了倾力坚持法律并依自己的判断伸张法律，法官的脚下没有安全的道路可走。如果在某个案件中，法律对个人显得太过严厉，那么，宽恕之权应当交予女王陛下之手。

我们虽然拒绝承认诱因是犯罪的借口，但也不应忘记本案的诱因有多么骇人听闻，磨难是多么忍无可忍。在这样的考验中，保持判断的正直和举止的纯洁是多么艰难。我们经常被迫确立自己无法达到的标准，定下自己无法遵循的规则。但是，人没有权利宣称诱因是一种犯罪的借口，尽管他可能屈从于这种诱因；也不允许为了同情犯罪人，而以任何方式改变或削弱犯罪的定义。因此，我们一致同意，在押人构成谋杀罪，判处死刑。[1]

★ 科尔里奇勋爵实现了正义吗？本案中的什么价值观处于危险中？本判决产生的益处和弊端各是什么？科尔里奇在作了不利于被告判决的同时，又为女王的减刑创造了条件。科尔里奇的价值观无疑影响着他对先例或其他权威的态度，我们相信他有能力写出一份有说服力的相反的法庭意见。一些法学家说，程序是法律的核心，判决的方式比判决的内容更为重要。这样说来，如果科尔里奇以一种审慎明智的方式形成判决，我们就应当满意了吗？

---

〔1〕 这一量刑后来被女王陛下改为 6 个月监禁。

第三章

价　值

> 我本想冷静而客观地写作,但我做不到;愤慨与同情不断渗透进来。或许这并不奇怪,因为死刑不仅是一种统计与权便,也是一种道德与感受。
>
> ——阿瑟·库斯勒:《反思绞刑》,1956年

> 即使是一个单纯的童话故事,也有关于老鼠和南瓜、仙姑和公主正确举止的一般规范。
>
> ——卡尔·卢埃林:"规范的、合法的与法律的工作",1941年

♣ 对于任何事物,包括法律,研究它的价值关系一般都是不受恩宠的。不愿考虑价值问题,部分地归因于相对主义。它有粗疏与复杂两种形式。粗疏的相对主义在这样的对话中可以捕捉到,一个人打断对方说:"这个吗,要看你的观点如何了。"有时,拒绝讨论有争议的观点,非常相似于一个小镇上的外交家虔诚的声明:"有两个问题我从不讨论——政治和宗教。"强调这一论点,可能是深恐自己暴露于

伴随价值探究过程的心理危险。

复杂的相对主义的典型是院士们的论点：所有的价值都是有情境的，换言之，都有赖于时间和地点。既然有了这样的结论，一些院士不再苦苦细究各种情境、时间、地点及与之相应的道德，而是放弃所有的探询，排除必要的思考。不仅如此，院士们通常主张，研究（好的研究）是（应当是）价值无涉的。除了没有认识到这一主张本身就包含着价值判断——像括号里的内容所显示的那样，这一信条还导致学者们心理准备不足，加剧了已经广泛存在的、作为学院派特征的反伦理和反政治的偏见。

律师们也不能幸免于相对主义和价值无涉的压力。法科学生所受的混杂的先例原则教育，教导他们说案件的任何方面都是有意义的，都能进行有效的论争。执业律师则积极地在任何地方为任何委托人的任何事业去论争，这样做有时会极大地使社会受益，但在最坏情况下也使法律执业中的价值范畴被忽视。

总体上背离自己过去的观念，会腐蚀律师的自我价值感，并助长令人烦恼的幻灭感，这是许多刚开始从事法律实务者经常感觉到的。白天为环境污染者辩护，夜间阅读塞拉俱乐部（*Sierra Club*）[1]的杂志，这样做并不容易。

在司法过程中，一旦技巧和工艺占了统治地位，就会导致文牍主义的结果。对于所有遭遇这一结果的人来说，都是一件可悲的事情。法国法理学家加奎·埃吕尔认为：

---

[1] 1892年成立于美国加州的环保组织，成员号称上百万，其座右铭是"探索、欣赏并保护地球"。

司法机构已不再承担寻求正义或者创制法律的责任，它只承担适用法律的责任。这种作用可以纯粹是机械的，不需要哲人或者有正义感的人，需要的只是一位优秀的技师。他明了技术原理、解释规则、法律术语，以及推演结论和发现答案的方法。[1]

因为绝大多数有争议的案件是有情境的，并且充斥着价值问题，所以有关相对主义或者价值无涉的表述都是文不对题的。价值问题在可能的情况下必须得到解释和论证，或者必须得到充分的讨论。随着有关价值问题辩论的展开，一种社会的紧张状态出现在规则与价值之间，迫使判决者为了预见未来而将现在与过去结合起来。卢埃林透彻地描述了某些有争议案件的作用：

有争议的案件，或者使学科训练无用武之地，或者使不羁的个性开辟着新的行动之路，或者使古老的制度受到新生力量的拷问。有争议的案件创制、打破、扭曲或径行建立了一条规则、一项制度、一个权威。当然，也并非所有有争议的案件都是如此，它们之中也有微不足道者，也有自古至今都存在着的平庸的法律货色。在社会生活之中，如果文化的紧张状态、新生的权力模式、古老的安全需要、自相矛盾的目的和有关正义的各种观点，都公然纠缠在一起，那么，这一切都将集中体现于有争议的、纷乱复杂的案件中。[2]

---

[1] Jacques Ellul, *The Technological Society* (New York: Random House, 1964).
[2] From *The Cheyenne Way: Conflict and Case Law in Primitive Jurisprudence*, by Karl N. Llewellyn and E. Adamson Hoebel.

要认真对待那一直困扰价值追寻的众多困难,这一话题如何简要地开场而又不满足于经典中"己所不欲勿施于人"和"爱邻里如爱自己"的训诫?可以采取两种方法:关注职业主义与价值是如何相互联系的;关注法律体系是如何处理那些提出深刻价值问题的案件的。

第一节 让弱智者绝育

**库克诉俄勒冈州案 [Cook v. State, 495 P. 2d 768 Or. (1972)],
法官弗利 (Foley):**

这是针对巡回法院所作裁定的上诉案,该裁定维持了1971年5月21日"州社会保护委员会"发出的为上诉人做绝育手术的命令:

(2) 依委员会多数人的判断,被审查人的情况将使其生育的孩子受到忽视,无依无靠,因为被审查人有精神疾病或者弱智,没有能力提供足够的照顾。

(3) 依委员会多数人的判断,被审查人的情况不可能好转到足以避免(2) 中所指出的后果。

上诉人,也就是命令中所说的被审查人曾经向一审法院提出请求,判令州政府从精神疾病和弱智中择一作为绝育的根据。庭审法院驳回了她的请求,并且维持了委员会的命令。余下的主张是:俄勒冈州法律的相关条文是违宪的,因为它歧视穷人,违反了州和联邦宪法有关平等保护的条款。[1] 该条规定:"委员会的调查、裁决和命令,应以避免此类生育为目的:孩子将受到忽视,无依无靠,因为他们的父母有精神疾病或者弱智,没有能力提供足够的照顾。"

上诉人是一名17岁的女孩,她有严重情绪紊乱的病史。13岁时,她被法院宣布为被保护人,并被带离家庭,因为证据显示,她在一段时间内曾受家人的身体侵害和性侵犯。在过去4年中,她被先后寄养于两个家庭、少年寄宿所、俄勒冈州立医院和州立学校。她的表现波动很大,从持续3个月的稳定期到富于攻击性的敌意——用语言和行动对他人进行威胁,以及自伤和逃跑。她在医院涉及一系列杂乱而冲动的性交,因此有人向社会保护委员会提出了一份请求书。

从上诉人成为法院的被保护人起,就有一位儿童心理学家对她进行跟踪治疗。他的证词显示,即使她可能掌握照顾自己和孩子身体的必要技能,也永远不会有能力提供孩子所需的家长般的指导和判断。他这一结论的根据是:女孩缺乏控制情绪的能力,在心理测试中判断力的分数一直很低,并且有虐待孩子的倾向。他说,由于有脑损伤,即使进行不间断的医疗,她的未来状况还是不会稳定,痊愈的可能性极小。精神疾病和弱智都是作用因素,并且相互交织在一起。

前述制定法为上诉人提供了公费律师帮助,上诉人也获得了充分告知和听证机会。因此,该法符合正当程序条款的要求。[2] 现在有必要确定,该制定法是否剥夺了上诉人受法律平等保护的权利。

1927年,美国最高法院支持弗吉尼亚州一项有关绝育的法律。绝

---

[1] 美国宪法第十四条修正案(1868年)规定:"任何一州,都不得制定或实施限制合众国公民的特权和豁免权的任何法律;不经法律的正当程序,不得剥夺任何人的生命、自由或财产;对其管辖下的任何人,亦不得拒绝给予平等的法律保护。"

[2] 美国宪法第五条修正案(1791年)规定:"任何人非经法律的正当程序,不得剥夺其生命、自由或财产。除非给予公平赔偿,私有财产不得充作公用。"

育被认为是有利于患者和社会的，因为它使患者不再依赖州的公共机构，能够返回集体并自立自养。

1942年，美国最高法院认为，俄克拉荷马州一项法律因违反了平等保护原则而违宪。该法的目的是防止犯罪特征的遗传，它规定对三次犯有特定重罪（其中一次指控竟然是盗窃小鸡）的人实施绝育。

虽然从字面上看不出对富人和穷人的区别对待，但上诉人争辩说，该制定法实际上仅适用于穷人，因为有钱的精神病或弱智者能够花钱雇佣他人照顾自己的孩子，不会让孩子受到忽视或者无依无靠。[1]

"受到忽视或无依无靠"在该法中并没有定义。上诉人要求我们将其解释为依靠州政府援助，因为制定法的目的就是使政府免于公共负担。俄勒冈州的法律规定并没有涉及父母的经济状况。

州政府对公民福祉的关怀扩展到未来的一代，像本案一样，当有充足的证据显示，即将为人父母者，因其精神疾病和弱智，将不能为孩子提供适当的成长环境，州政府有充足的利益命令实施绝育。

维持原裁定。

★ 法院竟然认为允许绝育的制定法符合正当程序！一般而言，正当程序意味着一州应以规定的方式行事。美国最高法院说，正当程序包括：得知控告的性质和理由的权利，取得律师帮助的权利，对质和交叉询问证人的权利，不自证其罪的特权，接触庭审记录的权利，以及上诉的权利。有了上述保护，"库克案"中的女孩还怕什么呢？

---

〔1〕最高法院曾经表示：俄克拉荷马州某一制定法否定了人的生育的基本权利。对于州立法机关的判断我们通常予以尊重，但这种尊重不适于影响基本人权的法律。

第三章 价 值

读本案时，至少有两个模糊之处给我们深刻印象。其一是该制定法的语言本身——"被审查人的情况"、"足够的照顾"、"无痊愈的可能"，等等；其二是谁因绝育而受益。该委员会冠以"社会保护委员会"之名，而法院也说绝育将有益于社会。谁是受益者，铲除的是何种恶害，这一切还不够清楚吗？

在疑难案件中，模糊之处应当从有利于个人还是有利于国家或社会的角度解决？

法院说，该制定法从字面上看不出对富人和穷人区别对待。这可能意味着，该制定法依其文字潜在地适用于俄勒冈州所有的人。

将上述平等观念与道格拉斯（Douglas）法官对我们即将讨论的死刑案所持的观点加以比较：

> 一条法律如果规定任何拥有超过 5 万美元的人将免予死刑，它便无异于径直规定只有黑人、未上到小学 6 年级的人、年收入少于 3 千美元的人，或者那些不受欢迎的、没有稳定收入的人才会被执行死刑。一条整体看来能够在实践中导致这一结果的法律，与明文规定这种结果同样是卑鄙的。
>
> 我们知道，法官在适用死刑时的自由裁量权，使该刑罚被有选择性地适用：如果被告是一个贫贱卑微、缺乏政治保护的人，或者是一个嫌疑分子，或者是一个不受欢迎的少数群体的成员，则自由裁量权助长了对被告的偏见；如果被告处于受到较好保护的社会地位，则自由裁量权能够拯救他们。刑罚随着社会地位的降低而增加，部分原因在于富人在这个国家收买最受尊敬、最为丰富的法律智慧的能力。

第二节　死刑是否违宪

弗曼诉佐治亚州案〔Furman v. Georgia, 408 U. S. 258 (1972)〕，**大法官马歇尔（Marshall）：**

所提出的问题是：死刑是否属于美国宪法第八修正案所禁止的残酷而非常的刑罚？

弗曼被控谋杀罪，因为当他闯入一户人家被发现时，开枪打死了一位有5个孩子的父亲。另外两个上诉案件涉及暴力强奸罪：杰克逊被确定有罪，他在被害人家中抢劫时，用剪刀指着被害人的喉咙实施了强奸行为；布兰奇也是在被害人家中实施的强奸行为，他没有使用武器，但却使用了暴力。

我们所面对的犯罪行为丑陋、邪恶，应受严厉谴责，它们是赤裸裸的暴行，不能也不应被轻视。我们不是被邀来宽宥这种应受刑罚处罚的行为的，我们仅仅被要求审查施加于上诉人的死刑是否违反了第八修正案。因此，问题不在于我们是否宽宥强奸或谋杀，而在于死刑是否一种"不再符合我们的尊严"，进而违反了第八修正案的刑罚。

我们必须谨慎行事。通过检视第八修正案的历史渊源及过去对它的解释，通过揭示死刑在这个国家的历史和特点，使我们能够以客观、适当、克制的方式回答摆在我们面前的问题。率直迫使我无法忽视这样的事实：这实在是生死攸关的事情，不仅涉及3个上诉人的生命，而且涉及这个国家正在等待执行的其他近600个被判死罪的男人和女人，必须使最终的决定免于任何可能的错误。

什么是残酷而非常的刑罚？在1910年的"威姆斯诉美国案"（Weems v. United States）中，威姆斯被控伪造公文，判处15年监禁，戴着脚镣从事苦役,被罕见地剥夺了公民权,并受永久监视。在决定这是不是残酷而非常的刑罚时,最高法院的结论是:该刑罚过分严厉了。"威姆斯案"成为一个里程碑,它标志着最高法院第一次宣布立法机关为某一特定罪名设置的刑罚无效。

另一个里程碑是1947年的"弗朗西斯诉拉斯韦伯案"(Francis v. Resweber)。弗朗西斯被确定犯有谋杀罪,电刑处死。电流第一次通过他的全身后,由于机械故障,他并没有死。其后,弗朗西斯吁求不被第二次执行死刑。最高法院的5位大法官认为,立法机关采用电刑是出于人道的目的,再次执行可能无意中增加被执行人的痛苦,有违人道的初衷。

1958年的"特罗普诉杜勒斯案"(Trop v. Dulles)是另一个重要案件。特罗普是一位土生土长的美国人,因被军事法院认定战时逃避兵役罪而被剥夺了公民权。首席大法官在强调"残酷而非常"这一用语的内在灵活性的同时写道:修正案的用语含义必须从不断发展的、作为一个成熟社会进步标志的、衡量体面的标准中引申出来。他得出结论:非自愿地失去公民权是过分严厉的。

4年后的"鲁宾逊诉加利福尼亚州案"(Robinson v. California)中,多数票裁定,因"吸毒成瘾"而被判90天监禁,是残酷而非常的。大法官斯图尔特重申,"残酷而非常"条款不是一个静止的概念,而是应以"当代人类知识"不断检视的概念。

也许,在分析"残酷而非常的刑罚"这一问题过程中,最重要的原则是,"残酷而非常"的用语"必须从不断发展的、作为一个成熟社会进步标志的、衡量体面的标准中引申出来"。因此,我国历史上某个时候允许的刑罚,在今天则不一定允许。

最高法院或其大法官个人过去可能表达过一种死刑符合宪法的意

见，这一事实现在不应束缚我们。[1] 历史显示，死刑从欧洲传入美国，但它到达这里后立即被大大削减。在我们的历史上存在过坚定的死刑废除论者，但他们从未取得完全胜利，因为只有不足1/4的州在某个历史时期废除了死刑。然而，他们取得了部分胜利，特别是减少死刑犯罪数量，以陪审团裁量代替法定死刑以及发展更人道的死刑执行方式。

现在面临的问题是，美国社会是否已经达到这样的程度，以至于死刑的废除不再有赖于特定司法区域内的群众运动，而是取决于第八修正案的要求？为了确定死刑是不是过分或不必要的刑罚，有必要考虑立法机关选择它作为一种刑罚的理由，并且检视是否有一种较轻缓的刑罚能够满足立法的合理需要。死刑被认为具有六个目的：报应、威慑、防止再犯、鼓励认罪、优生和节约。

第一，报应是刑法学中最令人误解的概念之一。歧见频仍的主要原因在于，多数人混淆了"为什么人类事实上适用刑罚"和"什么使人类的刑罚正当化"这两个问题。人类事实上适用刑罚可以基于任何理由，但是，有一个理由使刑法成为道义上的善或者在道义上是正当的：某人破坏了法律。

国家寻求对那些破坏其法律者的报应，这一事实不意味着报应就成了国家施加刑罚的唯一目的。我们的法学一直将一般威慑、防止再犯、危险人物隔离以及迁善作为刑罚的适当目的。对一个自由社会的政府而言，报复、复仇和报应已经被痛斥为无可容忍的热望。

报应之刑几百年来一直受到学者的抨击，而第八修正案本身就是

---

[1] 在"弗曼案"发生时，41个州、哥伦比亚特区仍然授权对至少一个罪适用死刑。

为了防止刑罚成为复仇的同义词。报应,无疑支持了对罪犯施加某些刑罚,但某些刑罚可以施加,并不意味着可以施加任何刑罚。时而听到这样的呼声:道义要求复仇,以证明社会对罪行的厌恶。但是,第八修正案使我们远离那个卑微的自我。"残酷而非常的刑罚"这一用语限制了复仇所要通过的道路。

第二,最热烈的争点是,死刑能否比终身监禁更好地威慑犯罪。必须承认,有些人宁死也不愿在监狱里煎熬余生。但是,他们能否将死刑作为一种选择,与我们现在讨论的问题——国家能否将死刑作为一种刑罚——大相径庭。死刑是不可挽回的,而终身监禁则不然;死刑当然地使迁善成为不可能,而终身监禁则不然。必须记住,我们考虑的问题不可简单地归结为死刑是不是一种威慑,而应归结为它是不是一种比终身监禁更好的威慑。

确定死刑的威慑力,再没有比这更复杂的问题了。每当一起谋杀案发生时,死刑作为一种威慑显然就是失败的。我们能够列举其失败,但却无法列举其成功。没人知道有多少人是因为害怕绞刑才不去谋杀的。赞成将死刑作为一种威慑的最强有力的两个论点,都是缺乏证据支持的逻辑假定。詹姆斯·斯蒂芬爵士于1864年做了最好的表述:

> 第一种假定是,没有任何其他刑罚能够如此有效地威慑人们。除非为冲动所驱使,没人会走向无可避免的死亡。为什么?只能是因为"人愿意用自己所有的一切换取生命"。任何次等的刑罚,无论多么恐怖,都有一线希望,但死亡就是死亡,它的恐怖是无以名状的。第二种假定是,如果终身监禁是对谋杀这类犯罪最重的刑罚,便无从威慑被判终身监

禁者对监狱同伴或者监狱官员的谋杀。

死刑废除论者试图反对这些假定,他们通过收集数据来证明,犯罪行为和死刑的有无没有任何关系。索斯坦·谢林(Thorstein Sellin)曾经强调指出:如果死刑能够威慑潜在的谋杀犯,则下列假定应是真实的:在有死刑的国家里,谋杀应少于那些废除了死刑的国家。死刑被废除,谋杀应增加;死刑被恢复,谋杀应减少。

谢林的研究显示,这些假定没有一个是真实的,谋杀率与死刑的存废没有关系。在那些执行死刑的社会里,其威慑效果并不比在没有死刑执行的社会里更大;事实上,有些证据表明,施加死刑可能鼓励犯罪而不是遏制犯罪。尽管警察是死刑最坚决的提倡者,但大量证据表明,警察在保留死刑的社会中并不比在废除死刑的社会中更加安全。还有大量的证据说明,死刑的存在对于监狱里的杀人率没有实际影响。

第三,至于将死刑作为防止再犯的手段,原本可以说,如果一个谋杀犯被处死了,那么他就不可能再次犯罪。然而事实是,谋杀犯无论是在监狱里还是被释放后都极不可能再犯他罪,因为他们中的绝大部分都是初犯,而且获释后是人所共知的模范公民。

第四,余下的几个目的——鼓励认罪、优生和减少开支——比较易于讨论。如果用死刑鼓励认罪,则妨碍了犯罪嫌疑人行使宪法第六修正案规定的诉诸陪审团审判的权利,这样做是违宪的。死刑的取消几乎没有损害国家在刑事案件中讨价还价的地位,因为终身监禁依然是一项严厉的制裁。

关于死刑有利于优生的任何意见,显然都是不足取的。目前不存在任何实验或程序可以将不可救药者与那些可治疗者分离开来。更重要的是，我们国家从未正式宣称以优生为目标，而且世界史从来没有给优生什么好的评价。

至于说处死一个罪犯比对其终身监禁更省钱，这样的论点仍然是不正确的。花在死刑方面的过多金钱，缘于美国特有的死刑等待执行制度。死刑案件的上诉通常是自动的，而且法院无可否认地在死刑案件上花费更多的时间。

死刑案件陪审团的遴选多半是耗资费时的，而且辩护律师将不惜任何时间代价，穷尽一切可能的方法，来拯救自己的当事人。在定罪后、执行前这段时间，对定罪有无数间接的抨击和获得行政赦免的企图，所有这一切都耗费着时间、金钱和精力。

这里只能得出一个结论：死刑是一种过分的和不必要的刑罚，没有任何合理的基础支持死刑并不过分这一结论。

弗兰克法官曾经指出："在任何语境当中，公众的态度通常都是不为人所知的，它像一个难以捕捉的影子，因为人们很少准确知道公众或多数人的真实感受到底是什么。"

民意调查无疑有助于显示公众对一种特定刑罚的接受与排斥，但它的功效不会是很大的。这是因为，一种刑罚是否残酷而非常，不在于是否仅仅提及"震撼了人们的良知和正义感"，而在于那些充分了解死刑的人是否发现这种刑罚令人震惊、有欠公正并且不可接受。

换言之，我们必须面对的问题，不在于今天是否有众多的美国公民说死刑是野蛮残酷的，而在于他们是否在现有的信息背景下发现死刑是野蛮残酷的。美国公民几乎对死刑一无所知，而一旦给出充分的信息，几乎肯定能够说服普通公民反对死刑。难题来自公众对报应的渴望，但我无法相信，在历史的现阶段，美国人民会明知地支持盲目的复仇。

如果信息需要补充，我相信下列事实有助于说服犹豫不决的公民去谴责死刑：死刑歧视性地适用于不同阶层的人们；有证据表明曾有无辜者被处死，并且死刑给整个刑事司法体系造成了浩劫。

就歧视而论，通常是穷人、文盲、社会底层、少数族群最终成为代罪羔羊。自1930年以来，共处死3 859人，其中有1 751个白人，2 066个黑人；3 334人因谋杀被处死，其中有1 664个白人，1 630个黑人；因强奸被处死的455人中，有48个白人和405个黑人。非常明显，以黑人在总人口中的百分比而言，他们被执行死刑者大大超过了白人。研究表明，黑人较高的处决率，部分原因是其较高的犯罪率，但确有种族歧视的证据。还有压倒优势的证据表明，死刑更多地适用于男人而不是女人。自1930年以来，仅有32名妇女被处死。

很明显，死刑的负担落到了穷人、无辜者和社会底层人员身上；只有穷人和少数群体的成员才最难表达自己对于死刑的怨愤。他们的无能使自己沦为一种制裁的牺牲品，而富人、有更好辩护者的人却可以逃脱这种制裁。只要死刑还在适用于被社会遗弃者，立法者就会满足于维持现状，因为变革将使人们注意到问题，并且使忧患滋长。

美国人对谁被处死、为什么被处死所知甚少，同样，他们也没有意识到错杀无辜的潜在危险。在陪审团认定有罪之后，证明一个人的无辜几乎是不可能的。再审法院很少对陪审团的证据阐释提出异议，因而无辜的人必然指望以检控官员的诚信来帮他重建清白。然而，有证据表明，检控人员不愿看到定罪被推翻。

我们历史上曾有一段时期，城市的街道令人想到的是恐惧和绝望，而不是自豪和欢畅，这时很难对我们的同胞保持客观与关切。但是，一个国家的伟大，正在于危急时刻仍能保有同情。在有文字记载的人类历史上，任何国家都没有比我们更伟大的传统：在动荡、混乱和紧张状态下，仍能尊重所有公民的正义与公平待遇。

在废除死刑的过程中，法院没有损害我们的政府体制，相反，法院给予它相当的尊重。在认知人性的过程中，我们给予自己无上的褒奖和颂赞。在走出野蛮的漫漫长路上，我们到达了一块重要的里程碑，我们和世界上其他约70个司法区域一起，通过避免死刑，来赞美对文明与人道的崇敬。

大法官布伦南（Brennan）赞同马歇尔的意见：

修正案所强调的基本观念不外乎是人的尊严。既然一州有刑罚权，则修正案就应当是为了确保这一权力在文明标准之内行使。

死刑确实是令人畏惧的刑罚。一州所精心策划的对一个人的杀戮，从本质上说，是对被处决者人性的否定。当一个人被绞死的时候，就意味着我们与他的关系的终结。死刑执行就是在说：你不适合这个世界了，到另一个世界去碰碰运气吧。

大法官伯格的分歧意见（dissenting）：

重要的是指出最高法院只有布伦南和马歇尔两名大法官的结论认为：第八修正案对所有的罪、在所有的情况下都禁止死刑。

如果我们拥有立法权，我将既同意两位法官的意见，也将至少主张对一小部分罪行极其严重者适用死刑。毕竟，我们对宪法的探询，必须摆脱有关死刑的道德性和有效性的个人感情，而只应局限于第八修正案某些不确定用语的含义及其运用。

然而，法院的基本角色不允许我们利用宪法的高深莫测作为我们个人偏见的借口。

大法官布莱克默恩（Blackmun）的分歧意见：

类似这样的案件令我的精神极度痛苦。对于死刑所造成的肉体痛苦和恐惧，本人内心深处的憎恶的情感丝毫不逊于任何人。死刑无助于任何有益的目的,这一确信强化了我对死刑的嫌恶。对我来说,它亵渎了儿时的教育和人生的经验,并且与我所形成的哲学信仰相违背,与任何尊重生命的情感相对立。如果我是立法者,我将出于政策的理由而否决死刑,这种理由为每一位辩护律师所主张,为那些赞同改变原判的大法官们所采纳。

改判当然是一种不难作出的选择。在生与死的天平上,人们更容易倾向于生,而不是倾向于死。沉浸在这样的思想或理性中是很惬意的,这是成熟社会的一种富于同情心的判决;这是一件符合道义的"正确"的事情;借此我们自信正走在通往人类体面的道路上;我们尊重生命,即使这个生命已经剥夺了其他生命或者严重损害了其他个人及其家庭,毕竟我们已经不似1789年时那般野蛮。

★"弗曼案"的分歧意见中有一系列弦外之音:死刑在宪法通过时还是适当的,并且从那时起一直留在绝大多数州的案卷中;最高法院在先前的案例中从未质疑过各州有权适用死刑;在权衡各种政策选择的场合,最高法院作为司法主体应该服从立法者,而不应僭越权力;眼下我们所审查的制定法的表述不清或者死刑判决的程序瑕疵,这些理由应当用于变更判决,而不是将死刑全部废除。

"弗曼案"之后的世界可以说是越来越欢迎死刑,并且是那种便利操作的死刑。20年前,在通过具有里程碑意义的"弗曼案"短暂禁止死刑之后,沃伦·伯格(Warren Burger)主持的最高法院同意死刑重新进入美国社会,前提是各州应当认识到"死刑非同寻常"。最高法院声称,以"死刑非同寻常"为警示,将使现代的死刑免于历史上曾经如影随形的不公、专擅、种族主义和对穷人的歧视。

从1976年至1982年,死刑判决的70%都被联邦法院以违宪为由改判。这期间只有6人被处死,其中4人被执行是由于他们放弃上诉,要求被处死,并且在等待执行期间采取了自杀行动。渐趋明朗的是,各州在死刑案件中无法达到基本的合宪要求。

至20世纪80年代中期,最高法院为死刑判决后的审查设置程序障碍,甚至限制"人身保护令"的使用范围。如果一位粗心的辩护律师没有适时提出"反对",引证了错误的修正案或法律权威,或者没有遵循适当的程序,那么,基于种族偏见的陪审团遴选、不当的检控行为甚至无罪的证据,就都可能被联邦法院所漠视。仅1984年就有21人被处死,比此前一年增加了400%。

颠倒的观念10年来一直被强化着:正当程序、法律平等保护和刑事审判的可靠性,这些都比不上"一州要处死一个人"的最终结局重要。正是对"死刑非同寻常"的奇异重构,才能解释最高法院1987年对沃伦·麦克莱斯基的判决。在大法官刘易斯·鲍威尔(Lewis Powell)执笔的5:4的意见中,最高法院虽然接受了有关佐治亚州基于种族偏见而适用死刑的惊人数据,但还是维持了对麦克莱斯基的死刑判决。

大法官鲍威尔总结说,在运用死刑时,某种程度的种族偏见是不可避免的,这个问题让立法机关去解决更合适。但在他退休后却说,如果要他改变在任期间的一个表决,那就是"麦克莱斯基案"。然而,在死刑诉讼的严峻世界里,没有第二次机会。麦克莱斯基被处死了,而种族偏见"不可避免"的信条却生存下来。

对于"死刑非同寻常"所做的反常解释,导致了一些奇怪的后果。1991年,最高法院一改此前4年的做法,转而主张被谋杀者的家人可以在死刑案件的量刑阶段作证。这种"被害人施压"证据,现在只不过是给陪审员更大的宪法空间来考虑被害人的社会地位、种族和品格，以至于这样的想法有了法律的力量：对犯罪人如何惩罚，取决于我们在多大程度上认同被害人。

更令人惊异的是，最高法院甚至放弃了曾经做过的承诺：为面临执行死刑的无辜者确保复审。1993年最高法院竟然主张，即使有新的无罪证据，宪法也不保障在各州已被定罪的人不被执行死刑。最高法院在死刑的法理上不断让步，使现代的死刑与25年前的"弗曼案"相比，不再是可预测的、公正适用的或者一视同仁的。

目前在美国有3 200多人等待执行死刑。最高法院裁定，各州可以处死弱智者和16周岁的少年，在阿拉巴马州、佐治亚州和密西西比州，被处死的人中有2/3是黑人。

在美国政治和法律文化中，也许更令人忧虑的是出现了对死刑执行的热衷。1995年，有创纪录的56人被处死，国会通过的一个治罪法案进一步限制死刑上诉，并寻求大幅度增加死刑执行。从总统的竞选辩论到各州长的竞选战役，无不以死刑为谈资。当醉醺醺的众人聚集在法场向刽子手欢呼的时候，当州长和政客们炫耀杀人数字的时候，最高法院却已放弃"伯格法院"所要求的上级复审；相反，它采纳"兰奎斯特法院"赞同的限制死刑上诉的哲学："让它继续下去吧。"

政客们在死刑问题上矫揉造作，回避繁复的引发暴力的原因；而最高法院不断地在不平等的刑事司法体制所引起的使人虚弱无力的问题上让步。很难想象最高法院能够很快回归司法的高瞻远瞩，在死刑问题上坚持公平与可靠。频繁的极端主义和政治论争，也许会在某个时候迫使最高法院重新考量目前的方针路线，人们只能期待好日子就在前面了。

在"弗曼案"前后，一位犯罪学教师停止讲授死刑问题，理由是在他看来所有的趋势都表明不会再有死刑了。随后，电椅复活了，已经陈旧的话题又有了新的生机。现在这位教师发现,在他的班级里赞同死刑的意见如此惊人的一致,好像死刑问题又不需要讨论了。事实上他所惊讶的是,学生们的"心中充满了虚构的故事",这种时候又能从一门课程中学到什么呢?

民意调查的结果仍是赞成死刑的人居多,与此同时,限制并废除死刑的运动也一直紧锣密鼓。

1994年5月,蒂姆·罗宾斯导演的影片《死囚上路》,讲述了海伦修女与等待死刑执行的杀人犯的故事。西恩·潘和苏珊·莎兰登的表演感人至深,使许多观众成为反对死刑者。

1978年,芝加哥南部发生了一起强奸杀人案。4名被告中,有两人被判死刑,一直等待执行;另外两人被判终身监禁。1996年做了DNA测试,证明4名囚犯无罪。这就是著名的"福特·海茨四人冤案"(Ford Heights Four)。

1997年2月,历来走中间道路的"美国律师协会"终于开始呼吁死刑缓期执行。

1998年11月"错判与死刑问题全国研讨会"在芝加哥西北大学举行,它把30个被证明无罪的等待死刑执行者推上了这个舞台,并让全世界将聚光灯照在错误定罪问题上。

1999年2月,安东尼·波特被证明无罪,离死刑执行只有48小时。波特的案件成了国际头条新闻,他是伊利诺斯州恢复死刑以来第10位被证明无罪的等待死刑执行者。

2000年1月,伊利诺斯州州长乔治·瑞恩宣布:"我严正关切我们这个州的可耻历史,它曾经陷无辜于有罪,并将无辜者塞进等待处决的行列。我不能支持这样一种制度:它的实行被证明充斥着如此之多的错误,如此接近一个终极的噩梦,那就是,国家对无辜生命的剥夺。"

2000年6月,加里·格雷厄姆被处死,报纸、广播和电视进行了倒计时的报道。全国像一个大剧场,人们翘首以待乔治·布什在其任期内介入德克萨斯州这第135次死刑执行。格雷厄姆的定罪绝大部分依赖一个仅有的目击证人的证词,因而可能是无辜的。格雷厄姆被强行戴上手铐,浑身用皮带捆绑着,死拖活拽到死刑注射床上。他的最后一句话是:"今晚他们要杀死我。"

第三节 一次绞刑

缅甸,一个被雨水浸透的早晨。一束羸弱的灯光,从高墙上倾斜着射入监牢。我们等候在牢房外面,这些牢房是一排窝棚,前面有双层的铁栏,像狭小的动物笼子。每间牢房10平方英尺,里面只有一张木板床和一壶饮用水。在一些牢房里,黝黑的、一声不响的囚犯们蜷缩在内层铁栏边,身上围着毯子。他们是已决的死囚,一两周内将被绞死。

一个囚犯从牢房里被带出来。他是个印度教徒,矮小脆弱,剃过头发,眼神浑浊。他胡须浓密旺盛,与其身材相比简直不合情理。6个高大的印度狱卒押解着他,准备上绞架。两个人手持上了刺刀的步枪站在一旁,其他人给他戴上手铐,一条铁链穿过手铐并固定在他们的腰带上,又将他的双臂牢牢捆在身体两边。狱卒们紧紧簇拥着这个囚犯,他们的手始终小心翼翼地抓着他,好似时时要感觉一下他确实在那里,就像手中握着的一条活鱼,惟恐它随时跳回水中。但他毫无反抗地站着,双臂了无生气地任由绳索捆绑,好像没注意到发生的一切。

远处兵营传来8下钟声并伴着一声号响,在湿漉漉的空气里凄凉而微弱。典狱长独自站在一处,神情忧郁地用手杖敲打着地上的砾石,随着号声,抬起头来。他是一个军医,留着牙刷般的小胡子,嗓音粗哑。"看在上帝分上,快一点,"他不耐烦地说,"这家伙这会儿早该绞死了。还没准备好吗?"

狱卒头儿是个胖胖的人,穿着白色卡其布套装,戴着金边儿眼镜。他挥挥黑色的手,滔滔不绝地说:"是,先生!一切准备就绪。行刑者正在待命。我们这就开始。"

"好吧,那就快点儿走。这事儿了结后再让囚犯们吃早饭。"

我们向绞架走去。两名狱卒扛着步枪走在这个犯人的两边,另外两名狱卒紧靠着他行进,每人抓住他的一只胳膊和一只肩膀,好似连推带架一般。而我们这些人,包括地方官等,跟在后面。出人意料的是,当我们走出10码远时,没有任何命令和警告,队伍突然停了下来。一件糟糕的事情发生了,一条狗出现在狱墙之内,上帝知道它从哪儿跳了出来。它在我们中间上蹿下跳,摇头摆尾地连声吠叫,肯定是因为看见这么多人而兴奋不已。它围着我们蹦跳了一会儿,在人们阻止它之前,扑向这个囚犯,跳起来要舔他的脸。每个人都惊呆了,竟然没有抓住它。

"谁让这个该死的畜生跑进来的?"典狱长恼怒地说,"你们,把它抓住!"

一个狱卒从押送者中退出来,笨拙地追捕这条狗,但它蹦蹦跳跳,不让他捉到,把这一切看成是游戏的一部分。一个欧亚混血儿拾起一把砾石,想打跑这条狗,但它躲开飞石又随我们而来。它的狂吠回荡在狱墙内。这个犯人,被两个狱卒紧抓着,看起来无动于衷,好像这一切都是绞刑的另一种仪式。又过了几分钟才有人勉强抓住那条狗,我用围巾穿过狗的项圈牵住它,然后我们继续前行,这条狗依然不停地挣扎、猞吠。

离绞架约有40码远。我看到走在前面的这个犯人赤裸、黝黑的脊背，他手臂被绑，走起来僵硬笨拙，但却很稳健，迈着印度人特有的步态，双膝从不伸直，一跳一跳地走着。每走一步，他的肌肉都匀称地滑动着，一绺头发上下跳动，他的双脚在淋湿的砾石上留下印记。尽管狱卒们抓着他的双肩，有一次，他还是稍稍向一旁走了走，为了避开路上的一个小水坑。

很奇怪，直到此刻我才认识到，消灭一个健康的、有知觉的人意味着什么。当我看到这个犯人走向一旁避开水坑时，我看穿了秘密：在一个生命极为旺盛的时候将它扼杀，这是无以名状的不义之举。这个人还没有死，他像我们一样活着。他身体的每个器官都是健全的——胃肠蠕动，皮肤再生，组织形成——所有这些，都在庄严的蠢行中备受煎熬。当他站在绞架的活动踏板上时，当他在空中下坠尚有刹那生命时，他的指甲仍在生长。他的眼睛看着黄色的砾石和灰色的高墙，而他的大脑还在回忆、展望、思考，甚至思考如何避开水坑。他和我们是共同走着的一群人，看着、听着、感觉着、理解着同一个世界；然而不出两分钟，随着踏板突兀的一声脆响，我们中的一个就要离去——少了一个心灵，少了一个世界。

绞架设在一个小院子内，与监狱的主要场地相分离，长满了高高的带刺的杂草。绞架是砖砌的，像一个三面的窝棚，顶部是木板，再上面是两根支柱和一根垂着绞索的横杠。刽子手是一个灰白头发的囚犯，身着白色的囚衣，正等候在他的杀人机器旁。我们进去时，他向我们恭敬地弯腰施礼。随着一声令下，两名狱卒更紧地抓住犯人，将他半拉半推到绞架前，帮助他笨拙地登上台阶。然后，刽子手爬上去，将绞索套在犯人的脖颈上。

我们站在5码以外,等待着。狱卒们围着绞架站成一个大致的圆形。当绞索固定后,这个犯人开始向他的神明呼喊。他高声地重复喊叫。声音不似祈祷者般急切、惶恐,也不似呼救,而是沉稳的、有节奏的,几乎像是钟鸣。那条狗以一声哀猎回应着这个声音。刽子手还站在绞架上,他拿出一条像面袋一样的小棉布罩,当头罩住犯人的脸。但是,那声音虽被棉布阻钝,仍然持续着,一遍又一遍。

刽子手爬下来站定,手握控制杆。几分钟过去了,犯人所发出的沉稳的、被阻钝的声音持续着,一刻不停。典狱长把头垂在胸前,慢慢用手杖刺着地面。也许他在数着这喊声,允许犯人喊到一个数字,比如说50或者100。每个人都悚然变色,那些印度人的脸像坏掉的咖啡一样灰白,其中一两把刺刀正在抖动。我们注视着活动踏板上那个被捆绑、被罩住的人,听着他的喊声——每次都呼喊着又一秒钟的生命;我们所有人的心中都是同一种想法:啊,快杀了他吧,结束这一切,阻止这可怖的声音!

突然,典狱长下了决心,他昂起头,手杖一挥。"行刑!"他几乎是凶恶地喊道。

咔嚓一声,随后是死一般沉寂。犯人不存在了,绞索旋转着。我放开了那条狗,它立刻跳到绞架后面;但当它到了那里,却猛然停步,狂吠起来,然后躲到院子的一个角落里去,站在杂草中,胆怯地望着我们。我们绕着绞架检查犯人的尸体,他晃来晃去,脚趾直挺挺地指向地面,很缓慢地旋转着,像石头一样一动不动。

典狱长伸出手杖戳了尸体一下,它像钟摆微微地来回晃了晃。"没问题了,"典狱长说。他从绞架下走开,长出了一口气,忧郁的神情突然消失了。他看了看手表,"8点过8分,感谢上帝,今天早上就这样了。"

狱卒们卸下刺刀，列队走开。那条狗安静下来，好像意识到自己做错了什么事情，灰溜溜地跟在他们后面。我们从放置绞架的院子里出来，经过死囚牢房，进入监狱的中心院落。囚犯们在手持警棍的狱卒看管下，正在吃早饭。他们长长地蹲成一排，每人手里捧着一个盘子，两名狱卒提着桶依次分发米饭；绞刑之后，似乎有一种无拘无束的欢愉气氛。事情办完了，我们如释重负，感觉到歌唱、奔跑和窃笑的冲动。几乎在同时，每个人都愉快地交谈起来。

那个欧亚混血儿走到我身边，用头示意我们来的方向，会心地笑道："您知道吗，先生，当我们的朋友（他指的是那个死去的人）得知自己的上诉被驳回时，小便失禁，尿在牢房的地板上。因为恐惧。"

一些人笑了，说不准为什么笑。

狱卒头儿走过典狱长身边，饶舌地说着："啊，先生，一切都非常顺利，太令人满意了，咔嚓一声，就都结束了。并不总是这样顺利。我知道有些情况下，法医不得不走到绞架下，抱住犯人的双腿往下拉，确保他已经被吊死。太让人恶心了！"

"抽搐扭动，那太糟糕了。"典狱长说。

"啊，先生，当他们执拗起来那才麻烦呢！我想起有个人，我们要把他带出来，他死死抓住铁栏不放。您不会相信，先生，6个狱卒才把他拖出来，3人拽一条腿。我们和他讲道理，我们说：'亲爱的朋友，想想你给我们带来的痛苦和麻烦吧！'但他听不进去！哎，他可真让人讨厌！"

我发现自己正在大笑，甚至典狱长也宽容地咧嘴笑笑。"你们最好都到外面去喝一杯，"他非常亲切地说，"我车里有一瓶威士忌，我们可以把它消灭掉。"

我们通过监狱的双层大门，来到路上。"抱住他的双腿往下拉！"

一个缅甸的地方官突然大叫起来,并且开怀大笑。我们又都开始笑起来。那一时刻,狱卒头儿的故事似乎出奇的好笑。我们一起畅饮,当地人和欧洲人,相互间非常友善。那个死去的人,离我们100码。

★ 上面这节有关死刑执行的生动描写出自乔治·奥威尔(George Orwell)的《猎象》,它能够给我们某些直觉评价,而无须进行哲学探讨。奥威尔没有告诉我们那个被绞死的人究竟犯了什么罪,他似乎不必知道这些就已经对死刑产生了反感。奥威尔有伟大的思想和作品,除《一九八四》外,最值得一读的是《动物庄园》。奥威尔没有到过苏联,他从外部观察苏联,却对极权主义有精准的描摹与深刻的揭露。

第四节 反思断头台

1914年,"一战"前夕的阿尔及尔,一个杀人犯被判死刑。他杀了一个农民的全家,连最小的孩子都不放过。他杀人的方式残忍凶暴,还顺带洗劫了被害人。这个事件引起轰动。普遍的想法是,对这个恶魔来说,砍头实在是便宜他了。父亲告诉我,他也是这个意见,杀害孩子尤其令他怒不可遏。我只记得,他有生以来第一次要去亲眼见识一下砍头。他天不亮就爬起来,大老远赶到行刑的地方,那里已是人山人海。他没跟任何人说过那天早上他看到了什么,我母亲只是转述说,他冲进家门,表情扭曲,话也不说,一头栽到床上躺了一会儿,突然呕吐不止。他发现了华丽辞藻掩盖的真实情形:他能够想起的,不是被杀的孩子们,只是人头落地瞬间那抽搐的躯体。

可想而知,那个行刑场面一定非常恐怖,它成功浇灭了一个单纯、正直男人胸中的怒火，原本让他觉得是罪有应得的极刑，仅剩的效果就是让他恶心。当极刑只是引起它声称要保护的可敬公民的呕吐时，怎能说它可以（也应该）为社会带来和平与秩序呢？而且，极刑是一次新的谋杀，其令人作呕的程度比犯罪有过之而无不及。它根本不能补偿犯罪对社会的危害，而只是加重了危害。

实际情况是，没人敢于直接描述这个死刑仪式。官员和记者也好像意识到死刑现场有刺激与可耻的两面，在不得不提到它的时候炮制出一大堆不着边际的套话。于是，早餐时我们在报纸的一角读到，那个该死的家伙"已经向社会偿还了血债"，或者"凌晨5点正义得到了实现"。官员们称被处死的人为"当事人"、"病人"或者只用一个数字指代他。人们也只是悄声议论这个极刑。

我们对极刑讳莫如深，正说明它是一种恶疾。中产阶级的人最多是说大女儿的"咳嗽很可疑"，父亲近来"严重了"，因为肺结核与癌症被看作某种可耻的疾病。极刑更是如此，人们提到它时都绞尽脑汁使用委婉语。当然，极刑与癌症也有区别：从没人说癌症是必须的，而人们却毫不迟疑地说，极刑是令人遗憾的必需品。极刑是正当的，因为它是必须的；而我们对它有所讳言，因为它是令人遗憾的。

我想对极刑谈些粗浅的看法，不是因为我喜欢丑闻，也不是因为我有某种不良本性。作为一个作家，我向来回避这个话题；作为一个男人，我何尝不知，对某些无可回避的糗事最好是保持沉默。但是，如果沉默或者巧言只益于维持必须改革的滥刑或者本可减轻的痛苦，那么，除了大声疾呼直揭真相而外别无选择。法兰西与英格兰、西班牙分享了一份"荣耀"，它们是最后几个用铁幕将死刑遮蔽在镇压武库中的国家。只有对民众的极端漠视才可能使这种原始仪式存活，而民众也只是运用他们所熟悉的那套装饰话语来回应死刑。当想象力沉睡、言辞沦为空话的时候，在那里喊杀的，只有半聋的没心没肺的人。但是，如果向人们展示杀人机器，让人们实际触摸，并且让人们听到人头落地的声音，那么，公众的想象力就会被突然唤醒，就会在拒绝巧言的同时拒斥死刑。

当波兰纳粹疯狂地公开处决反抗者的时候，为了不让他们呼喊抵抗与自由的口号，纳粹用生石灰堵住反抗者的嘴。将无辜的受害者与该死的犯罪人相比，可能让人感到不可思议，不过，我们国家的一个事实是：上断头台的可不只是罪犯。这个事实之外还要补充一点：杀的方法是一样的。我们用温吞的言辞修饰一种刑罚，而如果不在现实情况下对这种刑罚做认真的检视，就不可能肯定其合法性。我们不能一边说死刑决不可少，一边又赶忙说最好不谈论这个话题。实事求是地审视死刑到底是不是必须的，这才是最重要的。

就我所知，死刑不仅不是必须的，而且无疑是有害的。我的结论不是来自几星期的调查研究，但也不是来自我父亲对死刑的感受。我不愿沉迷于虚弱的怜悯，这种怜悯将价值与责任混为一谈，最终使无辜者的权利丧失殆尽。与诸多当代名流的看法不同，我认为人并非本质上就是社会动物。我认为正好相反。不过我相信，人不可能活在社会之外，社会的法律对人的生存是必要的。因此，社会自身必须以合理而有效的规模确立一些责任，但法律最终的正当性需要检验，标准是看它为社会做了好事还是干了坏事。

多年来，死刑在我眼中不过是想象力无法容忍的刑罚，我的理智不断谴责这种懒惰的无序。我不想把自己的判断力留给想象力，我近期也做了许多研究，研究的结论加强了我的信念，更加强了我的论点。今天，我绝对同意匈牙利小说家库斯勒（Koestler）的看法：死刑玷污了我们的社会，应当立即废除，而死刑的支持者却无法作出合理的辩护。无需重述他的关键论点，无需叠加事实与数据，我只是补充一些理由。

我们都知道，支持死刑的最强论点是它的示范价值。砍头不只是为了惩罚，它更是为了威慑，通过一个可怕的样本，吓阻那些蠢蠢欲动的人；社会不是在报复，而只是在预防；在空中挥舞被砍下的头颅，让潜在的谋杀犯看到自己的下场，知难而退。这个观点，只要细加辩驳，其实并无力量。第一，社会并不相信自己所宣称的示范价值；第二，没有证据证明死刑曾经使下定决心的谋杀犯望而却步；第三，死刑是一种令人作呕的展示，它的后果无从预料。

我从第一点说起，社会并不相信自己所说的示范作用。如果它相信，它应当展览那些头颅。社会应当让处决现场万众瞩目，成为社会的纽带或者痛饮的琼浆。可我们知道，死刑在我国并不是在公共场所执行的，而只是在监狱的院墙内由少数人士完成的。

今天，再没有宏大的死刑现场，人们知道死刑，只是通过口口相传，处以极刑的新闻用语都是修饰加工过的。一个潜在的罪犯，在将要犯罪的时候，何以能够牢记已被步步抽象了的那次行刑？如果真想让他时刻铭记这次行刑，以致能够使他消除、逆转犯罪的决心，那就应该努力强化行刑的可怖，动用所有影像和语言手段来刺激公众的神经。在提到今天凌晨某人已向社会偿还血债的时候，就不该用模糊的言辞，而应当用更生动的详述向每个人提示犯罪的后果是什么。

不应当说"如果你杀人了，就只能在断头台上赎罪"，最好告诉他，为了杀鸡给猴看，"如果你杀人了，你会被投入监狱，几个月或者几年，挣扎于无与伦比的绝望与接踵而至的恐惧之间。直到某个早上，我们溜进你的牢房，事先脱了鞋，免得把你从睡梦中惊醒，因为我们知道，极度的焦虑使你好不容易才入睡。我们会扑到你身上，把你的双手反绑在背后，如果需要，再剪掉你的衣领和头发。我们可是完美主义者，我们会用绳子捆住你的胳膊，迫使你身体前倾，以便我们更容易接近你的脖子。然后我们就架起你，左右各有一人夹持你的胳膊，任你的双脚拖行在走廊上。那时，天还黑着，一个刽子手好不容易抓到你的裤子，平直地将你扔到断头台上，另一名刽子手把你的头固定在铡刀槽里，第三个刽子手让7尺高处的120磅的刀片飞落下来，切掉你的脑袋，像剃须刀一样锋利"。

为了使威慑更有效，有必要更进一步，使恐怖对我们足够巨大，足以在适当的时刻克服那难以抗拒的谋杀欲望。我们不应只是装腔作势点到为止，不应满足于发明这个"快捷、人道的"处决坏人的方法，我们应当出版成千上万册目击死刑者的回忆录，公布描述行刑后躯体状态的医学报告，然后在中学、大学里广泛传播阅读。

特别符合这一目的的近期报告，来自医学科学院的两位勇敢的医师，他们为了科学研究而受邀检查刚被斩断的头和躯体。医师们认为总结那些可怕的观察是他们应尽的义务："如果允许我们发表意见，我们要说这些场面是令人惊恐的巨大痛苦。血从断开的颈动脉高速喷射出来，然后逐渐凝结；肌肉先是收缩，随后，这种纤维性颤动便转为僵硬；肠部痉挛，心脏不规则、不完全地跳动；嘴部因痛楚而皱缩起来。在那颗被砍下的头上，双眼不动，瞳孔放大，看不清任何东西；对眼睛来说，透明属于生命，凝固属于死亡。所有这一切都要持续几分钟，对于健全的肌体来说甚至持续几小时。死亡不是即刻来临的，关键的器官在砍头之后都还活着。医师们全程见证了这个谋杀式的活体解剖，直至那个过早来临的埋葬。"

我不知道有没有人无动于衷地读完这可怕的报告。为了使威慑有望发力，没有理由不在医师的观察之外加上目击者的描述：夏绿蒂·

科黛,那个因刺杀马拉而被处决的女人,在被斩首后,刽子手提起她的头颅,掌掴她的面颊,她竟还以愤怒的表情。这个细节不可能比刽子手的一次描述更令人震惊:"铡刀落下,头立刻死了,身体却在跳跃,在绳索中挣扎。20分钟后,在墓地里,躯体还在颤动。"一位并不反对死刑的牧师在书中写道:"行刑的那个早上,罪犯的情绪糟透了,拒绝我们的宗教安慰。我们知道他的心情,也了解他对妻子的热爱。于是我们对他说,看在你对妻子爱情的分上,死前做一些祷告吧!罪犯接受了。他在十字架前祷告了很长时间,也似乎注意到我们的存在。行刑时,我们离他很近,他的头掉落在断头台前的木槽里,躯体很快被放进一个大的柳条篮筐中。这时出了一个差错,头还没放进去,就把篮筐合上了。刽子手拎着那颗人头等在那里,等篮筐重新打开,好把头放进去。就在这么短的时间里,我们看到罪犯的眼睛正盯着我,一副祈求的目光,似乎在请求宽恕。我们本能地手画十字祝福这颗头颅,它的眼帘眨了眨,眼睛的表情放松了。最后,那依然充满表情的眼神,变得模糊了……"读者们各自的信仰不同,可能接受也可能不接受这位牧师的解释。但是至少,"那依然充满表情的眼神"不需要任何解释。

★上文是法国作家艾伯特·加缪(Albert Camus)的文章,写于20世纪50年代末60年代初,译自贾斯汀·欧拜伦(Justin O'Brien)的英译本。加缪反对死刑,但他对终身监禁又会如何评价呢?如果死刑是个好东西,就该让法官去监斩他所判处的每个死刑,以便他积极地推广这个好东西,难道不是这样吗?在一些国家里,多数民众还很拥护死刑,对主张废除死刑的人非常反感,其中有复杂多样的原因。法国大革命时期的杜塔尔给出了一种解释:

尽管回忆遭受磨难的人性令我痛苦，可我还是要说，在政治上，这些处决产生了很大的影响，可以安抚民众对自己遭受的灾难的不满，满足他们的复仇心。失业的商贩、面对物价飞涨而工资贬值的工人，只有在看到比他们更加不幸的人时，才能勉强接受自己的不幸。[1]

---

〔1〕 参见〔法〕贝纳尔·勒歇尔博尼埃：《刽子手世家》，张丹彤、张放译，新星出版社2010年版，译者序。

第四章

利　　益

在任何政府设计中，最大的便利就是确保稳定、正直而不偏不倚的法律执行。

——《联邦党人文集》，第七十八篇

♣ 在希腊神话中，特弥斯（Themis）是一位蒙着眼睛、不偏不倚的正义女神。她手持天平权衡冲突，手握宝剑施行法令。这一生动的比喻在罗斯科·庞德的法理学中得到最充分的展开：

我们都需要地球，都有大量的愿望和要求需要满足。我们有那么多人，但却只有一个地球。每个人的愿望不断地与邻人相冲突或者相重叠。因此，不妨说这是一个任务艰巨的社会工程，它的任务是创制维持生存的物资和满足人们愿望和要求的手段——人们共同生活在被政治所组织的社会里，即使物资、手段无法满足人们的全部主张，至少也应当尽可能人人有份。这就是为什么我们说法律的目的在于正义。我们不是说正义是一种个人美德,也不是说正义就是人们之间的理想关系。我们是说一种政体,一种关系的调整和行为的规制:使维持生存的物资成为满足人类享有物质和采取行动的手段,在最小摩擦与最少浪费的情况下尽可能人人有份。[1]

依庞德之见,法律体系评价的方式首先是实用:在现代法律的全部发展过程中,法院、立法者和法学家,对于自己正在做的事情很可能没有清晰的理论认识,而是受一种以实用为目的的、清晰本能的指引,他们一直从事寻找实用的调和方式,即使不可能更多,也至少找到相互冲突与重叠的利益的实际折中与妥协。

第二种评价的方式参照了庞德有关权利义务的假定,这是所有法律秩序都努力达到的目标:

> 在文明社会里,人们必须能够假定,(1)他人不会对他们进行有意的侵犯;(2)他们可以为善意之目的而控制自己所发现、获取和占用的东西、自己的劳动创造物;(3)与他们进行一般社会交往的人将依良好诚信行事;(4)从事某种活动的人将以应有的注意,不给他人造成不合理的损害;(5)执掌易于失控、逃逸而为害之物的人,将约束它们不超出适当的范围。

---

[1] From Roscoe Pound, *Social Control Through Law*, pp. 64-65, Yale University Press.

庞德所考虑的第三种评价方式更加多样而分散，他认为，一个社会中起作用的法律体系反映了社会的总体文化、方向和目标。在庞德的时代，美国社会正从自耕农的价值观向集体的、城市工业的价值观转变，庞德由此提出了一种正义理论（减少浪费），一种冲突来源理论（匮乏），一种法律体系作用阐释（裁判相互抵触的主张和利益），一种变更理论（重新承认以往未被确认的主张），一种关于如何评价各种主张的理论（通过经验、有关权利义务的假定，以及在法律体系中法官们将什么视为起作用的社会总体价值取向）。

罗斯科·庞德历经的职业生涯有法官、学者和哈佛法学院院长，他拥有巨大的影响力。他对法律体系如何起作用，以及法律体系中的法律人角色的理解，没有遇到过真正的质疑。不过，马克·加兰特尔（Marc Galanter）在《法律与社会评论》（Law & Society Review）发表的文章却是对庞德理论的挑战。

第一节 富人优先

一、当事人的类型

绝大多数对法律体系的分析都是从规则开始的，然后透过制度设施了解这些规则在当事人身上所起的作用。我想要把这个程序倒转过来，从望远镜的另一端看出去，思考当事人之间的差异对制度运行方式可能产生的影响。

由于能力、法律状态、资源占有等方面的差异，使社会上一些人有许多机会利用法院来提出或者捍卫某些主张；而另一些人则少有这样的机会。据此，我们可以将社会上的人分成两种权利主张者：偶尔诉诸法院的"孤注一掷"者（one-shotters），简称OS；长期从事相似诉讼的"职业玩家"（repeat players），简称RP。离婚案件中的夫妇、交通肇事的被害人、刑事被告人，都属于OS；保险公司、公诉人、信贷公司，都算是RP。显然，这是一种简单的划分，有些情况是处于中间地带的，比如职业犯罪人。

典型情况下，RP是一个较大的单位，在任一给定的案件中，赌注都是较小的；通常情形下，OS都是些较小的单位，案件的结果就是赌注，这个赌注是很大的。对伤害案被害人和刑事被告人而言，案件的结果可谓是利害攸关的。但是，OS又可能遇到另一问题：他们的主张是如此微不足道和不可操作，以至于强制实现这些权利主张肯定是得不偿失的，比如受缺斤短两损害的消费者面临的就是这种情况。

可以想见，在诉讼游戏中，RP的玩儿法与OS是大不相同的。考虑一下RP的一些优势：

1. 由于以前干过这事儿，RP们都有先一步的智慧，能够筹划下一次的交易，并且建立一个记录。出具格式合同，要求证券保证金等，都是RP干的事。

2. RP们发展出一套专门技术，并且预备了一批专业人士。他们享受着规模效益，因而节约了每一案件的初始投入。

3. RP们有机会与现行制度发展有益的、非正式的关系。

4. RP必须建立并维持一个作战者的信誉，他的利益就在于"讨价还价的名声"，而这种名声又是他奠定讨价还价有利地位的资源。

5. RP们可以碰运气。争执的事项对于OS越是重大，他们就越是可能采取"极大中的极小"战略，也就是将最大损失的可能性最小化的博弈原则。对RP们而言，一旦赌注相对较小，他们就可能采取长期利益最大化战略，甚至不惜在某些特定案件中付出最大代价。

6. RP 们不仅在切近利益上碰运气，而且在规则形成上做文章。他们可以运用游说等方法扩展资源，影响相关规则的制定。

7. 因为眼前结果利害攸关，OS 是不关心未来相似诉讼结果的；而对于 RP 而言，任何可能对未来案件结果有所影响的东西都值得追求。对于任何玩家来说，赌注越大而重玩的可能性越小，他就越是不会关心那些指导未来同种情形的规则。比如争夺独生子女监护权的父母、职业拳击手起诉国税局、面临死刑的罪犯。与此相反，玩家在当前案件中的赌注虽然很小，但却有一系列相似情形作为远景，就会对法律的状态更感兴趣。国税局、收养机构、公诉人都是这样的玩家。

因此，如果 RP 热衷于在一系列案件中将切实利益最大化，他就可能情愿出卖个案的切实利益，以换取规则利益或者将规则损失最小化，因而一旦 RP 预见到会有不利的规则后果，他就会寻求"和解"。RP 们既然期待着一再的诉讼，就会选择那些他们认为最可能产生有利规则的案件去起诉或者上诉。相反，OS 们宁愿要一个切实的利益，也不要一个生成"好的法律"的机会。因此可以预期，那些能够影响未来案件结果的"先例"会相对倾向于 RP，要点仅仅在于，RP 有较多的机会启动有前途的先例，并且阻止不利于己的先例。

8. 由于有专门的经验和技术，RP 们更有能力分辨哪些规则更有渗透力，哪些规则只不过是象征性的承诺。RP 们可能集中投入资源，以促进规则的变革，并产生不同的切实结果。他们能够用象征性的失败换取切实的利益。

9. 既然渗透力有赖于当事人的资源——知识、勤勉、专门服务和金钱，RP 们更容易投入匹配的资源，以确保有利于他们的规则的渗透力。

这并不是说 RP 就等于富人——就权力、财富和身份而言，也不是说 OS 就等于穷人。在美国的背景下，绝大多数的 RP 的确比绝大多数的 OS 更加庞大，更加富有，更有权势。显然也有例外，有些刑事被告人虽然是 OS，但却可能非常富有。

可以设想一些涉及 OS 和 RP 不同组合的典型，制作一个表格，填充一些熟知的、大致符合美国情况的例子。

当事人诉讼战略格局分类表

		原告	
		OS	RP
被告	OS	家长诉家长（监护权） 配偶诉配偶（离婚） 家庭诉家庭成员（无行为能力认定） 家庭诉家庭（继承权） 邻里诉邻里 合伙人诉合伙人 OS 对 OS I	检察官诉刑事被告人 金融公司诉债务人 地主诉佃农 国税局诉纳税人 宣告没收财产者诉财产所有人 RP 对 OS II
	RP	享受福利者诉政府机构 汽车经销商诉生产商 被伤害人诉保险公司 佃农诉地主 破产的消费者诉债权人 名誉受损者诉出版商 OS 对 RP III	工会诉公司 电影发行商诉审查委员会 开发商诉市政当局 销售商诉供应商 管理机构诉被管理企业 RP 对 RP IV

方格 I：OS 对 OS

这里绝大多数是离婚和认定无行为能力的案件。绝大多数（比如 90% 的离婚案）都属于非争讼性质。其中有相当一部分实际上是伪装的诉讼，也就是当事人之间以及代理人之间借助审判名义进行的和解。这个方格中的真正诉讼通常发生在关系密切的当事人之间，他们为了一些不可分割的利益而争斗，通常带有不顾一切的非理性色彩。案件诉诸法院的时候，他们的关系已然破裂，他们的行为也很少符合日常模式。这样的当事人都是工具性地援用法律，他们对裁决本身非常关注，而不大重视法律的长期状态。这里很少有上诉，也很少有技术鉴定。法律原理与人们的习惯和公众的态度可能是非常遥远的。

方格Ⅱ：RP 对 OS

这个方格中包括了绝大多数真正的诉讼。法律被用于当事人日常的权利主张过程，而这些主张的制造，对他们来说就是一种经常性的商业行为。这些案件通常都是标准化的大生产，对于正式的审判，人们很少投入个别化的关注，很多这样的案件都进行了非正式的和解，以求得想要的诉讼结果，并减少风险、成本和延误。

方格Ⅲ：OS 对 RP

这里都是不常发生的案件，除了人身伤害案件以外。人身伤害案件的独特之处在于，它有一笔应急费，使当事人容易进入诉讼领域。在交通肇事伤害案中，诉讼就像在例行公事，而和解也极为接近可能的诉讼结果。在人身伤害案件之外，方格中的诉讼通常代表着某些 OS 的企图，也就是，借助外界的帮助，制造对于某一组织的压力。OS 曾与这个组织打过交道，但现在处于关系破裂的边缘，比如被解雇的职员或者被取消资格的经销商。

方格Ⅳ：RP 对 RP

可以想见，方格 Ⅳ 中的诉讼是很少的，因为两个 RP 在不断博弈过程中，都期待持续的互惠交易，这种期待将会引起非正式的双边控制。这种情况可以通过对商人交往和劳动关系的研究得到印证。正在努力设立的工会，以及正在努力阻止工会设立的管理层，在处理讨价还价的伙伴之间的交易时，都越来越少地延请官员参加。具有互惠关系的单位之间,在法庭上并不调整它们的差异。在依赖第三方解决纠纷的场合,采取的形式可能大大不同于官方制裁,采用的规则是内部的而不是官方的。

然而,这里有一些特殊案件。首先,有这样一些 RP,他们寻求的不是进一步的切实利益,而是对基本文化信仰的裁判。例如,那些为教堂与州府的诉讼提供赞助的组织,它们作为 RP 所争执的是价值差异(谁是正确的)而不是利益冲突(谁得到了什么),因而这类案件很少有和解的倾向,也很少有发展私下解决纠纷机制的基础。

其次,政府是一种特殊的 RP。由于法院可以通过有关公共政策的权威解释,重新定义政府机构有关利益的概念,政府作为当事人就更喜欢在法院之外形成决定,而它的对手可能更愿意把政府拉上被告席,以期确保目标的转换。

另一种特殊案件是在两个不常打交道的 RP 之间进行的,比如两家保险公司互为原被告的案件。在政府与垄断组织的对抗中,双方是如此紧密地纠缠在一起,以至于非正式的控制力量受到限制。在这里,它们的相互束缚又不足以控制各自的进攻手段,它们都是无路可退的。一次性的大买卖落空了,剩下的都是些边缘性的冒险。

在这些基本假设的基础上,我们勾勒出诉讼的总体轮廓和与之相关的各种因素。方格 II 中的诉讼总量最大,方格 III 中的诉讼最少。这两个方格中的诉讼绝大部分都是大规模的、日常性的纠纷过程,它们发生在陌生人(没有持续的互惠关系)或者离婚者之间——这样的当事人之间能力是不均衡的。一方当事人是官方组织的"专业人士"(以此谋生者),他们享有战略优势。双方当事人之间的关系是由官方的规则建立和界定的,在诉讼当中,这些规则会因为交易成本和对优势的选择性运用而大打折扣。另一方面,方格 I 和方格 IV 中都是些不常见的但却更具个人色彩的诉讼，当事人之间能量相当，过去或现在有持续的、多层次的关系，并且附带着非正式的控制。当这种关系失去未来价值的时候，当双方试图裁决相互冲突的价值观的时候，诉讼就出现了。

二、律师

我们聘请律师后又会怎样？有律师的当事人会做得更好。律师都是RP，他们的出现能够使当事各方取得平衡，消除本身是RP的当事人的优势，并且律师的存在能够扩大RP当事人的优势。不言而喻，RP作为一些较大的单位，能够更稳定、更大量、更频繁地购买更高质量的法律服务。RP还有信息优势，不仅能够自始得到更多的智力支持，而且能够在整体上取得更稳固的连续性，得到更好的记录，完成更有预见性或者预防性的工作，在相关领域获得更多的经验和专业技术，并且能够更好地控制律师。律师与客户之间的关系越是紧密和持久，律师就越是忠诚于他的客户而不是法院或律协，他们所积累的专业技能和总体战略指导方面的优势就越是明显。

律师的专业性在哪里？许多职业都迎合特定种类的RP的各种需要，而那些服务于OS的专家都有独到的特征：他们是法律职业者中"层次较低的梯队"，与那些为RP服务的律师相比，他们一般来自较低的社会经济层次，进入当地非全日制的法学院，独立执业而不在大的律师事务所工作，在业内也没什么声望，一般都有发动客户的难题；由于与OS客户的关系短暂而孤立，加之费用微薄，使案件成为一种批量生产的过程，也就是说，投入到每一案件中的时间和精力通常都是有限的，这便决定了他们的法律服务是陈旧而毫无创造性的。

三、制度设施

我们看到，RP在法律服务分配上的优势使其战略优势得到进一步加强，两种优势都是由制度设施的基本特征所注定的。

其一，这些制度是被动的，它们将优势赋予掌握信息、善于克服资金障碍、拥有绕过程序限制技巧的权利主张者。一旦进入法的大门，双方当事人各自承担推进案件的责任。主审法官居中裁判，案件进展、证据收集、举证证明全赖当事人的进取和资源。当事人被视为好像同等拥有经济资源、调查机会和法律技巧，而通常情况并非如此。委托的事项越是宽泛，优势就越是倾向于更富有、更有经验、更具组织性的当事人。

其二，这些制度长期处于不堪重负的状态，从而强化了制度被动性所赋予的优势。一般而言，权利主张大大超过能对每一案件进行正式审判的制度资源。

负担过重的制度通过以下方式促使权利主张者们进行和解而不是寻求裁决：拖延，使赔偿贬值，提高诉讼成本，鼓励辩诉交易和简易程序，减少正式审判，等等。因此，案件过多，增加了审判的成本和风险，并且大大减少了改变规则的机会。这一切都有利于现行规则的受益者。

负担过重的制度倾向于保护占有人，而不利于主张权利的原告。绝大多数情况下，这意味着帮助 RP 压制 OS，因为 RP 们一般可以构造一些交易，使自己处于占有人的地位。

负担过重的制度意味着，在正式法律制度中的承诺多于兑现这些承诺的资源。"书本上的"权利和规则多于裁决和执行它们的能力。进而可以预料，法官、警察、行政官员容易对那些更有组织性、更为殷勤、更能影响他们的选民的人作出反应，而这样的人通常又是 RP。

因此，不堪重负的、被动的制度设施为那些具有战略地位优势和法律服务优势的人提供了充分表演的舞台。

四、规则

规则倾向于旧有的、文化上占统治地位的利益。这并不是说，规则的设计明摆着就是为了倾向于这些利益，而是说，那些已经取得统治地位的集团成功地操纵了先于规则的行动。我已经说过，就规则对"穷人"的公平对待或者施恩加惠的程度而论，落实规则的有限资源会更多地分配给这样一些规则：它们旨在保护和促进有组织、有影响的集团的切实利益。进而，正当程序的要求及其给贸然诉讼设置的障碍，都自然而然地倾向于保护占有人和持有人，而不利于主张权利的原告人。最后，规则是足够复杂的，也足够疑难，或者说，如果有足够的资源投入使之疑难，它就能够成为疑难。所以，法律服务在数量和质量上的差异，将会影响当事人从规则中攫取优势的能力。下表显示出不同阶层（但大部重合）的"富人"所享有的不同层次的优势，这些优势相互连接，相互加固并且相互遮蔽。

因素	优势	享有者
当事人	构造交易的能力 特殊职业、经济规模 长期战略 玩弄规则的能力 讨价还价的声望 渗透的能力	庞大而职业的惯赌
法律服务	技巧、专业、持续性	有组织者、专业者、富有者
制度设施	被动性 成本和拖延造成的障碍 因受青睐而优先	富有者、有经验者、有组织者 持有人、占有人 现行规则的受益人 有组织者、殷勤者
规则	利己的规则 正当防卫的障碍	旧有的、文化上的统治者 持有人、占有人

五、变革的战略

上表中给优势划分了四个层次,这种归纳也是在建议一种变革,也就是制造平等,将优势赋予原本不享有它的人:

1. 改变规则

获得利己的规则改变,这是一个昂贵的过程。"穷人"没有能力通过立法和行政政策的制定来完成这种改变;有组织者、专业者、富有者和殷勤者享有优势。诉讼并不是"穷人"唾手可得的改变规则的资源,对规则的挑战昂贵而艰难。由于 OS 在切实的结果方面有太大的赌注,他们不情愿去获得规则的改变。

2. 增加制度设施

制度设施增加以后,可以用耗时的、正式的审判来处理每一个权利主张,不用排队,没有拖延,也没有陈规老套。减少拖延,对于权利主张者而言,就是降低了成本,就是减少了职业当事人的优势,减少了法律服务质量上的差异。几乎不必再强调指出:这样一种变革肯定会遇到阻力,不仅来自现行制度风格的受益人,而且来自法律专业人士根深蒂固的思想抵触,因为变革会破坏这些专业人士基本的法律妥当感。

3. 当事人的重新组织

将作为当事人的"穷人"组织起来,整合到一个协调一致的集团中去。这个集团能够协调行动,采取长远战略,并且从高品级的法律服务中获益,也就是,将 OS 整合到 RP 中去,以协会会员名义进行讨价还价,委托他人管理琐碎的权利,成立利益集团,等等。

这些优势还要与 OS 战略地位的巩固相结合,将那些相对微小的权利主张汇集起来,或者将权利主张缩减到集团诉讼可以驾驭的程度,从而排除或者分担不可接受的风险。无论法庭内外,一个有组织的群体不仅能够更好地保障利己的规则改变，而且能够更好地落实这些利己的规则。它能够投入监督、操控、威胁或者诉讼的资源，而这类新单位实际上就是 RP。

我们的分析表明，要打破"富人"之间的关联优势，就不仅必须注意规则的层次，而且必须注意制度设施、法律服务和当事人的组织。诉讼和游说都必须靠有组织的利益、服务的供给和新型制度设施的发明来最终落实。

第二节 美 国 GDP

麦迪逊诉达克镇硫铜铁公司案 ［Madison v. Ducktown Sulphur, Copper & Iron Co., 83 S. W. 658, 13 Tenn. 331 (1904)］，法官尼尔（Neil）：

案件是在下级法院分别起诉的，但在本庭合并审理。它们所包含的主要事实和法律问题都是相同的，因而在一个法庭意见中加以阐明。起诉书都是基于两家公司造成污害的事实。两家公司在波尔克县达克镇及其附近开设工厂，在还原铜矿的过程中，焙烧堆产生了大量的烟，弥漫到周围的土地上，损害树木和农作物，使原告们的家庭不舒适，土地也减产了。原告都是达克镇周围山区的小农场主，都是在1891 年达克镇铜业公司开业前就拥有了这里的土地，他们起诉的目的都是禁止这些工厂继续经营。

所有案件的事实基本如下：

1901 年 5 月起，达克镇硫铜铁公司开始焙烧铜矿，经营至今。还原铜矿的方法是将未经处理的铜矿打碎，置于层叠的木柴之上，成为很大的露天焙烧堆，而点燃这些焙烧堆的目的是为了从矿物中提取出一种硫化物。在燃烧过程中,焙烧堆释放出大量浓烟,浓烟升空后,被风吹到附近的田野上。

被告一直都以合法的方式经营着他们的企业,没有任何损害原告的目的和愿望;他们以仅知的方法运行工厂,企业经营也是成功的;被告们不遗余力地试图消除烟和有毒蒸气,一位被告已经花费了20万美元进行以此为目的的实验,但是不见成效。

由于没有更远的地方可以迁移,如果原告寻求的禁止性救济被准许,则被告将被迫停止经营,他们的财产将变得一钱不值,庞大产业将寿终正寝或者被迫迁出本州。一个必然推论是:本州一项巨大而蓬勃发展的工业将被毁灭,本州所有珍贵的铜产将失去价值。

庭审法院同时认定以下事实:

波尔克县1903年的总税收约259万美元,其中被告总资产约128万美元;这些企业开工前,仅有200人居住在这一地区,而今约有1万2千人,几乎都靠铜业维持生计。被告之一的田纳西铜业公司雇用了1300名男工,月均支付4万美元,员工几乎都是从波尔克及其邻县招聘的。

田纳西铜业公司每月消费约3千吨可口可乐和2800吨煤以及12万8千立方英尺木柴,等等。上诉法院认定,另一被告公司雇用1100多人,以此推知,该公司每年支付的工资和货款大致相当于田纳西铜业公司的支付。

非常明显,两家公司每年支付巨额的金钱,这些金钱是全镇居民的生计所必须的。如果这些工业被压制,那么,成千上万的人将不得不迁往别处另谋生路。

现在,我们应当阐述原则,这些原则应当在案件审理中支配所涉论争的是非曲直:

毫无疑问，这是一起污害案件，本诉讼中的原告将有权获得金钱赔偿，但是，衡平法上的禁止令救济不是当然的。不仅起诉书必须做适当的陈述，而且权利必须明确，损害必须确实。如果对于造成损害的原因存在合理的怀疑，那么，因这种怀疑而产生的益处应归于被告；如果损害能够在诉讼中经由判决而得到充分补偿，则不会使用禁止令。

一个总前提似乎已为先例所建立：如果诉状和证据足够清楚和肯定地显示发生了损害，应以禁止令实施救济，则不得因被告的经营是合法的或者因被控企业位于适宜和便利的地点而拒绝这种救济。

但是，这里还有另一项原则：获准一项禁止令并非绝对的权利，而是有赖于法院明智的自由裁量权，这种自由裁量权着眼于实现司法的目的，要考虑每一案件的所有特殊情况和各方当事人的处境。

就本案而言，损害赔偿是一项绝对的权利，而颁布禁止令则须诉诸自由裁量权。何谓自由裁量权的正确行使？是以经济赔偿的方式认可原告的指控？还是更进一步，同意他们的请求，铲除两个庞大的矿产企业，捣毁一个县一半的课税价值，并将1万多人逐出家园？我们认为，这一问题的正确答案是不言而喻的。

为了保护总值不足1千美元的几小块土地，而要求我们使用禁止令毁掉一项近200万美元的资产，不仅对企业主，而且对州乃至整个国家都是难以想象的。我们承认：居住在上述小块土地上的原告的家庭生活，已经不如受到烟害之前那样舒适，并且，我们深刻意识到这一主张的真实性：任何人都不因其有多于他人的财产而享有更多的权利。但是，在权利相互冲突的案件中，任何一方的当事人对权利的享有，都会在某种程度上限制另一方当事人对财产的使用。法律必须尽可能在争讼的当事人之间做最好的安排，以维持每一方在当时情况下最大限度的自由。我们对本案责无旁贷的结论是：唯一适当的判决是同意原告有关经济赔偿的请求，但禁止令的申请必须被驳回。

★ 先后运用庞德和加兰特尔的观点评述"达克镇案"，然后对两者进行比较。以加兰特尔的观点看，案件中的哪些方面使得冶炼者处于有利地位？依当代的视角，如何看待长期的生态问题，能否用一纸不利于公司一方的判决将其解决在萌芽状态？"佐治亚州诉田纳西铜业公司案"[1]是州政府为制止污染而提起的一场诉讼，最高法院在该案中作了不利于达克镇硫矿公司的裁决。尽管对佐治亚州土地的损害不似对达克镇紧邻工厂的土地的损害那般重大，霍姆斯大法官仍然作了有利于佐治亚州的裁决：

> 这是一个享有"准国家主权"能力的州针对自己所受的损害而提起的诉讼，这种主权能力使该州对其领域内的土地和空气拥有独立于公民权利并作为公民权利后盾的利益。对于其山岭的树木应否砍伐，对于其居民应否呼吸新鲜空气，该州有最后的发言权。
>
> 一个主权者要求其领土上空不被硫酸烟尘大面积污染，要求其山岭上的林木不被进一步损毁，要求其山丘上的农作物和果树不遭受同样的危险，这样的要求是公平的、合情合理的。
>
> 在给予被告一段合理的时间，并且在被告进行了一定的努力之后，为制止烟雾，除了发出禁止令，我们别无选择。

---

[1] Georgia v. Tennessee Copper, 206 U. S. 236 (1906).

第五章

身　份

维护权力对于拥有权力的人是至关重要的，因为正是权力维持着他们的生计。他们要维护权力，不得不同时反对外部的对手和内部的敌人，后者所能做的不外是摆脱那些拥有权力的危险的主子。主子害怕奴隶，这一事实在奴隶心中制造了恐惧，反之亦然。

——西蒙尼·韦奥尔，《压迫与自由》，1973 年

如果你厉害，就不必说谢谢。

——范纳·李·博西格诺，4 岁时说

♣ 马克斯·韦伯（Max Weber）将法律定义为强制命令，一种有充分的国家暴力作为潜在后盾的命令，由此将法律与习惯、伦理和宗教等其他规范区别开来。它们的制裁也有别于法，如冷眼、内疚或者永恒的诅咒。韦伯认为，社会为其成员提供两种基本的奖赏方式：荣誉（身份）和回报（财富和阶级）。当法律和社会奖赏被通盘考虑时，

一个困惑的问题就出现了:法律体系是用来使身份、财富和权力的主导分配方式永久化吗?

这些是美国法中令人不快的问题,因为我们的社会被说成是不分阶级的,而且每个公民在法律面前都被认为是平等的。像霍姆斯、卢埃林和庞德这样的著名法学家,都难以想象法律除了强化社会和经济的定位外,还有什么别的功能;将法律视为不偏不倚的、以恰到好处的自由裁量加以落实的平衡过程,要比将其视为实现少数精英分子愿望的权力操纵更令人舒适愉快。

然而,某些法律规则阻碍了切中社会、政治和经济秩序要害的重大问题的提出。涉及住房、福利、就业等具有广泛影响的争执的时候,除了利用规则来阻碍法律诉讼、减少对现状的威胁外,有权力的人还花费大量的金钱和精力通过立法使法律对自己有利。各种游说集团一直都在对州和国家发挥着影响。绝大部分有关契约和财产方面的法律被塑造出来,以使现存的权力和财产关系成为永恒。

毫不奇怪,故意制造的晦涩难懂的条款,成为有权者手中的硬通货,这些条款几乎总是恶意针对小企业中的谋生公众的,更不必说穷人和低薪阶层了。绝大多数商业交易的文件都是由有权者提供的,也正是他们从这些文件中获益。需要人们签字的东西,既是公平交易的证据,又常常是统治支配的工具。一般情况下,法院并不到文件的背后去发现商业交易的经济现实。

立法的获益与负担并不在全体人口中分配,而是集中于某些阶层和团体。不仅如此,跨国公司乐于在世界范围的生产和销售网络中计算其收入和成本,而由此产生的巨大的税收漏洞必然由普通纳税人来弥补。从理论上说,税收本质上是累进制的,因而从长远看,应当是使收入和财富趋于平等的力量。但事实正好相反,自20世纪70年代中期以来，收入和财富的不平等，不是缩小了，而是加剧了。

苏联的法哲学家帕舒卡内斯（E. B. Pashukanis）认为，在刑法领域，阶级对抗达到了顶点。制度将被指控犯罪的人转化为"审判客体"，使法律的制定者能够更粗暴地对待他们，并且通过他们来施加阶级统治。依照他的观点，衡量刑法是否正当的标准——保护社会安全——掩盖了现实本身，因为从封建社会到工业社会，刑法的真正作用一向就是维护等级、特权和财产。[1] 刑法及其适用一直高度可见地展示了财富、身份和权力对于法律后果的影响。企业偷税、证券内幕交易、合同诈骗、银行监守自盗、贪污挪用等绅士犯罪，其待遇绝对不同于偷窃、夜盗、抢夺之类的穷人犯罪。

导致尼克松政府多名高官被定罪的水门事件，是一次不寻常的优待规则，因为在事件后仍然给予尼克松总统以优厚的退职金，甚至有政府出钱的私人随从。像其他象征性地服刑后到处招摇过市的"水门事件的罪犯"一样，尼克松发表回忆录，接受电视采访，被聘为顾问，并最终享受了英雄般的葬礼。自水门事件后的30年里，华盛顿的丑闻已是家常便饭，以至于合法与非法、适当与不当的界线被湮没了。过去令人气愤已极的事，现在只能耸耸肩说："你还能期望什么呢？"

19世纪50年代的纺织业，绝大多数的工人是妇女，下面的判例展示了纺织女工的历史际遇。

---

[1] Hugh W. Babb, tr. *Soviet Legal Philosophy* (1951).

第一节 打工与不准打工

桑顿夫妇诉萨福克加工公司案 [Thornton and Wife v. The Suffolk Manufacturing Company, 64 Mass. 376 (1852)]：

依照劳动协议，女原告人[1]凯瑟琳·卡辛迪婚前曾为被告工厂工作。协议规定，如果她在至少 12 个月的受雇期内忠实地履行了自己的职责，期限将满时提前两周通知厂方，她将有资格离职并取得荣誉退职证明。凭此证明，她可以受雇于当地其他厂家。但是，被告无视协议，没有给女原告人荣誉退职证明就解雇了她，因而剥夺了她在当地其他厂家受雇的权利。

庭审过程中，原告传亚历山大·赖特作证说："我大体熟悉本地各公司的规则和惯例，如果监工对于工人的表现没有异议，就应当给予荣誉退职证明，我在这里的 23 年中一直都是如此。我从未听说过监工会武断地拒绝，拒绝总是有看得见的原因的，比如坏脾气、在车间制造麻烦等等。侮辱监工、试图挑唆其他工人的不满，任何这样的行为将导致这个工人在别处也无法谋职。我不知道工人有权要求一份荣誉退职证明，这种证明就像一份家仆推荐信。"

詹姆斯·蒙塔古作证说："我认识女原告人已有 4 年了，她被解雇后曾要我到公司去为她讨一份荣誉退职证明。她的监工克拉克先生说不能给她这个证明，但她可以回来工作。我对他说，我认为这一解雇太过严厉，会有麻烦，她可能起诉。他说宁可花 5 千美元打官司也不会给她。"

---

[1] 本案发生时，已婚妇女尚不能单独作为原告，只能以夫妇二人名义起诉。

威廉·马克兰德作证说:"我认为,是否给予证明是监工自行斟酌的事。我本人就是如此,但我从不无理拒绝。当然,不服从就足以构成拒绝的理由。"

法官肖(Shaw):

我们看不出原告有获得救济的理由。依据仅仅是,雇主保证:如果工人在岗位上坚持工作一定的时间,将准予她荣誉退职。这种荣誉退职证明是一种事实的证明,但是,如果事实正好相反,如果工人的表现并不令人满意,那么,它将误导其他的雇主。在这种情形下,是否给予这种证明,要依雇主对事实的确信而定,该确信来自于他的个人知识或者其他源泉。雇主的心态、他对雇工良好品格的信任或者不信任,都是其他雇主希望知晓又有权知晓的。

因此,当有人索要证明时,必须依赖雇主自己的决定。即使在雇用工人的时候雇主做过保证:在雇用期限届满时将给他一份品行良好的证明,除非形成了一份合同而不仅是客套的许诺,否则,在雇用期满后,拒绝给予雇工这样一份证明,将不是违反合同的行为。

公司只能通过指挥工人劳动的负责人的报告来了解事实真相和工人的良好品行,只有负责人才知道事实并能够说清这些事实。因此,当监工证实工人因行为不当而被解雇时,这一证据必定是公司的最后结论,因为公司在给出证明时没有其他更合理的途径。

据说,反对的意见认为,一个监工可能武断地拒绝证明良好的品行,或者虚饰恶劣的品行。这种情况是可能的,如果他任性或者毫无理由地这样做,那么,这种极大的耻辱和恶行将会很快损害他自身的诚实和正直的名誉。当我们必须求助于个人的知识、判断和良心时,他的决定必须被推定为是依据事实的,并且是结论性的。

事实本身对于雇工的权利没有任何影响,对于失业的工人而言,拥有一份良好品行及荣誉退职证明才是至关重要的。公司、公司的代理人和雇工以及所有利益相关者应谨慎而有良知，在工人理应得到时，给予这种证明和推荐，在他们不应得到时，拒绝给予这种证明和推荐。

★ 本案中，工人想去另一家工厂打工，竟然遇到这样大的阻力。离职如果被看成奴隶的逃亡，那么，民国时期的批评家鲁迅给被压迫者的分类（一种是做稳了奴隶的人，一种是想做奴隶而不得的人）在此是否适用？是什么迫使公司的代理人表示，他宁愿花 5 千美元（在 1850 年可是一笔巨款），也要同一个每周只赚 3 到 5 美元的纺织工人打一场官司？

第二节　谈判与不准谈判

全国第一维修公司诉全国劳工关系局案 [First National Maintenance Corp. v. NLRB, 452 U. S. 666, 101 S. Ct. 2573 (1981)]，大法官布莱克默恩陈述最高法院意见：

本诸"就工资、劳动时间和其他雇佣待遇和条件"诚实信用地进行劳资谈判的义务，雇主是否必须与其雇工的代表就部分停业问题进行谈判？本案中，全国劳工关系局就上诉人终止与客户的一项合同，强加给上诉人与雇工代表谈判的义务。

上诉人全国第一维修公司，为城区商业顾客提供家政、清洁、维修和管理服务，并以固定价格收取劳务费用。它为格林公园护理中心提供维修服务，双方于 1976 年 4 月 28 日达成的书面合同中明确规定：格林公园"负责提供所有的工具、设备、材料和供给品"，同时每周支付上诉人"500美元，外加一周的工资总额和福利补贴"。然而，自1976年11月1日起，每周费用已减至250美元。上诉人通过电话要求格林公园恢复每周500美元的报酬，又书面通知格林公园将中断服务，除非增加报酬的要求得到满足。

就在这个时候，"劳产联"在上诉人派去格林公园的雇工中组织了一场运动。在劳工关系局主持下，绝大部分的雇工都选择工会作为他们劳资谈判的代理人。上诉人既无回应也没有主动寻求与工会协商。

1977年7月28日，上诉人通知其格林公园的雇工将于3日后被解雇。工会代理人威克立即打电话给上诉人的财会秘书马什，要求延期解雇以便进行劳资谈判。马什拒绝了谈判的要求并告知威克，格林公园维修工程的终止纯粹是钱的问题。最后说到，格林公园合同中规定的提前30天通知的条款，使得8月1日以后的合同履行费用昂贵得无法承受，上诉人遂于7月31日终止了格林公园维修工程并解雇了所有雇工。

《全国劳工关系法》的基本目的是建立和维护劳资和平，实现这一目的关键就是要促进劳资谈判的进展，以化解和疏导劳资矛盾。

本案所涉及的管理决定，对雇佣劳动关系产生直接的影响，因为合同的终止导致雇工不可避免的失业。但表面看来，这一决定的焦点仅仅是与格林公园合同的经济收益问题，与雇佣劳动关系毫不相干。这一决定，关乎企业的经营范围和发展方向上的变化，类似于企业是否从事某种经营的决定，而与雇佣条件没有直接关联。本案因而引起了工会及其成员的密切关注。

强制性谈判的概念是指这样一种确信，即谈判双方以各自的经济手段为后盾，达成既有利于雇主，也有利于雇工乃至整个社会的协议。然而，只有在拟讨论的议题能够通过谈判加以解决的情况下，这一概念才是正确的。雇主必须在一定程度上摆脱谈判过程的束缚，这种自由是经营一个赢利企业所必不可少的；雇主还必须事先确知何时可以达成协议，而无须担心事后被贴上不公正的标签。

《全国劳工关系法》并不是旨在维护谈判中任何单方面的利益，而是要以中立的姿态培育一种可以解决各种利益冲突的机制。在决定关闭某一特定设施或者部分业务的过程中，工会的利益源于对工作保障的合理的关切。工会参与的实际目的主要是试图延缓和阻止停业，雇主可能不会只是简单地部分停业，他还要将其决定标榜为"纯经济问题"，以掩盖企图削弱、智取工会的意图。因此，工会自然而然希望防止出于损害工会的动机而作出的部分停业的决定。

是否应就这类决定进行讨论，所关涉的雇主的利益更为复杂，且随着特定情境的变化而变化。如果劳动力成本是导致停业和关闭决定的重要因素，那么资方就会积极而自愿地与工会进行协商，以寻求让步，确保继续经营有利可图。而雇主在面对业务机遇和紧急事件时，非常需要速度、灵活性和机密性。公开进行正常谈判所产生的附带的结果，可能是损害了交易的成功，增加了企业的经济损失。

如果雇主冒险决定不进行谈判，那就有可能面临苛刻的补偿，不得不支付给雇工大笔的报酬，甚至考虑重新开启已停止的业务，工会也难以判断它所享有的特权的限度。

我们的结论是，雇主需要自由决定是否纯粹出于经济原因而部分停业，雇主的这种需要所可能造成的损害，小于通过工会参与作出决定所带来的负面影响。

大法官布伦南及大法官马歇尔的分歧意见：

正如最高法院今天所承认的，停业的决定"引起了工会及其成员密切而紧迫的关注"。国会有意未对"雇佣待遇和条件"一语的含义加以明确，以便全国劳工关系局能够根据变化的工业状况赋予这些用语以含义。该局已经确定，雇主部分停业的决定影响了"雇佣待遇和条件"，因而是劳资谈判的强制性议题。尽管如此，最高法院今天拒绝遵从该局就这一敏感的工业生产关系问题所做的决定，基于单纯的推测就推翻该局的裁判。我认为这很值得商榷。

最高法院的判决要经受公平的检验。它声明"对于劳资关系和集体谈判过程而言，那些对雇佣关系存续有重大影响的雇主决定，只有当其收益超过企业经营行为的费用负担时，才是必须进行劳资谈判的内容"。我对这一检验的公平性表示质疑，因为它仅仅考虑了雇主的利益，而漠视了工人和工会合理的就业利益，这种片面的手段几乎无法"以中立的姿态培育"一种可以解决这些严重的双方争议的机制。

显然，最高法院的结论是，就部分停业所进行的谈判，对于劳资关系和劳资谈判过程的利益是微不足道的，但它没有证据证明这种影响。最高法院承认，工会能够提出可能防止停工的让步、信息和选择，但它又断言，"要求讨论决定，似乎不大可能增加信息和建议的流通量"。最近的经验说明情况截然相反。

因此，我同意上诉法院的意见，雇主有义务就停业决定进行劳资谈判。

★ 如果工会和雇主之间并不是"平等的合作伙伴"，那又如何通过劳资谈判来实现劳资和平呢？继"全国第一维修公司案"，越是重要的问题，法院就越不视为劳资谈判中的强制性议题。如果劳资谈判的范围是有限的，工会就难有作为。况且，美国只有15%的工人参加了工会组织，这在工业化世界里是比例最低的国家。在无工会组织或者工会只是政府一个部门的国家,工人的境遇又会怎样?

一个名叫塞蒂莎的印尼女工。她从未听说过迈克尔·乔丹,但她却为乔丹大做广告的"耐克"工作。20世纪80年代,耐克公司的制鞋厂迁往印尼,那里的工人权利基本上不受重视,工资仅有韩国的1/7。将工厂迁往劳动力低廉的地区后,耐克年复一年地发展着:1991年的总销售额超过30亿美元,据称,净利润2亿8千7百万。

塞蒂莎每日7.5小时的工资是2100印尼卢比,以当前的兑换率,为每天1.03美元,每小时不足14美分,仅够租一间简陋的没有水电的棚屋。这家工厂制造一双鞋需要0.84小时/人。塞蒂莎每天的工作量相当于生产13.9双耐克鞋。每双鞋在美国可卖到80美元,而生产这双鞋所支付的劳动力费用仅有大约12美分。塞蒂莎的月收入是37.46美元,乔丹的广告费是2千万美元,她要用44492年才能挣到这些钱。

依马克思主义者对法律体系的解释,法律体系反映外在于该体系的地位、权力和阶级关系。马克思主义者还认为,尽管表象和标签改变了——奴隶制、封建制、国家工业化及现在的全球工业化——但法律体系的深层结构没有变化。

第六章

公　　意

最高行政长官的一切权力都来自人民。

　　——亚布拉罕·林肯："第一次就职演说"，1861 年

在上帝的佑护下，这个国家将获得自由的新生。我们这个民有、民治、民享的政府将永存于世。

　　——亚布拉罕·林肯："葛底斯堡演说"，1863 年

谁将手放在我身上，想统治我，他就是一个篡位者、一个暴君。我宣布他是我的敌人。

　　——约瑟夫·蒲鲁东

♣ 在离经叛道之风迅速蔓延的时代，人们开始关注人民何时可以觉醒，摆脱政府和法律的束缚。那些怀着足够的信任去定期投票的选民，并不幻想他们的选举可以左右乾坤。离经叛道在 19 世纪要少一些，彼时学者们热衷于追溯法律的起源和法律制度的演进。他们相

信,法律是由人们的风俗习惯发展而来的。起初,惯例反复出现,不可言传的情绪在人群中被意会和感觉。经过一段时间,特别是在偏离先前惯例的一些场合,"一种"行为方式变成了"这种"行为方式,以往的习惯变成了法律。法律和习惯之间存在着有机的联系,法律由习惯而来,习惯包含法律的萌芽。

随着社会日趋庞大和日益复杂,人们感到自己的理解力与周围的制度越来越不吻合,现今的美国公民实在不可能知道太多影响他们生活的法律,更不要说认同它们了。等级、迷惑、憎恨和恐惧,替代了共鸣、理解、宾服与爱意。当代人类学家斯坦利·戴蒙德将习惯与法律的关系描述如下:

> 通过外在政治权力使良知立法化,这一努力是习惯的对立物;习惯精当地结合了社会行为中传统、道德和宗教。换句话说,习惯是社会的道德。习惯和法律的关系基本上是一种矛盾的而非接续的关系。[1]

对戴蒙德而言,法律的来临是社会崩溃的征兆,而非良知与礼仪提升的标志,法律之下的生活舒适程度减少了。阐明法律与公意的关系会遇到许多的困难,这是因为,我们不知道谁堪称"人民"?人民,可能意味着数字上的多数、有影响力的精英、穷人、被称为"沉默的大多数"的中产阶级、黑人及少数族群、妇女、盎格鲁撒克逊新教徒中的白人男性、青年、老人,等等。公意是如何表达的?选举?街头

---

[1] Stanley Diamond, "The Rule of Law versus the Order of Custom," in *In Search of the Primitive* (New Brunswick, N. J.: Transaction Books, 1974).

抗议？抵制？利益集团？美国产联的政治行动委员会？国会、行政机构或立法机关的游说者？

人们需要的是更好的法律，更多的法律，不坏的法律，还是根本没有法律？对人与法的关系做贴切的表述是困难的，这使人们宁愿完全放弃对这个问题的探究，或者至少将阐释局限于"简单的"社会。然而，有太多的人与制度之间关系紧张的场合，使这个问题不能被放弃。以北卡罗来纳州系列殴妻案件为例，无论那些判决今天看来多么具有沙文主义味道，法院，除非愚笨而凶暴，肯定考虑过判决被接受的可能性。

尽管普通人对法律的影响一直是零星而分散的，但公众施压的著名例证还是有的。那些寻求改变身份地位的人们——从农业劳动者到工联主义者，再到黑人和女权主义者——已经发现他们自己逾越了法律。我们熟悉的围绕街头示威者的警戒圈，传达了一个不太敏感的信息：示威者处在犯罪的边缘。过去30年在历史上留下一笔的事件有：黑人运动、反越战、农业劳动者的罢工、妇女运动、同性恋权利法案、反核示威、基督教原教旨主义者所反对的行为艺术、堕胎、同性结婚和禁止校内祈祷以及最近发生的占领华尔街运动。

20世纪80年代以后，资本和工业为了更高的利润而转向国外，这一切使许多工人被长久解雇了。小企业，尤其是使用自有房屋者，经历了"大萧条"以来最高的破产率。农业劳动者在一个饥饿的世界里掌握着立可兑现的农作物，竟然发现自己身陷低价泥沼，不得不放弃农业经营。公司合并与裁员，迫使一批中层管理者也要拼命保住现有的工作。此外，妇女、少数族群和在美外籍人士，他们在就业、医疗、住房和上学等方面从未得到真正的制度性优待，竟然被宣布为享受了过分的优遇，因而正在遭受仇视的冲击，其中的部分原因是唯恐权力和财产被分享而无从垄断。

当人们主张自己时,他们通常被视为罪犯、失控者、疯子或者革命者。对权威的挑战达到了瓦解现存秩序的程度时,行动主义者至少暂时成了无政府主义者,也就是公然宣称与现存制度不甚和睦的人。对制度及其自吹自擂,怀疑越是深刻,无政府情绪就越是高昂。

许多现代的美国人可能时常感觉自己与凌驾于他们之上的制度缺乏一致。今天,"制度"和"法律"就在"那里",是有潜在威胁的、遥远冷漠的存在物。虽然林肯惬意地说政府是"民有、民治、民享的",但今天的美国人可能认为,政府是为某个人所有、所治、所享的。不过,像卡夫卡笔下的平民一样,他们还倾向于将纷乱归咎于个人问题,而不是制度结构的失败。

如果不是这样思考和行动,他们就会采取无政府主义,而事实上,公开赞同这种主义的人千不足一。但是,什么是无政府主义?对绝大多数人而言,它仅仅代表混乱,或者在不惜使用暴力破坏秩序的过程中,寻找一种特殊的乐趣。

那些轻易否定无政府主义的人,没有意识到它自古以来深厚的学术根基,也没有意识到无政府主义者是尊重秩序的——如果秩序是以正确方式产生和维护的,如果秩序是民有、民治、民享的。不仅如此,无政府主义者中有许多和平主义者。

另一种对无政府主义的误解,缘于将其与马克思主义相混淆,这种混淆忽视了无政府主义者与马克思主义者持续了一百多年的相互反感。1917年俄国革命后,布尔什维克的首要任务之一就是肃清无政府主义者。

迈克尔·巴枯宁(Michael Bakunin),一位著名的无政府主义者,是这样评说卡尔·马克思的,一个他想喜欢而实在无法喜欢的人:

马克思和我在那些日子里（19世纪40年代）是非常友好的。我们经常见面，因为我非常敬仰他的科学、他对无产阶级事业的热忱和一丝不苟的奉献——当然也掺杂了一定的个人虚荣，并且，我如饥似渴地寻求他的教导和睿智的谈话。然而，我们之间没有亲密的关系。我们的禀性各异，他称我为温情脉脉的理想主义者——他是对的；而我认为他虚荣自负、背信弃义而又玩弄权术——我也是对的。[1]

1846年，约瑟夫·蒲鲁东（Joseph Proudhon）在致马克思的一封信中阐明了马克思主义者与无政府主义者之间的区别，这些区别最终导致了两者持续至今的分裂。无政府主义者和马克思主义者在权力和财富的不当分配问题上是一致的，他们的显著分歧在于，一旦他们成功地颠覆了这种不当的分配以后，下一步该做什么：

看在上帝分上，在摧毁了所有先验的教条主义之后，不要让我们反过来向人民灌输某种教义。让我们持续开展一种善意忠诚的论辩，让我们给世界树立有学识、有远见的宽容的榜样，但不要让我们摆出一副新宗教使徒的模样，即使这是一种逻辑的宗教、理性的宗教。让我们兼收并蓄，鼓励抗议，让我们唾弃专断和神秘主义；让我们永远不要自以为穷尽了真理，当我们已经使用了最后的论点，如果有必要，就让我们以雄辩和冷嘲重新开始。只有在这种条件下，我才加

---

[1] George Woodcock, *The Anarchist Reader* (London: Fontana, 1977) p. 37.

入你们的组织,否则,不。[1]

对于无政府主义者来说,马克思主义是教条的和不可接受的。无政府主义者相信,不可能有什么未来的"蓝图"。如果竭力强加一幅蓝图,无论设计者认为自己多么具有远见卓识,都会复活先前促成革命的独裁与暴政。如果马克思主义者谋求无产阶级统治的国家,无政府主义者就鼓吹根本不要国家。马克思主义者预言,一旦经济关系实现平等,国家就会消亡,这一预言是偏颇地从无政府主义者那里借用来的,后者的倾向是根本不要国家。

正是在国家作用问题上的分歧,在两大左派哲学之间制造了鸿沟。马克思主义者期望权力回归国家,以巩固革命成果;而无政府主义者则希望人民最大限度地直接行动。如果这听起来像是当前流行的政客的花言巧语,那是因为两大政党的政治家们频繁地发掘美国人厌恶政府的情绪。乞灵于类似无政府主义的口号,通常是可以迷惑人的,因为国防预算、国债和其他温和主义者的举措,都不可避免地导致政府的加强而不是削弱。

在两种左派哲学里,法律秩序是一种统治和支配的政体,而不是保护普通民众的资源。下文选自《克鲁泡特金革命手册》(*Kropotkin's Revolutionary Pamphlets*),清晰地阐明了无政府主义思想的独特风貌。

---

[1] George Woodcock, *The Anarchist Reader* (London; Fontana, 1977) p. 72, 73.

第一节 法的权威

一

我们被这样一种教育引入歧途：它从摇篮时期开始，就想扼杀我们的反抗精神，并且培养我们对权威的服从。我们被法律禁锢之下的生存方式败坏了，这种生存方式调整我们生活中的每一件事——出生、教育、成长、爱情、友谊——以至于只要这些事态持续下去，我们将丧失所有的主动性和自我思考的习性。我们的社会似乎不再理解，即使不在法的统治之下，我们也同样能够生存。法的统治由代议制政府精心制造，由一小撮统治者操控左右。即使社会好不容易从这些桎梏中解放出来，它首先关心的也是立即重建法的统治。"自由之首岁"持续的时间从来都不超过一天，因为就在宣布自由的次日，人们便将自己置于法律和权威的枷锁之下。

的确，几千年来，那些统治我们的人没做什么别的，只是花言巧语地进行了"尊敬法律，服从权威"的说教。家长正是在这样的道德氛围中抚育孩子的，而学校也仅服务于让孩子们加深这种印象。巧妙拼凑的伪科学的碎片被灌输给孩子们，以证明法的必要性；对法的服从被造就为一种宗教，道德上的善与老爷们的法融为唯一的神圣。历朝历代讲堂教室里的英雄都是服从法律抵制反抗的人。

以后，当我们进入公共生活，社会和文学每日每时滴水穿石般继续向我们灌输着同样的偏见，历史、政治学和社会经济的书籍充斥着这种对法的尊敬。即使物理学也被迫为此服务，它把借自神学和专权的人工表达模式引入纯粹观察所得的知识中去，由此成功地使我们的智慧如堕五里雾中,永葆对于法的尊敬。报纸也做着同样的事情,头版的文章无一不是尊敬法律的说教,可惜第三版上的内容每天都证明了法的无能,并显示着它如何被手握权柄的人拖入污泥浊水之中。在法的面前俯首帖耳,业已成为一种美德,因此我怀疑是否会有这样一位革命家,他的年轻时代不是从法的捍卫者开始的,尽管他所反对的、一般称为陋弊的东西,正是法本身无可避免的后果。

我们从奴隶制、农奴制、封建制和君主制传承而来的那些被称为法的混乱不堪的行为规则,已经替代了脚下供奉着人类牺牲的巨大石兽,被奴役的野蛮人甚至不敢触摸它们,唯恐遭受五雷轰顶。

这种新的崇拜,自中产阶级掌握最高权力的法国大革命之后,已经特别成功地建立起来。古代的政体之下,人们很少言及法律;服从君王及其走卒的喜好,是一种建立在绞刑和监禁痛苦之上的义务。但是,在革命及随后的日子里,当法律人掌握了政权,他们竭尽全力强化其优势地位所赖以存在的原则。中产阶级毫不迟疑百川归海般地接受了法律;教士们匆匆忙忙将法律神圣化,以免他们的小船倾覆于激浪之中;最终,人民也接受了法律,将其作为与过去的专权与暴力相对而言的历史进步。

为了理解这一点,我们必须设身处地想象一下18世纪的状况。听到彼时集所有权力于一身的贵族对人民施加的暴行,我们一定会痛心疾首,因此也就能够理解"法律面前人人平等,无论出身与贫富,一体服从法律"这句话在农民心中一定有着神奇的力量。直到这一口号提出时止,农民所遭受的虐待比牲畜所遭受的还要残酷,他们从未有过任何权利,从未获得任何司法途径,以对抗贵族令人发指的暴行。农民们看到,自己被这句法律格言所承认,至少理论上承认,他的个人权利与地主老爷的权利相同。不管这个法律会怎样,至少它许诺对地主和农民一视同仁，声称在法官面前富人和穷人是平等的。

这一许诺是一个谎言，今天我们知道了这一点；但在当时，它是一个进步，一种对正义的效忠，正如虚伪是对真实的效忠一样。这就是为什么当处境危急的中产阶级的救星们宣布"人人尊敬法律"的时候，人民一下子就接受了这一许诺。他们的革命冲动在与地位日渐接近的敌人的斗争中已经消耗殆尽，他们俯首帖耳于法律的诰命，以免自己再遭地主老爷们的专擅。

从此，中产阶级不断地充分利用这一格言，它与代议制政府的原则相结合，概括总结了19世纪这个资产阶级时代的全部哲学。中产阶级在校园里灌输这一说教，在著述中宣扬这一原理，在艺术与科学中塑造这一信念。并且，这一切做得如此成功，以至于渴望自由的人们开始尝试通过恳求他们的主人大发慈悲，修改主人自己创制的法律来保护他们！

但是，时过境迁。任何地方都能发现反抗者，他们不愿再遵守法律，除非他们知道法律从何而来，有何功用，何以有守法的义务以及法律所包含的尊严。我们时代的反抗者正在批判社会赖以存在的基石，这块基石一直被奉为神圣，而其中最至关重要的圣物就是法律。

批评家们分析了法的渊源并进而发现，法或者渊源于上帝——原始人恐惧的产物，愚蠢、可鄙而恶毒，虽然教士们信誓旦旦地宣称它有超自然的起源；或者渊源于杀戮——火与剑的征服。他们研究了法的特征，发现法并非与人类同步地不断成长，而是有着稳固静止的特性，有着一种将理应每日修改和发展的东西定型化的倾向。他们叩问法是如何被维护的，看到的是拜占庭的凶暴、宗教裁判所的残酷、中世纪的严刑、活生生的肉体被行刑者的皮鞭撕裂，看到了锁链、棍棒、斧头、阴森的地牢、痛苦、诅咒和眼泪。在今天这个时代，他们看到的仍然是与以往如出一辙的绳索、步枪和监狱。一方面，惨遭暴虐的囚犯，因其全部道义存在被贬斥，被迫像笼中困兽一样生活；另一方面，被剥去人类本性中每一份情感的法官们，像一个梦幻者生活在法律虚构的世界里，乐此不疲于监禁与死刑的施用，扬扬自得于冷酷恶毒的疯狂，甚至从未怀疑过，就在他们所鄙夷的那些人面前，他们已经跌入了堕落的深渊。

他们看到立法者在不知法为何物的情况下所进行的立法竞赛。今天投票通过一部城镇公共卫生法，却对卫生学一无所知；明天制定一系列军事装备规则，却连一支枪都没摸过；制定有关教育的法律，却没有上过讲台，甚至没给过自己的孩子诚实的教育；任意而盲目地四处立法，却念念不忘将刑罚分配给衣衫褴褛的人们。监狱和奴役船成为一些人生活的一部分，而这些人要比立法者道德高尚一千倍。

最后，他们看到狱吏正在丧失所有的人类情感，密探被训练成嗜血的鹰犬，警察蔑视厌恶自己；告密被扭曲为美德，腐败被确立为制度；人类的所有堕落与邪恶都受到支持和培养，只为确保法的胜利。

我们目睹了这一切，因此不再疯狂地重复那古老的公式："尊敬法律"。我们要说："蔑视法律及其全部属性！"不再怯懦地重复"服从法律"，我们要大声疾呼："反抗一切法律！"

只有将那些以法的名义实现的恶与法所能产生的善相比较，仔细权衡善恶，你才会知道我们是不是正确。

二

相对而言，法律是现代的产物。人类的生活曾经世世代代没有任何成文法，甚至不曾以符号形式雕刻于圣堂神殿入口的柱石上。那时，人们之间的关系仅由习惯、习性和习俗调整，它们因不断重复而变得神圣，每个人在童年时代就已然习得，正如学习怎样通过狩猎、畜牧或耕种而获取食物一样。

每一部落都有自己的方式和习惯，法学家称其为习惯法。它有足够的社会习性来维系村民之间、部落或社会成员之间的诚挚关系。即便在我们这些"文明"国家里，当我们远离城市来到农村时，也会看到那里居民的相互关系仍然由古老的、公认的习惯所调整，而不是依照立法者的成文法。俄国、意大利和西班牙的农民，乃至法国和英格兰的大部分，都没有成文法的概念，成文法介入他们的生活仅仅是为了调整他们与国家的关系。至于他们自己的相互关系，尽管有时也很复杂，却依然由古老的习惯来调整。从前，人类的生活状况大体如此。

通过对原始习俗的分析，可以发现两大显著的占主流地位的习惯。

既然人们不是生活在相互隔离的状态，他们内心自然而然生成了有益于社会维持和种族繁衍的习性和情感。如果没有社会情感和习俗，人类的共同生活是绝对不可能的。不是法设立了它们，而是它们先于所有的法而存在；不是宗教规定了它们，而是它们先于所有的宗教而存在。它们是依照事物的本性自发生长的，就像动物身上被人们称为"本能"的那些习性一样。它们萌生于进化过程中，对于人类为生存而被迫进行的斗争来说，它们是有益的，或者更确切地说，是必不可少的。原始人殷勤好客，尊重生命，相互间有义务感，同情弱者，勇敢无畏，乃至为他人牺牲自己——这种牺牲精神首先为了孩子和亲友，嗣后及于同一群落的其他成员——所有这些人类品质的发展都先于一切法，也不依赖于任何的宗教。这些情感与惯例是社会生活无可避免的结果。这些品质并非教士和玄学家们所说的那样是人类固有的，它们是共同生活的结果。

但是，与这些习惯相伴生的、对社会生活和种族维系不可或缺的另外一些愿望、激情以及另外一些习性和习惯，也在人的联盟中进化发展着。统治他人的愿望，将自己的意志强加给他人的愿望，掠取相邻部落劳动成果的愿望，不劳而获安坐而食的愿望，让奴隶为其主人提供各种享乐——这些自私的、个人的愿望，形成了习性和习惯的另一主流。祭司和武士，这些江湖骗子从人们的迷信中渔利，在让自己摆脱了鬼神恐惧之后，却在其他人中培养这种恐惧。这些歹徒恶霸极力促成对邻人的侵略，以便满载抢掠的赃物、押解着被征服者凯旋而归。这两种人沆瀣一气，成功地将有利于己的习惯强加于原始社会，却又企图永久统治和支配大众。他们从众人的沉迷、恐惧和惰性中获益，并且，这同一些行为的不断重复，使他们恒久地建立了构成其统治的坚实基础的习惯。

滋生于迷信、沉迷和怯懦的日常风气，一直都是支撑压迫的柱石。在原始人类社会里，求助于祭司和军事首领是聪明的做法。这些人秉持对他们有利的习惯，并成功地将这些习惯强加给整个部落。只要这种保守的风气能够用来确保首领们对个人自由的侵犯，只要人们之间的不平等是自然的产物，而且只要这一切并没有因权力和财富的集中而百倍增长，那么，就没有必要创制法律，没有必要设置可怕的法庭，也没有必要加重刑罚以强制执行法律。

但是，随着社会越来越分裂为两大敌对的阶级，其中一个阶级寻求建立自己的统治，另一个阶级拼命逃避，斗争由此开始。现在，征服者匆匆忙忙要以恒久的方式保卫其行动果实，他在自己的权力范围内，不择手段地努力将胜利果实置于无可争议的地位，并使之神圣而令人尊敬。法以宗教制裁的面目出现，而武士的棍棒也听候法的差遭。法的功能是将那些有利于一小撮统治者的习惯固定下来。军事权威承担的任务是确保忠诚。法的全新职能对于武士的权力是一种新鲜的保障，武士不再仅仅是掌握残暴力量的人，他已经成了法的保卫者。

然而，如果法律提供的只是一堆为统治者服务的规定，那就很难保证它被人接受和服从。当然，立法者在一部法典中混淆了前面提到的两种主流习惯：一是在共同生活中形成的、代表道义和社会团结本性的准则；二是旨在保障客观上存在的不平等。对于社会生存绝对必不可少的这些习惯，在法典中被精妙地与统治阶级强加的习俗相纠结，并且两者都要求公众给予相同的尊敬。法典说"不要杀人"，又匆忙补充说"要向教会交纳什一税。"法典说"不要偷窃"，紧接着又说"拒绝纳税者断其手。"

这就是法，它已经将其双重特性保持至今。法起源于统治阶级的一种渴望：使那些有利于统治阶级的习惯恒久化。法的特征在于将那些有益于社会的习惯——它们并不需要法来保证其受到尊重——与其他有益于统治者、有害于人民大众的习惯巧妙搀和在一起，并且仅仅依靠人们对惩罚的恐惧来维持。

法，像个人资本一样，是欺诈和暴力的产物，在权力的呵护下得以发展，它没有资格承受人们的尊敬。法诞生于暴力和迷信，为了富裕的消费者、教士和有钱的剥削者的利益而确立，当人民打碎枷锁的那一天，必须彻底摧毁法律。

★"法国大革命"所许诺的平等，在那些备受王室和贵族统治煎熬的人们看来，一定具有特殊的魅力。人民是否应当拒斥通过法治来实现更多平等的许诺？伴随着据说是为维持平等所必不可少的制度，另一种暴政悄然渗透进来。没有领导者的社会，或者说，每个人都是没有追随者的领导者，这样的社会是可能的吗？克鲁泡特金虽然对法充满怀疑，却坚信人与人的互助，并且著书立说反对达尔文残酷的物竞天择理论。处在严格的自愿互助境况下的人们，如何解决他们之间的分歧？

克鲁泡特金说，一个通过习惯来维持秩序的社会，在遇有纷争的场合，人们会"乐于诉诸第三方来消除分歧"。不过，恰恰是这种诉诸第三方解决争端的做法一定程度上产生了法律，而那些为他人解决纷争的集团必然处于一种优势地位。克鲁泡特金说，那些制定健康法的人对卫生学一窍不通，他是否在鼓吹将这些问题从法律人转给专家？应当由专家来统治非专家吗？

更重要的思考是：如果人们没有法，一样会生活得很好，甚至会更好吗？

当一方有能力为讨论设定唯一的日程表时，就会有更微妙的权力运用。当权力关系被充分内化后，有权力和无权力相互理解的空间最为狭小，以至于当无权者面对非正义的时候，尚未开始行动就已经退却下来。无权力成为一种生活事实。在"法的门前"这则寓言里，卡夫卡描写了一个乡下人，他把法律必须被不折不扣地遵守这一要求彻底内化了，以至于除了恳求进入法的大门以外，他无法想象还有另外的选择。人们更倾向于痛恨自己，而不是痛恨压迫者。这种愚蠢的心理是如何产生的？可以归咎于先前的调控？还是向不公正的规则投降？或者是先前权力运用的效果？我们每个人都积聚了个人的经验记录，它们使某些行为成为实际的、可想象的，而使另一些行为成为不切实际、不可想象的。

当一种权力关系充分内化为无权者的心理时，有权者的权力便达到了极致。种植园奴隶制提供了有关权力和无权力的鲜明生动的典型。奴隶主依靠他人的劳动而过着优裕的生活，他们毁灭了绝大多数人的权利，在必要的时候使用强力，但他们也试图向奴隶灌输服从的习性，寻求通过惯例的反复适用来控制奴隶。

肯尼思·斯坦普（Kenneth Stampp）有关奴隶制的历史记述勾勒出控制奴隶的几个步骤：确立并维持严格的纪律；在奴隶心中植入一种卑贱意识；用主人的巨大权威令奴隶望而生畏；劝诱奴隶热衷于主人的事业；制造一种完全依赖的习性（没有主人就无望无助）。国家的全部强制力和法律制度都支持奴隶主，但制度总不会完全成功，因为这里充满了限制、反力和抵触。无论如何，令我们深受教益的是，在持续了几个世纪恶魔般的制度中，我们看到了权力的原动力。

约翰·加文塔（John Gaventa）提供了一个来自现代工业发展的实例。加文塔来到阿巴拉契亚一个煤矿区，在那里发现了惊人的不公正。人们的生活是如此悲惨，以至于任何满足现状的想法对他来说都是荒谬的。然而，他既没有发现政治上的行动主义——政治家预言的、当民主社会出现冤情时所发生的，也没有发现阶级斗争或者革命——像马克思主义者预期的那样。加文塔发现了政治行动和反抗的众多理由，但是，没有政治行动，也没有反抗。

为了找出谜底，他研究了历史上的和当代的权力运用，记录了巩固权力的三个阶段。首先，地主控制物质资源，在最初阶段，对那些在土地交易中失去一切的人而言，剥夺是明显的、可见的，他们此时会强烈反对。在权力得到巩固之后，第二种制度屏障被建立起来，以阻止那些目睹自己生活正在恶化的人所进行的反抗。与此同时，律师、商人和"市民领袖"看到自身的物质前程已经紧密地与那些控制煤矿的人联结在一起。这些小一些的人物围绕更有权势的人形成一道环形防线，他们的存在使有权势的人不必使用野蛮的暴力也能维护其地位。最终，不仅经济和法律关系被置于有权者的控制之下，而且教堂、学校和其他潜在对立的组织资源都被彻底殖民化。

加文塔得出结论：政治上的投降、冷漠、沉默，乃至于采取有悖自己最大利益的立场，这一切都是权力引起的。长期的无权力体验培植了一种恒久的无权力期待，它又反过来受到煤矿历史上权力运用的影响。使加文塔更震惊的是，权力关系一旦得到巩固，便在他所研究的一百年间基本保持未变。

如果权力可以分阶段巩固，那么，对权力关系的反抗也可以分阶段进行。并非偶然的是，任何社会运动的第一步都是重构权力关系的形象。如果想要发现无权者的真实情感，就必须到他们觉得能够自由表达心声的地方，到奴隶的住处，到阿巴拉契亚人家中，去发现他们在想什么。要真实地了解学生们的看法，就必须深入到学生宿舍、快餐店，在面对教师或行政管理权威时所做的评论，其可靠性是令人怀疑的。

♣ 如何评价人与法律体系的当代关系？流行语"钱能说话"至少捕捉了四种情感：金钱产生结果，合法的或非法的；金钱所产生的结果并不是那些没有钱的多数人所希望的；没有钱的人就没有发言权；没有发言权是有害无益的。第五种情感可能是：没有钱的人无足轻重，没有金钱支撑的行动主义将一事无成。

其实，绝大多数人并不知道金钱是如何转化为具体结果的，因为金钱进入法律—政府体系的路径是微妙、隐蔽而迂回的。但是，正如明目张胆的贿赂仅仅是"钱能说话"的方式之一，赤裸裸的暴力胁迫也仅仅是有权者对无权者说话的方式之一。下面案例介绍的主题是金钱对立法的影响。马萨诸塞州努力限制法人向有关组织的捐助。如果钱能说话，它也有宪法所保护的言论自由权吗？

第二节 钱 能 说 话

波士顿第一国家银行诉贝洛蒂案［First National Bank of Boston v. Bellotti, 435 U. S. 765（1978）］，**大法官鲍威尔陈述最高法院意见：**

马萨诸塞州最高法院确认、支持该州一项法律，该法律禁止银行和企业法人以影响投票为目的的费用支出。马萨诸塞州最高法院主张，法人基于宪法第一修正案的诸项权利，仅限于那些实质性地影响其经营、财产或者资产的事项。我们现在撤销原判。

该州制定的这项法律，禁止作为上诉人的两家州立银行和三个企业法人，"以影响投票表决为目的的捐助和支出，除非这些问题实质性地影响了法人的财产、经营或资产"。

上诉人争辩说，该法违反了宪法第一修正案、法律的正当程序和宪法第十四修正案的平等保护条款，以及马萨诸塞州宪法中的相似条款。如果言论者不是法人，就不会有人认为该州可以禁止此项言论。在民主社会里，言论对于决策是不可缺少的，即使言论来自法人而非自然人，也同样是如此。宪法第一修正案所包含的言论自由和其他自由权利，一向被视为自由的基本要素，而这种自由是以正当程序条款为保障的。

被上诉人则为禁止法人言论提供了两个主要理由：其一，州的利益在于维持公民个人在选举过程中的积极作用，进而防止公民对政府失去信任；其二，州的利益还在于保护那些与法人代表意见不一的股东们的权利。被上诉人的论点立足于这样一种假设：法人的参与将对投票的结果产生不应有的影响，并且使人民对民主的过程和政府的正直丧失信心。依被上诉人的观点，法人有钱有势，它们的意见可能淹没其他的见解。

不过，我们认为，还没有迹象表明，法人的相关意见已经以压倒优势显著影响了马萨诸塞州的投票。

大法官怀特的分歧意见：

最高法院认定马萨诸塞州的该项制定法无效，并主张宪法第一修正案保障了法人管理者不仅有权使用个人资金，而且有权使用法人财产传播与其经营无关的事实和意见，这些意见无可避免地代表他们个人或集体的有关政治和社会问题的见解。进而，马萨诸塞州不可以禁止法人的支出或捐助。

通过这一主张，最高法院不仅使一部存在多年的法律归于无效，而且使人们对31个州通过的限制法人政治活动的立法及《联邦反腐败法》的合宪性产生了怀疑。最高法院的基本错误在于，没有认识到各州制定法律的利益本身也来自宪法第一修正案。本案中，最高法院越俎代庖地用自己的判决为马萨诸塞州寻求问题的解决。而在这个问题上，该州已经通过了合理的立法，旨在深化政治舞台上宪法第一修正案的利益，正是在这个舞台上，立法者的专业水准最高，而法官的专业程度最低。

不必怀疑，法人的信息交流处在宪法第一修正案的范围内。然而这只是分析的起点，因为法人的表达不能由个人的意见替代，并且它应受到个人意见所不应受到的限制。思想，如果不是个人选择的产物，就不会受到宪法第一修正案的保护。再者，限制法人的言论，对于公众思想表达的损害远远小于限制个人的言论。即使完全取消与法人日常经营职能无关的、就政治或意识形态问题的言论自由，仍然没有丝毫损害个人，包括法人的股东、雇员和顾客自由表达思想的权利。这些个人依然可以完全自由地、以法人所能运用的方式交流任何思想。

法人是法律创造的非自然的实体，目的是深化特定的经济目标。然而，法人的特殊身份已经使其处在控制大规模经济力量的地位，如果不加调整，这种力量不仅会主宰经济，而且会主宰民主的心脏——选举过程。这一点，很久以前就已经被认识到了。马萨诸塞州和其他许多州的利益在于，防止那些积聚财富的机构运用它们所执掌的财富在政治活动中获得不公正的优势。

但是，最高法院置这种利益于不顾，却主张"还没有迹象表明，法人的相关意见已经以压倒优势显著影响了马萨诸塞州的投票"。而事实是：马萨诸塞州最近一个时期的经验表明，不受约束的法人投票费用支出，所产生的影响与最高法院的结论恰恰相反。

为了防止将法人资金用于股东所不赞同的目的，有必要禁止法人的政治捐款，这并不是马萨诸塞州独有的想法。《联邦反腐败法》的目的之一就是防止在缺乏股东或工会成员同意的情况下，为政治目的而使用法人或工会的资金，并且目的还在于保护少数人的利益不被法人或工会领导人所主宰。

大法官兰奎斯特的分歧意见：

最高法院以前的任何判决都没有正面触及今天所提出的问题。然而，马萨诸塞州、美国议会和其他30个州的立法机关已经考虑过这一问题并得出结论：限制企业法人的政治活动，在政治上是必要的，在宪法上是允许的。如此广泛一致的判断，有资格受到相当的尊重。

在我们的早期历史上，大法官马歇尔描述过联邦法眼中的法人身份:"法人是一种拟制的人,看不见,摸不着,仅仅存在于法的思考中。作为法的产物,它仅享有其章程明示或附带赋予的那些财产。这些财产被认为是经过最佳计算以影响其创立目的的。"

人们大多不会怀疑,当一州创设某一有权取得和使用财产的法人时,它必然地、不言而喻地保证,非经法律的正当程序,法人的财产不可剥夺。同理,当一州为出版报纸的目的核准成立一个法人时,必然假定该法人享有出版自由。直到最近才开始考虑:任何人,无论是自然人还是法人,都拥有被保护的发表商业言论的权利。虽然最高法院从未明确承认法人的商业言论权,但这一权利可被视为必然附属于商业法人的经营运作。

然而却不能匆忙得出结论说,政见表达权,对于为商业目的而组建的法人而言,也是必不可少的。一州准许企业法人具备潜在的无限寿命和有限责任,是为了加强其经济实体的效能。可以合理得出结论:那些在经济领域如此有益的财产,在政治领域里却构成一种特殊的危险。进而可以主张,政见表达自由,对于有效实现商业法人的目的而言,根本不是必须的。的确,各州有理由害怕法人运用其经济力量去获取超出应被赋予的利益。我认为,任何特殊形式的组织,工会、合伙组织、贸易协会或者公司,都应受到同样的规则调整。

信息的自由流通并没有因马萨诸塞州限制企业法人的政见表达权而有丝毫的减少,自然人从事政治活动,仍然像从前一样自由。

★ 美国最高法院已经判决认定:法人是合乎宪法及其修正案目的的人。法人在政治过程中的适当作用是什么?"就业和政府经济委员会"所筹集的捐款受到了质疑。从名称上人们能够想到该委员会的主要支持者是法人吗?应否要求公开其有关捐助的事项,以使旁观者不至于受名称的欺骗?

♣ 议案已经成为一种媒介,公民通过它能够更积极地参与法律制定;议案已经成为一种工具,选民利用它能够"将法律置于自己的掌握之中"。在过去的20年里,有来自各种派别和利益群体的议案:为地方财产税封顶,改统一税率为分级税率,要求限制任期,可以选择系或不系汽车安全带,要求处置食品罐和饮料瓶,立法控制枪支,保障被害人权利,要求无污染汽车,使赌博合法化,禁用夹腿装置捕猎野生动物,禁止非法移民受中学教育或享受医疗,允许某些疾病患者使用大麻,等等。

科罗拉多州已经通过了一些法令,禁止在一系列情况下基于性倾向而歧视他人。一项议案意在修正科罗拉多宪法,禁止这些法令。科罗拉多州最高法院判决认定,这一议案因否定法律的平等保护原则而违宪。因此,本案被提交给美国最高法院。

第三节 撤回保护

罗默尔诉埃文斯案 [Romer v. Evans, 116 S. Ct. 1620 (1996)],大法官肯尼迪陈述最高法院意见:

本案中受到挑战的法案是科罗拉多州宪法的一项修正案,1992年经由全州范围的公决而获通过。当事各方和州法院称之为"第二修正案"。促成该修正案的原动力以及它被采纳前的激烈战役,缘于科罗拉多州许多城市已经通过法令,旨在为因其性倾向而遭歧视者提供保护。法令将"性倾向"定义为"对性伙伴,即双性恋、同性恋或异性恋伙伴的选择"。然而,"第二修正案"要做的是撤回这些保护。

基于同性恋或双性恋倾向的身份，不予保护。科罗拉多州的任何部门、机构、市政当局或者校区，都不得制定、认可或实施任何法律、法规、法令或政策，赋予任何人或阶层享有或主张任何少数群体身份、优先分配、受保护之身份或声称受到歧视。

该州捍卫"第二修正案"的主要论点是，它将男女同性恋者与所有其他人置于同样的地位，仅仅是否定了同性恋者的特殊权利。如此解读该修正案是令人难以置信的。我们不能仅仅依靠自己对该修正案的解释，还要依赖科罗拉多州最高法院的权威解释。州最高法院认为，没有必要断定修正案的全部含义，即使对其内涵做温和的解说，也应裁定其无效。

修正案从同性恋者手中收回了特殊的法律保护，并且禁止恢复这些法律和政策。

依普通法，客栈老板、铁匠和其他从事公共服务业者，若无适当原因，不得拒绝为顾客服务。这种义务是一般性的，没有为特殊群体提供特殊保护。然而，普通法规则在许多情况下是不充足的，其结果是，为抗制歧视，绝大多数州选择了制定详尽的特别法。

科罗拉多州的法律典型地代表了这种正在形成的法律保护的一贯的模式。这些法律首先列举有不歧视义务的人或实体，名单远远超过普通法所覆盖的范围。这种列举的基本功用是使不歧视的义务具体化，并为那些必须遵守的人提供指南。更确切地说，它们制订了一份清单，其内容扩展到那些不可能成为歧视的基础的个人状况：年龄、军人身份、婚姻状况、妊娠、为人父母、监护儿童、政治派别以及近来被人关注的性倾向。

"第二修正案"禁止同性恋者寻求有关法律所规定的保护,进而使这种易受攻击的群体在住房、不动产买卖、保险、医疗福利、个人教育和就业等方面所受到的法律保护归于无效。

我们发现,"第二修正案"所收回的,不是什么特殊的保护,而是在绝大多数人看来理所当然或者已然拥有的保护,是使同性恋者不被隔离于自由社会正常市民生活之外的保护。

在普通案件中,如果一项法律能够促进政府的合法利益,这项法律就会被维持,即使它似乎很不明智,或者使某一特殊群体处于不利地位。如果对劣势群体的不利影响是立法机关的明显目标,那么它的公平性将受到怀疑。

如果一项法律宣称:总体说来,某一公民群体从政府寻求帮助将比其他任何公民更困难,则毫不夸张地说,该法本身就是对法律平等保护原则的否定。强加给某一群体的不利,产生于对这个群体的敌视。"平等保护"的宪法观念至少意味着,一个赤裸裸的损害某个政治上不受欢迎的群体的愿望,不可能构成合法的政府利益。然而,"第二修正案"笼统地做了一个宣告:男女同性恋者不应享有任何特殊的法律保护。这样做,使他们遭受了直接的、不断的和真正的损害,这种损害超越和违背了该修正案所声称的正当理由。

我们必须得出结论:"第二修正案"将同性恋者归入一类,不是为了促进适当的立法目的,而是为了使他们与其他人不平等。科罗拉多州不能这样做。一州不能使某一群体的人成为法的局外人。

大法官斯盖利亚(Scalia)的分歧意见,首席大法官兰奎斯特和大法官托马斯加入本意见:

最高法院将一场文化的战争误认为是一阵恶意的发作。我们面前的州宪法修正案,不是损害同性恋者的"赤裸裸的愿望"的声明,而

第六章 公 意

是得体而宽容的科罗拉多人的一种温和的尝试,其目的是为了保持传统的性道德,反对某个有政治权势的少数群体试图运用法律来改变这些道德。这一目的及其选择的实现目的的手段,依任何已宣示的宪法原则,都是不容怀疑的。

最高法院所作的裁决——同性恋不得被筛选出来遭受冷遇——与仅仅10年前它所作的一个判决相矛盾。准确说来,是文化上的争论产生了科罗拉多州宪法修正案以及该修正案所直接针对的优待性法律。美国宪法在这方面未置一词,而是留给正常的民主的手段去解决,包括以民主的方式在州宪法里规定有关条款。最高法院无权将少数精英阶层——本院的组成人员就是从中选出的——所赞成的决议强加给所有美国人。对此,我表示强烈反对。

问题在于,由于那些有同性恋行为的人在特定的社会共同体里呈不均匀分布,对同性恋者权利的关注理所当然比一般公众热切得多。无论在地方还是在全州,他们都占有了比他们人数多得多的政治权力。可以理解,他们运用这种政治权力要达到的目标,不仅是社会的勉强容忍,而且是社会对同性恋的充分承认。同性恋权利倡导者的任务,是将公众的核心舆论从非难推向容忍,直至最后的肯定。

"第二修正案"寻求通过两种手段来抗制同性恋者地理上的集中和政治权力的不均衡:一是在全州范围内消解论争;二是使选举成为双方解决争端的途径。它将问题直接提交给该州的全体公民:应当给予同性恋特殊的保护吗?他们回答:不。最高法院今天却主张,这一最民主的程序是违宪的。

不过,有一个更贴切的类比,它涉及该州绝大多数公民以他们维护性道德的努力来对抗一个地理上集中、政治上强悍的少数群体破坏性道德的努力。亚利桑那等州的宪法至今还包括这样的条款:多偶制是永远禁止的，多偶者及有多偶倾向者，已经被这些条款筛选出来，承受比单纯否定其优遇身份要严厉得多的对待，并且这种对待只有通过修正该州的宪法才能改变。最高法院今天的态度使人认为，这些条款也是违宪的，似乎在这些州必须允许多偶制。

顺便提到，美国国会曾经要求将反多偶制的条款纳入亚利桑那等州的宪法，作为加入合众国的一个条件，多偶者将不得不就他们的想法来说服整个国家。因此，将某一群体的性行为方式付诸全州范围的民主表决，这种"遴选"不仅已经发生了，而且得到美国国会的明确首肯。难道最高法院得出了这样的结论：多偶制可见的社会危害是"政府真正利害关系之所在"，而同性恋可见的社会危害则不是？

一旦最高法院在这场文化战争中偏袒一方，它就是在反映律师阶层——最高法院成员来自这个阶层——的观点和价值观。该阶层如何看待同性恋，对于想在这个国家任何一所法学院会见求职者的人来说，是不言自明的。招聘人可能因任何原因拒绝求职者：求职者是一个共和党人，一个奸夫，去了不该去的预科学校，参加了不该参加的乡村俱乐部，吃蜗牛，还是一个追逐女色的人，穿戴真正的裘皮，乃至因为他不喜欢某个球队。但是，如果招聘人因应聘人是同性恋者而拒绝录用，那么，他就违反了"美国法学院协会"的承诺。该协会强烈要求所有会员学院"坚定信心，勇于聘用"同性恋者。

最高法院今天的意见不具备美国宪法的基础，仅仅是貌似具备而已。科罗拉多人民采纳了一个完全合理的条款，在任何实质意义上都没有使同性恋者处于不利，而仅仅是否认了他们的优惠待遇。"第二修正案"旨在防止绝大多数科罗拉多人赞成的性道德逐渐被腐蚀。

★ 当法律规则与正在发挥作用的信仰南辕北辙的时候，人们可以预期对法律规则广泛的违反。比如，学校里的祈祷早已因违反美国宪法第一修正案而被裁定违宪，但这不可能避免一些学校对这一规则的公然违背，因为法律规则不是自动执行的。斯盖利亚的分歧意见中最有冲击力的一点是，科罗拉多人在异性恋与其他性倾向的文化竞争中应有权通过表决进行选择。但是，宪法性法律中有一条基本原则，即，某些领域的问题不得诉诸多数规则。如果不是这样的话，那么少数就会听任敌对的多数的主宰，并被置于永远的仆从地位。有关性倾向的论战发生在教堂、学校和法庭里。法律机构在这场文化之战中应当处于什么位置？在得出法院应当置身其外的结论之前，请记住早前的一个结论：不参与永远不意味着中立。

第七章

女　权

> 我本人从未发现女权主义究竟是什么，我只知道，一当我表达自己不同于逆来顺受的可怜虫们的情感时，人们便叫我女权主义者。
>
> ——丽贝卡·韦斯特，《号角》，1913 年

> 反女权主义是厌女症的直接表露，它是为仇视女性的行为进行的政治辩护。
>
> ——安德里亚·德沃金，1983 年

> 在通往平等的未来征途上，无论遇到怎样的新的险阻，杜撰怎样的新的神话，施加怎样的刑罚，放弃怎样的机会，强加怎样的卑贱，没有人能够剥夺美国妇女事业的正义性。
>
> ——苏珊·法卢蒂，《反作用力》，1991 年

♣ 在法学著述中，到处充斥着雄性的形式——他这样做，男人那

样做，不一而足。"雄起"、"雌伏"，这些语言形式昭示着，女性不仅在肉体上处于被征服的地位，在经济上处于较低的位阶，而且在身份和权力阶层中也处在低洼地带。有色人种的女性在法律史上更是无足轻重。事实上，男人不仅造法，还意图使女性沦为财产。不仅如此，犯罪的标准总是扭曲的，在强奸案中，这种扭曲依然泛滥，根据强奸者的心态而不是根据被害人的心态来确定犯罪。

依普通法，有一些适用于女性的特殊法律规则，推定丈夫在场时妻子不能形成犯罪意图。但是，这一"减免情节"蕴涵这样的预设：推定她在其丈夫的统治与控制之下。妻子不能成为一个罪犯，因为她是一个非人——没有刑罚，但也没有人性。虽然官方的标准表面上为被殴女性提供了更多的保护，但实际上警察和法庭可以不保护她们。警察可能确信，争吵将会平息，将被淡忘，国家最好不予介入。因此，警察和法庭的介入标准，可能比人们认为的更加相似于百年以前。

麦金农认识到问题之所在：

> 国家的形式、动力、与社会的关系以及特定的政策体现并服务于男人的利益吗？国家是建立在女性的服从基础上吗？雄性气质是国家所固有的吗？假定女性同意这种政治统治，就像假定女性同意性行为一样。法律是特殊的力量源泉与合法性的标签，是暴力的栖息地和遮羞布。暴力巩固了合法性，而合法性又掩饰了暴力。[1]

---

[1] Catharine A. MacKinnon, *Toward a Feminist Theory of the State* (Cambridge, Massachusetts: Harvard University Press, 1989).

随着觉悟的提高，女权主义律师开始去实践而不再仅仅等待一场革命，但他们的工作将一直处于疑难的边缘，其原因正如麦金农所述，国家制度仍然是男性的。强奸、家庭暴力、性虐待以及制度性的性骚扰，这些领域所产生的问题是用男性语汇无法回答的。

目前，我们依然恪守艾伯特·加缪的观点：在现代社会，"权力搞定一切"。因权力对心灵的腐蚀作用而不愿攫取权力的那些女性，也正确认识到争取更多权力的必要性。简单地退出竞争，等于默认男性的权力、男性的国家、男性的法律秩序以及以男性为基础的等级制度的合法性。占有更多的权力，可能是唯一实际的选择，另一种选择就是服从。

女性的体验从不是单一的，因而对于女权主义法律观点的研究，不会生成某种所有男人和女人都无条件接受的大一统的理论。我们已经承认存在着许多差异，还认识到存在着一种被分享的共性。在"希尔斯案"中，对于女性天性和教养的某些方面的公开阐释，为希尔斯公司的代理律师提供了口实，声称女性对某些高薪工作不感兴趣。依照法庭的意见，某些工作少有女性从事，与其归咎于希尔斯公司的歧视行为，不如说源于女性的个人偏好。

第一节　分工就是歧视

均等就业机会委员会诉希尔斯雄獐公司案 [EEOC v. Sears, Roebuck & Co., 628 F. Supp. 1264 (1986)]，法官诺德伯格（Nordberg）：

关于女性对委托销售希尔斯公司产品的兴趣问题，提供给法庭的最令人信服的证据是希尔斯公司的众多经理的证词。证人们作证说，在希尔斯公司,有兴趣从事委托销售工作的男性远远多于女性,至少为8或10比1。

经理们不断试图劝说女性们接受委托销售或者其他非传统工作。一旦有委托销售职位空缺,就会优先考虑那些对此感兴趣的女性。他们有时还向女性保证,在她尝试委托销售工作的一段时间里,将保留她先前的职位。

那些对委托销售显现兴趣的女性,绝大多数只对柔性商品感兴趣,比如服装、珠宝首饰和化妆品等,而希尔斯公司一般是不销售这些东西的。男性应聘者则对刚性产品更感兴趣,比如五金、汽车、运动器材以及技术含量更高的商品,这些商品是希尔斯公司更乐于委托销售的。一般而言,这与消费者对商品的兴趣并行不悖。比如,男人通常不会对时装、化妆品、面料、妇儿服装以及其他家用小商品感兴趣。女人通常对销售汽车、建材、家具、围栏不感兴趣,也不像男人那样乐于在户外销售。女性通常不喜欢卖男士服装,因为这要求她们有时要为男士量体试衣。

然而,成衣是女性们乐于销售的,因为她们喜欢这一工作的时尚和创造性,她们中的绝大多数人以前从事过这项工作,而且这是一项压力相对较小的工作。对这一行表示兴趣的几乎都是女性,很少有男人愿意去卖成衣。女性在不同工作种类应聘的比例,一般与她们对所涉产品的兴趣和背景相一致,这说明,男女之间兴趣的区别,通常与男女两性传统上的兴趣差异相关。

在希尔斯公司里,不愿从事委托销售工作的女性表述了她们的一系列理由:一些人害怕或者厌恶那种"狗咬狗"式的竞争;另一些人对所委托销售的产品感到不舒服或者不熟悉。她们害怕竞逐,害怕失败,害怕丢掉工作。许多人表示,她们倾向于非委托销售的方式,因为它更令人感到舒适和友好。她们相信，委托销售工作所增加的收入抵不过增加的压力、紧张和风险。

希尔斯公司提供了广泛的证据，以证明在过去50年里美国社会中的男性和女性的总体旨趣与态度的差别：（1）男性比女性更情愿在晚上和周末工作；（2）女性比男性更喜欢有规律的日间工作；（3）男性比女性更乐于从事高度竞争的委托销售工作；（4）男性更愿意从事有机会挣大钱的工作，尽管可能因其业绩不佳而有失掉工作的风险；（5）男性比女性更容易被工作的报酬所激励而不是被工作的性质所打动。

希尔斯公司所提供的证据还显示，女性对工作的态度在1970年至1980年间有了显著变化，这段时间内工厂的性别结构发生了明显改变。在许多传统上由男性主宰的工作领域，女性的数量已经是以前的2倍或3倍，如证券和金融服务的销售员、律师、五金和建筑材料销售人员。商业专业的大学生中女性的比例从1/10增加到近1/3。

至20世纪70年代后期，女性对于委托销售工作已经比70年代的早期抱有更开明的态度，但在许多场合，还是必须向她们"推销"这种工作。女性们的态度转变有这样一些理由：（1）委托销售工作已经由绝对的全日工作转变为主要是占用部分时间，而更多的女性倾向于用部分时间工作；（2）对于委托销售的报偿已由提成变为工资加提成，这就减少了一些女性所认为的工作风险；（3）一群成功的女性委托销售员为其他女性树立了榜样；（4）日间家庭服务的增加使许多女性有更多的时间工作。

志趣调查显示，绝大多数的非委托销售人员对自己的工作心满意足，并且女性更愿意留在现有的工作岗位上，甚至升职的兴趣也小于男性。不仅如此，全日非委托销售人员中，表示自己愿意留在现有岗位上的女性（占 56.4%）几乎是男性（占 30.3%）的 2 倍。一般而言，男性非委托销售人员更情愿为晋升而有所牺牲，包括加班、在业余时间和周末工作，以及承担更多的责任。

全国的数据显示，女性拥有 60.5% 的服装、窗帘和室内装潢用品店，但她们仅拥有 14.2% 的家具店和 1.2% 的地板销售店。男女对不同产品的兴趣差异在本案中非常重要，因为"均等就业机会委员会"分析得出的绝大多数差别主要集中在几种产品上：汽车、电器、工具和家装材料。所有这些产品都是女性着实不感兴趣的。

"均等就业机会委员会"所提出的证据是几个证人的证词，这些证人描述了女性劳动简史，坚决主张男女的职业兴趣和志向没有明显的差异，女性仅仅受就业机会的影响，而不是个人好恶的左右。然而，这些证人所提到的历史上的特殊例证，对于女性的数目及比例都语焉不详，并且这些例证主要集中于小部分不寻常的女性及其在另一历史背景下所展示的能力，而不是集中在绝大多数女性或者本案发生时期她们的兴趣。这些证人都不特别了解希尔斯公司的情况，也没有提出任何证据以对抗希尔斯公司强有力的证据。

总之，"均等就业机会委员会"的统计分析是建立在一种武断的假定基础上的，即男女两性对委托销售工作有相同的兴趣。希尔斯公司则提供了全面而可信的证据，以证明男性对于委托销售的兴趣至少是女性的 2 倍。因此，"均等就业机会委员会"的假定是没有事实根据的，也致命地损害了其整个统计分析的结论。

★ "希尔斯案"之后，声称遭受歧视的女性可能面临两难的境地：如果提供统计数据，则法庭可能要讨论数据与雇主行为的因果联系；如果仅控告个人所受的歧视，则该案可能被视为"孤立事件"，不具有代表性。维基·舒尔茨作为"希尔斯案"和其他就业案件的法律评论人，勾勒了女性与工作关系的模式：

> 模式的基础是将"男子气概"与"女人气质"作为两个相对的范畴。女性是"温柔"的，因为这是使女性成其为女性的定义。工作本身也被赋予了基于工作者性别的人类特征。"女人气质"是指一系列复杂的女性特征和志趣，其定义使女性排除了对于男性工作的任何兴趣。涉及蓝领工作的案件强调的是该工作的"男子气概"，让人联想到体力的强健和工作的肮脏；涉及白领工作的案件聚焦的是女性的"女人气质"，使人关注的是与家庭生活相关的品质和价值观。
>
> 其实，像所有劳动者那样，女性工作志趣与倾向的形成是理性的、有目的的，但也总是受他人组织安排的限制，并且回应着这种限制。性别隔离的存续，不是因为女性将其固定偏好带入了工作领域，而是因为雇主们所建构的工作机会和刺激，所维持的工作文化和关系，使绝大多数女性无法向往传统上属于男性的工作，也没有能力在这样的工作中获得成功。[1]

♣ "性骚扰"一词越来越频繁地出现在新闻之中。俄勒冈州的前参议员派克伍德被控几十年来一直"不检点"，并有其日记为证。最高法院的被提名者克拉伦斯·托马斯被控对"均等就业机会委员会"的一名工作人员进行性骚扰。三菱公司 1995 年被指控为一个性骚扰

---

[1] Vicki Schultz, "Telling Stories about Work," *Harvard Law Review*, 103 (1990).

泛滥的地方，受影响的女性有几百名。1996年，各军兵种都有上司骚扰女军人的控告。学院是学生的第二家园，竟也不乏性骚扰的控告。从法律上说，工作场所的性骚扰案可分为两大类：一是等价交换，用性的欢心换取某种利益；二是出自性需求的不受欢迎的行为，无端影响到个人的工作表现，或者产生一种令人恐惧、充满敌意或有辱人格的工作环境。下面的"哈丽丝案"属于第二类情形。

第二节 性 骚 扰

哈丽丝诉福克利夫特系统公司案［Harris v. Forklift Systems, Inc., 114 S. Ct. 367（1993）］，大法官奥康纳（O'Connor）：

本案中我们考虑的是，依1964年《民权法案》第7条之规定，歧视性地"有辱人格的工作环境"（又可称为"充满敌意的工作环境"）的定义是什么？特丽萨·哈丽丝1985年4月至1987年10月在福克利夫特系统公司任经理，查尔斯·哈迪任公司总裁。

地方法院认定，哈丽丝任职期间，经常成为哈迪性影射的目标。在许多场合，哈迪当众对哈丽丝说："你是一个女人，你懂什么！"至少有一次骂她是"不会说话的母驴"。还有一次，他当众建议他俩"去假日旅馆解决加薪问题"。哈迪不时要求哈丽丝和其他女雇员从他紧身长裤的前兜里掏硬币出来，还把东西扔在地上，然后让她们捡起来。他以哈丽丝和其他女性的衣着为名目，含沙射影地讲一些黄色故事。

1987年8月中旬，哈丽丝向哈迪抱怨他的行为有失检点。哈迪说，他很惊讶哈丽丝竟然被冒犯了，声称自己仅仅是在开玩笑，并且表示道歉，还承诺不再那样做。由于这一保证，哈丽丝留在了原岗位。但在9月上旬，哈迪故态复萌。当哈丽丝正与一位顾客打交道时，他又当着其他雇员的面问她："你怎么搞的？没答应那家伙一个周末之夜吗？"10月1日，哈丽丝收拾自己的东西，辞去了工作。

哈丽丝随之起诉福克利夫特，理由是哈迪的行为制造了一种基于性别的有辱她人格的工作环境。在地区法院，两种意见势均力敌。最后认定，哈迪的某些言词议论"冒犯了哈丽丝，并且将冒犯任何理性的女性"，但尚未恶劣到严重影响哈丽丝的心理健康和工作表现的程度。

巡回法院解决纠纷的准则是：造成"有辱人格的工作环境"的骚扰行为，必须"严重影响心理健康"或者导致原告人"遭受伤害"。1964年《民权法案》第7条的用语"并不局限于'经济的'或者'有形的'歧视"。当工作场所弥漫着"歧视性的恐吓、嘲弄和侮辱"，且"其恶劣或乖张程度足以改变被害人的就业条件，并造成有辱人格的工作环境"时，便违反了"第7条"的规定。

我们今天重新确认一条准则，在骚扰言行导致神经崩溃之前，"第7条"就开始起作用了。一个充满歧视性的有辱人格的工作环境，即使没有影响雇员的心理健康，也能够经常分散雇员的注意力，影响其工作表现，使他们不敢留在工作岗位上，或者使他们无法在职业生涯中有所进步。不仅如此，即使没有这些有形的影响，因雇员的种族、性别、信仰或出生国籍而对他们有歧视行为，其程度如此恶劣或乖张，以至于形成有辱雇员人格的工作环境，这一事实本身便触犯了"第7条"有关工作场所平等权利的广泛规则。

我们因此相信，地区法院的错误在于，以行为是否"严重影响原告的心理健康"或者导致她"遭受伤害"作为标准，这可能使法官没有将注意力集中在具体而有形的心理伤害方面。"第7条"禁止可能严重影响一个理性人的心理健康的行为，但该法所禁止者并不局限于这种行为，只要人们能够合理地觉察到环境是充满敌意和有辱人格的，便没有必要同时造成心理伤害。

这不是一种精确的数学测验，但我们可以说，环境是否"充满敌意"或者"有辱人格"，只能视全部情况而定。这些情况可能包括：歧视行为的次数、恶劣程度、是否有身体上的胁迫或羞辱，或者仅有语言的冒犯，以及是否无端干扰了雇员的工作表现。对于雇员心理健康的影响，理所当然地成为判断原告是否发现环境有辱人格的相关因素。心理伤害是必须考虑的，但仅有一个因素是不够的。

因此，我们撤销上诉法院的判决，发回原法院依本意见重审。

大法官斯盖利亚的附和意见：

最高法院今天的意见详细阐明，被控告的行为必须足够恶劣或乖张，以至于"造成了客观上充满敌意或有辱人格的工作环境——只要是一个理性的人，就能发觉这样的环境是充满敌意或有辱人格的"。

"侮辱性的"对我而言似乎不是一个非常明确的标准——而且我不认为附加副词"客观地"或者诉诸"理性人的"概念就能够使其明确性有所增加。今天的意见的确罗列了许多具有侮辱性的事实因素，但是，因为它既未说清每一事实因素必须是多少（一项不可能的任务），也未确认哪一事实因素是具有决定性的，所以它缺乏确定性。法律规定"侮辱性"是判断遭受伤害的标准，这使得诉讼的成本更加昂贵。

尽管如此，除了走最高法院今天所走的路，我别无选择。在最高法院无法穷尽的列举中，如果将行为是否无端干扰了雇员的工作表现作为一条绝对标准，则会为陪审团或雇主提供更好的指引。"就业条件"的法律用语说明，标准并不是工作是否已被损害，而是工作条件是否已被歧视性地改变。最高法院今天采用了有些含混不清的用语作为标准，但是我找不到比这更为可信的标准了。基于这些理由，我同意最高法院的意见。

★ 性骚扰是分阶层的。阶层越低，受到性骚扰的可能性就越大，形式也更恶劣。职业女性说，最常见的性骚扰方式是冒犯性的语言而非身体接触。另一方面，处在较低位置的女性最常报怨的是非暴力的身体接触和性侵犯。1985年"梅瑞特储蓄银行案"涉及的行为是极端恶劣的。原告作证说：

> 在她作为出纳员的试用期里，银行的副总裁泰勒待她如父亲一般，没有任何性方面的越轨行为。然而随后不久，他邀她出去吃晚餐，在就餐过程中，他建议去汽车旅馆发生性关系。她开始表示拒绝，但出于所谓的对失业的恐惧，最终还是同意了。依照她的陈述，泰勒此后不断要求她的性恩惠，地点通常是在分行里，上班过程中和下班以后都有过，几年里性交四五十次。不仅如此，泰勒还当着其他雇员的面调戏她，当她独自去洗手间时尾随而入，向她裸露自己，有几次甚至暴力强奸她。当她开始有了固定的男友之后，这些行为才终止了。[1]

性骚扰也是教化出来的。在影片《查理的战争》中，主人公查理的办公室里都是大美女，这家伙的名言是："打字可以学，胸围是天

---

[1] Meritor Savings Bank v. Vinson, 477 U. S. 57 (1985), 60.

生的。"性骚扰的判断标准有两个：一个有赖于原告的作证，是主观的；另一个超脱于她在事件中的角色，是客观的。

　　我们相信，在评价性骚扰的乖张程度时，应当将注意力集中在被害人的观点上。要完全理解被害人的想法，需要分析男性与女性不同的观点。许多男性认为无可反对的言行，却可能冒犯许多女性。例如，一位男性上司可能相信，他说一位女性下属"身段苗条"或者"双腿迷人"，这没什么不对。男性和女性受伤害的方式不同，被不同的言行所冒犯。男性一般将某些形式的性骚扰视为一种"只有神经过敏的女人才会反对的无害的社会交往"。

　　我们认识到，因为强奸和性侵犯的受害者绝大多数为女性，所以女性对与性有关的行为有着更强烈的关注。可以理解的是，受到温和形式性骚扰的女性被害人，可能担心骚扰者的行为仅仅是使用暴力的性侵犯的前奏。[1]

　　经常有这样的情况，性骚扰案的证人们说："她不在乎"；"她似乎喜欢被注意"；"她不时也回敬几句玩笑"；"当听到这一骚扰指控时，每个人都很惊讶"。绝大多数的性骚扰案都有广泛的既可以支持控方也可能支持辩方的证据。因此，对于原告而言，提起骚扰指控是痛苦的，就像强奸的被害人控诉自己被强暴的过程一样痛苦。

♣ 关于女权主义法律观的当代探索，我们只是管中窥豹而已。细

---

[1] Ellison v. Brady, 924 F. 2d 872 (1991), 878-879.

读每天的报纸，会发现配偶虐待、强奸、生育权等一系列话题，西方世界的每一法理洞见都能在性别的熔炉中得到熬炼。理论与实践中的法是否可被界定为规则、裁量、评价、平衡、阶级划分或者等级制度，这些问题在法律与性别的交会处都可以找到新的见解。通过改变规则及其实施能否变革制度？或者，通过法律能否改变结果？这些都是未解决的问题。

热爱规则的人趋向于确定性，只在法律疑难和事实多变时才停下脚步。那些倾心于价值观的学者，通常变成了高贵的哲学家，失去了与不善思考的人不断对话的立足疆域，而这些不善思考的人却通常掌握着权力。以平衡冲突、减少浪费为己任的法律人没有注意到，参与永远不可能中立，而且他们所产生的浪费与他们意图消除的浪费一样多，或者有过之而无不及。理论家们能够提出当前的矛盾，却很少告知我们下一步该做什么。寻求等级制的瓦解和民情的异化者，时常忽略民意中不那么可人的方面，忽略以往制度失败的原因，而女权主义者和种族批判理论家则身处压迫与超越之间。

广泛研究法律之后，也许更加迷惑，也许决心选择一种最佳的行动路线，而不是挣扎在拥护和反对之间。法原本是用以维持现状的，但对法的某些理解却即使不支持革命也支持深刻的变革。如果法官谨慎裁量，适用合法规则，推进公认价值，减少冲突摩擦，那么公民们便由衷感激了。但是，马克思主义者、无政府主义者及女权主义者发现，法扮演的是权力和特权的角色，它置民众于权力和特权之外，只能从外向里窥望一下。如果这种发现是正确的，则法律研究将成为记载衰落的美国平等与自由之梦的文献，成为我们无可避免的行动主义的痛苦序曲。

第七章　女　权

警察的法庭

第八章

法 的 实 施

任何形式的政府一旦变得损害其目的时,人民就有权利改变或者废除它。过去的经验表明,当政府的罪恶尚可容忍时,人民宁愿默然忍受,也不愿废除他们习惯了的那些形式,以恢复自己的权利。但是,当一个政府恶贯满盈,倒行逆施,一贯奉行着同一个目标,即,显然是企图把人民压制在绝对专制主义之下时,人民就有这种权利,人民就有这种义务,来推翻这样的政府。

——《独立宣言》,1776 年

法的实施不再因其暴力而承担公开的责任。如果它也体罚,它也杀戮,这不是对它力量的颂扬,而只是不得不予以容忍的一个因素,一个难以解说的因素。

——米歇尔·福柯:《规训与惩罚》,1979 年

法院正式发出之强制令,必须被当事各方服从,而无论

法院之决定如何谬误。直到该决定由作出之法院或其上级法院依有序审查而加以纠正,基于该决定之命令应被尊重,不服从命令者,即是藐视法院权威,将被惩处。

——"霍瓦特诉堪萨斯州案"

♣ 警察是美国内战前法的实施的一个缩影。那时,法由非全职的官员实施,或者由征募的公民来实施。警察频繁涉入地方政治,执行和落实政治日程。警察的位置经常由政治任命来填充,腐败是司空见惯的。

警察形成了法律之外的、无规律的、不合法的强制与暴力。亚历山大·威廉斯,作为纽约城的警官,19 世纪 70 年代可是出了名,因为他"奉行夜间大棒的信条",组建了一支"暴力执法队",在巡逻时,"对歹徒不管三七二十一就是一顿大棒"。对威廉斯的指控不下 18 次,但警察委员会"一成不变地放过了他"。威廉斯是这样为自己"愤怒的大棒"辩解的:"警察的大棒比最高法院的裁决有更多的法律。"[1]

很难想象,在 21 世纪伊始的美国,如果没有一支人数众多、组织严密、装备精良、训练有素的警察力量,法律该如何实施。法的实施一直伴随着准军事化的发展历程,一向是人们极为关注的话题。法的实施的概念植根于这样的法律定义:法律是一个要由警察力量实施

---

[1] Lawrence M. Friedman, *A History of American Law*, 2nd ed. (New York: Simon & Schuster, 1985).

的规则体系，它要求一种施用强制的能力。一套没有强制的规则，像一份公理清单，并不构成"法律"；另一方面，一种没有规则的强制，似一个强权组织，也不构成法律。美国人定义的法律是以"法的实施"为必要条件的，也就是，规则与强制，公理与强权，必须相互联系在一起。

在美国历史上，有两种相互冲突的法律形象。一种形象与公理观念有关，表达于《独立宣言》的革命训示之中：政府从属于自由社会的固有目的，如果政府违背这一目的，就可以推翻它。在这一革命形象中，对法的实施的优劣判断，应视其是否有助于保护"生命、自由和对幸福的追求"。另一种形象与强权观念有关，来源于既已建立的法院制度和官僚化的法定程序。

1921年，堪萨斯州禁止美国矿工联合会的成员不顾禁令举行罢工，罢工者因违反禁止令而被判1年拘役。矿工们在上诉状中争辩说，据以颁发禁止令的堪萨斯州的法律违反了联邦宪法。美国最高法院拒绝采纳这一论点，理由是矿工们本应就禁止令本身上诉，而不应先违反禁止令，然后再针对定罪上诉。该案传达的信息直言不讳地表述在法院的建筑物上："服从法律才有自由。"法律和自由，谁应当优先？

惩罚是法的实施的核心问题，法有赖于强制，并且企图将自己组成一种政府垄断，使官方的强制成为唯一合法的强制。事实上，"暴力"一词典型情况下只适用于非官方的强制，从而有别于官方的强制。暴力是法的实施内在固有的，并且是借助法律解释进行的。下文是罗伯特·考沃（Robert M. Cover）在《耶鲁法律杂志》（*The Yale Law Journal*）上极力阐述的。

第一节　法律解释的暴力

　　法律解释发生在痛苦和死亡的领域，它预示并引起对他人施用暴力：一位法官对某一文本如何理解，关乎他人的自由、财产、孩子乃至生命。法律解释还构成已然发生或者即将发生的暴力的正当理由。当解释者完成工作后，他们身后留下的是遭受这些有组织的社会暴力行为摧残的众多生灵。

　　精心地施加痛苦，我们称之为刑讯，其设计绝少为了取得指控材料，更常见的是为了展示被刑讯者所珍视的世界到了尽头。被刑讯者记录并亲身感触这样的事实：剧痛正摧毁世界。这就是为何被刑讯者几乎总是出卖与背叛——被刑讯者的世界已被痛苦及其延伸的恐惧所粉碎。

　　但是，法律解释与施加痛苦之间的关系，即使在日常法律行为中也仍然起作用。为已被定罪的被告人量刑，就是法官最常实施的行为。不过，它还是在极大程度上揭示了法律解释显著地被暴力所塑造。首先从被告人的角度看，他的世界受到威胁，但他坐在那里，通常还很平静，好像参加一次文明的对话。如果被定罪，他也会习惯地走向漫长的监禁，通常没有明显的对于这一文明表象的搅扰。当然，正是这一系列具有压倒优势的暴力，才使被告人认识到反抗或呐喊是无济于事的，而如果假定这一文明表象是自愿的，那才是荒谬怪诞的。我不希望伪装，好像因犯是被说服到监狱里去的。"解释"作为暴力监禁的前提条件，本身即是暴力的运用。隐没这一事实，恰似忽视背景中痛苦的惨叫或者宗教法庭触目惊心的刑具。被拘禁者的体验，自始就是被暴力主宰的体验，自始就染上对暴虐的畏惧色彩。

从被告人的角度看，量刑行为的暴力最为明显，因而在有共同价值观的社群里，任何降低事件的暴力性或者突出其解释的特征的叙述，都忽视了被告人而仅关注法官及其解释行为。对"责难"或"惩罚"的含义做广义的解释，为法官的暴力行为制造了正当根据。对于通过暴力施加痛苦，正常情况下是禁止的。为了克服这种禁止，人们需要命令。

米尔格拉姆（Milgram）叙述了一个实验：真正的实验对象操纵一台电击发生器，对他们认为的实验对象，实际上是假扮的实验对象，施加他们认为是实际存在的电击痛苦。这一切都是在实验领导人的指挥或命令下进行的。尽管假扮的实验对象呈现出明显的痛苦，但真正的实验对象——那些操纵电击发生器的人——却显示出对权威人物即实验领导人略带内疚不安的高度服从。米尔格拉姆从实验结果中得出一种理论："自主"状态下的行为与"执行者"状态下的行为有着显著的区别。他论述了一个人在等级制度内"奉命行事"时性情的变化过程。

法官在量刑时，通常视司法机器"传动装置"的角色为天经地义，这种机制会保证法官最大限度的强制——它是有效进行统治和支配的前提条件，它保证人们对法官处置被拘禁者的行为有忠诚的依从。与此同时，至少在刑法中，我们通过司法意见以及遵从这些意见的行刑官，严格地将执行命令的行为与司法解释的行为联结起来。

法官、行政官、反抗者、殉道士、典狱长、罪犯，他们对文本可能有共同的理解，他们可能有共同的语汇、共同的手势和仪式的文化积淀，他们可能有共同的哲学框架。所有这些人，所有这些事，在人类生活的全景图中，有着延续不绝的共性。但是，对法律解释的基本组成及其现实化过程中运用的社会组织的暴力，人们能够达成的共识永远是有限的。

暴力的实施者和受害人，所经历的是截然不同的体验。对施暴者而言，痛苦和恐惧是遥远的、非现实的、没有体验过的，而正当根据是重要的、现实的，并且是精心培植的。相反，对受害者而言，暴力的正当性在现实中退去了，与他们所遭受的压倒一切的痛苦和恐惧相比，其正当性的意义就变得无足轻重了。在具有共同含义的思想和现实之间，投射了法律自身暴力的阴影。

★ 思索惩罚与社会价值观的联系，尤其值得关注的是目的和手段的关系：

  由法律所保护的社会价值观，以及由国家政治权力强制执行的刑法规则，都是一国之中有权制定法律的社会群体所需要的东西。这一事实，在我们只观察民主国家时不那么容易认清，但在其他形式的政治组织中却显而易见。刑法中的阶级划分及同罪异罚便构成极好的例证。从根本上说，所有惩罚的目的都是为了保护一国统治集团视为有益于"社会"的那些社会价值观。

  惩罚理论的多样性及其所产生的思想混乱，似乎归因于目的与手段的混淆。用来保护"社会"的手段是多样的，不同社会的握有强制执行权的人，已经选择了他们确信最有可能确保人们服从的那些手段。这种确信反过来有赖于传统、知识水平以及社会和经济制度条件。古老而残暴的惩罚和刑讯，并不能证明它们的使用者嗜血成性或者暴虐无道，毋宁说它们证明了其设计者想不出更好的、更有效的、能够确保他们所珍视的社会价值观的方法。因而，惩罚的特征，不仅与国家的文化价值观密不可分，而且还以它为存在的基础。[1]

马克思的社会建构方案是有争议的，至少是可讨论的，但他对资本主义的批判却是尖锐而精准的，下面的选文就经常被引用：

> 统治阶级的思想在每一时代都是占统治地位的思想。这就是说，一个阶级是社会上占统治地位的物质力量，同时也是社会上占统治地位的精神力量。支配着物质生产资料的阶级，同时也支配着精神生产的资料，因此，那些没有精神生产资料的人的思想，一般地是受统治阶级支配的。占统治地位的思想不过是占统治地位的物质关系在观念上的表现，不过是以思想的形式表现出来的占统治地位的物质关系；因而，这就是那些使某一个阶级成为统治阶级的各种关系的表现，因而这也就是这个阶级的统治的思想。此外，构成统治阶级的各个个人也都具有意识，因而他们也思维；既然他们正是作为一个阶级而进行统治，并且决定着某一历史时代的整个面貌，不言而喻，他们在这个历史时代的一切领域中也会这样做，就是说，他们还作为思维着的人，作为思想的生产者而进行统治，他们调节着自己时代的思想的生产和分配；而这就意味着他们的思想是一个时代的占统治地位的

---

[1] George Rusche and Otto Kirchheimer, *Punishment and Social Structure* (New York: Columbia University Press, 1939).

思想[1]

暴力在法的强制执行中就是正当的吗？进一步的追问是：纳粹德国究竟是奉行了"法律就是法律"，还是破坏了法律甚至根本不要法律？听听纳粹军医如何解释在奥斯维辛集中营将犹太妇女连同她们的孩子一起杀害：

> 当犹太人的孩子在集中营出生，或者当犹太妇女带着已出生的孩子来到集中营时，我真不知道该怎么处置这个孩子。我不能给这个孩子自由，因为再也不会有任何犹太人生活在自由之中。我也不能让这个孩子留在集中营里，因为这里没有让这个孩子正常成长的设施。将一个孩子送到炼人炉中，而又不允许母亲在场见证孩子的死亡，这是不人道的。这就是为什么我要将母亲和孩子一起送进毒气室去。[2]

第二节 你们无罪

如果我像一般人那样看待监狱、犯罪和囚犯，我就不来向你们讲这番话了。我跟你们谈犯罪及其原因和矫治，其实我一点儿都不相信犯罪，根本就没有他们说的犯罪这回事。我不认为监狱内外的人在道德上有什么不同，同样都是良好的。这里的人不得已才在这里，正如

---

[1] Karl Marx, "German Ideology," trans. by T. B. Bottomore (1845).
[2] Sara Nomberg-Przytyk, *Auschwitz*, trans. by Roslyn Hirsch (Chapel Hill: University of North Carolina Press, 1985).

外面的人不可避免在外面一样。我不相信狱中的人就是罪有应得，你们在这里，仅仅是因为环境，这些环境因素完全超出你们的控制，你们不应对此承担任何责任。

我猜想，外面的许多人如果听到我今天下午对你们讲的话，一定会说我正在毒害你们，说我教给你们的事情其实是损害社会的。不过，听听不同于你们日常从牧师那里听到的见解是值得的。这些人将告诉你们：只要好自为之，就会富足快乐。当然，我们知道人们不会因善良而富裕起来，这就是为什么你们这么多人要以其他方式致富，只是你们不如外面的人做得好。

有些人认为世界上的每件事都是一种偶然，但是，根本没有偶然这回事。有不少人承认，监狱里的许多人本不该在这儿，而外面的许多人本该在里面。我认为，任何人都不该在这里。本来就不该有监狱，如果外面的人不是如此贪婪冷酷地对待里面的人，就不会有监狱。

我不想让你们相信这里所有的人都是天使，我不这么认为。你们是各种各样的人，都竭尽全力做事，但显然不怎么顺利。你们是各种环境条件制约下的人。某种意义上，每个人都一样坏。因为需要钱而做了一些特别的事情，你们一些人这样做是出于习惯，一些人则生来如此，天性使然。

你们中的绝大多数人大概都不会反对我，也许比外面的一些人对我更好，因为我信任你们，而不信任他们。即便你们丝毫不反对我，但仍然可能掏我的钱包。你们不是在反对我，这是你们的职业。你们中的一些人，如果我家的门没锁好，如果看到什么想要的东西，就会进入我的家里——不是出于对我的恶意，而是因为那是你们的生意。你们一些人如果正好没有其他事情可做，又需要钱，就会在街上抢劫某个人；但是，当我想要点亮我的房间或者办公室，煤气公司也会抢劫我。他们为25美分的东西收我1美元。尽管如此，所有这些人仍然是好人，他们是社会的顶梁柱，他们资助教堂，他们值得尊敬。

当我乘坐有轨电车时，我也被抢劫了。我付了5美分的车资，而实际上这段行程只值2.5美分。这仅仅是因为有一帮人贿赂了市议会，以至于我们不得不向他们进贡。

如果我不想落入煤气托拉斯的魔掌而选择烧油的话，那么善良的洛克菲勒先生会抢劫我。他用自己的一部分钱建立大学、资助教堂，让这些机构告诉我们如何做一个好人。

你们一些人因诈欺取财被关进来。不过，我拿起一份报纸，会读到一条广告："连衣裙，原价3美元，现售39美分。"当我读到这些广告时，我看出它们全是谎言。

当我想要走出这里，在地球上寻找一处立足之地时，我发现早在你我来到这里之前，它已经被人占领了。某个人会对我说："滚开，去哪儿都行，只要离开这儿。"这些人有警察、监狱、法官、律师、士兵等帮着照看这块土地，他们将每个碍事儿的人一脚踢开。

让我们看一看，在令人尊敬的阶级所犯的罪行与你们身陷囹圄之间有什么关联。

教育家们告诉你们要做一个好人，这样才能幸福。而外面的人有财产需要保护，他们认为，只有设立监狱将你们囚禁起来，才能做到这一点。他们每星期囚禁你们7天，而在星期日为你们祈祷。

我认为，一些所谓的"罪犯"——我仅仅是出于方便才使用这个词——在我看来，被抓的罪犯和抓人的罪犯是不同的。有些所谓的罪犯是因初犯而入狱的，但你们十之八九的人身陷狱中是因为你们没有好的律师，当然，没有好律师是因为你们没有足够的钱。有钱人入狱

法的门前

的危险就不是很大。

你们一些人第一次进到这里,如果打开狱门让你们出去,而又让法律保持今天这副样子,那么你们一些人明天还会回来。这里和你们所能去的任何地方都没什么不同,有许多人习惯了这里,以至于不晓得还有别的地方可去,一有机会就入狱为囚,无法自拔。你们无法参透自己的生活,其实这里是有原因的。

首先,冬季与夏季相比会有更多的人入狱。为什么?是因为人们在冬天更邪恶吗?不。是因为煤矿公司冬天开始掌控我们的命运。一小撮绅士们占有了煤,除非人们为每吨价值 3 美元的东西支付 7 或 8 美元,就不得不忍寒受冻,除了入狱别无选择。冬天要消耗更多的煤气,因为冬夜转长,所以人们入狱以节省煤气费。经济规律一直在起作用,无论你知道还是不知道。

在艰难的时候会有更多的人入狱,而富足的时期入狱者相对较少。他们可能不知道为什么,但这是真实的。在世道艰难的时候,人们并不更加邪恶。入狱的人,冬天比夏天多,苦日子比好日子多,全世界莫不如此。当然,随时都会入狱的人总是饥寒交迫。入狱的人几乎总是穷人——那些没其他地方可以生存的人。

很久以前就有人指出,被捕人数的增加与食品价格的上涨是同步的。当煤气价格上涨1%时,我不知道谁会入狱,但我知道一定有人会入狱。当肉类联合企业提高牛肉价格时,我不知道谁会入狱,但我知道一大批人注定要入狱。无论何时,一旦原油公司调高油价,就会有一定数量的身为缝纫工日夜为人作嫁的女孩子被迫上街从事另一种营生。我知道,应对此负责的是洛克菲勒先生及其同僚,而不是锒铛入狱的女孩子。

你们在特定时期可能不需要钱,但你们希望未雨绸缪,不会等到山穷水尽的时候才动手。你们一些人也许会撬门轧锁,专业术语叫"夜盗"。但是,如果家里丰衣足食,任何神经正常的人都不会深夜潜入一幢陌生的房子,借助昏暗的灯光在不熟悉的房间里摸来摸去,拿自己的生命碰运气。你们不会冒这种险。如果一个人的壁柜里有衣服,橱柜里有牛排,银行里有存款,他不会深夜在不知是谁的房子里游弋。从事这一职业总是需要经验和教育的,而精于此道的人并不比身为律师的我更应受到谴责。一个人如果口袋里有的是钱,他就不会到街上去抢劫另一个人。如果他有一两美元,他可能会去抢劫,但如果像洛克菲勒先生那么有钱,他就不会那样做了。洛克菲勒先生有许多比抢劫更有趣的游戏要玩儿。

富人从穷人身上索取的越多,不得不靠抢劫为生的穷人就越多。

有一项法案提交到本州立法机关面前,对绑架儿童者处以死刑。好像制定这么一条法律,就能阻止绑架儿童的行为。我不相信所谓绑架儿童,这全都是立法机关的错误。绑架儿童不是一种犯罪,而是一种职业,它是随着时代发展起来的,并随着现代工业条件而不断进步。有许多挣钱的手法,我们的祖先所不知道的新手法,我们的祖先可没听说过拥资十亿的托拉斯。现在,来了一个穷小子,他没有其他的营生,却发现了绑架儿童这个职业。

这种犯罪的诞生,不是由于人是坏的,一些人绑架别人的孩子,并不是因为他们想要孩子或者他们是邪恶的,而是因为他们看到有从中海捞一笔的机会。你无法通过处死绑架儿童者而矫治这种犯罪。只有一个办法,那就是给人们生存的机会。没有别的办法,从世界开始的那天起,就从未有过其他任何办法,而这个世界如此盲目和愚蠢,没有认识到这一切。如果世界上每个男人、女人和孩子都有机会过上体面、公平而诚实的生活,就不会有监狱、律师和法庭。偶或有些像洛克菲勒一样大脑构造特殊的人会犯某些罪,但他们为数很少,应送入医院治疗,而不是投入监狱,这样的人会在第二代或者至多第三代完全消失。

我不是在空谈纯粹的理论,我给你们举出两三个事例。

英格兰人曾经将罪犯放逐,装到船上运往澳大利亚。英格兰的主人是爵士、贵族和富人,他拥有那里所有的土地,其他人只好待在街上,无法得到体面的生活。英格兰那些被抓的罪犯来到澳大利亚,立刻拥有了整个大陆,成了这里的主人。于是,他们牧羊取肉,这比偷盗来得容易。这些罪犯因而成为体面的、令人尊敬的人,因为他们有机会生存了。他们不再实施任何犯罪,与放逐他们的英格兰人别无二致,只是变得更好了。那些罪犯的第二代,像地球上任何人一样,是善良和令人尊敬的一群人,并且,他们开始建立自己的教堂和监狱。

我们这个国家也曾采用同一办法处置罪犯,也就是将他们放在南部海岸。一旦他们到达那里,拥有那里的土地和无数的谋生机会,他们就变成令人尊敬的公民。但是最终,那些放逐人们到澳洲的英格兰贵族的后代们,发现自己正在富裕起来,于是来到澳洲占有土地,组建土地辛迪加,控制土地和矿藏。这样,他们在澳大利亚也有了像英格兰一样多的罪犯。这不是因为世界滋长着罪恶,而是因为人民被剥夺了土地。

你们一些人曾在乡村生活,那里的生活比这里好多了。如果你曾在农场生活,你就会理解:如果你将一大群牛放到一块地里,当牧草短缺时,它们就会跳出围栏;把它们放在牧草丰美的土地上,它们至死都是守法的牛群。人这种动物和其他动物是一样的,并且有过之而无不及。支配着一种动物的东西,也支配着另一种动物。

每个人都会以最省力的方式谋生。早期来到某个国家的聪明人见

第八章 法的实施

到大片未开垦的土地，立刻认识到，如果他占有周围所有的土地，那将值一大笔钱。因此，他们拼命攫取土地。你们不可能成为地主了，因为已经有人取得了全部土地。你们必须另谋生路。在英格兰、爱尔兰和苏格兰，不到5%的人拥有那里全部的土地，而不得不待在那里的人却不得不靠租种地主的土地过活。他们必须尽量过最好的生活，于是，他们发展了不同的职业——夜盗、扒窃，等等。

人们又一次发现了所有的致富方式，其实都是各种疾病。有人染上这种病，就如同染上腮腺炎和麻疹，他不该为此受到谴责，因为疾病就在空气中。你们会发现，人们过高估计了自己致富的手段，因为赚钱的痴迷占据了他们的心灵。这仅仅是一种疾病，不是什么别的东西，你无可避免地要染上它。不过，那些控制了土地的家伙比你有优势。看看法庭是什么样子吧：法庭不是一个正义的机构。当你们的案子进入法庭时，你们有罪或无辜都没什么区别，如果你们有一个精明的律师，一切就好多了。但你们不可能有个精明的律师，除非你们有钱。总之是钱的问题。那些拥有土地的人，制定法律保护他们的所有物。他们在其所有物周围设置围栏，并且用法律阻止外面的人进入围栏。各种法律实际上都是为保护那些统治世界的人制定的，它们的制定和实施从来都不是为了实现正义。我们没有实现正义的制度，世界上根本就没有。

监狱外面的人，那些开办银行、建立教堂、设置监狱的人，无暇核查每年六七百名囚犯有罪还是无辜。如果法庭的组建是为了促进正义，他们就应选出某个人为这些罪犯辩护，这个人应该像检察官一样精明，并且给他配备一样多的侦探、助手，为你们辩护所花的费用，应当与起诉你们的费用一样多。我们有能干的检察官，他有不计其数的助手、侦探和警察，还有听审的法官———一切就绪了。

我们刑法典的绝大部分都是关于财产犯罪的，人们因财产犯罪而被投入监狱。是否会有上百人被投入他们本不该进的监狱，这一点无关紧要，关键是保护财产，因为在这个世界上，财产比任何其他东西都重要。

某人犯了一项罪行，并不当然意味着道德上做错什么事，而外面不犯罪的人却可能干了不道德的事。比如，垄断美国的煤，在没有必要涨价时涨他两三美元，因而杀死几千个婴儿，又将几千人送到贫民窟，将几千人送入监狱，就如同每年都在美国发生的那样——这是比我们狱中所有人的犯罪总和还要重大的犯罪，但法律不惩罚这一犯罪。为什么？因为控制土地的家伙们制定了法律。如果是你我来制定法律，我们要做的第一件事就是惩罚控制土地的家伙。大自然将煤埋在地下，既是给他们的，也是给我们的；大自然造出草原，生长小麦，既是为他们，也是为我们。而庞大的铁路公司来了，将草原圈为己有。

我们所惩罚的绝大部分是财产犯罪，也有一些人身犯罪，像谋杀，不过，它们为数很少，实际也多是冲着财产来的。如果这一惩罚是正确的，那么罪犯们一定有许多财产。这一群人中有多少钱？可你们却几乎全都因侵犯财产而锒铛入狱。大湖上下的富人们没有犯罪，但他们仍然有如此之多的财产不知如何处置。他们不犯财产罪的原因显而易见：他们制定了法律，因此没有必要违反它们；而你们为了取得一些财产，就不得不破坏游戏规则。我不晓得你们靠每天12小时搬运灰泥砖瓦挣得1美金何以致富。不再从事这种高尚轻易的职业了，你做了一名夜盗。如果你有机会成为一名银行家，你一定宁愿做下去。你们一些人可能有机会成为一名铁路扳道工，根据统计，这一工作无法保证7年以后还活着并且肢体完整。一个月得到50到75美元却要冒生命的危险，而你不愿从事这个待遇优厚的职业，转而选择做小偷什么的。我不知道自己如果身处其境会做何选择，因为我有更容易的选择。

我敢保证，从这个监狱找出 500 名最坏的罪犯，从我们最低等的街区找出 500 名最遭唾弃的妓女，将他们带到某个土地丰足的地方，给他谋生的机会，他们一定会像社会上的普通人一样良好。这是对我们现实状况的一种补救。世人从未发现这种补救，或者发现了却不加落实。

这就是世界的历史：容易看出如何铲除犯罪，却不易落实到行动上。我愿意告诉大家如何去做：只要给人们以生活的机会——通过消灭特权。只要大的罪犯们能够取得煤矿，只要他们控制着议会，控制着街道上的有轨电车和煤气的所有权，就注定会有几千穷人入狱。只要允许有人垄断全部土地，迫使其他人靠他们的施舍过活，你们就注定要进监狱。

在世界上消灭犯罪和罪犯的唯一途径是一并废除大人物和小人物的区别，使生活条件公平合理，给人们以生活的机会。废除土地私有制，废除垄断，使世人成为共同生产与和谐生活的伙伴。如果可以用更容易的方法获得属于自己的东西，没有人愿意偷盗。如果家居富足，没有人会犯夜盗罪。如果有一个舒适温馨的家庭，没有哪个姑娘会出卖身体。拥有一家血汗工厂或一家商店的人，不会为自己女儿们的境况担忧，但是，当他每周只给她们 5 美元、3 美元或 2 美元时，我不知道他认为女儿们会从哪里搞到维持生活的其余的钱。矫正这种情况的唯一办法是实现平等。不应该有监狱，监狱没能实现它们宣称的目标。如果消灭监狱，罪犯也不会比现在多。监狱无法恫吓任何人，它们是文明的污点。一座监狱是它外面的人缺乏慈悲的证据，这些人设置了监狱,又用他们的贪婪所造成的受害者填满这些监狱。

★ 上文是美国著名律师克拉伦斯·达罗[1]对监狱囚犯的演讲。思考达罗对法律的批判,考虑对19世纪末警察的描述:警察为上等人和阔人的利益而对"危险的阶级"进行控制,甚至包括只具有象征性危险的人。警察对妓女、流浪汉特别严厉。在发生工人运动的时期,在许多城市里,警察都热忱地捍卫着雇主阶层的利益——保护"工贼",分裂工人纠察队,干涉工会行动。达罗认为监狱是统治阶级的发明,但他同时又说某些人"生来就有进监狱的倾向"。达罗假定所有人的基本动机都是致富,法律就是保护甚至鼓励财富积累的。注意下面分析的美国宪法中法律与财富的关系:

> 像18世纪末和19世纪初的绝大多数政治思想家一样,国父们敏锐意识到政府的民主形式中潜藏的矛盾。他们认识到:没有财产的多数人一旦进行投票选举,会试图将自己的选举权转化为真正的权力,进而危害财产安全,而他们视财产安全为文明社会的基础。因此,他们设计了著名的司法审查与制衡机制,目的就是使颠覆现存财产制度变得尽可能困难重重。[2]

爱玛·戈尔德曼(Emma Goldman)生于1869年,卒于1940年,

---

[1] 演讲发表于1902年,Clarence Seward Darrow(1857—1938)是最好的刑辩律师,人们记忆最深刻的是他在1925年为讲授进化论者所做的辩护。

[2] Paul A. Baran and Paul M. Sweezy, *Monopoly Capital* (New York: Modern Reader, 1966).

在美国家喻户晓,被称为"红色爱玛"。她是言论自由、妇女平等和工会组织的一位早期提倡者,曾因下述罪名被多次监禁:煽动暴乱、鼓吹生育控制和妨害征兵。考虑她有关法律、秩序和犯罪的评论:

> 通过驯服而获得并通过恐吓来维持的秩序,并不是什么安全的保障,不过,它是政府所能维持的唯一"秩序"。真正的社会和谐生长于利益一致之中。在一个社会中,一直在工作的人一无所有,而从不工作的人却享有一切,利益一致是不存在的。因此,社会和谐不过是一个神话。有组织的权威对付这一悲观境况的唯一办法,是继续扩大垄断者已经非常优越的特权,继续加深奴役被剥夺的大众。为此,政府的整个武库——法律、警察、士兵、法庭、议会和监狱——全力投入到对社会上最不安分者的驯服之中。[1]

不难看出,爱玛的批判与马克思的分析有着某种兼容,批判是一致的,但革除弊端的方法却可能不一致。再看亚当·斯密关于财富、法律的学说:

> 有巨额财产的地方,就有巨大的不平等。有一个巨富的人,必然至少有五百个潦倒的人。少数人的富足是以多数人的贫穷为前提的。富人的阔绰触发了穷人的义愤,穷人受到匮乏的驱使和妒忌的怂恿,会不时侵害富人的占有物。如果不是在司法行政官的庇护下,那些靠多年劳作或世代积累而

---

[1] Alix Schulman, ed., *Red Emma Speaks* (New York: Vintage, 1972).

拥有贵重财产的人，连一天的安睡都不可能。富人随时都被未知的敌人包围着，纵使他没有惹怒这些敌人，也永远无法平息他们已有的愤怒。富人只有依赖司法行政官强有力的臂膀，才能得到保护。因此，贵重而大量的财产的取得，必然要求建立文官政府。富人必然特别醉心于支持一种事物的秩序，只有这种秩序才能确保他们占有既得优势。小富者联合起来保卫大富者占有的财产，目的是使大富者能够联合起来保卫他们占有的财产。就财产保障而言，文官政府的建立实际上就是保护富人来反对穷人，或者保护有产者来反对一无所有的人。[1]

♣ 斯坦利·戴蒙德（Stanley Diamond）在下文中探究了法律统治与习惯秩序的关系。

第三节 法统与道统

文明国家的一个最微不足道的警察，都拥有比氏族社会的全部机关加在一起还要大的"权威"；但是文明时代最有势力的王公和最伟大的国家要人或统帅，也可能要羡慕最平凡的氏族首长所享有的，不是用强迫手段获得的，无可争辩的尊敬。后者是站在社会之中，而前者却不得不企图成为一种处于社会之外和社会之上的东西。

——恩格斯

---

[1] Adam Smith, *An Inquiry into the Nature and Causes of Wealth of Nations*, 4 th ed., vol. 2 (Dublin: Colles, Moncrieffe, et al., 1785).

我们生活在一个受法律支配的社会里,而习惯是由传统的、道德的和宗教的社会行为组成的,一句话,它们是因袭常规的,而不是法定的。习惯与法律的关系基本上是矛盾的而非接续性的,将两者视为可以互变的现象,才导致了混淆。如果习惯是自发的和自动的,那么法律就是有组织的和暴力的。因此,法律是国家的出现的表征。习惯——自发的、传统的、个人的、共知的、共同的和相对不变的——是原始社会的模型;法律是文明的工具,是有组织的暴力所认可的政治社会的工具,法律被推定为高居整个社会之上,并支持一种全新的社会利益。法律和习惯都涉及对行为的调整,但它们的特征全然有别。

古代法与地方习惯

原始社会与文明社会的简单二分法,不能形象说明从习惯向法律秩序的过渡。法律进化最关键和最具启迪性的时期是古代社会,地方氏族的文化是人类学家最常研究的内容。更精确地说,我们称社会的早期为原始国家,它代表了从以血缘为基础的群体向以阶级为结构的政体的过渡。在这一政体中,法律和习惯共生共存;这给我们一个机会去检视它们与整个社会的联系、区别与分化关系。地方群体——联合家庭、氏族、村落——的典型习惯保持着绝大部分的强制。比如越南人至今还说:"乡村的习惯胜过皇帝的法律。"与此同时,由官僚和君主这两个正在出现的统治阶级组成的文职权力机构,发布一系列具有双重目的的法令:征收"多余的"物品和劳动力,养活那些不直接参与生产的人,同时试图将地方群体的忠诚导向核心。

这些古代社会是伟大的历史分水岭。正是在这里,法史学家亨利·梅因爵士和保罗·维诺格多夫爵士(Paul G. Vinogradoff)勘定了从身份到契约、从血缘关系到地域原则、从家族控制到法律公布的路径。我们不必关心各古代社会的重要区别,显著的一点在于,它们是过渡性的，尤其是在它们的早期，是以习惯形式出现的命令转化为法律制裁的媒介。下面的例子来自1892年被法国人征服前的达荷美，它那时处在古代原始国家时期：

依照达荷美的传统，每个人据说都有几个最好的朋友，按亲密程度和重要性排序。一个人如果被控法定之罪，作为替代，国王的警察可以逮捕他最好的朋友。然而，这些传统的友谊在社会上如此关键，如此根深蒂固，如此具有象征意义，以至于可以期待被指控者，无论有无违法行为，都宁肯自首也不会让朋友代其受罚。无论他是否这样做，这一事关友谊的习惯都被赋予了法律的锋刃，被文职权力机构作为执行其意志的手段。这一例证明确揭示了法律和习惯之间的矛盾，但也有其他的例证可以说明法律似乎加强了习惯。

例如11世纪的《俄罗斯法典》规定："如果一个人杀死另一人，他的兄弟应为其复仇；儿子应为父亲复仇；或者父亲应为儿子复仇；亲侄应为叔父复仇；亲甥应为舅父复仇。如果没有复仇者，杀人者应赔偿40格瑞弗纳的赎杀金。"同样，约公元700年的西哥特法说："任何杀人者，无论其是否故意而为，皆交予死者父母或仅次于父母之亲族处置。"在这些例证中，一种习惯已被一个外在的机构法典化，因此有了法律强制，其惩罚的特征被磨砺出来。这种确认，既是法律控制的宣告，也是机构变革的先驱，总之都是超越亲族愿望或设想的。政治机构摆脱了血缘和超自然而掌握了权力；不过，这些机构还很年轻、脆弱、未试锋芒，它们对旧有忠诚的蚕食不得不小心翼翼地进行。社会凝聚力似乎仍然基于非政治的因素，这些因素也因此受到保护。

最终，地方群体维持了它们的自治，因为它们的传统经济对整个社会的运转是不可或缺的。不过，它们还是被各种限制包围着，被法律骚扰着,或者像我们所看到的,它们的习惯法被"法律"所认可。但是,只要核心权力有赖于它们的支撑,在没有其他可供选择的生产方式的前提下,它们的完整性可以在实质上得到维持。

依梅因的观点,随着国家的发展,"个人稳步地取代了家庭而成为民法上的单位"。用罗马法学者耶林的话说:"法律的进步在于每一自然纽带的破裂,在于不断的分离和隔绝。"法律有关夫妻可以互不作证的规定,似乎就是一种对家庭完整性和例外性最后的正式承认,这一规定证明了历史上的情况。很明显,当代城市文明中的核心家庭,尽管受法律义务的约束,其自治程度微乎其微,教育、生存和自卫的手段都是家庭力所不及的。在这一意义上,尽管缺少有独立权威的调停机构,但所有面对个人的国家结构,其历史倾向可能都是极权主义。事实上,国家制造了相互分散的个人,官僚和集体因而成为它的支撑物;法律上的"人"甚至是一家做生意的公司。如果"一体化"是国家的过程,那么极权主义就应被局限在政治社会的意识形态之中。

这种国家主义的倾向萌芽于古代社会,我们能够从环撒哈拉大沙漠的非洲原始国家中异常清楚地看到这一点。在东非,放牧者在争夺土地;在西非,氏族军阀在阿拉伯人和后来以贩奴著称的欧洲贸易的催化作用下,征服了种植文明,因而为文职权力机构的成长提供了重要机遇。我们可以通过几百年的历史记载和当代的实地调查,重建早期国家控制的结构。

在西非阿散蒂这样的社会里,小国家总是遭遇血缘组织的对抗,这种组织总是将某些人置于司法管辖之外,从而阴险地破坏其权威。因此,小国的维系要靠不断扩大势力范围,以囊括那些失落的忠诚。在尼日利亚中部的纽泼人那里,人类学家看到"一个已进化发展了的国家与原始共同体的粗糙物质形态之间几乎是永恒的敌对",恩格斯则称之为"氏族社会与国家之间无可挽回的对立"。

从习惯向特定法律的转变,无论如何都不是法律的主要渊源。无论法律的潜在产生是通过认可旧有的习惯,还是通过法律本身也会引发的习惯的转型,两种情况都未能让我们触及问题的核心。通过对处于中间状态的社会的研究,我们知道,典型的法律是这样的社会前所未有的。法律代表了社会上崭新的力量所追求的一种崭新的社会目标:强制征收人头税。

早期国家在领土上的延展性和社会制约的垂直性,要求征集劳力、招募军队、征收税贡、维持官僚机构、估算统治人口的范围、位置和数字。这些是民法发展的重要原因。

人口普查的主要目的是提供一种根据,以便在被征服的地域内分摊税收,从亲族单位中征集劳力,以及招募军队。人口数字代表着国家的潜力,它被仔细地保管着,也许还是国家的第一秘密。人口普查的行为及其意图,将人变成了抽象的无足轻重的东西。人们竭力逃避统计,疑虑至今仍然存在。甚至在美国,当局发现,在人口普查期间有必要宣布:人口普查所得之信息不得用于征收或者惩罚某人,否则就是违反法律。

在英语中常用的关键词汇"custom"、"duty"和"court"的双重意义,揭示了地方习性和早期国家人口税制度之间的冲突。我们一直都在传统的、约定俗成的、非法律行为的意义上说"custom"一词,但"custom"还指因运输货物进出国界而向国家交纳的税金。财政或法律的高压和政治强制,并不是世代相传的礼仪程式的目的——强化相互间的紧密联系。统治者的习惯就是法律,而亲族群体的礼仪程式就是习惯。同样,"duty"一词一方面指道义上的责任和义务,另一方面又指税收。它所蕴涵的悖论,在我们检视古代文明时变得更加明显。"Court"一词一方面是指统治者的居所或庭院;另一方面也指分配正义的地方。但从根源上说,两种功能是融合的。事实上,司法机构的雏形就是统治者立法的宫廷。

很明显,法院的作用主要不是建立秩序。在原始社会,正如在原始国家的传统部门里,已经存在解决冲突的内在机制。亲族单位也是司法单位,就如同它还是经济和社会单位一样。进而,产生现今大部分民事行为的原因实际上并不存在。继承、占有动产和不动产,个人身份、行为和道德规则,是无可避免地由习惯法加以调整的。习惯法是每个人自幼熟知的,关于这些事项的诉讼几乎是不可想象的,个人契约更是闻所未闻。

在人口税征收制度中,每个可想象的机会都被用来创制法律,以支撑官僚和统治者。我们看到的,不是抽象原则,不是公平正义,不是先例,而是一个设计自己权力大厦的新兴阶级自发的机会主义。主要是为了获利,早期的司法正义才得以落实。在达荷美的凤凰雀,当经济纠纷发生时,地区行政长官出来坐堂问案。他以国王的名义拨出系争货物的一半,另有1/4给各级官员,剩余部分推定归属于司法决斗的胜者。在阿散蒂,核心权威有赖于诉讼的推进,以此作为填充枯竭财政的有效手段。诉讼实际上是受到鼓励的。

道路税也是重要的国库来源。在阿散蒂,国王在所有的道路上立关设卡,所有的商贩都被扣留盘问,直至他们交纳了砂金才予放行。18世纪早期的凤凰雀,以其国家的大小而言,国王的税赋非常之大,他有千名以上的收税官分散在全国所有的商路上,收取数额难以置信的道路税,在整个王国里,没有哪样出卖的东西不被国王征税。

对盗窃国王财产的惩罚是由国王的官吏当场处决。用法史学家梅特兰的话说:"国王的和平秩序吞没了一切。"这些原始国家的统治权虽说尚不充分有效,但它还是力争那种体现成熟国家特征的强制垄断。

法律的目的和法律的浩繁,无可避免地引发对它的违反。国家权威事实上不断刺探着违法并且经常捏造出违法。强奸就是国家法律发明的犯罪。如果强奸发生在传统的共有家庭的村落里,这种错误行为可以通过和解费——仪式化地给予受害方财物,通过涤罪仪式、嘲笑挖苦等形式予以解决,对于再犯者还可能放逐。习惯机制会自动起作用,也可能由施害者的家庭启动。这说明,在早期国家里,似乎犯罪是为了适应法律而被发明出来的。法律的潜在目的是为国家利益而惩罚,不是预防犯罪或者保护个人,也不是为了弥合违法。

国家对市场和公路的保护,从古老法令发布当时的情况看,肯定是不必要的。根据史家的记载和各代学者的考察,联合家庭与村落通常不是一个充满危险的地方。即便发生了麻烦,家庭、氏族或村落也有能力应付。但是,在一个进化中的国家,国王走卒本身就是造成破坏的主因之一。的确,一位达荷美平民的后代告诉我们:士兵们被视为祸害百姓的匪徒和掠夺者。

随着地方群体完整性的衰落——这一过程持续几代甚至几个世纪——那些作为生效法令事后理由的原因或条件无疑会得到发展。在这个意义上,法律变成自我实现的预言。可以说,犯罪和对付犯罪的法律,是形成中的国家的两个协变量。

文职权力机构的意图具体而微地体现在对自杀和他杀的制裁方面,的确,它们是最早的国家法律的一部分。正如统治者声称拥有土地,在达荷美,人被看成君主的财产。对人或财产的国家最高支配权,是人头税征收制度的主要前提。威廉·西格尔阐述说:"通过破坏亲缘纽带，早期的国家权威对付个人就更加容易，而个人之间的隔绝是法律成长的基本前提。"因此，杀人被视为针对国家核心权威的犯罪。在阿散蒂，对杀人者是用习惯所认可的最恐怖的方式处死的；而在达荷美，惩罚则是处以死刑或者征入军队。

传统上，在原始村落中的谋杀被视为一种侵权，属于私人性质的可补偿的错误行为。直到补偿——不必是同态的伤害——已经达成，这种错误行为一直可能引发流血冲突，但不要与复仇法相混淆。不当行为通常总能通过和解费加以了解。以眼还眼的理论，原始人从未真正实行过。相反，损害可以用赔偿金替代。人类学考察清楚地说明：针对杀人的法律并不是一种"进步"。在小的亲缘群体里，反社会的行为是例外的。暴力犯罪是少见的，而谋杀基本上就没听说过。在古代社会，暴力倾向于个人化，并且处于非游离状态，因而是自我限制的。像国家法律所定义的其他犯罪一样，暴力犯罪会随着社会自治、地方经济自治和血亲单位互助的衰落而增加。

反对自杀的法律是政治荒谬的顶峰。将自杀视为一种重罪，主张个人没有权利处置自己的生命，而取人性命却成为国家独有的特权，因为个人被理解为国家的财产。立法机关主张对臣民生命的独有特权，其狂热本性在阿散蒂被彻底揭示出来：在那里，如果自杀的是一个谋杀者，核心权威不会接受他的逃避，法律之手会追到自杀者的坟墓里去——如果他的亲属胆敢埋葬他的话，把他拖出来接受审判。这与更为原始的伊波人的行为形成显著对照。伊波人认为："杀人是针对地神的犯罪。如果一个村民涉及谋杀，则谋杀者被期望自缢，之后由村里的姑娘们履行一种扫除谋杀灰烬的仪式。如果谋杀者逃跑了，他的家族也必须逃避，其全部财产将被查抄。该村无权施用死刑，事实上，没有哪个社会组织或机构有这种权利。个人生命受到高度尊重，它由土地女神所保佑。村民可以对谋杀者施加社会压力，但必须由他自己吊死自己。"

我们是不是敢说，自杀的企图和其他犯罪都随着社会更彻底的政治化而增加呢？惩罚自杀行为的法律以极端的形式揭示出国家法律从诞生起的全部含义和意图。

法律与无序

如果革命是文明时代不满情绪剧烈的征兆，那么法律的统治，从苏美尔或阿卡德到纽约或莫斯科，一直就是制度无序的慢性症状。一个宪政政府，无论叫共和国还是王国，都是一种国家借以统治自身的安排，其手段是一种军事专制的机器。在原始部落生活中可以学到的东西之一，就是社会何以能在没有警察的情况下维持秩序。

法老和总统一样，总是公开宣称代表公众利益，体现公共福祉。只有寻求政治和谐的柏拉图或马基雅维利式的人物，或者寻求政治真理的马克思式的人物，才能拆穿统治者与被统治者一致性的神话和法律面前人人平等的神话。柏拉图和马基雅维利的教义是褒扬"堂皇高贵的谎言"，而马克思的教义则是暴露和抛弃权力结构——其终极形式是国家，这种权力结构宣扬如此虚伪的一种政治意识。在这一要点上，我追随马克思。

法律秩序是国家权力的同义语。保罗·维诺格多夫写道："国家垄断了政治协调手段。国家进行统治，制定法律，并最终通过胁迫而强制执行它们。这样一种国家在古代是不存在的。共和政体不是集权于一个高居个人之上向人们分发权利的统治体的。"恩格斯在思考国家的起源时断言："国家把自己的生存权建立在对内维持秩序对外防御野蛮人的基础上；然而它的秩序却比最坏的无秩序还要坏，它说是保护公民防御野蛮人的，而公民却把野蛮人奉为救星。"进而，恩格斯写道：

> 毋宁说，国家是社会在一定发展阶段上的产物；国家是表示：这个社会陷入了不可解决的自我矛盾，分裂为不可调和的对立面而又无力摆脱这些对立面。而为了使这些对立面，这些经济利益互相冲突的阶级，不致在无谓的斗争中把自己和社会消灭，就需要有一种表面上凌驾于社会之上的力量，这种力量应当缓和冲突，把冲突保持在"秩序"的范围以内；这种从社会中产生但又居于社会之上并且日益同社会脱离的力量，就是国家。

最后，我们不禁发问：纳税的守法公民效忠国王和贵族，所得到的回报是什么？揭示给公众的国家面目，难道仅仅是敲诈、贿赂和粗暴强制？从理论上说，人民整体上只接受一样东西：安全——保护其不受国内外敌人的侵害，以及从事日常工作、设立集市、使用公路的安全。我们已经看到，现实中的保护和安全究竟意味着什么，它们充其量代表了某种不平等和不安定，这种局面肯定会导致体制内更加紧张和多变。

程序是当代文明中个人的最后一道防线，个人所从属的所有组织，在当代文明中都已变成了国家的附属物。程序的精细化是国家充分进化的特征，用来补偿个人的彻底孤立；程序使个人在不懈建立旨在替代国家的组织时不会逾越边界。法律在对先前习惯秩序的破坏中兴起，并随着导致政治社会内部自身分裂的冲突而增强其力量。法律和（and）秩序是历史的幻象；法律对（versus）秩序才是历史的真实。

★ 戴蒙德说，习惯是确定的和众所周知的，而法律是模糊的和不确定的。这种说法值得研究。如果法律是模糊的，那公民如何以它为准绳来预测自己的行为后果？尤其在刑法中，罪刑法定原则的一个基本要求就是法律的明确性，法律不明确，那与根本没有法律何异？根本没有法律又与罪刑擅断何异？考虑下面的最高法院意见，它是针对一个不守规矩的华人的：

入籍法规定，法院必须"满意地相信"申请人"有良好的道德品格，遵循美国宪法所确立的原则，热爱良好秩序，追求幸福生活"。不断有意违反法律规定，当然显示出缺乏对公众意愿的服从，而服从公意是所有公民的义务。例如，为了避免污塞街道，应将废物扔入垃圾箱。对于这些日常规章而言，上述说法是正确的。的确可以说：如果干净的城市街道是"良好秩序"的一部分，那么，有人不断故意拒绝使用这些垃圾箱，就证明他不"热爱这个城市的良好秩序"。然而，这种严格的词语解释，似乎不适当地扩大了它们的范围。这一法律应当从立法意图上加以解读，即，只要是那些整体上与社会公众信奉的基本原则相一致的人，就应承认其为公民。不遵守停车规章，即使是多次违章停车，也不会对"良好秩序"造成危害。对于法律，就是应该做这样的解释。

如果文意清晰的话，我们当然应当服从文意，但"良好秩序"却是一个含义模糊的字眼，当它与"良好道德品格"交替使用时尤其如此。如果答辩者认为，解释的基础是对所涉行为的公共重要性的个人判断，我们会同意这一说法。在为数不少的情况下，立法机关有意让法官评断某些至关重要的价值。比如那些由所谓"合理的"来加以衡量的权利，无论是刑事的还是民事的，实际上就是赋予法院这种"立法的"权力，尽管我们将其称为事实问题。我们当然意识到这种解释带来的不确定性，另一种选择就是为每一新情况都提供特别的解释，但这在实际运作中是不可行的。我们认为，法律不想使入籍取决于对停车规章的遵守。我们对本案的裁决是：不遵守大城市的停车规章，即使是多次有意违反，也不表明该人有反对美国"良好秩序"的倾向，因此，可以接纳他为美国的公民。[1]

上面的最高法院意见可能是令大家满意的，因为大法官将"模糊的字眼"解释为明确的法例。但是，相反的情况也会出现，需要警惕。下面是亚当·斯密所说的"司法的价值"：

> 在亚洲的鞑靼政府下，在颠覆罗马帝国的日耳曼民族和塞西亚民族所建设的欧洲各政府下，无论就君主而言，还是就君主以下在特定部落、民族或领地行使特定裁判权的酋长或诸侯而言，司法都是一大收入来源。这种司法裁判的职权原先常由君主、酋长自己行使，此后因为感到不便，才委任代理人、执事或裁判官行使。不过，代理人仍然有义务向君主或酋长本人报告司法收支的情况。任何人读了亨利二世给巡回裁判官的训令后就可以明白，那些巡回裁判官巡行全国的任务，不过是替国王征集一项收入。当时的司法不但会给

---

[1] Yin-Shing Woo v. United States, 288 F. 2d 434, 435 (1961).

君主提供一定的收入,而且,获得这种收入还是他希望由司法取得的主要利益之一。

司法就这样服务于敛财的目的,其结果自不免生出许多严重弊害。比如,以厚礼贿请主持正义者,得到的往往不只是正义;以薄礼贿请主持公道者,得到的往往不只是公道。而且,为使礼物频繁而来,行使司法权者往往多方迁延,不予判决。为勒取被告人的罚金,往往把确实无辜的人判为有罪。司法上的这些弊害,翻阅一下欧洲各国古代史,就知道它们是毫不稀奇的事。[1]

下面的报告是第一次世界大战前访问非洲的一位德国公爵写的:

在德国的东非保护国里,事实上是整个中部非洲,卢旺达肯定是最有趣的国家。它是由苏丹进行独裁统治的最后几个黑人王国之一,德国的霸权只在非常有限的范围内存在。不仅如此,这是一块流淌着奶和蜜的土地,一块为白人定居者提供最光明前景的土地。

任何熟知非洲事务的人都知道,拥有150多万臣民的如此强大的一位统治者,极不可能心甘情愿服从一个新政权,也极不可能同意,除非经过欧洲居民的准许,他在自己土地广袤、人丁兴旺、未经开发的王国里就不能有所作为。强迫这位统治者这样做,后果只能是血战和巨大的人员牺牲。

---

[1] Adam Smith, *An Inquiry into the Nature and Causes of the Wealth of Nations*, 4th ed., vol. 2 (Dublin: colles, Moncrieffe, et al., 1785).

第八章 法的实施

况且，突然改变现状也会带来严重的金钱损失，因为政府会发现不得不为众多的人口任命一支相当庞大的欧洲官员队伍。这样的举措不切实际，还可能引发完全的混乱状态。因此，允许这个国家保持其传统的组织，苏丹被赋予充分的对其臣民的管辖权，但要在欧洲殖民官的监控之下，以便尽可能压制其残酷性。一句话，政府不承认苏丹的统治者地位，但充分认可他作为氏族首领的权威。

所有殖民者适用的基本原则都是相同的：希望强加和充实苏丹及其随从的权威，在德国统治存续期间增加他们的利益，以便使反抗的愿望荡然无存，因为反抗的后果将是财政收入的锐减。与此同时，通过对苏丹及其权力运用的控制和指导，文明的影响会被引入。因此，对于人民和苏丹本人来说，他逐步地、几乎是不被察觉地最终成为欧洲殖民官不折不扣的执行工具。[1]

加拿大因纽特人的社会秩序所依赖的原则，大大有别于加拿大的法律秩序。可以说，因纽特人的法律根本不是以"原则"为基础，而是以世代相延的具体生存经验为基础：

这块土地上有违法，也有犯罪，因为没有哪个民族、种族可以幸免于此。但这里也有某些由人民控制并反过来指导人们行为的力量，它们使违法局限在狭窄的范围内。这里绝

---

[1] Duke Adolphus Frederick of Mecklenburg, "A Land of Giants and Pygmies," in *In the Heart of Africa* (London: Cassell, 1912).

对没有凌驾于人民之上的内部权威组织。没有任何个人或集体具有魔法意义以外的力量。这里没有长老议事会，没有警察，没有政府组织。

然而，人们亲密地生活在一起，其秘密就在于共同的合作努力，它仅仅受人的意志力和忍耐力的限制。这不是盲目服从或者因恐惧而服从，而是对一个简朴法典有智慧地服从，而这个法典对那些依靠其规则生活的人们来说是有意义的。

如果一个人不断蔑视"生活的法律"，那么他会发现自己渐渐被孤立，并与共同体隔绝开来。没有比这更强有力的惩罚了，因为在这个世界里人必须与他人共同劳作以维持生存。如果可能，违法者会被带回住处，他的不当行为会被默默忘掉，无论如何都根本不会再犯。[1]

关于习惯和法律的差异及其当代特征，简·雅各布斯有下述论断：

> 首先要弄清楚，城市的公共安宁——街区安宁——主要不是靠警察维持的，尽管警察也是必不可少的。它主要是靠人们之间一种错综复杂而又难于察觉的自愿控制网络和准则来维持，并由人们自己去强制落实。在一些城区，街区的法律秩序完全交由警察和特种保安来维持，其实，这种地方与丛林没有区别。在正常的、非正式的文明强制崩溃后，再多

---

[1] From Farley Mowat, *People of the Deer* (Boston: Little, Brown, 1951).

的警察也不足以推行文明。

纽约一处公共住房工程说明了这一点。一群住户搞了三棵圣诞树。其中主要的一棵,因如此高大,以至于运输、树立和修剪都成了问题,所以进入了工程规划中的主要休憩场所。另外两棵树都不高,易于搬运,所以被安置在工程地界的两个角上,紧邻繁忙的大道和旧城熙熙攘攘的街口。头一个晚上,那棵最大的圣诞树及其所有的装饰物竟然都被偷走了,而两棵小树毫发无损,所有的灯饰直到新年被摘下时仍然完好如初。树被偷的地方,理论上说是最安全的所在,而事实并非如此,另外两棵树所在的邻街的角落,才是对人最安全的地方。[1]

---

[1] From Jane Jacobs, *The Death and Life of Great American Cities* (New York: Random House, 1961).

第九章

法 的 面 目

　　法的功能，与其说是对社会的指导，不如说是对社会的安抚。尽管"法治"的观念可能成为反抗的道义背景，但它通常诱导人们安于现状。它在神秘暮霭中营造一个超越法庭的王国，我们在这不公正世界的正义之梦由此得以实现。从实用的角度看，法治是维护社会稳定最坚固的柱石，因为它承认每一非特权者的愿望，并且提供给他们一个官方认可的实现其愿望的场所，而不必涉及可能动摇现存权力金字塔的特殊行动。

　　　　——瑟曼·阿诺德：《政府的象征》，1935 年

　　法律反映但无论如何都不决定一个社会的道德价值。社会越好，法律越少。在天堂里，将不会有法律，雄狮将与羔羊同卧。社会越糟，法律越多。在地狱里，将只有法律，而且还有被小心翼翼遵循的正当程序。

　　　　——格兰特·吉尔莫："时代的焦虑"，
　　　　　《耶鲁法律杂志》，1975 年

♣ 法的实施的预设前提是：如果没有以强制为后盾的规则，社会将变得混乱无序。然而问题是：规则并不是脱离社会而存在的。人们创造规则是为了实现政治、经济、道德和其他社会目的。在这个意义上，法律在社会之前并不存在。法律和社会是共存的，并且是相互交织的。而且，如果法律规则服务于部分人的利益，并以其他人的利益为代价，或者如果规则被认为过时或者有压迫性，或者牵涉了相互冲突的道德观，那么，就会出现与法律实施的紧张与对峙。涉及法律实施的规则是多种多样的，规则的多样性带来规则本身相互冲突的可能性。一旦法律规则相互不合——矛盾、分歧、重叠，运用强制去维持它们，就是颇受质疑的。下文是本书编著者之一彼德·德恩里科的著名文章。

第一节　法律是形诸文字的恐怖[*]

在我们生活的时代，对权威的含义和作用的认识不断变化着。法律，经常被视为权威结构的栋梁，越来越多地受到审视，既因为它在维护社会压迫过程中的作用，也因为它突破了律法主义的狭隘世界观。

从某种意义上说，我们不再相信过去习惯了的法律规则体系。我们开始看穿"法律政府"的帷幕，看到驱动该体系的人们。进而我们逐渐懂得，律法主义既可以作为遮掩的面纱，也可以作为观察的花镜。法律和法律思想通常既是社会纷扰的原因，又是解决它的手段。因此，在我们的"自由经济"中，"契约自由"是消费者失败的根源。

---

[*] "The Law Is Terror Put into Words," by Peter d' Errico from *Learning and the Law*.

日渐增长的法律怀疑主义和批判主义，是律法主义在我们文化中衰落的部分表现。然而，这种衰落不是一件简单的事情，它被反抗和矛盾所困扰。例如，尽管证据越来越清晰地表明监狱是机能失调、弄巧成拙、驽马恋栈的社会机构，国家权威还是一次又一次地对该机构的受害者采取行动。同样，虽然人们越来越理解犯罪是社会分化的产物，而不是人性的现象，但是，国家仍然不断增加金钱投入，来维持现存的社会结构，阻挠社会变革的力量。

这些矛盾从整体上迫使我们认识到：司法体系仅仅是又一种社会机构，自不免于其他机构身患的病疾，官僚政治痴迷于自保官位和扩张权力，不把它所应当服务的大众当人看。我们已经彻悟，法律不是社会和个人生活中权威的基础，这种彻悟使我们处在法律自身发展史的关键时刻。

权威迷恋者

律法主义之下的日常生活弥漫着对权威的信仰，并伴随着对世界的权威描述与对生活的个人体察之间的紧张关系。我们迷恋权威，墨守规则。正如朱迪思·什科拉（Judith Shklar）所指出的："在律法主义价值和机构的天平一端，是法院的法律和它们遵守的规则；在天平的另一端，是所有男人和女人的个人道德，他们认为服从那些规则是一种美德。"

任何情况下都存在规则，即使是以什么方式、在什么时候吃、笑、睡、说、摸、动之类的事，或者是如何去思想、幻想、梦想之类的事。生活对大多数人而言，似乎是一项服从的规划，是对权威的义务和责任。我们不断努力适合他人的梦想，适合他人对现实的定义。伴随这种努力，作为这种努力的一部分，反过来又使这种努力永久化的，既有将权威加予他人的企图，又有对释放权威的恐惧；既全神贯注于他人之所想，又感觉与他人和世界相隔绝，进而害怕如果我们不对自己进行界定，不为相互关系贴上标签，就无法生存。

大卫·库珀（David Cooper）1971年所写的《家庭的消亡》一书中研究了这一现象："如果希望发现对社会压迫最基本的理解，我们须将其视为一种被集体强化和制度规范了的恐惧，这种恐惧是关于疯狂、关于外部世界和内心世界的相互侵扰、关于自我幻象的失去的。法律是形诸文字的恐怖。"在律法主义之下，我们不断试图在权威设定的限度内控制我们自己和他人，从未意识到这一实证世界的另外选择，而只是将其作为必须的和无可避免的东西来接受。比如，一个人的"权利"的概念，它对于律法主义来说是基本的东西，是取得并维持公众支持法律体系运作最有力的方式之一。

对权利概念的通常理解是，法律站在人民一边来反抗政府的或者其他制度性的非正义。这一非批判性的见解在法学院和整个法律体系内被雕琢粉饰。然而，真实的情况是，一旦我们了解到律法主义最关心的是维持其自身的权力体系，我们就会看穿法律仅仅貌似站在人民一边。事实上，律法主义在认可公民权利主张时，所真正关心的是保存产生这些权利主张的基本的政府框架。

民权概念只在法权体系的语境下才有意义，民权正是为了对抗法权的，因而终结了这种权力体系，也就终结了对民权的需要。但正是在这里我们看到，通过民权法不可能结束压迫。最后，个人"权利"的概念是一种使人非个人化的技巧。我们被教导要尊重他人的权利，在此过程中我们关注的是一堆抽象的规则和规章，而它们却是法官和其他官员为治理公民的行为而设立的。由于这种关注，我们遗漏了他人是完整的、真正的个人这一现实。一句话，我们最终只知道尊敬法律，不知道尊重他人，这就是律法主义的基本目标。

正当程序是适合公平游戏的又一个圣物。律法主义宁愿让我们将正当程序观念作为法律之下自由的关键，作为将公正性与规则性融入法律判决的手段。现实中，正当程序不过是该权力体系的一种企图：确保权利主张与抗辩、自由与苦难都只发生在现存法律领域内，并以其语言加以表述。每一正当程序所得之判决，因而只是对先行存在的律法主义迷津的雕饰。人们面对法律权利主张，是为了控制社会生活，而法律则作出回应；无论法律如何回应，法律首先关心的还是它自身。就律法主义而言，即使是当控制框架必须曲意逢迎那些受官员统治的民众的需要时，正当程序的基本难题仍然仅在于如何保护官方法律控制的设施。依批判的观点，正当程序是一种基本的吸纳社会变革力量的技巧，这种力量威胁着官方对社会的控制。

　　在城市的黑人区，在印第安人保留地，在中产阶级的社团中，我一次次发现人们能够看透法律和法律过程，而我所受的教育却使我对其视而不见。一旦他们的看法被法律拒斥，就有了对法律过程进行冷嘲热讽的基本理由。不仅如此，甚至当律师赢得了律法主义游戏——创制新规则或者证明旧规则——的时候，我们其实并未赢得任何东西，因为律法主义所触及的，不是问题的根源，而是问题的表面。

　　不仅"激进的"法律或法律服务实践会产生这样的洞悉和怀疑，我还发现常规实践岗位上的许多律师都清楚意识到，法律并未触及当事人经济上、家庭上和心理上的真正问题。这些律师有时被这种意识深深搅扰，然而，他们甚至仍然不能说清自己的体验。身陷律法主义教育的迷津，又被剥夺了任何批判的见解，他们似乎只能听命于法律的例行公事。

　　我将律法主义看成一种已逝的社会意识形态。虽然在一定时候律法主义释放了巨大的有益的社会能量，但它现在却不过是混乱和矛盾的根源。传统法律思想远不能将美国团结为一个有凝聚力的公正社会，它只能滋生分裂，并贴上一个赞同不平等的标签。

法律现实主义的遗产

如果关于律法主义的反传统见解需要权威支持，那么我们仅需回顾美国历史上法律现实主义最后一次重整法学河山的努力。卡尔·卢埃林，现实主义运动中最深刻的思想家和观察家之一，在评论概念的"地位和待遇"时写道："概念一旦形成并进入思想过程，就会以没有经验基础的稳定性、现实性和内在价值的面目出现。"当前的时代，围绕着社会生活的对核心神话的信仰或者对现实的解释正在不断崩溃，超越社会现象的肤浅探究，进入对概念的检视就变得特别重要。法律现实主义运动拓开了法律思想方式的新路，这些思想方式带有非文本主义的甚至是反文本主义的观点。

超越律法主义的呼声也来自其他方面。布雷内德·柯里（Brainerd Currie）在论述 20 世纪 50 年代早期和中期法律研究的素材时，提出了精当的批评：

> 变革中的社会秩序问题的解决，并不内涵于过去判决所正式装潢起来的、仅靠逻辑过程所诱发的规则和原则之中。忽视这一事实，就不能进行有效的法律教育。如果是为了把人训练成法律过程有智慧、有效率的参与者，如果法学院想要以自己的研究为法治的进步作出贡献，那么，就必须将对于法律的理解和批评局限在历史和权威所设定的范畴之内，而每一可获得的知识和判决必须被派上用场。

★ 人们迷恋法律与迷恋权威哪个更好些呢？例证是什么？考虑下

述有关侦探小说与法医学之间关系的评论:

一般承认,侦探小说这种形式是19世纪的发明,与现代警察力量的发展和现代官僚国家的诞生相同步。颇有意义的是,英美侦探小说出现在后革命环境中,当时的反叛者和罪犯的英雄身份转给了侦探和警察。现代人是什么样子,国家就是什么样子。"民族国家"(nation)已经让位于"政权国家"(state)。公民的观念发生了从"个性"到"身份"的系统转型,"个性"产生和表达了民族国家的浪漫精神;"身份"被新建立的政权国家所定义和统辖。这种从个性到身份的转型,代表了我们所理解的现代人的关键转变[1]

♣ 1963年复活节,在阿拉巴马州伯明翰市发生了著名的挑战法律的事件,马丁·路德·金等人计划通过示威游行抗议法律上的种族歧视。伯明翰市从州法院获得了一项禁止令,试图阻止示威游行,但牧师们决意继续其计划。伯明翰市的回应是逮捕游行示威者,案件最终到达美国最高法院。最高法院同意伯明翰市的行动"无疑提出了实质的宪法问题",但最后的裁决却不利于游行示威者,理由是:在法院推翻它以前,即使是一项违宪的禁止令,也必须被遵守。

---

[1] Ronald R. Thomas, *Detective Fiction and the Rise of Forensic Science* (Cambridge: Cambridge University Press, 1999), pp. 4, 10, 11.

第二节 挑战法律

你们对我们破坏法律的意愿表示了深切的忧虑，这肯定是一种合理的关注，因为我们曾谆谆告诫人们遵守最高法院 1954 年的裁决，该裁决认定，在公立学校的种族隔离是非法的。乍看起来，这与我们今天的有意违法似乎非常矛盾。有人会问："你们怎么可以鼓吹破坏某些法律，而遵守另一些法律？"答案在于这样的事实：它们是两种类型的法律——正义之法与非正义之法。人不仅有法律上的而且有道义上的责任遵守正义之法；同时，人也有道义上的责任不遵守非正义之法。我同意圣·奥古斯丁所说的："非正义之法根本不是法。"

那么，这两者有什么区别呢？一个人如何确定某一法律是否正义呢？正义之法是人制定的符合道义之法或者上帝之法的法典；非正义之法是与道义之法不和谐的法典。用圣·托马斯·阿奎那的话说：非正义之法是一种没有永恒法和自然法根基的人类法。任何可以提升人格的法律就是正义的；任何贬低人格的法律都是非正义的。所有规定种族隔离的法律都是非正义的，因为种族隔离扭曲了心灵，损害了人格，它给种族隔离者一种错误的优越感，给被隔离者一种错误的卑贱感。种族隔离是用"我—它"关系取代了"我—你"关系，最终将人贬低为物的身份。进而，种族隔离不仅在政治学、经济学和社会学上是荒诞的，在道义上也是错误的和罪恶的。难道种族隔离不是人类悲惨分离、可怕疏远和骇人罪孽的现存表达吗？因此，我们才能够既督促人们遵守 1954 年最高法院的裁决——因为它在道义上是正确的，同时又鼓励人们不遵守种族隔离的法令——因为它们在道义上是错误的。

让我们思考一个更具体的正义之法与非正义之法的例证。非正义之法是这样一种法典：人数上或权力上的多数群体，强迫少数群体遵守它，但却不让自己受其约束。同理，正义之法是这样一部法典：多数人迫使少数人遵守它，而自己也情愿遵守它。

让我再做一个解释：如果某一法律是强加给少数群体的，而这个少数群体由于被剥夺了投票的权利，没有参加该法律的制定或设计，那么这个法律就是非正义的。谁能说设立阿拉巴马州种族隔离法的立法机关是民主选举的？阿拉巴马州的上上下下使用了各种诡计，不让黑人成为登记的选民，在有些县里，甚至是黑人占多数的县里，黑人登记选民一个都没有。在这种情况下制定的法律，能说是通过民主方式架构起来的吗？

有时，法律表面上是正义的，但它的适用却是非正义的。比如，我本人就因未经允许而游行的指控被逮捕。应当说，要求游行必须经过允许，这样的法令没什么不对，但是，当它被用来维持种族隔离，并且剥夺宪法第一修正案赋予公民的和平集会和抗议的权利时，它就变成了非正义的法令。

我希望你们能看到我正力图指出的区别。我无论如何都不是在鼓励回避或对抗法律，只有狂热的种族隔离主义者才会这么做，因为那将导致无政府。一个违反非正义之法的人必须是公开地、热忱地这样做，并且愿意接受惩罚。我认为，一个违反了被良知判为非正义之法的人，并且乐于接受监禁之刑，以唤起社会公众的良知，他就是在事实上表达了对法律的最高崇敬。

当然，这种非暴力的不服从，并不是什么新鲜事儿。历史上，沙得拉、米煞和亚伯尼歌拒绝服从尼布甲尼撒的法律，就是一个高尚的证明,因为在他们看来,一个更高的道义之法处在危急之中。[1] 早期的基督徒也有一些崇高的践行,他们宁愿面对饥饿的狮子和刀砍斧剁的痛楚,也不愿服从罗马帝国某些非正义的法律。历史上,苏格拉底曾经践行了非暴力不服从,在我国,"波士顿倾茶事件"也代表了规模巨大的非暴力不服从行动。

我们永远不应忘记:阿道夫·希特勒在德国所做的一切都是"合法的",而匈牙利自由战士在匈牙利所做的一切都是不合法的。帮助和安慰希特勒德国的一名犹太人也是不合法的,即便如此,我还是可以肯定,如果我那时生活在德国,我还是会帮助和安慰我的犹太兄弟。如果我今天住在某个共产国家,而那里的某些亲基督信仰的原则受到压制,我也会公开鼓励不服从这个国家反宗教的法律。

我必须向你们——我的基督教和犹太教兄弟——做两点坦诚的表白。首先我必须承认,在过去一些年里,我一直对白人温和主义者极为失望。我几乎得出了令人遗憾的结论:在黑人通向自由的征程中,最大的绊脚石不是"白人公民议事会"或者"三K党",而是白人温和主义者。他们信奉"秩序"超过了信仰正义;他们宁愿要没有正义的消极和平;他们不断地说:"我同意你们追求的目标,但我不同意你们直接行动的方式";他们像家长般地相信自己有能力为他人的自由设定时间表;他们信守一种神秘的时间概念,并且不断劝诫黑人等待"更恰当的时机"。善意者的肤浅理解比恶意者的绝对曲解更令人沮丧,冷漠的接受比直率的拒绝更令人迷茫。

我希望白人温和主义者理解,法律和秩序的共存,目的在于建立

---

〔1〕《圣经·旧约·但以理书》记载,沙得拉、米煞和亚伯尼歌不事尼布甲尼撒的神,也不敬它所立的金像,被尼布甲尼撒投入烈火的窑中,因上帝拯救而不死。

正义，并且当它们不能实现这一目的时，反而成为阻碍社会进步潮流的危险堤坝。我希望白人温和主义者理解，目前南方的紧张局势是一个转变的必经阶段：从可恶的消极和平——在这种和平中，黑人被动接受了非正义的苦难，到实质的积极和平——在这种和平中，所有的人都将赢得人格尊严与价值。事实上，我们这些参与非暴力直接行动的人，并不是紧张局面的制造者。我们只是将早已存在的隐藏的紧张局势暴露出来，在非正义消除之前，也必须将它暴露于人类良知的阳光和国民意见的空气之中。

你们断言，我们的行动即使是和平的，也必须遭谴责，因为它们催生了暴力。这是一种合乎逻辑的断言吗？难道这不是像在谴责被抢劫者，因为他的钱促成了抢劫的罪行吗？难道这不是像在谴责苏格拉底，因为他对真理的执著和对哲学的探询促使被误导的群众让他服毒自尽吗？难道这不是像在谴责耶稣，因为他的一神论和对上帝的不懈忠诚引发了十字架上的磨难吗？我们必须看到，尽管联邦法院一再确认，要督促个人停止以违法方式赢得基本宪法权利的努力，因为这种方式可能催生暴力，但我仍然认为这样的督促是错误的。社会必须保护被抢劫者，惩罚抢劫者。

我还希望白人温和主义者拒绝有关为自由而斗争的时间神话。我刚接到来自德克萨斯州一位白人兄弟的一封信，他写道："所有的基督徒都知道，有色人种最终会得到平等权利，但你们可能在宗教方面太过仓促了。基督徒有今天，用了几乎两千年。基督的教诲为世间所接受，是需要时间的。"这样一种态度根源于一种可悲的错误的时间概念，来源于一种奇怪的不合理的观念：在时间的流逝中，终将治愈所有疾病。实际上，时间本身是中性的，它既可用来毁灭，也可用来建设。我越来越感觉到，恶意者比善意者更有效率地利用了时间，我们这一代应当忏悔的，不仅是坏人的可恶言行，而且有好人的可怕沉默。在宿命的轮盘上永远转不出人类的进步，进步只能来自愿与上帝合作的人们的不懈努力。没有艰苦的工作，时间本身会成为社会停滞力量的盟友。我们必须创造性地利用时间，应当知道，对于为善而言，时机总是成熟的。现在是时候了，让我们真正许诺民主，让全国未决的挽歌变成有创见的兄弟情谊的圣歌。现在是时候了，让我们的国策从种族歧视的非正义的流沙中提升到人类尊严的磐石上。

★ 在思考马丁·路德·金上面这封信的同时，注意最高法院是如何论说游行者因违反一道禁止令而必须进监狱的：

> 先例明白无误地让申请人注意，他们不能绕过对禁止令的适当审查而违反它。本院不能作这样的裁定：申请人有宪法上的自由去漠视法律的所有程序而将他们的战斗带到大街上。我们可以同情申请人对其事业的不倦奉献，但是，尊重司法过程是为法律教化之手付出的低廉代价，仅此一点即可给予宪法上的自由以持久的意义。

第十章

警　　察

两名警察在敲门，这是我第一次有警察拜访。

"普凌先生吗？"

"我是。"

"我们可以进来待会儿吗？"

"你们有搜查证吗？"

"噢，没有，我们不是为这个来的，只想跟你聊聊。"我真想说他们的做法像盖世太保，但我觉得还是不说为好。我把他们领进客厅，不过没请他们坐下。一名警察给我看了他的证件。

"你认识一个叫伍德沃兹的人吗？"

"认识，他是我姑妈的朋友。"

"昨天他在街上给了你一个包裹，是吧？"

"是的。"

"我们要检查一下这个包裹，你不反对吧？"

"我当然反对。"

"你知道，先生，我们很容易搞到一份搜查证，但我们不想把事情闹大……"

——格雷厄姆·格林：《与姑妈同行》，1969 年

美国司法部大楼上镌刻着洛克《政府论》中的名言："法律终结的地方暴政就开始了。"我则认为，以我们的政府体制，法律终结了暴政也未必开始，但自由裁量就开始了。而自由裁量权的行使所带来的，既可以是仁政，也可以是暴政；既可以是正义，也可以是不义；既可以是明断，也可以是专擅。

——卡尔·戴维斯：《自由裁量的司法》，1969 年

自由民主社会与极权主义制度的一个基本对比在于，极权主义政府依靠的是统治实体自身的隐秘性和对所有其他实体的高度监管和暴露，而在开明民主的市民文化中，情况却大体相反。

——杰弗里·沃克："作为权力的信息"，CIS 政策论坛

如果能够精确计算警察管控所造成的恶和它所防止的恶，在所有情形下，前者都超过了后者。

——卡尔·冯·洪堡：《国家行为的有限性》，1792 年

♣ 在美国，正规警察组织是从奴隶制法中产生的：虽说非正式的警察机制开始于美洲殖民时期，但半正式的有组织的警察力量却出现在奴隶制时期。奴隶制结束后，南方白人面临着新的经济和社会控制

难题。确保白人种族持续统治的重要法律被称为"黑色法典",它制造了一套监督和管理黑人的法律工具,确保了黑人劳动者向白人经济权的持久服从。随着"黑色法典"受到法律上的攻击,南方各州开始主动追求激进的种族隔离,以确保白人的至高无上和黑人的卑贱从属。非洲裔美国人基本上生活在一个警察国里,公共生活的每一方面几乎都被规定了。正式的警察组织在这种制度下要维持正式的和非正式的社会秩序,既代表着南方种族压迫的秩序,又代表着"白人至高无上"的思想。

在典型的西部片中,是警长而不是法官在高歌着"我就是法律"。事实上,他甚至被称为"法律人"。对许多人来说,警察不仅是法律的象征,而且径直就是法律本身。许多例子可以说明,人们所感受到的法律,不是来自法官笔下,而是出自警察之口。警察权来自获取信息的能力,携带并使用警械、武器的权力,以及逮捕和控制嫌疑犯的资格。警察权是否得到适当运用?这个问题往往与警械的适当使用联系起来。2011年的伦敦骚乱,起因就是武器的滥用。下面是美国的几家报纸就警方使用电击枪事件做的不同角度的报导。

第一节 滥用警械

一

南图森一位资深警察正在接受调查,因为他用电击枪制服一个戴着手铐的9岁女孩。

应警长的要求,警察局正在努力确定这位警官在让电流通过孩子身体时是否构成犯罪。事件发生的时间是2004年5月8日下午5点半左右。这种非致命性武器能够使人在几秒钟内丧失活动能力。警长说:"我必须首先承认,你们看到的是一个资深警官电击一个9岁女孩。这的确不怎么雅观。"这位警官是应"儿童之家"的求助前去的。警长还认为:"这不涉及正直问题。一个警官决定这么做,因为他认为需要这么做。"

二

一个戴着手铐的9岁女孩正在咒骂、踢打,并企图踢开警车的窗户,这时南图森一位警官用电击枪制服了她。星期四的警察报告是这么说的。这一事件燃起了某些公众的怒火,尽管这名警官的律师说,失控的女孩对警官和女孩自己都构成一种危险。

5月8日,警官迈克尔·胡德被派去抓这个女孩,她从当地一家儿童精神病中心逃跑。根据报告,这个女孩被找到后,开始咒骂他。胡德呼叫另一警官来帮忙,因为女孩处在疯狂而好斗的状态,打、咬、踢、撞近前所有的人。这女孩有1米43高,体重31.7公斤。胡德给这女孩戴上手铐,把她放在警车后座上。两名来自亚利桑那州儿童协会的官员也赶到了。

胡德企图用腿压住女孩,不让她踢开车窗,在这过程中,女孩踢了他好几下,"狂骂、踢打,什么都听不进去"。这时,他手持电击枪走近这女孩,告诉来自"儿童之家"的工作人员,他要让这女孩安静下来,并警告女孩说,如果不听话,就使用电击枪。这个女孩继续咒骂这些警察,在又一次警告她以后,警官用枪电击了她的右腿。女孩尖叫喊疼,随之安静下来。女孩没有受伤,也没有接受医疗。胡德开车将这女孩送回"儿童之家",在那里她又发作起来,工作人员给她注射了镇静剂。

电击枪能够发出5万伏的电压和4‰安培的电流，通过两根连接了21英尺长金属线的探针与身体接触。电击会抑制神经系统，引起完全的、非自愿的肌肉收缩。

三

一个戴着手铐的9岁女孩被南图森警察的电击枪制服，她只是全国范围内不断增加的被施以这种警械的幼儿和儿童之一。

到目前为止，很少有警察局或者全国性的监督组织为电击枪的使用设置年龄界限，尽管它们劝警察小心使用，不要对孕妇和服从的疑犯使用。生产厂家的发言人说，电击枪对孩子不会比对成人造成更多的损害，一般导致的都是不严重的伤害。但是，另外一些人质疑对孩子使用电击枪是否符合伦理。

"电击枪国际"保存的记录显示，就在6个月前，两名1岁、一名2岁、两名3岁、两名4岁、一名5岁、一名6岁和一名7岁孩童曾经领教过电击枪，尽管这些孩子是被偶然电击的。略大一点的孩子也曾被电击，其中，13岁的威斯康星女孩因为挥舞着日本武士刀，13岁的华盛顿女孩因为与警察搏斗。

"电击枪国际"的发言人说："乍看起来是不太好，但这却是一种合理的强制，还有别的选择吗？"这名警官的代理律师说，无论如何，考虑到更轻微的制服手段已经失败，这些警官的反应是适当的。

但是，即使这孩子有严重的问题，一些居民和企业主也质疑这种做法。"真难以想象这些高大的警察是如何对待9岁孩子的，"一位有两个孩子的母亲说，"约束一个9岁女孩不需要两个彪形大汉。这是一件可怕的事情，我认为他们应当受到谴责。"

四

"电击枪国际"生产的玩意儿被全国几千个警察局使用着,它的发言人上个月说,政府的研究结果虽然没有完全披露,但却认定这种枪是安全的。但是,空军研究室说,它确实发现这种枪可能是很危险的,需要更多的数据来评价这些风险。不仅该产品是这样,其他无需杀人而只是使人丧失能力的武器也都有这个问题。其他数据也质疑了生产商关于这种最新、最昂贵武器效能的说法。

许多警察说,电击枪给了他们一种制服危险嫌疑人的手段,而又不必使用枪弹或与之搏斗。但是,民权组织说,警察经常对只有轻微不服从且没有危险性的人使用电击枪。近来,警察在迈阿密电击了一个6岁男孩和一个12岁的女孩,招致了广泛的批评。

"大赦国际"一位高级官员说:"证据显示,与过去回避使用致命武器相反,现在许多警察都将电击枪作为日常的警力选择。这些武器的使用都是在一些可能构成酷刑或虐待的场合。"生物医学工程师们说,对于电击枪的扩大使用显然是有分歧的,因为它们的风险并没有被适当地研究。2001年以后,有70多人在被电击后死亡,主要是因为心脏或呼吸系统衰竭。

"电击枪国际"说,死亡是由吸毒过量或者其他因素引起的,有没有电击都会发生,但人们还是将这些死亡与电击武器联系起来。权威科学家们说,生产商显然低估了这种武器的风险,尤其是对那些使用了毒品或者有心脏病的人。

至于这种武器对健康的影响,生产商只做了很少的研究,实验的构成是1996年的1头猪和1999年的5条狗。生产商拒绝进行更多的实验,说已经做了的实验是令人满意的。

♣ 耐人寻味的是，直至今天，与其他法律职业者相比，警察的教育背景和人员素质并不更高，但却被委以更大的处置民众权利、利益乃至生命的权力。因此，美国最高法院在一系列判例中，就警察对公民的拦截、盘问和搜查等特定场合的行为作出裁决，这些裁决为警察权设定了宪法框架，有助于我们理解当代美国警察的实践和理论。

第二节　当街盘查

特里诉俄亥俄州案［Terry v. State of Ohio, 392 U. S. 1 (1968)］，首席大法官沃伦陈述最高法院意见：

本案提出的严峻问题是，公民与调查嫌疑情节的警察在街上对峙时，宪法第四修正案所起的作用。

上诉人特里被判私携武器罪，处以 1—3 年的监禁。控方提出的证据是警探马丁·麦克菲登从特里和共同被告人理查德·切尔顿身上搜出的两支左轮手枪和数发子弹。在对排除这些证据的动议进行听证过程中，麦克菲登作证说：1963 年 10 月 31 日下午 2 点 30 分左右，当他着便衣在克利夫兰市区巡逻时，两个男人——切尔顿和特里——引起了他的注意，他们站在两条街的拐角处。他从未见过这两个人，也无法准确说出为什么会注意他们。然而，他作证说，他已经做了 39 年的警察、35 年的警探，在这个区域抓小偷和扒手也有 30 年了，多年来养成了观察的习惯，每天都经常在观察别人。他补充说："在本案中，我一眼望去，就看出他们有些不对劲儿。"

麦克菲登警官选了一个观察点，看到其中一人离开，向西南走去，经过了几家店面，在一家商店的橱窗前停了一会儿，并向内张望。然后继续向前走了一小段距离，转回身走向街角处，中途又一次停下来向同一家商店橱窗内张望。他回到站在街角的同伴身边，两人简短交谈了几句。然后，第二个人又将刚才的一系列动作重复了一遍。其间，正当两人站在街角上的时候，第三个人走到他们跟前，简短地加入了他们的交谈。不一会儿，这个人离开，沿另一条街向西走去。切尔顿和特里又恢复了他们有板有眼的行走、窥视和交谈。又过了10—12分钟，两个人一齐走开，与第三个人一样向西走去。

警官麦克菲登作证说，在观察了他们对那家商店精心的、反复的侦察之后，他怀疑这两个人是在为抢劫"踩点儿"，因而他认为，作为警官，有责任进一步调查。他害怕"他们可能有枪"，只是尾随切尔顿和特里，看到他们停在祖克尔商店门前，与先前参与交谈的那个人说话。麦克菲登警官觉得直接采取行动的时机已经成熟，他走到3人跟前，向他们亮明了警察身份，并询问他们的姓名。当这3个人对盘问"支吾其词"时，麦克菲登警官抓住了特里，把特里扭转过去，使自己和特里同另外两人面对面，让特里处在自己与另外两人之间，并且自上而下拍身搜查了特里的外衣，发觉特里外套内侧的左胸口袋里有一支手枪。他将手伸进特里的外套，但却未能掏出那支手枪。这时，警官命令3个人进入祖克尔商店。在他们进去的过程中，他彻底翻开特里的外套，从口袋里抽出一支点38口径的左轮手枪。他命令3个人面朝墙，举起双手，拍身搜查切尔顿和第三个人凯茨的外衣。他在切尔顿大衣外面的口袋里又发现一支左轮手枪，但在凯茨身上没有发现武器。警官作证说，他仅对这些人进行了拍身搜查，看他们是否携有武器，在摸到武器之前，没有将手伸进他们的外衣以内。麦克菲登搜出切尔顿的手枪后，让店主打电话叫警车来，将他们带到警察局，在那里，切尔顿和特里正式被控私携武器。

辩方提出了排除枪支证据的动议，对此，控方的立场是，枪支是在一次导致合法逮捕的搜查之后被扣押的。庭审法院拒绝这一论调，认为这"会超出合理理解地扩展事实"，使人误以为麦克菲登警官在拍身搜查武器之前已经有了逮捕的相当理由（probable cause）。不过，法庭也没有接受被告的动议，理由是麦克菲登警官基于经验"有合理理由（reasonable cause）相信被告行为可疑，应对其进行盘问"。法庭认为，纯粹出于个人保护的原因，警官在有合理理由相信这些人有武器时，有权拍身搜查他们的外衣。法庭认为，拍搜是警察适当履行其调查职责所必须的，因为如果没有拍搜，那么"回答警察的可能是一颗子弹，因而拍搜过程中发现的子弹上膛的手枪是可采信的证据"。

法庭否定了证据排除的动议之后，切尔顿和特里放弃了陪审团审理，但却进行了无罪答辩。法庭判决他们有罪，第八司法区上诉法院维持了有罪判决。俄亥俄州最高法院驳回了他们的上诉，理由是该案没有涉及"实质的宪法问题"。我们核准了案卷调取令，以确定将左轮手枪采信为证据是否侵犯了上诉人依宪法第四修正案所享有的权利。我们对定罪判决加以肯定。

宪法第四修正案规定："人民的人身、住宅、文件和财产不受无理搜查和扣押的权利，不得侵犯。"我们最近的裁定认为："第四修正案保护的是人而无论其身在何处"，并且，一个人无论栖身在任何可合理"期待隐私"的地方，他都有权免遭无理的政府侵入。毫无疑问，上诉人在克利夫兰大街上行走时，有资格受到宪法第四修正案的保护。问题在于，是否在所有这种警民街头对峙的情况下，无理的搜查和扣押都侵犯了他的人身权利？

一方面，经常有人主张，在应对城市街道瞬息万变危机四伏的情境时，警察根据自己掌握相关信息的程度，需要不断提高反应的灵活性。为此目的，必须区别"拦截"和"逮捕"（或称"人身扣押"）、

"拍搜"与"搜查"。因此，有人强调，警察在怀疑某人与犯罪活动有关时，应允许对他"拦截"并做简短盘问。如果怀疑该人有武器，警察应有权"拍搜"武器。如果拦截和拍搜产生的"相当理由"让警察相信嫌疑人犯有罪行，则警察应被授权正式"逮捕"，随之对其进行彻底的人身"搜查"。这种设计的正当性，部分地有赖于这样的观念：拦截和拍搜仅仅意味着"小小的不便和轻微的冒犯"，为了在警察有所怀疑时能够有效地实施法律，给公民施加这种"不便"和"冒犯"，也是适当的。

另一方面，警察的权威必须严格受到有关逮捕和搜查的法律的制约，因为它是从有关第四修正案的传统法学中发展而来的。第四修正案的核心在于，对被保护的人身安全的任何侵犯，都必须严格要求具备特定的正当根据，并伴以高度发达的司法控制制度，迫使作为国家代理人的警察服从宪法的命令。如果法庭在此默认当场盘问的内在强制性，那将意味着放弃司法控制，甚至是鼓励警察实质性地侵犯个人自由和安全，因为警察的判断必然受到"通常是好战的、查获犯罪的进取心"造成的先见的影响。这会加剧我国拥挤的城市中心地带警民之间的紧张关系。

州法院将这一问题归结为"警察在街头实施拦截、盘问和拍身搜查（俗称'拦截与拍搜'）的权利"。但这并不完全准确，因为这里的问题不是警察的行为是否适当，而是搜查和扣押所得的不利于上诉人的证据是否可以采信。针对违反第四修正案而扣押的证据的排除规则，自始便被认为是遏制警察非法行为的主要方式。因此，排除规则的本质是威慑警察，并且经验告诉我们，它对刑事背景下警察的不法行为是唯一有效的威慑。没有它，宪法所保证的不受无理搜查和扣押的权利将是"一纸空文"。

然而，非法证据排除规则，作为一种司法控制工具也有其局限性，在一些情形下，该规则作为一种威慑是无效的。公民和警察在街上相遇，从完全友好的愉快交谈或者互有助益的信息交流，到涉及逮捕和伤亡的武装对抗，情形是多样而复杂的。不仅如此，充满敌意的对抗并不总是孤立事件，有些对抗开始前双方的态度极为友好，但某些意外因素的介入使局面急转直下。警察因多种目的而主动接触，其中一些完全与追究犯罪的愿望无关。[1] 无论非法证据排除规则在以获得有罪证据为目的的场合多么有效，但在警察服务于其他目的而无意起诉的时候，这个规则就无力威慑对宪法保障的权利的侵害。

少数群体，尤其是黑人，经常抱怨警察群体中某些人对其进行的大规模骚扰，这种骚扰不可能因刑事审判中彻底排除了非法证据而停止。依我们的裁决，法院仍要保持它们的传统责任：防止警察的傲慢或骚扰，防止他们在没有宪法所要求的客观证据支持的情况下侵犯个人安全。当这种行为被确认时，必须受到司法的谴责，"毒树之果"必须被排除出刑事审判。只有当执法行为能够受到超脱、中立的法官的审查时，第四修正案的设计才有意义，而法官必须根据特定环境来评价某一特定搜查或扣押的合理性。在做这种评价时，必须依靠客观标准来裁决事实：在扣押或搜查时，这些供警察考虑的事实是否"保证一个有合理谨慎的人相信"所采取的行动是适当的？

我们对这样的需要不能视而不见：执法警察在缺乏逮捕的"相当理由"时，也需要保护自己和其他可见的暴力被害人。当一位警官合

---

[1] 警察可能只是为了帮助喝醉的人找到回家的路，根本没有逮捕他的意图，除非他顽固对抗并难以驾驭；或者，他们可能寻求调解家庭争吵以免演化为暴力。警察也可能在红灯区走向一个女人，意在驱走妓女，以免起诉她们的巨大麻烦；或者可能在特定区域大举搜查少年人的武器，因为警方风闻这里即将发生一场帮派械斗。

理地相信，他正在近距离调查的嫌疑人可能携有武器，并且对警官或他人直接存在危险的时候，警官有权采取必要措施确定嫌疑人是否事实上携有武器。否认警察的这种权力显然是不合理的。

警官不必绝对肯定这个人有武器，关键是看一个有合理谨慎的人在这种情况下是否保证相信：他的安全或者别人的安全正处于危险之中。在确立警官行为是否合理的过程中，我们要适当权衡的，不是他初始的非特定的怀疑或预感，而是凭他的经验有资格从事实中得出的特定的合理推断。

现在，我们必须审查麦克菲登警官在本案中的行为，既要看起因，又要看行为过程。他已经注意到特里、切尔顿和另一个人，认为他们的行为方式是抢劫的序幕。我们认为，基于麦克菲登警官在初审法官面前细述的事实和情节，一个有合理谨慎的人将有理由相信上诉人携带武器，并因而对正在调查其可疑行为的警察构成威胁。我们不能说他当时扭住特里并拍身搜查武器的决定是随意想象的产物，也不能简单地将其视为一种骚扰行为。庭审记录显示，这是一名警官有节制的行为，他在调查过程中不得不迅速决定如何保护自己和其他人免受可能的伤害，并采取有限度的保护措施。

在本案情境中，搜查的唯一正当根据是保护警官和附近其他人，因而搜查必须局限在合理的介入范围内：意在发现枪支、刀具、棍棒或其他隐藏的攻击警察的工具。以此为标准，麦克菲登警官严格地将其搜查局限于最必要的举措：了解这些人是否有武器，一旦发现了武器，就立即解除他们的武装。他没有为获得可能的犯罪行为的证据而实施彻底搜查。

我们的结论是，从特里身上搜出的左轮手枪，采纳为对他不利的证据是适当的。当然，每一类似案件都不得不依其特有的事实而定。

我们今天仅仅裁定：当一名警察观察到不寻常的行为，使他依经验合理认为犯罪行为可能即将发生，并且认为他正打交道的人可能携带武器并直接存在危险时，当他为调查这一行为而确认了自己的警察身份并进行了合理盘问时，当最初接触阶段没有任何东西驱散他对自身和他人安全的合理恐惧时，他有资格为保护自己和他人采取仔细而有限的对嫌疑人外衣的搜查，目的是发现可能用来袭击他的武器。这样一种搜查，依第四修正案属于合理搜查，进而被搜出的武器被采信为不利于持枪者的证据都是适当的。

维持原判。

大法官道格拉斯的分歧意见：

我同意对上诉人的"人身扣押"涉及第四修正案；我也同意为寻找武器而拍搜上诉人和他的同伴是一种"搜查"。但令人困惑的是，依第四修正案的标准，那样的"搜查"和"扣押"何以能够合乎宪法，除非有"相当理由"相信：（1）一项罪行已经发生；（2）一项罪行正在发生；（3）一项罪行即将发生。

最高法院的意见没有声称存在"相当理由"。如果游荡是争论的焦点和被控的罪名，那便显示有"相当理由"。但是，指控的罪名是私携武器，又没有根据说警官有"相当理由"相信该罪正在发生。假如此时申请搜查令，法官肯定无权颁发，因为他只能在显示了"相当理由"时这样做。我们今天裁定，警官在"扣押"和"搜查"问题上比法官有更大的权威，而我们过去曾三令五申完全相反的意见。

给予警察大于法官的权力，就是向集权之路迈进了一大步。也许这一大步是对付现代形式的不法所需要的，但是，如果要跨出这一步，也应由人民通过宪法修正案的形式慎重选择。最高法院在美国历史上一直承受着强大的压力，迫使它放水冲淡宪法保障，给予警察更大的优势。这种压力可能从来没有今天这样沉重。

不过，如果个人不再至高无上，如果警察看谁不顺眼就可以随意抓人，如果他们可以凭自由裁量权而"扣押"和"搜查"，那么我们就走进了一种新的政体。进入这一政体的决定，只能在这个国家的人民进行了充分讨论之后才能作出。

★ 如果警察比其他公民更怕被攻击，那么当确定警察直觉的合理性时，如何评价"凭他的经验有资格从事实中得出的特定的合理推断"？以此为标准，就应允许警察的拦截和拍搜更多地针对黑人而不是白人，针对年轻人而不是年长者，针对男人而不是女人。如果警察的当街搜查最终找到了犯罪证据，就应当允许这样的搜查吗？最高法院在1968年的"希伯伦案"（Sibron v. New York）中认为，警察当街搜查的正当性，不能用事后的发现来论证，而只能取决于搜查前的情况：

警察没有资格扣押和搜查他在街上看到或者盘问的每一个人。在他动手搜查某一公民人身之前，他必须已经具有宪法上充足而合理的根据。至于自我保护的武器搜查，警察必须能够指出某些特定的事实，从中可以合理推断出被搜查人携有武器并且非常危险。马丁警官的证词没有揭示这样的事实。嫌疑人与几个已知的瘾君子谈了8个多小时，仅有这样的行为不足以令这位警官产生合理的生命或肢体的恐惧，也不足以构成正当的、对正在实施犯罪者的逮捕。马丁警官也不曾主张，当希伯伦把手插在衣兜里时，他害怕希伯伦去掏武器，因而采取了自卫行为。他对希伯伦讲的开场白"你知道我在找什么"，非常清楚地表明他搜查的是毒品，而他的证词也无疑地证明他认为希伯伦衣兜里有毒品。即使假定有充足的根据搜查希伯伦的武器，马丁警察所做的这次搜查的性质和范围也如此清晰地表明它与这种正当根据无关，以至于使搜出的海洛因不能被采纳为证据。不言而喻的是，一次附随的搜查不能前置于逮捕且不能作为其正当性的根据。

第三节　未能说明身份

布朗诉德克萨斯州案［Brown v. Texas, 443 U. S. 47（1979）］，**首席大法官伯格陈述最高法院意见：**

1977年12月9日中午，埃尔帕索警察局的警官维纳戈斯和索泰罗正驾着警车巡逻。他们看到上诉人布朗和另一男子在一条小巷中正朝相反方向走开去。尽管这两人被看到时已经走开了几英尺，但维纳戈斯警官后来作证说，两名警官相信，直到警车出现，这两个人曾经在一起或者正要接头。

警车开进小巷，维纳戈斯警官走出警车，要求布朗说明身份并解释一下他在那儿干什么。另一个人没有被盘问或扣留。警官作证说，他拦住布朗是因为"看起来情况可疑，我们在这个地区从未见过这个人"。布朗被拦截的埃尔帕索地区是毒品交易的高发地带，然而，两名警官没有宣称怀疑布朗有任何具体的不法行为，也没有任何理由相信他携有武器。

布朗拒绝说明自己的身份，并怒气冲冲地声言两名警官没有权力拦截他。维纳戈斯警官回答说，他是在一个"毒品问题严重的地区"；

索泰罗警官随后"拍搜"了布朗,但没有找到什么。当布朗一再拒绝说明身份之后,他因违反1974年制定的《德克萨斯州刑法典》而被捕。[1] 逮捕之后,两名警官搜查了布朗,没有发现不适当的东西。

当布朗被带到埃尔帕索县拘留所时,他说明了身份。尽管如此,他还是被拘留并被控违反德州刑法。布朗在埃尔帕索的地区法院被定罪,罚金20美元,并承担法庭费用。他随后行使自己享有的在埃尔帕索高级法院重审的权利。在那里,他提出驳回起诉的动议,理由是德州刑法的相关规定违反了宪法第一、第四和第五修正案,并且其含糊不清又违反了第十四修正案。这一动议被驳回。布朗放弃了陪审团审理,法庭判他有罪,罚金45美元,并承担法庭费用。

当两名警官为了让布朗说明身份而扣留他时,他们就是在实施涉及第四修正案的人身扣押。在给上诉人定罪的过程中,高级法院作为一种事实审,裁定警官们"合法拦截"了上诉人。第四修正案当然"适用于所有的人身扣押,包括未导致逮捕的短暂留置"。"无论何时,一名警察走近一个人并限制其离去的自由时,他便已经'扣押'了该人,并且,第四修正案要求,扣押必须是'合理的'。"

人身扣押不像逮捕那样具有侵犯性,其合理性有赖于"平衡公共利益和个人安全免受法律官员武断侵扰的权利"。对人身扣押的合宪性的考虑,涉及对公众利益促进的程度与对个人自由干扰的严重性的权衡。

权衡考虑的核心关怀,一直是确保个人合理期待的隐私权不受警察当场无拘无束的自由裁量权的专横侵犯。为此目的,第四修正案要

---

〔1〕 该法典规定了"未能说明身份罪",拒绝向进行合法拦截并提问的警官报告,或者虚假报告其姓名和住址者,构成本罪。

法 的 门 前

求人身扣押必须基于特定的客观的事实，这些事实显示社会的合法利益有这样的要求：扣押某个特定的个人或者该扣押的实施，必须依照一个对警察的行为有明确而中立限制的标准。

该州法院没有说上诉人布朗被拦截是依照一种中立标准，但还是坚持认为警官们拦截布朗是正当的，因为他们"合理、明确地怀疑一项犯罪已经实施、正在实施或即将发生"，而我们则要求警察有基于客观事实的合理怀疑，相信某人牵涉了犯罪。

该州判决的缺陷在于，警察拘留布朗之前的所有情况都不能正当地构成对他涉及犯罪的合理怀疑。维纳戈斯警官在上诉审中作证说，小巷中的情况"看起来可疑"，但他无法指出任何支持该结论的事实。没有任何判例显示，人们在小巷中是什么不正常的事情。布朗身处一个毒品使用者频频出没的地区，独自站在那里，这一事实不足以得出他亲自参与了犯罪的结论。简言之，上诉人布朗的行为与其他行人在该地区的行为没有什么不同。在追问之下，维纳戈斯警官承认，他拦截布朗的唯一原因是确定其身份。判例认为，警察都有主张自己存在的愿望，这是可以理解的，但这一愿望不能否定宪法第四修正案的保障。

在缺乏任何怀疑上诉人有不法行为的根据时，称量公共利益和个人安全、隐私权利的天平，要向不受警察干扰的自由倾斜。据以拦截上诉人并要求其说明身份的德州刑法典，意在强调刑法在大城市中心地带的社会目的：预防犯罪。即使假定，在缺乏特定根据相信某人涉及犯罪时，拦截并要求他说明身份，在某种程度上也可能服务于这一目的，但是，第四修正案对权利的保障不允许这样做。当这种拦截不是以客观标准为依据时，警察专断和滥用权力的做法会超过可容忍的限度。

第十章　警　察

适用德州刑法典扣留上诉人并要求其说明身份,这样做违反了宪法第四修正案,因为警官们没有任何合理怀疑可据以相信,上诉人参与或已经参与了犯罪活动。因此,上诉人不应因拒绝说明身份而受刑事处罚,定罪应予推翻。

庭审记录

法官:我问你的是,为什么德克萨斯州因为不答话就将人投入拘留所?

公诉人:啊,我认为有一些利益不得不考虑。

法官:好,我希望你告诉我这些利益是什么。

公诉人:政府的利益在于,维护社会及其公民的安全与稳定,并且,政府在这方面的利益肯定非常重要,超过了在一定程度上侵犯个人自由所损害的利益。我认为,在适当场合下简单询问某人姓名和住址,政府在这里面的利益大于个人的利益。

法官:但为什么不答话就是一种犯罪?

公诉人:我再说一遍,我只能认为,如果不回答问话,将会造成瓦解。

法官:瓦解什么?

公诉人:我认为将会瓦解社会保障公民安全的目标,也就是,让公民确信他们在……家是安全的。

法官:以起诉相威胁,强迫公民说出姓名和住址,何以能保障他们的安全?

公诉人:你知道在某些情况下会有一些人被合法拦截,警官推定这个人也许正在搞什么鬼,因而履行其职责,仅仅是为了发现这个人的姓名和住址,以确定究竟发生了什么事情。

法官:我不是在质疑,不是在问警官是否应当提问。我要问的是：因为一个人不想回答问题，就将其投入拘留所，一个州这样做的利益是什么？我知道，许多时候一位警官将给被告"米兰达警告"，这意味着被告不必开口。许多被告做了供述，如果他们出于自愿，这当然很好。但如果他们不供述，你不能就因为拒绝承认一项罪名而把他们投入狱中，你能这样做吗？

★ 最高法院说，就本案的情境而言，警察作证说上诉人"看起来可疑"，与警察"能够察觉和说出其行为含义"的情境有所不同。这似乎意味着，警察行为的有效性有赖于警察以怎样的技巧描述事件，而"布朗案"和"特里案"正好为警察提供了一个用以描述其行为的"脚本"。本案上诉人主张，德州刑法典违反了联邦宪法，而最高法院只是认定该法的"适用"违反宪法。这意味着该法在本裁决之后可能依然有效。

2004年，最高法院在"希拜尔案"（Hiibel v. Sixth Judicial Dist. Court of Nevada）中维护了一部有关"拦截与要求说明身份"的法律的合宪性。下面是5:4的裁决：

> 有关拦截与要求说明身份的法律，可以追根溯源到英格兰早期有关流浪的法律。这些法律要求，除非可疑的流浪者"对自己作出良好的说明"，否则会面临逮捕。这种权力反映了普通法中的一种私权："逮捕任何可疑的夜行者，对他进行留置盘查，直到他对自己作出良好的说明。"近几十年来，最高法院一向认为，传统的流浪法在宪法上是衰弱不堪的、无效的。它的含义广泛而又有欠精准的用语，否定了对潜在犯罪人的适当告知，并且允许警察在实施法律时运用不受限

制的自由裁量权。

提问是警察调查盘问的基本组成部分。在通常情况下，警察可以随意询问一个人的身份，而这种询问与第四修正案无关。本案中的警察正在调查一次可能的家庭暴力事件，类似情况下，要求说明身份被证明是非常重要的。被唤来调查家庭纠纷的警察，需要知道他在跟谁打交道，以便评估周遭情势，包括对他们自身安全的威胁，以及对潜在被害人的危险。

本案中非常清楚的是，要求说明身份是一种普通意义上的询问，而不是在证据不足情况下进行"特里拦截"后，因被拦截人未能说明身份而寻求逮捕的一种努力。拦截，要求说明身份，以及一州所要求的回应，这一切都不违背第四修正案的保障。

第四节　拉网式搜查

佛罗里达州诉布斯迪克案［Florida v. Bostick, 489 U. S. 656 (1991)］，**大法官奥康纳陈述最高法院意见**：

我们已经作过这样的裁决：第四修正案允许警官们在机场大厅和其他公共场所随机走近某人，向他提出问题并征得同意后搜查其行李，只要一个理智正常的人明白他可以拒绝合作即可。这一案件要求我们确定：同样的规则是否适用于发生在长途汽车里的警察的例行检查。

毒品拦截的努力已经导致警察在机场、火车站和长途汽车站运用各种监控手段。法律实施者在这些站点驻防，随机地或者因为隐约怀疑某些人可能参与了犯罪，所以例行公事地走近这些人，向他们提一些潜在地使之获罪的问题。布鲁沃德县警察局的警官们经常登上停在固定站点的长途汽车，要求乘客允许他们搜查行李。

本案中两名警官在搜查特伦斯·布斯迪克的箱子时发现了可卡因。搜查的事实成为争论的问题，但佛罗里达最高法院在其判决中明确指出了事实根据：

> 两名警官身着警服，佩带警徽，其中一人还手持内装手枪的枪弹盒。他们登上一辆从迈阿密开往亚特兰大的长途汽车。警官们承认，他们扫视乘客后，没有发现具体而明确的可疑之处，他们选择了后来成为被告的乘客布斯迪克，要求他出示车票和身份证。车票是从迈阿密到亚特兰大的，这与被告的身份相符，车票和身份证都没有什么特别之处，随即还给了被告。然而，两名警官没有善罢甘休，他们解释说之所以出现在车上，是因为要寻找非法毒品。为此目的，要求被告同意他们搜查他的行李。不必说，关于被告是否同意搜查其内装毒品的手提包，以及被告是否被告知有拒绝同意的权利，证据之中充满了矛盾。然而，作为一个由初审法官判断的事实问题，任何矛盾之处都做了有利于该州的解决。

布斯迪克被逮捕并被控运输可卡因，他提出动议，要求排除可卡因的证据，理由是可卡因被扣押侵犯了他依宪法第四修正案所享有的权利。初审法院否决了这一动议，但没有作事实方面的裁决。布斯迪克随后认罪，但保留就其动议被否决而上诉的权利。佛罗里达州最高法院说，对布斯迪克已经构成人身扣押，因为任何一个身处其境的理性乘客都不会感觉自己有离开那辆车以避免警察盘问的自由。

摆在我们面前要求审查的唯一问题是，警察在长途汽车上的所作所为是否必然构成第四修正案所说的"人身扣押"？该州承认，我们也接受，两名警官缺乏使人身扣押正当化的合理怀疑，因而如果发生了人身扣押，在布斯迪克的箱中发现的毒品，就必须作为毒树之果加以排除。

案件清楚地显示，不会仅仅因为一位警官走近了某人并问了一些问题，就发生了人身扣押。只要一个理智正常的人感觉可以自由地"不理会警察而自行其是"，接触就是双方合意的，并不要求合理的怀疑。除非接触丧失了合意性，否则是不会引发有关第四修正案的审查的。毫无疑问，同样是这种接触，如果发生在布斯迪克上车之前或者发生在候车室里，将不会达到人身扣押的程度。最高法院曾处理过在机场发生的相似接触，并裁定它们是"合意性的，没有牵连第四修正案"。布斯迪克主张本案是不同的，因为它发生在一辆拥挤的长途汽车上。警察的盘查在这种场合更具有威胁性，因为警察探身俯视一个坐着的乘客，使之根本没有回避的余地。布斯迪克坚持说，一个理智正常的长途汽车乘客，在这种情况下不会觉得有离去的自由，因为在一辆长途汽车上是无处可去的。而且，长途汽车就要开车了，如果他下车，就要冒漏乘的危险，还会丢掉锁在汽车行李箱中的提包。

佛罗里达州最高法院认为，这一主张的说服力如此之强，以至于它采纳了一条不言自明的规则，禁止警察以随机登上长途汽车作为拦截毒品的手段。然而，该法院的观点是错误的，因为它关注的是布斯迪克是否有"离去的自由"，而不是这一用语想要表达的原则。当警察试图向一个正走在街上或正通过一条机场通道的人提问时，考虑一个理智正常的人是否觉得有继续走路的自由才是有意义的。但是，当一个人坐在长途汽车上并且不想离去时，一个理智正常的人离去愿望的强烈程度，不是衡量本案中接触所产生的胁迫效果的精确尺度。

在这样的情况下，适当的询问应当是，一个理智正常的人是否觉得有拒绝警察要求的自由或者结束这一遭遇的自由。这一公式遵循了先前案例的逻辑，并没有什么创新。我们在此之前已经讲过，考虑这一接触所发生的具体情境，关键的检验标准应当是，警察的行为是否"传达给理智正常的人一个信息：他不能忽视警察的存在而自行其是"。

很清楚，一名乘客决定与警官合作，只要合作是自愿的，就等于授权警察可以在没有事先取得搜查令的情况下实施搜查。"同意"如果是警察威胁和骚扰的产物，就根本不是同意。当公民被要挟同意一个他本想拒绝的请求时，并没有丧失宪法上的权利。发回佛罗里达州法院并要求其裁决的问题是：布斯迪克是否选择了同意搜查他的行李。

反对意见的最强批评是针对这样的主张：警官可以走到他们没有合理怀疑的人跟前，问一些潜在地使人获罪的问题。但是，这一主张并不是什么创新，它已经被最高法院多次认可，今天的判决是从过去诸多判决合乎逻辑延伸出来的。

正如反对意见所正确指出的，最高法院没有被授权架空宪法保障，以便政府可以更有效地进行一场"反毒品战"。如果不得不开战，那么作战人员必须尊重个人权利，而无论个人是否被怀疑犯有罪行。同理，最高法院也没有被授权仅仅因为法律实施是令人讨厌的东西就禁止它。第四修正案禁止不合理的搜查和扣押，但并不禁止自愿的合作。在评价乘客的同意是否出于自愿时，长途汽车的拥挤的确是相关因素之一。然而，我们不能同意佛罗里达州最高法院的看法：这个唯一的因素将在每一案件中都是决定性的。

我们坚持一条规则：为了确定某次特定的接触是否构成一次人身扣押，法院必须考虑所有与接触相关的情况，以确定警察的行为是否已经传达给理智正常者一个信息：他没有拒绝警察要求或者结束接触的自由。这一规则适用于城市街道上、机场大厅里的接触，同样适用于长途汽车内的接触。佛罗里达最高法院的错误就在于，采纳了所谓不言自明的规则。

撤销佛罗里达州最高法院的判决，发回原法院依本意见进一步审理。

大法官马歇尔的反对意见，大法官布莱克默恩和史蒂文斯赞同反对意见：

有人告诉我们，我们国家正在进行一场"反毒品战"。没有人怀疑，警察的任务就是设计打赢这场战争的有效武器。但是，警察权的有效性不能抵排其合宪性。例如，一般令状无疑是法律实施的有效手段，然而，第四修正案的一个主要目标就是，保护公民不被挑选出来遭受无特定怀疑的搜查和人身扣押的暴虐，而无论搜查和人身扣押的方法多么有效。依我之见，我们在本案中所面对的警察权——警察对州内或州际公路上长途汽车进行的无特定怀疑的大检查——打上了与一般令状相联的胁迫和侵扰的烙印。我相信长途汽车大检查违背了第四修正案的核心价值，所以我持反对意见。

本案的焦点问题是"反毒品战中日渐平常的新战略"。典型情况是一群州的或联邦的警察趁长途汽车停靠之机，登上汽车，出示警徽、武器或其他象征权威的标志，声明自己的警察身份后告诉乘客，他们的目的是拦截毒贩。然后，他们走到每个乘客身边，要求他们出示身份证明、车票并解释他们的旅行目的。警察从不告诫乘客们有不和警察说话的自由。这种类型的"交谈"通常发展为要求乘客同意搜查其行李。

这些大检查是拉网式的，警察承认是在"没有明确怀疑"的情况下，决定登上哪辆车、检查哪个人的。以这种系统的方式，警察进行了数量惊人的搜查，每一警察可在9个月中搜查3千个提包。但截获毒品的成功率却很低，检查100辆车平均才有7次逮捕。

温和地说，这些检查"是带来不便、侵扰和具有恐吓意味的"，它们发生在拥挤的空间里，通常是警察置身于被选中的检查对象和长途汽车的过道之间。因为长途汽车只是短暂停靠，尚未到达目的地，所以乘客不可能以离开汽车的方式回避警察的盘问。毫无疑问，这样的检查会延误汽车的行程。一位警官的证词提到，他"尽一切努力不延误汽车"，但是，检查不结束，司机不会把车开走。因此，这种"日渐平常的新战略"使乘长途汽车旅行的经历在一定程度上蒙上了政府侵扰的阴影。对于这种侵扰，我们的社会至少到今天为止还是不习惯的，这也正是我们引以为荣的地方。一个美国人在行使他们街头行走、路上驾车或者乘坐火车的权利之前，"要出示身份证件"，这个主意是与美国的制度和理想不相容的。

除最高法院外的各级法院，一直都没有忽视这种无怀疑目标的搜查的弊端，这些法院要求审查这种警察行为的合宪法。引人注目的是，位于"反毒品战"心脏地带的那些法院一直是最坚决地谴责这种做法的。就像佛罗里达州法院所说的：

本案令人想起另一个年代，在另一种旗帜下，没有哪个旅行的人不害怕受到政府官员的无证侵扰。美国公民被挥舞着警徽的警察要求说明身份、出示旅行文件——简言之,说明存在的理由——这种景象,对于宪法的公正解读及其对人的自由解放的保障而言,是陌生的。这里不是希特勒的柏林,不是斯大林的莫斯科,也不是白人至上主义者的南非。然而,在佛罗里达州布鲁沃德县,这些警察却走到乘长途汽车的每个人面前,检查身份、车票,还要搜查行李——所有这一切都是以"自愿合作"的名义进行的。

哥伦比亚特区的地区法院以同样锐利的语言指出:

我们发现,许多集权国家正在变得像我们的自由社会,而我们这个国家却重蹈它们压制自由和民主的覆辙。在世界史上,这似乎很不相称。

在州际长途汽车上不分青红皂白的拦截和盘问,看来走得太远了。如果本院赞同这种"巴士拦截",并允许基于这种拦截而得的证据进行起诉,那么我们将剥夺宪法对公民的基本保护。这种行为与我们国家存在200年来的一贯秉持相矛盾。如果乘长途汽车穿过这个伟大国家首都的乘客不能免于警察毫无根据的拦截和盘问的侵扰,那么警察就可以自由地在没有任何理由或原因的情况下随意走向街上的人们,在这场"无所不用其极"的毒品战中,随机敲开公民家门,要求公民"同意"搜查毒品,这样的日子已经不远了。这不是美国。

★ 反对意见在提及拉网式搜查时说:在此情形下,警察行为的根据"与其说是无法说清楚的,不如说是无法说出口的"。1982年至1991年,最高法院听审了30个涉及第四修正案的毒品案件,其中27个维护了警察的行动,推翻了下级法院不利于警察的裁定。注意一下"布斯迪克案"分歧意见中引用的下级法院的意见,最有意义的事实是,上级法院在这类案件中比更接近实际法律实施的下级法院更乐于赞同警察的做法。

♣ 身份证在许多国家的公民眼中都是司空见惯的,没人提出有力的质疑。身份证无疑方便了政府管控,也给公民带来很多便利。不过,给公民带来的不便可能更多。警察有权查验身份证,可未能出示身份证将导致哪些不利后果,这方面的法律空当非常之大,或许是政府有意制造的模糊,以求主动。问题是:公民的存在是以身份证为前提的吗?或者说,没有身份证就不是人至少不是好人了吗?大约15年前,罗伯特·史密斯(Robert E. Smith)在《纽约时报杂志》(*New York Times Magazine*)上批评"身份证是真正的恐怖":

第五节 证件决定存在

航空公司依据联邦航空局的指令,要求乘客在提供政府颁发的身份证明后才能登机。如果有证据显示这样做确实能够增加航空安全,那么我们都会接受这种对隐私的侵犯。然而,政府和航空公司从未证明,身份证和行囊中的炸弹之间有什么联系。

反对这一要求的理由在于,它迫使我在行使宪法规定的美国境内旅行权之前,不得不向政府证明我是谁。我的理由还在于,它加速了这样一种趋势:要求每一公民携带一张政府颁发的全国性的身份证。

人们的注意力似乎集中于身份证明，而不是集中在彻底透视搜寻武器或炸弹。出示身份证，事实上的作用仅仅是引导公众相信，如果我们在登机前"文件齐备"，在飞行中就会更加安全。也许，这种要求的效果就是让我们习惯于在生活的所有方面都要出示身份证。

令我震惊的是，多数美国人并不为此而震惊。难道我们忘记了纳粹在欧洲的行径，在身份证明文件上列明宗教和种族背景，为围剿犹太人铺平了道路？难道我们忘记了20世纪70年代的南非，它利用国内通行证限制公民的活动？难道我们没有意识到让政府赋予我们身份与合法性所带来的危险？事实上，难道政府的合法性不是由公民赋予的吗？

面对攀升的犯罪、非法的移民、欺诈的福利和逃避责任的父母，许多官吏和议员坚持认为，有了防伪的塑料身份证，这个国家的运转将会更加顺利。在考虑今春的移民法时，众议院以微弱多数同意要求所有工作的美国人都有一张全国通用的身份证。议会打算在几个州授权一些试点，建立"全国新雇员名录"，包括姓名、社会保障号码和出生时间。

这些都是全国身份证的先兆。事实上，印刷机已经就位，缺的只是一片塑料。并且很明显，多数美国人也都做好了准备。参议员黛安娜·费因斯坦又增加了赌注，她要制造一种有指纹、数字化照片、视网膜扫描或其他生物身份测定装置的身份证。

身份证会有用吗？它将有利于追踪违法的现金交易，事后发现曾在犯罪现场的人，立刻知道一个陪伴孩子的成年人是否孩子的父母或合法监护人，记录住处附近每晚的可疑人物，知道谁买了枪支、刀具、肥料、魔鬼故事书，或者知道谁是艾滋病毒携带者。

一个怀疑你的警察可以要求查看你的身份证，然后查询在线数据库，显示出你的身份信息。一个雇主可以查看你的身份证，以确定你是一个公民还是一个移民，有无犯罪记录，或者是否提起过工薪补偿诉讼。

但是，全国身份证的可能用途，也可能成为我们每个人的噩梦。这还不算数据库不可避免的错误，即使只有1%的低错误率，也会为65万无辜的美国人带来窘困。如果某个身份证不知怎么就与某个罪犯混淆了，也就别想顺利工作、旅行、经商或求学了。还要考虑伪造身份证的利润丰厚的市场。身份证的鼓吹者希望我们相信，它会是一种可以防伪的东西，但专家告诉我们，根本没有这种东西。

由于电话或网络购物的流行，似乎我们已经有了全国性的身份认证体系。但是，这种做法是自愿的，并不涉及集中的、政府对信息的储存。的确，社会保障号码以各种方式使用着，但其数字不会像全国身份证号那样颁发给每个人。驾驶执照也不是真正的全国身份文件。尽管它是由政府机构核发的，但并不要求不开车的人也必须拥有。

全国身份证将是强制性的，每个人都必须携带，在被要求出示时必须提供出来。它将发给每一个人，也许从出生开始。而每张身份证的拥有者的个人历史资料，都毫无例外地储存在全国数据库中。这个社会的每个角落都将充斥着被迫的对身份的证明，如果没有这张卡片，你就没有可接受的公民身份的证明。

我们必须清醒：这是一条单行道。一旦要求携带有照片的身份证，即使不是不可能，也是很难回头的。很难想象，政府在公民出生之际既已派发身份号码，还会在以后某个时候告诉所有已对该号码有所依赖的机构说不再理会它。

全国身份证对美国人的生活意味着什么？如果接受它，我们将不再有生活的自主性。每次离开家门之前，都必须带好"我们的文件"，当然还有孩子们的，然后才能到公园散步、在附近闲逛、在海滩躺卧、购买半打啤酒或者跨越州界。我们将使警察有权拦住参加合法活动的公民，要求他们出示身份证，"说清自己的来历"。我们将没有理由不带身份证。任何时候，某些略显奇怪的行为，或者仅仅是走过某个不喜欢我们长相的警察，都可能引起出示身份证的要求。这又反过来引发电子数据库的搜查，以确认我们的身份，也许还要提供其他的个人数据。

在我们接受这一切后，政治家们将会指出：该技术容许我们以其他方式确定身份。许多父母乐于为孩子在皮下植入芯片，以防绑架；痴呆患者的亲属也希望为患者做这种植入，以确定走失者的方位。

未来人们将携带、穿着甚至植入某种感应器，这些器件将储存、传输数据，借以确定谁在房间里以及确定他在干什么。人们会承受这一切吗？有人预测说，尽管我们觉得敏感，未来的孩子对此可能有不同的态度。感谢上帝！我希望不是我的孩子。我们现在必须打住了。用一个号码确定一个人的身份，这是剔除了我们的人性，最终将毁灭一个自由的社会。

♣ 下文是托德·塔特尔曼（Todd B. Tatelman）提交给"美国国会研究部"（U. S. Congressional Research Service）的一份报告，其中认为，"出示身份证明"的要求和其他一些所谓"航空安全措施"是违宪的。

第六节　我们生活中的秘密法

背景

自2001年9月11日恐怖袭击后，在我国运输工具和设施的内部和周边,各种安全措施急剧增加了,而空中运输安全措施的增加尤为引人注目。联邦法律和政府法规已经在执行和落实,旨在确保乘客、设施和全国运输系统工作人员的安全。然而,并非所有这些安全措施都是公开披露的。事实上,运输安全局已经公布了一系列交通规章,其中绝大部分都被列为"敏感安全信息",因而挡开了公众视线。比如,要求所有的乘客在进入飞机场或者登上飞机、长途汽车或火车之前出示带有照片的身份证,这样的法规也被列为"敏感安全信息"。不仅如此,法规要求航空公司将乘客与政府提供的"监视名单"和"禁飞名单"进行比对,而这些名单显然也是不公开的。

2001年9月11日前,国会就已将"使用或者威胁使用强制、暴力劫持或控制飞机"规定为犯罪。不仅如此,在登机时,身上或物品中有隐藏的武器、弹药或其他爆炸装置者,很久以前就已被规定为违法行为。更近期的安全措施包括,保护飞行机组人员在履行职务时不受身体袭击和威胁行为的干扰。

为了防患于未然,国会授权运输安全部可以使用仪器检查乘客及其物品以确保飞行安全,如果"不同意人身搜查或检查",则允许航空公司拒绝承运任何人及其物品。运输安全局受权评估"当前和潜在的对国内空中运输系统的威胁并采取最有效的措施"。

《航空和运输安全法》要求机场必须"设立一种安全方案,足以确保乘客安全",另外要求运输安全局必须确保联邦各部门"分享可能对运输或国家安全构成威胁者的身份数据","将这些人的身份通知机场或航空安全官员",并且"设立政策和程序,要求航空公司防止这样的人登机,或者对其采取其他适当措施"。这些要求,通过一系列的"安全指令"加以落实,据说包括一份名单,被列入名单者,或者禁止登机,或者在登机前接受额外检查。然而,这些指令似乎不向公众披露，因为联邦法禁止泄露"敏感安全信息"。

1997年运输部给"敏感安全信息"下的定义是"在安全行动或者研究和开发活动中获得的记录和信息"。这一定义包括机场和飞行器的安全方案，也包括一些事关飞行安全措施的特殊细节。与这一授权相吻合，联邦飞行局将"敏感安全信息"法规的适用限于机场、飞机和其他与空中运输有关的设施和人员。"9·11袭击"以后，国会制定了《航空和运输安全法》，其中包括某些对飞行安全至关重要的信息，同时扩大了所谓"敏感安全信息"的权威性。

2002年的《国土安全法》将运输安全局及其归纳"敏感安全信息"的权威一并转给了新近成立的国土安全部。由于不再提"人"或"乘客"，国会显然扩大了"敏感安全信息"的权威范围，囊括了所有与运输有关的活动，包括空中和海上的货物运输，卡车和火车的运输，以及管道输送。"敏感安全信息"法规的落实和使用，引发了一系列的争论。其中，有两个联邦犯罪指控被主动撤回了，因为害怕一旦进入司法程序，引发指控的运输安全局的行李检查，可能导致法官要求其公开"敏感安全信息"。

对运输安全法规的宪法性质疑

2002年7月18日，加利福尼亚州居民吉尔莫起诉美国司法部（Gilmore v. Ashcroft），质疑运输安全局的一系列安全程序，比如，要求登机前出示身份证，政府手中的"监视名单"和"禁飞名单"等。这一诉讼的基点是，这些安全措施的存在及其对"敏感安全信息"的归类，违反了宪法第五修正案的正当程序条款，因为它们实际上是"秘密法"，公民不能据此在法庭上进行有效诉讼。不仅如此，吉尔莫还诉称，要求乘客出示身份证的法规，违反了州际旅行的宪法权利，以及第一修正案中有关结社自由和向政府请愿自由的条款。

(一）第五修正案的正当程序

第五修正案规定："未经法律的正当程序，任何人都不得被剥夺生命、人身自由或者财产。"政府方面有义务将法律公之于众，最高法院一向认为，正当程序观念的内在要求就是告知和公布法律。即使是行政法规、指令和命令，也要求公布，而议会一般是通过制定法律的形式来完成公布的。然而，如上所述，就包含"敏感安全信息"的法规和指令而言，议会在一般性的公布要求之外规定了一个例外。

因此，虽然有可能主张，政府方面未能让公众获知与航空安全有关的特殊要求，就是剥夺了公民有效实现其权利的能力，但是，仍然有一种涉及国家安全的重大利益需要考虑。泄露有关机场或飞行的安全措施，可能导致某些居心叵测的人获得并运用敏感信息危害运输设施和乘客。为了评价这些不同的考虑，一直都有这样的观点：联邦法院在确定个中的程序是否正当时，采用了一种衡平的标准。

可以认为，有效争讼作为宪法权利通常有赖于对政府所使用的信息和其他证据的接触。如果不予公布，则政府便是将关键证据占为己有，人们既无法有效质疑法规本身的根基，也无法有效质疑落实这些法规的程序。"禁飞名单"最近发生的错误足可说明，存在很高的剥夺人身自由的风险，而要避免这些风险，其代价也是巨大的。虽然政府在飞行安全方面的利益肯定是合法的，但它实不足以将法规、指令和命令置于公共记录之外。

另一方面，政府方面似乎也可以有力地争辩说，将特定的安全法规、指令和命令置于公众视野之外，本身并不违反正当程序条款。这种论点实际上是区别了什么是法律本身的要求，什么是政府所选择的、用以落实法律要求的实施技巧。乘客的正当程序权利仅限于知道法律是什么，而不能延伸到了解政府是如何检测违法的。至少已有两个巡回上诉法院接受了这种说辞，进而反对披露法律实施的技巧。将出示身份证、扫描乘客和保有禁飞和监视名单等做法，归入用以防止劫机和将武器带上飞机的法律实施技巧，政府方面可以从整体上规避正当程序问题。可能的论点是，在"9·11"以后的世界里，维持对运输设施和乘客安全的有效控制是如此重要，以至于超过了任何其他程序考虑。另一种可能的论点是，任何附加的程序要求，都会给政府制造巨大的行政负担，使运输安全努力成为一句空话。

（二）旅行的权利

"吉尔莫案"原告提出的第二个理由是，安全法规给普通形式的州际旅行施加了不合理的负担。要求人们亮明身份并且潜在地让他们受制于"监视名单"或"禁飞名单"，这是政府在明目张胆地侵犯宪法所保护的公民的旅行权利。

虽然宪法文本中没有明确的定义，但最高法院说旅行权利是"美国公民宪法之下的特权和豁免权"，同时也是"未经法律的正当程序，不得被剥夺的公民'人身自由'的一部分"。最高法院宣布，宪法上的旅行权利由三个部分构成：第一，一州的公民进入和离开另一州的权利；第二，公民临时出现在另一州时被视为受欢迎的客人而非不友好的异己的权利；第三，那些选择永久居留的人与该州其他公民受同等对待的权利。当然，在运输安全的语境下，只有第一部分的旅行权利是相关的。

与旅行权利相关的先例一直是沿着两条道路发展的：一是为了处置州政府施加的负担，从而涉及宪法第十四修正案；二是为了处置联邦给国际旅行施加的负担，从而涉及第五修正案的正当程序条款。依照涉及第十四修正案的先例，从一州到另一州的旅行，向来被认为是宪法规定的基本权利。与这种基本权利的规格相一致，要求政府的行为必须满足严格的、高标准的宪法审查标准。政府必须提供有说服力的国家利益，以支持其向公民施加的负担，并且必须表明其使用的方法已经被裁减到最低限度，是实现其目的所必不可少的，或者是最受严格限制的。最高法院认为，加予旅行的负担，只要是统一的、有助于旅行平安的，就是正当的。因此，公路收费和机场费都一直得到法院的支持，但却不允许对每个离开一州的人征税。

航空公司说有权拒绝为没有适当身份证明的人服务，这种情况下，完全可以说是对乘飞机旅行的公民施加的额外负担。因此，询问应当集中在应予适用的审查标准上。说乘客的平安和运输设施安全不是有力的政府利益，这样的争辩似乎是非常困难的。由此看来，无论适用哪种审查标准，政府都可以理直气壮地说：不仅现行的安全限制是正当的，而且它们给旅行权利带来的负担是最小的。

(三) 第一修正案中的权利

"吉尔莫案"的原告主张：安全措施是限制了公民乘飞机、火车或长途汽车旅行的能力，这样做违反了第一修正案，因为这些措施侵犯了公民自由集会、结社和向政府请愿的权利。

第一修正案规定："国会不得制定法律剥夺人民和平集会和向政府请愿申冤的权利。"由于第一修正案所保障的充分的人身自由有赖于公民能够在这个国家自由往来，如果对州际旅行强加令人讨厌的要求，政府就妨碍了那些希望匿名旅行的人行使其宪法上的权利。

最高法院指出：匿名是受第一修正案保护的一个概念，公民有权匿名，尤其是在他们没有被怀疑犯罪的场合。就先例而言，有可能以"侵犯第一修正案涉及的公民匿名权"为由质疑对身份证明的要求，但却难以将这种权利的蕴涵与航空安全法规的目的联系起来，也难以有力说明这些法规的意图在于影响第一修正案规定的个人权利。政府方面不妨说，这些法规的目的正在于预防和威慑对运输设施和乘客安全的威胁。可以论证的是，这些法规对于第一修正案所保护的权利，至多只有附带而间接的影响。因此，政府方面看来有合理的、大受支持的反驳论点来保护现行法规的有效性。法院似乎不可能认定这些法规因违反第一修正案或侵犯旅行权而违宪。

然而，涉及第五修正案正当程序条款的论点，似乎有更大的胜算。无论如何，即使以此为由取得一个有利的裁决，也不会导致这些法规的实质改变，只会为了满足法院设定的程序要求而在最小的范围内做绝对必要的公布。

♣ "9·11恐怖袭击"后第45天，在没有实际辩论的情况下，国会通过了《爱国者法》，扩大了法律实施中监视的范围，限制甚或去除了一些传统的宪法权利。比如，在没有令状且没有相当理由的情况下，联邦调查局有权秘密接触私人医疗记录、图书查阅记录和学习研究记录。2004年4月，美国公民自由联盟和一个匿名的网络服务商联手起诉联邦调查局，质疑它的这项权力。2004年9月联邦法官维克托·马莱洛裁决这个限制言论自由的条款违宪。马莱洛写道："民主痛恨不正当的秘密。一种不受限制的、授权隐瞒的政府令状，本质上是一种秘密，在我们这个开放的社会中，没有它的立足之地。"下面是裁决发布后美国公民自由联盟的新闻稿摘录：

> 用一句"民主痛恨不正当的秘密"，一位联邦法官今天击毙了《爱国者法》中一个限制言论自由的条款。该条款授予政府不受制约的权威，可以通过发出"国家安全信件"，从网络服务商那里获取敏感信息记录，而又不受司法监督。

法官还裁决该法中一个限制言论自由的条款是违宪的，是对自由言论的"事前限制"。

这是对阿什克罗夫特司法部的一个里程碑式的胜利。这个司法部企图以国家安全的名义侵入无辜美国人的生活。即使是现在，国会里的一些人还在试图让其他侵犯性的法律实施权力蒙混过关。这个裁决是对《爱国者法》最新授予的任何巨大的监视权的第一次打击。

起诉之后，美国公民自由联盟在那个限制言论自由的命令下可谓步履维艰。政府方面利用这个条款，不失时机地审查本案的一切信息，即使是最无伤大雅、最无敏感性的信息。美国公民自由联盟最初是秘密起诉的，以避免因违反限制条款而受罚。

在被那个限制言论自由的条款折磨了几个月后，一个巨大的欣慰是，我们终于能够告诉世人，《爱国者法》的权力是多么危险而极端。正如法官所认识到的，《爱国者法》给每个收到"国家安全信件"的人及其律师强加了一种无条件的、永久的和自动的对言论自由的限制。

法院明确否定了政府在后"9·11"环境中不断增加的秘密和胁迫调查的战略。法院在解释为什么要摧毁限制言论自由的条款时说："在秘密的帷幕遮蔽下，通常迫使政府为自存而诉诸的审查和秘密，可能潜在地成为我们的自杀武器。"

在评价支持和反对警察秘密监视的论点时，思考下面对基于法院命令的监视的评论：

在我们的利器当中，监视是监禁之外最常见的选择，其中，电子监控具有最明显的侵犯性。监视，尤其是用于治疗精神病患者时，其功能只是为了服务于一种人道的冲动，就像监狱和精神病院最初做的那样，驾驭这种冲动是适当的举动。但是，当我们这样举动时，一定要睁大眼睛，认识到我们正在制造制度性的下层阶级，并进一步模糊了隐私的界限。这种界限，只有对那些虽无不当行为却被判有罪的人，才残缺不全地存在着。

依法院命令而被监视的人，是些违法者——他们的家、收支状况、性习惯和体液，都受到政府的检查。在这个意义上，我们将百分比令人震惊的一群人归入了违法者，比如，在加利福尼亚州，就有33.2%的黑人男性被这样归入违法者。随着越来越多的人因不当行为而被置于更严密的监视之下，对其他无辜者的附带监视也就不可避免。运用这些数据结论的技术工具已然存在，但防止针对无辜者的数据搜集的法律工具却不存在。[1]

法的实施永远关乎这样一些问题：这个人违法了吗？如果违法了，该如何处置？这是附随于任何案件的普通问题，但它们又是特别提交给警察、检察官、法官和陪审团的。每一次侦查、逮捕，更不要说每一次定罪和惩罚，都是官方强制对个人生活的剧烈介入。法的实施的个案的不断积累，不仅影响着公众，而且构成了社会上的总体法

---

[1] Steve Russell, "The New Outlawry and Foucault's Panoptic Nightmare," *American Journal of Criminal Justice*, Vol. XVII, No. 1, 1992.

律结构。无论如何，民主社会的力量是由我们处置大的执法问题的能力来衡量的。在法的实施过程中，政府官员应当与普通公民一样受制于规则。这种政治哲学早在 1928 年就由最高法院大法官布兰迪斯阐明了：

> 尊严、安全和自由，一并要求政府官员应当受制于公民们也须遵守的同一套行为规则。一个归属法律的政府，倘若不能谨慎遵循法律，其生存必将危如累卵。政府是能力超拔、无所不在的师范，全体人民以它为好的榜样或者坏的参酌。政府犯罪具有毒化风气的作用，一旦政府成为违法者，就会滋生对法律的蔑视，诱使个人只奉自己为法律，导致无政府的动荡与混乱。宣称适用刑法时"目的可以使手段正当化"，宣称政府为了确保给人定罪就可以违法，这样的宣称必将招致可怕的报应。最高法院对这一贻害深远的信条表示强烈的反对。[1]

---

[1] Justice Louis D. Brandeis, *Olmstead v. United States*, 277 U. S. 438 (1928).

"武装到头发,"十九世纪不列颠的律师。

Harvard Law Art Collection

第十一章

律　　师

你们律法师也有祸了，因为你们把难担的担子放在人身上，自己一个指头却不肯动。

——《新约·路加福音》第 11 章第 46 节

即使是最清白无瑕的生活，也无法保证律师不受其他公民的仇视。

——约翰·昆西·亚当斯：《文集》(*Writings*)，1787 年

律师能够比其他职业、行业或身份更直接、更显著地为我们共同的、亲爱的祖国恪尽伟大、艰巨而责无旁贷的爱国主义义务。为国家服务，使律师职业不再仅仅是为了面包、名誉和地位，而是具有了为共和奉献的崇高职责；不再是机敏的工巧、细致灵活的科学，不再是狡猾的逻辑、堂皇的雄辩和野心勃勃的学识，不再是身披紫袍、待价而沽的诡辩家，而是拥有了几乎是政府部门的尊严，成为维护国家繁荣

稳定、长治久安的工具。

——鲁弗斯·乔特：在哈佛法学院的讲话，1845年

♣ 也许，没有任何合法的职业像律师一样毁誉参半，被奉为英雄，也被贬为无赖。过去30年里，法律职业在大学生中空前流行起来。很多人正在认真考虑要成为律师，或者已经在这条路上迈进，有必要了解律师在社会和法律体系中的位置和作用。

1640年，当马萨诸塞湾殖民地在新世界建立其短命的乌托邦时，像柏拉图的理想国一样，那里没有律师。受过法律教育的人完全不见容于那个清教徒的道德共同体，因为律师会以同等的努力同时捍卫正义的事业与邪恶的利益。在弗吉尼亚，土地权贵们嫉贤妒能地看护自己的统治权，为了不受律师的侵扰，将律师执业限制在最琐屑的场合。在纽约，律师执业虽被允许，但必须由占统治地位的商人和地主阶级发放许可证，并对收费额度加以限制。在宾夕法尼亚州建立的头70年里，这块土地上也没有律师执业。贵格教徒对英格兰法的暴虐有着切齿的痛恨，对律师的挑辞架讼有着宗教上的反感。

在这些殖民地，没有律师并不等于没有法律，对律师的厌恶也不可能杜绝法律工作。为他人承担法律辩护、顾问咨询工作的有形形色色的人物：牧师、法官、商人、书记员和治安官，以及文笔犀利、口若悬河的讼棍。不仅如此，新世界的自负自足，表现在它只要求知晓足以应付局面的法律。17世纪的大部分时间里，美洲殖民地曾经存在过一个没有律师的法律体系。对训练有素的律师的需要始于17世纪末，随着城市的扩展和商业的增长，先前对职业律师的消极态度让步于迅速成长的国家对法律的迫切需求。

美国独立战争前的50年里，律师在各殖民地蓬勃发展起来。南

方的许多富家子弟被送往英国"四大律师学院"接受法律教育。在北方，典型的做法是在走出哈佛、耶鲁等学院后，跟从一名成功的律师做助理。至美国革命时，各殖民地律师的绝大部分都受过学院教育，业外人士的执业降至最低限度，通往法律职业的道路被法律精英们严格把持。《独立宣言》的52位签署者中有25人是律师。但是，美国革命使律师行业受到重创，许多律师，包括许多杰出人物，由于坚持保守立场，而与自己的州及英王站在一起，政府倒台后便不得不逃亡他乡。马萨诸塞因保皇事业而失去了近1/3的律师。

革命后，法律事务主要是清理战争遗留的法律问题：收债，监禁顽劣的债务人，取消抵押赎回权，帮助收取破产税，以及进行对保皇党和英国债权人的清偿诉讼。由此，在该世纪大部分时间里沉寂了的反律师情绪又浮现出来。1787年，丹尼尔·谢斯领导马萨诸塞山区农民进行了美国首次反律师的武装骚乱。

19世纪早期，议会开始废除使律师隔绝于"普通人"的严格的执业资格限制，法律职业的大门向贫寒之士敞开。人们认为律师阶层倘若由社会各行各业的人组成，律师行业将是民主的，法律也将是民主的。当然，像大多数权利一样，成为律师的权利在当时仅赋予白人男性。

在这一背景下，年轻的法国旅行家托克维尔于1831年来到美国，他的官方使命是研究美国监狱改革，他的个人使命是考察并向其国民汇报美国民主的实验。托克维尔看到了平民主义与律师精英主义之间、对普通人的基本信任与对合法权威的需求之间、"多数的暴政"与维持社会制度所必须的制约之间的矛盾。下文选自《论美国的民主》，托克维尔得出结论：律师在民主制度中具有特殊作用。

第一节　律师的品格

在访问一些美国人并研究美国的法律过程中，我发现美国人赋予律师以权威，让这些人在政府中发挥影响，这是防止滥用民主的最有力的保障。对法律做过特别研究的人们，往往因循旧制，偏爱规范，本能地重视观念之间的规律联系，这使他们自然而然地非常仇视革命的精神和不经反省的激情。

律师在研习过程中获得的专门知识，确保他们从事社会上独立的行业，构成知识分子中的特权阶层。优越感不断提醒他们：自己是一门尚未普及而又不可缺少的科学的大师，经常充当公民间的仲裁人；而卓有成效地引导诉讼各方盲目激情的能力，又使他们对于公众的判断怀有一种蔑视。不仅如此，他们还自然地形成一个团体，不是基于相互了解或者共同奋斗的协议，而是基于他们相同的专业和一致的方法，就像共同的利益可以凝聚共同的努力一样。

律师的性格之中有贵族的部分品味和习性。他们与贵族一样，对秩序和规范有着本能的热爱，对公众的行动极为反感，对民治的政府有着讳莫如深的轻蔑。律师的这些本性无可抗拒地支配着他们，他们也像其他人一样，受个人利益尤其是眼前利益的驱使。

在某一社会状态下，律师在政治上如若不能获得他们在日常生活中所享有的地位，我可以肯定，他们一定会成为革命的急先锋。

我倾向于相信，一位君王总能使律师成为自己权力最有力的工具。律师与行政权的契合，远过于他们与人民的契合，尽管他们经常帮助推翻行政权；同样，贵族与君王的契合，远过于他们与人民的契合，尽管这些社会的高层阶级经常联合下层阶级共同反对君权。

律师热衷于公共秩序甚于其他任何事物，而公共秩序的最佳保障是权威；也不应忘记，即使他们褒扬自由，一般而言，他们更加珍重法制；他们害怕暴政不如害怕专权。而且，如果立法剥夺人们的独立自由，律师们便不会有什么不满。

因此我确信，君王面对日益迫近的民主，如果企图损害王国的司法权，削弱律师的政治影响，终将铸成大错，丧失权威的实质而徒有其表。君王应明智地让律师加入政府，也许会发现，政府专制在律师手中有了正义和法律的外貌。

民主政府有利于律师的政治权力。如果将富人、贵族和君王赶出政府，律师将凭他们本身的能力总揽大权，因为他们的知识和敏锐非一般民众所及，所以他们是民众的选择。律师受品味引导而倾向贵族和君王，但又被利益左右而与民众有密切联系。他们喜欢民主政府，却没有沾染它的偏癖，承袭它的弱点，却能从中汲取双倍的权威。

民主政体下的人民信任律师，因为人民知道律师的利益在于为公益服务；人民听从律师而不气恼，因为人民知道律师不会有邪恶的主张。律师根本不打算推翻民主政府，但却不断设法以非民主的手段使民主偏离固有的方向。律师从出身和利益方面说属于人民，而从习惯和品味方面说则属于贵族，他们可以被看作联系人民和贵族两大阶级的中间环节。

律师职业是唯一能够以非暴力方式与民主的自然因素结合的贵族因素，并且，这种结合有益而恒久。我并未忽视律师固有的缺点，但民主原则如若不与律师的持重相结合，我怀疑民主制度能否长治久安；而且，如果律师对公共事务的影响不随人民权力的增加而增加，我不相信一个共和国能够有望存在下去。

律师常有的这种贵族气质，在美国和英国比在其他国家表现得更加明显,这不是因为英美两国律师的法律研习,而是缘于法律的性质及法律解释者在这两国所处的地位。英美人保持着判例法,不断基于先例来寻求法庭意见和法庭裁决。在英美律师的心目中,对古老东西的嗜好和崇敬,几乎总是与对规制和法律程序的热爱结合起来。

这种禀性对律师的品格和社会的动向还有另一种影响。英美律师调查案件既成的事实,法国律师探询案件应有的面目;前者注重创制先例,后者注重判决理由。法国人会惊讶地听到,英美律师多么经常地引述他人的意见,而少有自己的见解,在法国,情况则正好相反。在英美,即使是最小的诉讼,如果没有引证一整套法学思想就无法进行,为了从法庭判决那里赢得一小块土地,不惜讨论法律的基本原则。这种对自己意见的克制和对祖先观点的依从,是英美律师中常见的,思想的盲从必然使英美比法国更加胆怯和保守。

法国的法典往往难以理解,但人人都可阅读,相对地,对外行人而言,再没有比判例法更晦涩和陌生了。在英美,法律援助绝对必要,律师能力的高水准使他们日益脱离人民,成为一个与众不同的阶级。法国律师仅仅是精通本国法律的人,而英美律师却像埃及祭司一样,是一种玄奥科学的唯一诠释者。

在美国,既没有贵族也没有文士,并且人民不信任富人,因而律师自然构成了社会政治上的最高层和最有教养的部分。因此,他们无所进取,为自己爱好秩序的本性增添了保守的志趣。如果有人问我美国的贵族在哪里,我将毫不犹豫地回答,他们不在富人中间,因为没有把富人团结起来的共同纽带,美国的贵族占据着法官的席位,从事着律师的职业。

我越是反思美国发生的一切,就越是承认,律师作为一个整体,如果不能算是平衡民主的唯一力量,也是平衡民主的最强力量。在美国,不难发现律师因其品质甚至缺点,而适于中和平民政府固有的弊端。当美国人陶醉于激情或者因狂热的念头而得意忘形的时候,他们会被法律专家几乎无形的影响所约束和阻止。法律专家们秘密地用自身的贵族习性对抗国家的民主本能,以对古老事物的崇敬对抗民主所钟爱的创新,用拘谨的观点对抗民主的好大喜功,以习惯性的沉稳对抗民主的热切狂躁。

法律习性的影响超过了我已经确切指出的范围。美国几乎所有的政治问题迟早要诉诸司法解决,因而所有的党派在日常论战中都要借用司法程序特有的思想以至语言。由于大部分公职人员都是或者曾是律师,他们便将职业的习惯和技巧引入公务管理活动。陪审团制又将这一习惯扩展到所有阶层,这样,司法的语言几乎成为大众的话语。产生于学院和法院的法律精神逐渐透出院墙,渗入社会的内部,直至社会的底层,全体人民最终都沾染了司法官员的习惯和品味。美国的律师形成一个党派,这并不可怕,但却难以察觉。这个党派没有自己的标志,极其灵活地应对时代的需要,不加抵抗地顺应社会的所有运动。于是,这个党派扩展到整个社会,渗透到所有阶层,在不知不觉中作用于国家,最终按照自己的目的塑造国家。

★ 托克维尔描述的律师具有下列品质:偏爱形式主义,厌恶专制权力,倾向保守主义,蔑视大众判断。这些都是法律教育过程中形成的。有观点认为,委托人软弱无力并受律师控制。而实际上,这一想法忽视了一个事实:多数委托人都不是工人阶级,而主要是中产阶级和社会上层的个人或组织。律师只是把委托人的怨苦转译为其他语汇,但这种转译不是为了压制委托人的期望和利益,而仅仅是将其诉求转化为维持中、上层价值观和利益的、具有普遍性的法律诠释。这样，国家、阶级和委托人的利益便吻合了。

第二节　友军的炮火

大卫·古德曼（David Goodman）为我们讲述了海军上尉查尔斯·斯威夫特（Charles Swift）的故事。斯威夫特是一名军方辩护律师，他被指定为一个案件辩护，可他却就这个案件在联邦法院状告政府。自"二战"以来，这还是头一遭。起诉书将总统乔治·布什和国防部长唐纳德·拉姆斯菲尔德作为被告人，称布什政府的特别军事法庭是"史无前例、违反宪法、危险而不受限制的行政权威的扩张"。

2001年11月，布什宣布了彻底的新规则，允许在没有指控且未经特别军事法庭审判的情况下，无限期地拘禁被怀疑是恐怖分子的人。当时，他万没想到自己的军队里会有人攻击这项政策。在为古巴关塔纳摩湾海军基地600名被拘禁者的权利进行的战斗中，这一阵法律上的"友军炮火"是最意想不到的变故之一。

斯威夫特于2004年4月7日起诉，他是也门人萨利姆·艾哈迈德·哈丹的辩护律师。这个也门人是布什指定的6名即将由特别军事法庭审判的被拘禁者之一。斯威夫特作为"被侵害人无法出庭时的诉讼代理人"提起了状告政府的诉讼。

斯威夫特的诉讼是对整个军事关押制度的正面进攻，甚至超过了美国最高法院2004年4月听审的两个案件。第一个案件是为了挑战布什政府的一个主张：最高法院对这些被拘禁者没有管辖权，因为他们没有被拘禁在美国本土；第二个案件是为了质疑布什将两名美国公民指认为"敌方作战人员"的权力，这样的指认意味着无需指控、不经审判的无限期拘禁。与这两个案件形成对照的是，斯威夫特的诉讼挑战的是整个军事关押制度的合宪性。

这个军事关押制度的特征是：没有独立的法官；秘密审判；未经指控的无限期拘禁；不可上诉的有罪判决；将被拘禁者指认为"敌方作战人员"，进而剥夺他们作为战俘应受的保护；拒绝为被拘禁人提供任何法律援助，除非并且直到他们被指定在某一特别军事法庭受审；剥夺被拘禁者知晓被指控罪名和拘禁期限的权利。

人权和公民自由的捍卫者们痛斥特别军事法庭制度。"宪法权利中心"为关塔纳摩的一些被拘禁者提供法律帮助，中心主任说："每个人在被关押之前都有权获得听审。我们不信任行政性拘禁，它们是被真正的司法制度咒逐出门的玩艺儿。这就得回到《大宪章》，那上面说，国王不能就这么监禁你，你有权获得审判。"

斯威夫特是美国海军学院的毕业生，做军方律师已经9年了。他于2003年3月被指派为哈丹的律师。在接受《大赦》（*Amnesty Now*）的采访时，斯威夫特谈了他为什么要挑战特别军事法庭制度。

《大赦》：您怎样卷入了为关塔纳摩被拘禁者的辩护？

斯威夫特：当我即将成为诉讼法硕士的时候，军法署长打电话来问我是否愿意做这事儿。我不能说我是志愿的，但我说愿意做。我答应的时候还没看到规则，认为特别军事法庭大体会像一般军事法院一样。但是，当我仔细看了规则之后，才知道这里的行政程序比为失去工作的人提供的正当程序还要少。我为此而深感不安。

《大赦》：从正当程序的角度看，这些程序缺少的是什么？

斯威夫特：一切。美国司法制度的基础是对抗。在对抗制中，我们的初始假定是双方平等较量，平等获得律师支持。这里可不是这样，控方资源是辩方资源的3到4倍。掌控特别军事法庭的人是国防部长直接任命的，他既是检察官，又是法官。他决定指控谁，指控什么,谁进入陪审团,他知道辩方有何资源与发现,然后,他又能支配自己裁决的合法性。

除了这些障碍以外,我的当事人可以被限制参与审判,因为政府方面可能不让他参与自己案件的听审。没有他的参与,根本不可能进行质证。

特别军事法庭制度装点门面,冒充合法。独立和中立的标准它是达不到的:审判是独立和中立的,并且有独立和中立的司法审查程序。如果没有独立的陪审团,那么从一开始就是基本原理上的错误。

话说到这儿,我有一个两难。也门有句俗话:"你被夹在双方炮火之间。"如果我与这个制度进行斗争,结果是我的当事人可能一点儿也得不到正当程序;如果我接受这个制度,程序的缺损会使他注定要蹲20到30年大牢,因为他没有独立和中立的公正听审的保障。你说炮火该向哪边移动呢?

即使我接受这个程序,也不能保证他会获释。他可能被判无罪,但国防部长能够签发一个继续监禁他的命令。我赢了,但他出不去。这真是一个有趣的命题。

《大赦》:说说您的当事人萨利姆·艾哈迈德·哈丹吧。

斯威夫特:我的当事人34岁,已婚,有两个可爱的孩子,生于也门。他在从阿富汗到塔吉克斯坦的途中被俘,他是去帮助那里的穆斯林战士。从我见到他的一刻起,他一直坚持自己是无辜的。他否认曾参加过"塔利班"或者"基地组织"。他坦率承认自己为本·拉登开车,但那是基于他的个人能力,而不是作为一个恐怖分子。

尽管如此,我最大的困难还在于让这个人获得听审。他不断要求我为他争取一个非军事法院的审判。他说:"我是一个平民,为什么不能在平民法院获得审判?"他知道两种法院的区别。

《大赦》：您的当事人从12月以后一直处在单独囚禁中，您也是在那个时候被指定为他的律师的。请讲一下有关状况。

斯威夫特：他被关在"回声集中营"，它是一圈面朝里的临时营房，里面基本上是15英尺长、13英尺宽的地方，其中又分出一半做监室，还有一张专为会见律师用的桌子。结果是，关押者从来不必把他带出来。他说自己在这个监牢里度日如年，因为只有他自己。带他出来时，最初是用一件铐衣将他的全身固定在地板上，椅子也被锁住。我们一步步改善：先是通过商谈放开他的双手，然后只用锁链锁住腰部，现在只锁住脚踝。我不怕被我的当事人伤害。

《大赦》：这些状况侵犯了他的人权吗？

斯威夫特：我认为，对任何人来说，长时间的单独监禁都侵犯了他的人权。孤独被西方大多数监狱制度作为惩罚。头70天里，我的当事人就是这样，唯一的读物是《可兰经》。由于我的不断反对，又给了他一本书，是关于中东医疗奇闻的。因此我猜想，他现在的读物是关于中东地区双头婴儿的。

这有效吗？绝对有效。重要的医学文献都提到，单独监禁是最具心理摧毁力的惩罚形式之一。对于来自阿拉伯世界的人来说尤其如此，因为那里是一种社交文化。在也门的文化中，你实际上从未体验过孤独。

《大赦》：这算是虐囚吗？

斯威夫特：（停顿片刻）这个词用于政治目的。我关心当事人的以及他自己关心的是什么？他的心理健康。他一直处在单独监禁中。他知道这一切何时结束吗？不。他知道何时会有指控吗？不。他知道终究会有指控吗？不。他的未来是完全不确定的。这会使人发疯吗？会。"国际红十字会"将这作为关塔纳摩湾重要事件引用了吗？是。

这会像心理学家写的那样引起永久的心理伤害吗？会。如果别人称这是虐囚，那是他的事。对我来说，标签无关紧要，问题在于现实是什么？

《大赦》：关塔纳摩被拘禁者的供认可靠吗？

斯威夫特：关塔纳摩湾到处张贴着这样的标语："合作通向自由。"如果你合作，你会得到更好的待遇、更好的食物和更多的隐私。因此，撒谎有着天然的益处，而不会有什么害处，你通过"供认"而获利。你甚至感觉不到禁止撒谎害人的道德禁忌。我们能像通常那样相信用这种办法获取的证词吗？我认为不能。

《大赦》：为关塔纳摩被拘禁者的权利而战，是因为感觉什么东西正处于危急之中吗？

斯威夫特：美国汇聚了世界上的每个民族，我们被共同的理想联结在一起，那是美国的基础。我们有一套原则，如果我们失去了这套原则，那么我们就失去了美国。

没有任何非常时刻可以让我们放弃原则。美国的一个基本原则就是由独立的司法分支作公正而中立的裁决。我们不能放弃这项原则。

《大赦》：您在关塔纳摩的经历动摇了您对美国制度的信心吗？

斯威夫特：还没有。我是一个理想的实用主义者。我仍然相信，除了批评以外，我的工作会有所收获，并促成改变。但就这一次的代理而言，工作是非常困难的。我没想到，赢得一次审判将意味着为他赢得一切。对我来说，这是前所未有的。

我们应对危机的方式，能够定义我们是什么样的人。作为一个国家，我们就是在类似这样的时刻被定义的。你知道在"波士顿大屠杀"后谁为英国人辩护的？约翰·亚当斯，他后来成了美国总统。向波士顿的群众开枪，杀了5个人，这是一个非常重大的事件。8名英国士兵及其长官被交付审判，但是，找不到辩护人。最后，亚当斯同意做这件事。除两人无罪外，其他人都接受了"拇烙刑"。亚当斯后来称他为英国人做的辩护是他为美国做的最伟大的工作。他说，在当时情况下定那些人有罪，是我们国家声誉的极大污点，就像17世纪萨勒姆的巫师审判一样。[1]

《大赦》：关塔纳摩特别军事法庭会是一个致命的错误吗？

斯威夫特：我不能这样说，但它的开端并不好。它缺乏独立和中立的保障，也没有充分审判案件的能力。但我念念不忘的是，这只是一个开始。公众要求维护正义，联邦和司法机构以及军官们自己，也同样要求维护正义和公正的审判过程。这些要求最终会得到胜利。我还没有放弃。

《大赦》：为什么会有这样的做法呢？

斯威夫特：我怎么也想不明白。我看不出为什么军事法院不能解决问题，如果它事实上是一种军事犯罪的话。在一般法院审判恐怖分子，并不属于过去25年法院处理不了的难题。

《大赦》：作为一名忠诚的战士，您如何看待自己对军方和总统的挑战？

斯威夫特：质疑制度是最高的忠诚。美国的制度有别于他国者，正在于我的忠诚是捍卫宪法，而非盲从命令。我们忠诚的对象是公正。

目前我们发现，行政分支既发出所有的号令，又制定所有的规则。我们的宪法是不信这一套的，它将责任分给立法、行政和司法三

---

[1] 马萨诸塞州东北部城市萨勒姆（Salem），建立于1626年，因1692年的巫师审判和纳森尼尔·霍桑的《七墙之房》（*House of the Seven Gables*）而著名。

个机构。特别军事法庭的程序违背了这些原则。

我完全同意总统的观点：永远不能允许恐怖分子摧毁我们所热爱的自由。我认为恐怖分子没有这个能力，但是，如果我们不尊重宪法，如果我们不小心，也许我们自己会做到。

★ 托克维尔曾经写过律师在美国民主中的作用，同样的作用能够扩展到美国的敌人中吗？这里受访的海军军官被认为是一个勇敢的辩护律师。他冒着职业、身份和个人安全的风险，代表他的当事人，而这个当事人的所作所为却是对法律和社会基本价值的挑战。尽管如此，托克维尔并不号召律师冒这样的风险，而是认为他们对于维护民主的贡献主要体现在通常的法律事务中。然而，在几乎200年后的美国和世界，如果没有勇敢的律师，民主还能保持吗？

现在再像托克维尔那样将律师看成美国的贵族，已经相当困难了。据说，我们已经成为一个热衷讼争的社会，诉讼和诉讼的威胁几乎调整着生活的所有方面，许多简单的行为都会有法律后果。害怕法律责任已经成为限制乐趣的标准理由，这种理由还使我们的商业、财产甚至秘密交易变得极为复杂。尽管我们个人认识的律师不是很多，但却感觉他们无处不在。几乎每晚的电视新闻里都混杂着天灾人祸、战争饥饿、健康匮乏和政治风云，也总有许多诉讼、罪案以及律师的声辩。

我们视律师为正义与邪恶事业的捍卫者、美德与恶行的辩护士、权力的支配者和粗俗笑话的嘲弄对象。他们是迷人戏剧的演员，真实也好，虚构也罢，都使我们赏心悦目。律师都是接触内情的人，既是故事的主角，也是故事的讲述者。他们聪慧、愤世、天真、迷茫、诚实、利他、贪婪、慷慨、傲慢、平淡、热心、冷酷、好战……几乎没有什么评价不适合律师。

♣ 下文作者是当代光彩照人的律师罗伊·格鲁特曼（Roy Grutman），他曾代表杰里·福尔韦牧师起诉拉里·弗林特。导演奥利弗·斯通将该案拍入电影《人民诉拉里·弗林特》（*The People vs. Larry Flynt*）。

第三节 大 赌 场

对某些人，律师是每天的必需品；而对另一些人，需要律师就像需要一次大手术，是巨大的恐怖。委托人雇请了一位律师，通常就觉得万事大吉了，其实，律师不仅必须为案件做好准备，而且还要使委托人鼓足勇气打持久战。

为了获知我将与怎样的人合作，我给自己的所有新客户一个简单的精神压力测试。首先，我让他们尽可能告诉我所有关于他们自己及其案件的事情，然后利用这些信息，劈头盖脸地侮辱、讽刺他们。一些人垮了，回家了，再也没回来，只有严肃认真善于论争的人留了下来。

审判是两个律师之间的较量，看谁的神经更坚强，谁的当事人更有必胜的信念。人们相互控诉是为了施加痛苦，这是自然而然的。在某种程度上，审判意味着报复。然而，对当事人而言，诉讼不仅是一种复仇形式，它们已经成为发财致富的门路。

几个世纪前，正义是由我们自己去实现的。如果有人伤害你，你就伤害他。没有律师，没有法官，没有陪审团，一般说来，结果是迅速的、终局的。对公正的急不可待，还刺激着人们在法庭上打出个结果来,只是今天,人们才用较长的时间看到结果。

迁延的原因之一在于法律过程本身,在美国,任何人都可能为任何有效的理由而起诉你;另一个原因是利害攸关的经济回报。法庭的一个主要职能就是通过重新分配财富将善与恶区分开来。如果某人伤害了别人,并且被裁定应当承担责任,那么他必须赔偿。如果一家公司的产品损害了某人,而且该公司有过错,那么它也必须赔偿。几乎每个去法院打官司的人都期望带着钱走出法院的大门。

这是因为,一次诉讼就是法律经济中的一项投资。将某人诉至法院,并不是一种简单的敌对行为,它是律师及其委托人的一次复杂的资本冒险。只要浏览一下各大报纸,就不难发现打官司是多么有利可图。如果没有官司可打,律师除了写写遗嘱和搞搞不动产,就无所事事了。人们惧怕起诉和被诉,而只要有惧怕,律师们就会为它寻找更快更好的回报。

寻找得最起劲儿的,要属损害赔偿案律师了。可以毫不夸张地说,他们为寻找客户,恨不得把大街小巷都用梳子梳一遍。

律师追着救护车到医院并等在急救室外,这情景成为民间法律文学的一部分。显然,任何自尊的救护车尾随者,都不愿被人看到时至今日他们还在以这种方式兜揽生意。一些律师付钱给警察和医务人员,让这些人在事故现场为自己分发名片;另一些律师雇用"托儿",让这些人去医院巡视,寻找官司有的可打的患者。"托儿"们利用报上登载的六七位数字的损害赔偿的故事,诱使患者签署委托书,从而获得酬金。这种做法在大多数州是违法的,但每年仍然有几百万这样的生意可做。

撇开方法不论,专打损害赔偿官司的律师,为委托人提供了一种变不幸为金钱的法门。像中世纪号称点铁成金的术士一样,他们兜售的是暴富的许诺。此外，还有一条心理纽带将律师及其所代表的人联结起来。每天都有人受伤害、被欺侮，世上其他人可能对他们折断的骨头和破碎的心灵漠不关心，而律师则不仅倾听他们的悲怨，还使他们成为关注的焦点。

绝大多数人聘请律师和聘请医生的理由一样，都是为了修复他们生活中某些受损害的部分。但在法庭上，损害要让陪审团看得见，因而胜诉总是有赖于律师如何动听地描述当事人的故事，而无论这个故事多么不可思议。

曼内·凯茨是我所熟悉的纽约人身损害赔偿律师，他说自己相信"现实的痛苦"。痛苦，除了亲身体验者外，是抽象的。为了说服法庭相信他的当事人所遭受的苦难理所当然应该得到赔偿，律师不得不生动地描述一幅煎熬与悲伤的图景，生动得使陪审团无法拒绝赔偿请求。

某些律师在法庭上连哭带嚎地传达他们的信息，另一些律师则带来成群结队的专家证人。曼内·凯茨的招数是制作名叫《某某生命中的一天》的写实录影带，表现了他的当事人，一位领福利救济的母亲，在有代表性的一天里照料一个严重痴呆的婴儿的情景，而与此同时，她的健康的孩子们正在背景里欢蹦乱跳。她正在控告孩子出生的医院，诉称医生们在她分娩时使孩子发生了窒息。这是一起复杂的案件，索要几百万。6位医师出庭作证，但陪审团需要看的唯一证据就是这部影片。影片播完后，陪审团的绝大多数已经泪流满面了。

陪审团特别易受悲惨电影的影响，毫无疑问，影像能够最有效地传达信息。然而，在律师群体中仍然残留了一些有语言纯正癖的人，他们依靠口头的表达来达到目的。让没有偏见的陪审团对一个真正需要帮助的人置之不理是不容易的，但是，对某人寄予同情与给他50

万美元又是有区别的。为此，律师要把一个悲伤的故事讲得如此具有感染力，以至于唯一的同情反应就是现金。拥有这一技巧的大师之一是曼哈顿的律师列万。

在描述失去的收入时，列万的声音会深情地哽咽。他能让汽车挡泥板的损坏听起来像是世界末日。在一个案件里，他代表一个在事故中被锯掉双臂的男人。被告在早上进行了法庭辩论后的总结陈词，下午轮到坚信想象的力量的列万了。

"女士们，先生们，"他向陪审团发言了，"我刚刚和我的当事人一起用过午餐。"然后，他一字一顿地说："他……像……狗……一……样……吃。"

句号。这就是他全部的总结。陪审团目瞪口呆地静坐在那里，想象着那顿午餐的情景。在评议了不到半小时后，给了列万的当事人所有想要的东西。

列万如此优秀，以至于可以靠出卖他在法庭上最后陈词的录影带赚取外快。他每次陈词后都有人涕泪滂沱。一些律师买回这些录影带，逐字背诵他的话语。然而，没人能复制列万全能的悲剧感。

坠机、火灾和建筑物倒塌就是为那些懂得如何创造一个案件的律师准备的。贿赂医生夸大伤情是抬高赔偿金数额要求的通行做法，一些律师为了赚钱甚至公然蔑视医学。1986年，位于波多黎各的一家度假旅馆起火烧毁后，灾难大师梅尔文·贝雷被罚5千美元。他代表一个死去的男人提起诉讼，诉称其妻在火中受伤，未能"履行她作为配偶的义务"，并引证了由于这女人丢掉工资而使家庭收入遭受的损失。一位稳重的法官确认，这个男人不可能授权贝雷起诉，因为在本案开始时他已经死去12年了。

可悲的是，这些鬼把戏到处都在上演。当律师费以律师为当事人打回多少钱为依据时,这些鬼把戏尤为猖獗。想想那个没有必然收益的诉讼绩效收费制度,如果没有这一制度,穷人在法庭上何以得见天日呢?

富有的当事人,无论他们多么不受欢迎,总能找到优秀的律师。原油泄漏、化学污染、飞机失事,对于大企业而言,可能意味着坏消息,但对出类拔萃的律师事务所来说,则意味着唾手可得的金钱。绝大多数的律师事务所乐于代表任何付得起钱的人,它们对此没有任何道义上的顾虑。

"叫我,我是一部出租车",西蒙·里福坎德这样说。他是令人敬佩的纽约保罗威斯律师事务所的合伙人,也是美国最出色的争讼者。不过,任何出租车都不免费载客,而优秀的律师也很少不图回报。即使在有关慈善机构的案件中,当事人的选择也可以是一种商业决定。律师们喜欢恭维这样的想法:任何个人、公司或外国都不应被剥夺聘请律师的权利。然而,他们拼得最起劲儿的,都是那些将他们引向银行的案件。

一位依靠诉讼绩效收费过活的损害赔偿案律师,就像一位只有打胜了才能取得报酬的拳击手。"在我们的职业中,你不需要'常春藤联盟'的职业教育,"一位新泽西州的律师说。业内人士都钦羡他的胜绩。"大学优秀学生联谊会永远无法赢得陪审团,"他补充说,"为此,你不得不用街头智慧。"

律师基本上都是自信的人,有些人为此受益,更多的人为此受苦。他们贩卖的是这样一种信任:只要付一定的费用,他们就能解决当事人的问题,并且将现钞放到当事人的口袋里。在多数情况下,问题解决得并不尽如人意,金钱经常向相反方向跑去,但这并不妨碍某些人一出了问题就去请一位律师。

我们生活在一个并不完美的世界里，而律师属于这个世界的一部分。然而，并不完美的社会却充满了经济机会，一旦得到正确的法律建议，一个人就会改换门庭。

纽约斯卡登阿普斯律师事务所的乔·弗洛姆可能是美国律师中酬金最高的。这位受过哈佛教育的兼并专家永远不会疲于奔命，不过他每年因公司倾轧而净赚三五百万美元。

一代人以前，美国企业界比现在要和平得多。银行家和总经理以及他们的律师在乡村俱乐部里像在他们的总部一样谈成许多生意。竞争遵循着符合运动精神的一套规则进行，而充满敌意的接管——购买别人不想出卖的企业——是被严格禁止的越界行为。

斯卡登阿普斯改变了这一切。在弗洛姆领导下，接管兼并成了公司通常的战略——他的事务所的所有装备，都是为了能够随心所欲发起这种攻击。

以祖父般慈祥的弗洛姆和血腥的代理战作为隐含的威吓，将人们对不友好的买断的恐惧转化为一台私人印钞机。如果一名律师为你工作，他就不可能再帮别人搞掉你。这是一种利益冲突，还是安全为妙，据说各公司每年付给斯卡登阿普斯两千万美元预聘费，以避免与弗洛姆对簿公堂。请注意，这只是预聘费，一旦真正开始法律工作，收费就会直线攀升。

通常，律师事务所按照兼并总值的 1% 收取费用，斯卡登阿普斯的收费要高得多，但对企业来说无所谓。不难看出为什么，它的客户中包括臭名昭著的公司袭击者詹姆斯·戈登斯密和卡尔·伊克恩，他们在弗洛姆的帮助下成功兼并了环球航空公司。这件事启发了电影《华尔街》的拍摄，也足以鼓励大多数公司签约付钱。

各家公司生活在对弗洛姆的恐惧之中，甚至那些雇用他的客户也不喜欢谈论这种恐惧。在今天的公司界，弗洛姆就是蛮荒西部枪手的现代翻版。当他骑马进入小镇时，每个生意人都希望成为他的朋友，因为其他任何选择都意味着自杀。

"兼并保险"就是斯卡登阿普斯的保护服务之一。如果一场公司大战进入法院，律师事务所就是一支敢死队。一个友善而儒雅的世界是不需要来自斯卡登阿普斯的律师的。他们对底线的本能是传奇式的，他们对收费的本能也是传奇式的。收费的构成是为了一并反映他们花在案件上的时间和他们的表现，客户的利益越大，斯卡登阿普斯的律师们提取的也就越多。

像损害赔偿案律师一样，兼并专家们都是些卑鄙无耻而又胆大妄为的家伙。一些帮他们做事的投资银行家说："看这些事情的完成过程，就像看一群醉醺醺的司机在除夕之夜冲上高速公路一样。"他们的伎俩之一是焦土政策，运用无休止的文件和数据来耗尽对方的资源。办理兼并事宜的律师都是精于此道的专家，他们在专司兼并的律师事务所被委派的活计就是制造信件，将对方埋葬在纸堆里。案件中的法律问题已退居次要地位，重要的是用越来越多的信息来轰炸被锁定为攻击目标的公司，直到这家公司最终投降为止。

防御战略被称为"驱鲨剂战略"，它需要更加机智灵活。手段之一是所谓"南茜·里根防御术"，各公司对于买断人的出价"只说不"。另一种更加精妙的措施叫做"洋葱防御术"，是为南加州石油公司设计的，当时，该公司成为兼并大王布恩·皮肯斯垂涎的目标。洋葱防御术就是制造一系列处于南加州石油公司和现在的加州联合石油公司之间的控股公司。如果皮肯斯成功买下南加州石油公司，他只是取得了一个徒有其名的企业。每次他把目标对准一个控股公司，另一家又冒了出来。像剥洋葱一样，皮肯斯需要穷年累月地寻找真正的南加州石油公司。

在与皮肯斯和解时,南加州石油公司主席以胜利者的姿态描述这场漫长的战斗及其结局:"疯狗咬人,人也回咬疯狗。最终,人以其优势的智力,咬败了疯狗。"不过,这一次疯狗声称带走了几百万美元。

避免被兼并的另一种技巧具有更多的残忍而不是聪慧。一次,弗洛姆所代表的一家公司削减了 2 万 7 千个工作职位,以避免一次不友好的买断。他后来解释说,这一决定是为了"公司的最大利益"。弗洛姆在业余时间可算是个慈善家,他在最近的一次凯旋之后,为自己及其客户的谋财之道做了这样的辩护:"这就是资本主义,我认为利润就是一切。"

可是,律师并不能为经济增值,他们只增加消耗。在企业兼并过程中所耗费的金钱是令人瞠目结舌的。当一家律师事务所 1 个月可赚 1500 万时——这在兼并案中不足为奇——像成本与劳动这样的现实便失去了所有的通常含义。

一位兼并专家说:"我记得有一次花了几个月进行一次 10 亿美元的兼并收购,我们谈论 7 位数的收入,好像在咀嚼钞票。一天晚间,我的妻子抱怨每样东西都那么贵,当她说到金枪鱼罐头涨到 5 美元一个时,我对她说,涨到 1 万美元时再告诉我吧。"

依照弗洛姆最大的客户伊克恩的说法:"兼并风潮治愈了损害美国生产率的病疾:臃肿而无能的管理。"从另一角度看,兼并狂们像贪欲无度的损害赔偿案律师一样,只不过是不同疾病的症状。在提高公司效率的烟幕下,收购成为从事具体操作的投资银行家和律师重新分配资产的一种方式。1988 年,奈贝斯库有 240 亿美元的兼并数字,产生了总计超过 10 亿美元的"专业服务费",其中大约 2/3 跑到银行家的口袋里，其余 1/3 进了律师的腰包。那么，生产率又怎样了呢？

这是一个"掮客的年代"，以前从未有如此之多的人劳动越来越少，赚钱却越来越多。券商和专攻兼并的律师是相反意义上的企业家，他们买下公司是为了拆解它们，出卖它们的碎片。像伊克恩所称，如果说生产率因管理不善而受到损害，那是因为收购和赚钱本身已经变得比生产商品更加重要。

在一种你死我活的敌对环境中，律师们是生意兴隆的。作为一种惯例，对阵的双方越是不友好，他们的搏斗时间就越长，因为对律师来说时间就是金钱，延长的冲突可以成为滚滚财源。快速出击的收购兼并而又获利颇丰，肯定会上《华尔街日报》的头条新闻。不过，拖拖拉拉的法律战事才是律师的最爱。

将伊克恩这类客户吸引到斯卡登阿普斯事务所来，这种掠夺心理与律师们所赖以制造生意的心理是同一个东西。对付弗洛姆的唯一方法就是雇用他，同样，防备别人律师的最好办法就是聘用自己的律师。

无论案件所涉及的是人身伤害，还是涉及几百万美元的兼并，一名律师总是恐吓和施害的武器。养一名律师的最强动因是想到一旦没有律师将会发生什么事情，正是这种恐惧被律师用来恫吓他们的对手，并从他们的客户那里获取利益。

讼事的第一步，通常也是最后一步，是通知对方诉讼即将开始。一般是发出一封信，其主要目的是威吓收信人尽快投降。

最近，我代理西雅图一位被爱情撕碎了心的女士起诉她的妇科医生。这位医生刚刚终结了他们的一段风流，留给她的只是可恶的疱疹。通常情况下，主张这种赔偿的妇女很难在法庭上举证，但是，在他们分手之前，她将自己与这位医生的一次交谈录了音，医生在谈话中不仅承认自己将疱疹传染给她，还承认与其他女性患者有过韵事。

妇科医生无路可走了。他不得不承认，只有迅速而悄悄地解决此事才是他最好的出路。下面是我发给他的信（当然，真名已被隐去）：

首先是坏消息

亲爱的琼斯大夫：

我作为简·史密斯的律师，已经取得她的授权，在必要的时候，迅速对您提起法律诉讼，以挽回您给她造成的损害。

其次是两难选择

为了以最清楚的方式向您陈明史密斯女士的创痛，随信寄去一份草拟的起诉书，一旦您不能尽快给予此事应有的重视，这份起诉书将于两周之内对您不利。

然后是解决的途径

我邀请您和您的律师在下周彼此方便的时候，尽早与我方讨论庭外和解的可能性。

又是两难选择

我对起诉书中的主张进行了充分的调查，还完全知道它们涉及您所不愿公之于众的高度敏感的材料，这些材料可能导致对您的严重损害。

然后是一个警告

此事不可置之不理。我已经掌握了无可争辩的证据，可以排除任何合理怀疑地证明起诉书里的主张都是事实，真实的事实。

我所指的证据有一部分出自您的自白和自认。我还有证据表明，我的当事人由于您而受到的痛苦，并不是孤立的事件。

最后是握手和最后通牒

我代表史密斯女士准备与您一起以合作的精神解决此事。如果您肯于为此赏光会晤，我们将进行理性的处理，但如果您一意孤行，那么您只能为可能出现的不快后果而责备自己，这一后果似乎是不可避免的。

相信您或您的律师将在下周回复我们。

您忠实的朋友

有时候风水轮流转，这一次轮到律师需要保护了。律师与当事人的协议类似于军事同盟，其目标是打败敌人或者至少将敌人赶回自己的领土。对某些当事人而言，胜利永远是不够的，他们想要消灭对方，其结果通常是将怒气发泄在律师身上，并且拒绝付费。

一次，我为佛罗里达州一位房地产商做代理，他坚决要报复以前的生意伙伴，以至于聘请了5家律师事务所进行追剿。他的计划是将冤家对头逼疯，由于律师太多又相互猜忌，他的想法不久便适得其反。经过了几年，也经过了几家律师事务所之后，这位地产商仍然执迷于毁掉他的前任合伙人，不过，发疯的仅仅是那些尚未收到报酬的律师。需要律师的人们，或者愤怒，或者恐惧。那些恐惧的人可以通过发怒来战胜恐惧，而那些发怒的人只能把事情搞得更糟。

遇有法律难题时，那些视找律师为"不得已之恶"的当事人，在问题解决后，经常发现他们没有理由支付律师费。事实上，他们一点儿都不感恩戴德。人们都以为律师是通过赢得论战和征服对手而获得报酬的，实际上，他们得到报酬是因为当事人觉得满意，而在某些案件里，这是永远不可能的。

在每一法律案件中，有两点是至关重要的：利润和原则。所有当事人各得其所的时候，这套体制运转得到最好，但这不是偶然发生的。在坐下来杀价之前，总是将要点与底线加以区别。律师与当事人真正采取行动之前所做的同一件事，就是商定谁得到什么利益。这样便减少了误解的可能性，因为原则有时会因金钱而妥协，而金钱又通常少于每个人的预期。

律师与当事人的成功关系，所要求的不是相互喜欢，而是相互信任。我曾有过不讲一句实话的当事人：与男人乱搞的女人，却声称受了性骚扰；商人窃取了别人的金钱，却反咬一口。令我终生难忘的一件事是，一个被开释的谋杀者，竟然要求我对指控他的检察官和对他不太友好的报纸提起诽谤之诉。这个家伙认为，他犯了罪——他毫不掩饰地承认——并不重要，重要的是审判给他带来不便，他决心让每个与此有关的人付出代价。当然，我拒绝帮助他。

对当事人来说，律师做得永远不够好。如果他输了官司，那永远是律师的错；如果他赢了官司，律师本应从对方得到更多。唯一可以预见的是，在法律上不得志的人，总是将最大的不满和沮丧发泄在律师身上。

来到律师面前的当事人所怀揣的抱怨，有些是合乎情理的，有些是夸张的，甚至完全是凭空臆造的。有些人确实需要帮助，而有些人之所谓需要帮助，是一种慢性病的表现。这后一种人花钱购买律师的法律建议并没找对人，他们真正需要的是心理治疗。

几年前，我的一位当事人认为自己被火星间谍跟踪了。他的臆想是可笑的，不过对他而言，却是非常真实的。他把可恶的上司、前妻或者公司兼并者都当成火星间谍。这种家伙正是可以让律师大赚一笔的偏执狂。对大多数人而言,律师才是所谓火星间谍——侵入人们生活的来自另一行星的神秘动物。打败他们的唯一法门是加入他们。这个寻求帮助的家伙真是找对了地方。

他在我的办公室坐定后,我拿起电话,装模作样地给联邦调查局打电话。

"埃德加吗?我是罗伊·格鲁特曼……我很好,你怎么样?……好极了。听着,埃德加,我这里有个人被火星间谍盯上了。对,火星来的。你能不能……能吗?……12个特工?……我肯定他愿意。万分感谢。好,我告诉他……你也保重,埃德加,工作顺利。"

这是早已死去的联邦调查局长。我安慰这家伙说,局长答应立刻把所有的事情搞定。

几个星期后,他特地来向我道谢,显然是为上次来访的结果而高兴。"火星来的那些间谍还在跟踪我,"他说,"但我高兴地看到,联邦调查局的特工也在跟踪他们。"

这次服务是免费的,但我办的案子从未有过如此令人满意的结局。

★ 你怎样认为法律是个大赌场的比喻?谁是赌博者——当事人、律师,或者他们都是?他们玩的是哪种游戏——二十一点、扑克、老虎机?老虎机或者抽彩赌博是从众多参赌人那里每人取一点儿,积聚起来再返还给一小部分人——当然,要减去抽头。在二十一点、色子和轮盘赌中,参赌人是与设赌人赌博,当然,胜算大大倾向于设赌人。扑克牌的玩家是相互赌博,设赌人要从每个玩家身上收取服务费。法律案件所具有的哪些特点相似于这些赌场游戏?

格鲁特曼笔下的律师和他们的当事人都主要是为了钱而进行法律

实务的。托克维尔的"法律贵族"和有道德原则的"勇敢的辩护律师"都靠边儿站了,这在某种程度上是真实的。司法机制是三权分立政府的一个组成部分,另外两个是立法和行政分支,但除了法官和政府律师,司法机制中的绝大多数人都不过是在做生意。

♣ 法学院是法律职业门庭的守门人。对于有志于法律职业但又缺乏财源或天赋的人而言,法学院是通向法的障碍。对进入法学院的人来说,法学院是法律职业的入场式,是职业共同体的操练场。法学院的目的是改变人,从法律的外行转化为法律人的新锐。法学院为他们提供了运用法律规则并解决法律难题的能力,使他们生成一种全新的作为法律专业人士的概念,忠诚于法律职业的价值观,取得一种费解而神秘的"法律人的思维方式"。

学生们从法律课程煽情的内容里得知,他们不应当相信自己最深刻的道德情感;他们应当回避普遍的道德和政治追问(因为那是危险的、简单的和非律师化的);他们应当尊重法律制度;并且善于引导委托人。

关于法律教育的性质、要义和影响,已经提出了许多重要的话题。人们不禁要问:法律教育是否真的传授给学生们从事法律的本领?另一个值得关注的问题是:尽管近来法科学生人数和比重增加了,但妇女和少数群体成员依然难以适应这一领域,这些人坐在教室、图书馆里,或者仅仅走在廊道里,便会成为白人男性略带嘲弄地凝视的对象。

♣ 下文作者约翰·博西格诺是《法律之门》(Before the Law) 系列的原编著者之一。

第四节 法 学 院[1]

我们镇上有个人绝顶聪明；
他跳入一片荆棘丛林时弄瞎了眼睛——
当他发现自己失去视力，
拼命跳入另一片荆棘丛林重获光明。

以这首摇篮曲作引子，卡尔·卢埃林开始了他对哥伦比亚大学法科新生的讲演集《布满荆棘的丛林》。法科学生们像那个绝顶聪明的人一样，在法律的丛林里成了瞎子，只有大胆地重新进入，才能恢复视力。奇怪的是，为什么对法律最恰当的比喻是荆棘？为什么一个聪明人要跳进去弄瞎自己？为什么一旦丧失视力，还要重新跳入丛林？

法科学生进入法学院时，对于学习法律并成为法律人意味着什么，可谓所知甚少。既然进门是困难的，法学院对你一定是有好处的，法律提供了"更多的选择"，父母和朋友也都认为法律是一个好职业。此外，这里还飘浮着卢埃林从前所说的"快乐的迷雾"。尽管法科学生是自愿进入的，但他们将发现，心理—社会的变化过程是对他们生活的尖锐侵入，并且，用不了多少时日，他们就会疑惑，那快

---

[1] "Law as a Hard Science" by John Bonsignore, *ALSA Forum* (December, 1977), Vol. 2, No. 3, published by the American Legal Studies Association.

乐的迷雾到底怎么了。

一个关键概念是，所有的社会机构，像家庭、学校、工作场所、监狱、疯人院或修道院，都有捕捉其成员的时间和兴趣的能力。成员们原本可以体验到的相互竞逐的价值观和别样的个性，被这个机构排挤了。无论进入任何类型的机构，一个人最初都希望保持自我世界和现有文化，但机构一定会发展一些"战略"，铲除自我世界并以"机构的世界"取而代之。机构越是自成体系，在这场不同价值观与个性的较量中就越容易占上风。

法学院犀利地改变着那些与之竞逐的机构——工作和游戏场所、家庭和朋友圈等——固有的节奏。处在意志较量背后的，不是别的，正是法律的范式。学着像法律人那样看待世界，学着运用法律技巧排除其他组织原则，这一切，似乎至多是半自愿的过程。法学院在最初的时日里为入学者提供了独特的"欢迎仪式"：通过一系列的贬斥、羞辱和自渎，引发新生们的屈辱感，决不让新生们的个性找到表现的机会。

法学院的教学法被说成是苏格拉底式的，实际上并不完全是这样。过去所有法学院交流的明确目的，就是回避通过对话实现相互理解，并且，要使学生变成一个傻瓜，让他过去的学术生命和思想方式在干法律这一行时，不仅毫无帮助，而且构成实在的障碍。有两种方式达到目的：一是通过一个名为"圈套"的过程。其中，以学生们的口头回答和抗辩本身为攻击的目标，贬斥为不适当的而又无价值的东西；二是破坏、瓦解学生的行为条理感。

圈套的对话过程中，学生说的任何话都是不可理喻的。每一为了挽回面子的表达，都成为新的攻击目标。学生们拼命想知道以往成功运用的学术范式何以不再灵光，而那些旁观他人陷入圈套的学生，很庆幸自己没有成为整个课堂嘲笑的对象,但与此同时,他们认同受害者,并努力去发现如何在这一特殊机构中获益。当学生全体开始感觉低微、弱小、应受责备、充满内疚,并且不断提防批判或制裁时,屈辱(换言之,消灭自我)的过程才圆满完成。

所谓学生们的行为条理感,就是每个人在理顺事件、安排时间、决定事务的相对重要性等问题上,个性化地权衡、处置方式。对于法科学生而言,来自从前学术经验的个人条理,竟也变成了批判的对象。在备课过程中,学生们通常的技巧是阅读要点,抓住基调,而不是牢记细节,他们现在从课堂上得知,这种技巧成了不合时宜的东西。备课中遗漏的东西被说成是最需要的。学生们开始强迫自己延长学习时间,读书更慢些,将书中的一切都作为重点,做更多的笔记,甚至复印整本的案例书,为的是"彻底准备",不让自己成为学术嘲笑的靶子。

通过前述方法,快乐的迷雾被吹散。为什么学生们没有群起反抗法学院对他们的要求?第一,学生都有得到老师学术赞许的愿望,每个人都相信法学院古怪的教学法一定是成为律师的必由之路;第二,在迫切需要团结一致的集体政治行动的成型时期,学生通常与同伴的争强争胜妨碍了这种行动;第三,学生们的个人压力巨大,混沌不堪,寻求自我解脱唯恐不及,实在没有多余的精力进行反抗。

随着屈服过程的演进,法学院的特权体制被慢慢引入,一些学生恢复了部分的优雅。法学院的问题及其回答方式,开始有些离谱,慢慢变得晓畅明白。渴望被人认可的学生们,开始围绕别人的首肯或表情来营造自己的世界,或者在被驳倒之前,也要将"对话"尽量延长几秒钟。初学者的慰藉还来自大多数同学都能通过考试,最终,一些人真的跨出了法学院。如果法科学生奇怪为什么他们与过去的同学交流起来有困难,那是因为他们在法学院所发生的深刻转变,变成了完全不同的一个人。

总之,只去看学科要求看的东西,别无他顾,关闭与法律职业无关的知觉、直觉、情感和其他官能。这是一个高度痛苦而又非自然的过程。人们时常说法科学生太倾向于确定性,其实,更深层次的需要可能正好相反。法科学生本能地感觉到自己严重忽略了法律的理论与实践中的正义、善政和公正等基本问题,但正是由于关闭了感官,法律职业的范例才得以发展,通过交流而获得的共同感官才成为持久的现实。正是这个过程隐伏在卢埃林从失明到复明的比喻背后。

★ 法学院的授课基本上运用两种技巧:苏格拉底式的对话和案例教学法。在这一混合教学法中,教师迫问每个学生有关的事实和原则,训练学生们去说明事实的细节,以及构成辩论核心的法律要点,以便预见另一个法院就类似事实会做些什么。一个学生描述了这种对话:

即使知道所有的答案,也无从应对那可怕的时刻:你从人群中被选出来,被迫表现一下。当你的肾上腺素多得足以淹死你的时候,理智的思维是不可能的。事实被忘得一干二净,或者混淆在一起。连贯句式结构的基本准则与合乎逻辑的论点都无可挽回地消失了,在其他场合将是很精彩的回答在此却一败涂地。创造性是严格禁忌的,每一回答都必须是根据问题的需求精心裁剪的,太过完整的答案像根本没有答案一样有害。法学教授们抓住每一时机表现他们的嘲弄或残忍,他们并非虐待狂,仅仅是无动于衷。某些学生在课堂上哭了、吐了、晕倒了，这又有什么了不起，不这样他们怎么学到东西呢？[1]

保罗·萨沃伊在其被频繁引用的一篇文章里将这一教学法比作游戏：

> 苏格拉底教学法大部分由一套"游戏"构成，最流行的是"绝境法"。每一案例的目的都是通过反驳而将学生逼入绝境，而无论这个学生采取何种立场。当学生面对一个苏格拉底式的问题时，他被置于两难的境地：既觉得自己必须找到某种答案，但在找到之后又开始为找到它而绝望，因为他所说的每句话都被斥为谬误。
>
> "绝境法"的变种是"胜人一筹法"：
>
> 学生："您认为在律师不在场的情况下，拘留讯问是否践踏了个人尊严？"
>
> 教师："你说的'尊严'是什么意思？"
>
> 然后是人们熟悉的"恐怖陈列室"——逻辑上的归谬法，也就是我所说的这样一种游戏："喂，我抓到你了，你这婊子养的。"法科学生到了二年级的时候，就了解了这种游戏，他或者不再参与，或者玩世不恭地参与，或者运用"木腿"对策——"对于像我这样一个麻木不仁的学生，你能奈我何？"教授们的另一种惯常消遣是"猜猜我在想什么"的游戏，而学生的对策是"测心术之一、二、三"。数字的

---

[1] Victoria Steinberg, "Why I Quit Law School," *College Digest* (Spring 1982): 7A.

多少,要看这个学生以前上过该教授课的次数了。[1]

罗伯特·内格尔为苏格拉底教学法提供了人所共知的正当性:

> 许多学生认为教师似乎从击败学生的过程中寻求刺激,每一合情合理的答案都招致另一个提问。现场出丑定然是一件令人沮丧和尴尬的事情,但就此得出结论说教师是存心伤害,则是学生混淆了他个人的反应与教师的动机。这是忽略了教师是一个有人格和自身目标的人。教师的目标是使学生能够在压力下有所反应,鼓励学生思考和交流,甚至比自己想象的更加精确而有效。法科学生要被训练成职业辩护律师和法律顾问,因此,对一个法律专业人士而言,论点不能仅仅停留在足够、通常或精当的水平上。人们付钱给律师,是让他们在表达时永远清晰,有时还要动人和精明。他们必须担负起这一职责,即使是当他们觉得窘迫、魂不守舍或者起初觉得无言以对的时候。[2]

苏格拉底式的对话引发焦虑、恨意和侵略性,对此是不存在争议的。法律教育的一个重要组成部分就是在新锐律师内心培养一种超脱感,以免陷入感情用事的争吵。

---

[1] Paul Savoy, "Toward a New Politics of Legal Education," *Yale Law Journal*, Vol. 79, 1970.

[2] Robert F. Nagel, "Invisible Teachers," *Journal of Legal Education*, Vol. 32, 1982.

♣ 许多法律教育家认为，至少过去10年有了实质性的缓和，教师们更经常地举办讲座，发问不那么严厉并且能够接受没有准备好的回答。他们将这归因于法学院中女性的增加，归因于法学院高收费后一种全新的理念："让顾客满意。"可随之而来的是，法学院开始让一部分人不舒服，他们是哪些人呢？帕特丽夏·威廉斯（Patricia J. Williams）曾经写过一篇日记：

第五节 教授日记

星期四早上，我的办公室响起了敲门声。这是K，一年级学生，正流着眼泪。

学院的行政主管刚刚骂她是激进主义者。我的本能反应是问她"那又怎么了"，但是，我们正处在院长竞选期间，"自由派"是"找死"的同义词，因此，我努力让自己与这个颠倒的新世界保持一致——"激进主义者"可能意味着"捣蛋鬼"。我换了个问法："为什么？"

K刚才到行政主管那里投诉刑法教授给全班出的考题。题目是莎士比亚戏剧《奥赛罗》的一个现代版，其中的奥赛罗被描写成一个"好战的非洲黑人将军"，娶了"年轻的白人黛丝德蒙娜"，后来，在一阵与性有关的暴怒中杀死了她。奥赛罗被交付审判。学生们要指出谋杀罪的要件，标准答案是指出挑衅刺激这个要点，承认"粗鲁的、未受教育的摩尔人，可以理解地受到老于世故的欧洲人的诡计的欺骗"。K首先跟这位教授交涉，说她认为这个考题是种族主义的。教授否认这一点，说想出这些情节的不是他，而是莎士比亚。随后，K找到了行政主管，主管称她是个"激进主义者"，不过在此之前，主管说她应当关注的是学习法律，而不是题材的包装。

我一边看这个考题，一边思考着它不属于种族主义练习题的主张，因为毕竟是莎士比亚制造了这里的种族问题。但是，这个考题是以一种毫无必要的方式使用种族素材的。对我来说，它的讨厌之处不在于《奥赛罗》剧中的种族和文化上的"质朴"是否起了作用，而在于这个戏剧与"作为被告的奥赛罗"这个问题的解决无关。而考题的开头也说，学生们不必通过阅读该剧来理解考题中所包含的内容。因此，那些复杂的戏剧动机、讽刺性的、细微而复杂的剧中人物的性格发展，都是不重要的，在本考题中都是多余的。

随着我的继续阅读，我开始变得愤怒。即使这个问题是从剧情中引申出来的，类比也应就此打住，不能盲目接受莎士比亚的权威，将其作为某种普适的准则。虽然莎士比亚写出了伟大的文学作品，但他也是历史中人，是伊丽莎白时代的产物，像我们一样，在某些方面是种族主义的。这并不是说我们要压制《奥赛罗》，它的价值是让我们看清自己，评价一系列至今仍然有效的人的两难困境。

很不幸，人的两难困境似乎不是这个考题的主旨，相反，这里平铺直叙了一系列老旧的普适情感或者事件，因为所有原剧当中艺术化的、铺垫式的情节都没有了。考题提供的被告是个黑人，好战、天真、不可靠、妒忌、性暴怒。考题将事实浓缩为种族主义的归类和成见，从第一批非洲黑人被贩运到此，这个国家就用这些归类和成见来压迫黑人。不仅如此，它给黑人学生增加了巨大的负担，尤其是对那些因回答这些问题而造成创伤的学生。这个框架将黑人置于反对自己的境地，也迫使我们触及"我们是谁"这样的核心问题。

在奥赛罗的问题中，考题被置于一个框架内，要反对那些微妙的被归类的"真相"（黑人在性方面是危险的，黑人是好战的），在此不仅是不相关的，而且是要丢分的。换言之，如果一个学生拒绝或者不能像一个种族主义者那样思维，就只能取得低分。

我同意代表 K 去和那位教授谈谈。"一定让他明白我不是一个激进主义者，"K 请求说，"这会毁了我的前程。"

第二天，我去见了 L 教授，说出了我的关切。L 的解释是，他将种族、阶级和性别问题直接带入课堂，正是试图尊重少数族群和女权主义者。我说，我担心他也受到这场斗争造成的深刻误解的影响。我引用另一位教授的一次考试为例。这位教授发给学生一个详尽而无聊的假想殴妻案例：一个男人打掉了妻子的牙齿，向地板上撒尿，把他们的婴儿摔在上面，撕开她的上衣，骂她是个婊子，还安排他的朋友进来强奸她。在问题的前面，有一番否认责任的解释：案例只是反映了"这个世界"有许多针对妇女的暴力。我用这个例子质疑那些潜在的、无意的窥淫癖的影响，它们试图包括种族和性别的内容，而又不检查这些内容被包括进来的方式。我的解说并没奏效，L 没看出我的例子与他的考题有什么可比性。

L 问我："你的意思是，种族与性别问题应当受到审查，并被排除出法学院的课堂之外吗？"

我回答：使用"黑人"和"白人"这类词涉及令人两难的探寻：什么时候、为什么种族、性别或暴力是重要的？"嗯，这些是莎士比亚的情节，不是我的。"这种说法对我是无效的。

"你的建议，"L 说，"听起来像是学术自由的对立物。"

在此后的几个星期里，我的学生和朋友们都为我提供了许多考题：

一次税法考试让学生们计算一个砍掉奴隶双脚的奴隶主的税务问题。

一次证券法考试的问题是白领被告是否应当进监狱，因为他们

"不像黑人贫民窟的孩子那样"被培养得适合那种环境。

一次宪法考试给学生们很长的一篇充满仇恨的论文,题为《如何做一个下流黑鬼》,然后让学生们用第一修正案来为它辩护。

一次考试对"典型犯罪人"的描述是:"一个年轻的黑人男性,智商87,他是家中8个孩子之一,一直靠福利救济生活,整天和他的密友泡在台球厅里。"

许多刑法考试的题目中罪犯统统是黑人、西班牙裔或者亚洲人,被害人都是白人。

许多考题将男同性恋者描写成艾滋病传播者,要求学生们找出传播艾滋病作为谋杀罪的要件。

许多题目中妇女被殴打、强奸、杀害,其细节描写就像色情文艺,而提出的问题都很简单,并且不涉及女性被害人。

我再次检看了这些考题,思考着如何用一种最中听的方式提出我的要点,并且不被认为是在进行"审查"。最后,我决定给教职员工们写一份备忘录,泛指人和事,不指明教授或学院的名字,但使用真实的考题:

> 一系列考题以我认为非常不当的方式来利用种族、性别和暴力。我所说的"不当",是指它们的使用方式,不是出于教育的目的,而是不必要的和带有窥淫癖的,同时,它们将不准确的有害成见作为"真相",并且将其永久化。这是通过一套设置来完成的:
>
> 第一,通常情况是,教授们利用不相关的事实来分散学生的注意力,但要求他们明确找出法律上具有决定意义的核心事实。可是,在我所关心的这些考试中,种族、阶级和性

别是无关的、不重要的，它们的功能只是纯粹的赏钱和小费。提及它们，与解决已建构的事实问题所必须运用的规则，绝对没有任何关系。

第二，这些考题绝大部分都要求黑人、被强奸的妇女、男女同性恋者不仅重新体验被压迫，而且把这种压迫写出来。以一个考题为例，一个白人妇女有预谋地引诱一个想偷东西的13岁的黑人到她的凉台上来，然后杀死他，她的行为动机是种族仇恨。在提问中，要求学生们"尽最大努力论证这个白人妇女应予彻底赦免"。学生们要么沉湎于种族仇恨合理化的奇思怪想，要么压制自己的社会良知。

第三，我总是得到这样的解释："有色人种、妇女和同性恋确实在犯罪。假称真实世界中没有发生这些犯罪，那太天真了。"然而，这种推理的问题在于，天下的任何事情都可以被"所发生的"这几个字合理化，而无论事情本身多么堕落、孤立或者卑劣。

作为法律教师，我们创造了现实的袖珍世界，相信学生们把现实的规则托付给我们保管。因此，一次考试的三个问题中有两个涉及黑人犯罪，一个涉及男同性恋犯罪，这就构成一个袖珍世界，强化了已有的、广泛的误解：黑人犯了绝大部分的罪，只有男同性恋才携带艾滋病病毒……

我的备忘录引起的反响并不好。人们告诉我，我已经让一些教授难堪了，尽管没有提到名字，但他们的身份是很容易辨认的。我还被告知，我的对话"简直变成了一种人身攻击和疯狂扫射"。

这些指责让我害怕，我害怕被人称为说教、俯就、装腔作势，就

第十一章 律 师

像 K 害怕被称为激进主义者一样。此后很多天，我一见到 K 在大楼里，就赶快避开她。

★ 法学院的考试号称是关于真实世界的。鉴于测试是产生压力的，一些教授可能考虑使用一些可笑的人物，给考题引入一些乐趣——与种族或性别有关的，它们暗示了构思这些奇想的教师的某些方面，学生们也能心领神会。威廉斯教授因为替学生说话而遭到与学生同样的命运——放逐并受谴责。这对法学院文化、教育学和等级制意味着什么？

第十二章

对 抗 制

我们的州和国家的宪法和法律,自始便将程序的和实体的保障视为重中之重。这种保障旨在确保法律面前人人平等,让被告人在公允的法庭上获得公正的审判。如果被控犯罪的穷人没有律师的帮助而直面其指控者,那么,公正审判这一高贵理想就无从实现。

——大法官雨果·布莱克,1963年

律师不是野蛮人,他们基本上是体面的、有爱心的、受过良好教育的公民。如果问题涉及人的残忍和野蛮,则律师的道德义愤会油然而生。他们会冲到前列,提出矫治方案,旨在抗制人的低级本能。

——亚伯拉罕·奥都沃:《美国出庭律师杂志》,1979年

♣ 美国法律体系的面貌,最本乎其定义、运作和特征者,在于其核心原则:通过一个对抗制过程,可以最好地解决冲突。对抗制过程

假定：（1）在讼争中陈明双方各自立场的主要责任最好留给那些最受该讼争影响者；（2）讼争者的对话必然产生自利偏见，而通过将对话置于不偏不倚的中立法庭面前，能够最大限度地抵消这一自利偏见；（3）冲突和对话能够受普适的程序和实体规则体系的制约，这一规则体系阐明了讼争结果中的国家利益。对抗制过程的终极目的不是胜诉，而是克制国家加入一方、反对另一方的冲动。对抗制的精华原是控辩双方平等、法官居中裁判，但评论家已经指出，法官的角色正在转变，司法的作用也在转型：

> 许多法官已经背离了他们先前的态度，放下了相对中立的姿态，采取了更积极、更"具管理性"的立场。法官不仅裁判当事人提出的事实要点，而且在会见室与当事人面谈，鼓励和解，监督案件准备，在庭审前后对塑造诉讼和影响结果都起着关键作用。作为管理者，法官比以前更多地了解案件，管理的责任给法官更大的权力。先前制约司法权威的诸多限制不存在了，管理型法官经常在公众视野之外工作，不做记录，没有提供论证意见的义务，也不在上诉审的范围之内。[1]

早在 1931 年，查尔斯·柯蒂斯（Charles P. Curtis）已经为律师尤其是刑辩律师的职业道德观做了申辩。80 年后的中国，恐怕很多人还难以接受他在下文中所表达的观点。

---

[1] Judith Resnick, 23 *Judges' Journal* 8-11 (Winter 1984).

第一节 辩护伦理

一

我首先要将辩护置于适当的位置,它是一种特殊的代理行为。一名律师将生活和事业奉献于为他人而行动。牧师和银行家也是如此。银行家处置他人的金钱,牧师处置他人的精神,律师处置他人的困境。区别在于,牧师的忠诚不是献给教民的,而且献给教堂的;银行家的忠诚不是献给客户的,而是献给银行的。因此,为教民或客户服务的,是牧师或银行家所代表的机构,而不是牧师和银行家本人,他们的忠诚与律师的忠诚殊途异路。

当一名律师为政府工作时,情形也与牧师不同,因为不能说政府是他的委托人,政府太庞大了,将他吸收了,他只是其中一部分。充当一家公司的总顾问,也几乎是完全与委托人混同为一的,这种雇用所导致的结果,是使律师变成不折不扣的公司官员,就好像他就是董事长、秘书或者财务主管。事实上,他通常就是一名董事或者副总裁。

而私人执业的律师则不是这样,他的忠诚只针对他的委托人,没有其他的主人。法庭不是他的主人吗?难道法庭不对他的忠诚主张权利吗?有所主张,它要求律师将自己奉献于委托人——基于法庭的命令,也是法律的命令,法庭处在第二位。那么,一名律师能够伴其委托人走多远?能够背离法庭到何种程度?

你所代理的人很有理由期望你对他比对别人好,换言之,你为他做的事应当比你为其他人做的事有更高的水准。这有很长的历史渊源。苏格拉底在《共和国》一书中，起笔就是柏拉图式的伦理，即，正义在于对你的友人为善，对你的敌人为恶。因此，律师发现自己对待委托人要好于对待其他人，并且其他人因而比自己的委托人要坏。在发生对抗的时候，他要像对待野蛮人和敌人一样对待其他人。律师越是对委托人忠心耿耿，他对其他人的忠诚就越少。一个人只有定量的美德，给一个人多了，给别人的就少了。

你不顾自己的危险而献身于委托人的利益，代理行为使一个人远离自己，甘愿为委托人去做不愿为自己去做的事——高尚的以及卑鄙的。我现在用律师执业中一系列困境来提出伦理问题，但我认为，这些问题都没有简单的对或错的答案，而且我知道，没有任何伦理或道德准则能够导出任何答案。

二

一名律师以前的委托人打来电话，说自己不幸成了逃犯，警察在抓他，他需要律师的建议。律师到委托人所在之处，听了整个情况后，劝他自首并成功说服他相信这是最好的选择，还约定了一起去警察局的时间。委托人说希望用两天时间了结一些事情，做一些告别。当律师回到办公室，一名警察正候着他，问他的委托人是否在城里，具体躲在哪里。这是些警察有权问任何人的问题，这个律师稍有迟疑的回答，都足以出卖他的委托人。当然，他撒了谎。

为什么不呢？律师与其委托人的关系是最密切的关系之一。你会为你的妻子撒谎，会为你的孩子撒谎。还有许多别的人，他们与你的亲密程度足以让你为他们撒谎，即使你为自己也不会这样做。但你为他们撒谎的限度在哪里？我不知道，你也说不准。

每个人都会遇到这样的场合：不想讲真话，不想全部或者不想立刻讲真话，坦言之，我们的确时常有意地多少讲些合乎情理的假话。对他人而不是对自己完全诚实，是一种属于圣人、自负者和勇敢者的美德。即使我们确实想说真话的时候，也最终发现没有理由不以一种富于技巧且堂而皇之的方式讲出来。我们怀疑自己这样做的能力，就像怀疑他人会为我们这样做一样。

为什么我们不能坦言，律师的职能之一就是为委托人撒谎？在我指出的为数不多的场合，我相信就是这样的。所幸这种场合很少，只当是职责所迫，出于无奈。日常时候，律师像任何人一样讲真话。

我已经说过，律师不可以对法庭说谎，但律师也可能有义务不说。让我举个例子，一位委托人因金融事务被起诉，权利主张的细节并不重要。我立刻拿到委托人的一些信件，吃力地翻阅一遍，搜寻、排列、核对。我们大可相信这些信件说明了整个情形，通常总是这样。开庭在即，但原告的律师既未要求看这些通信，也不要求出示。他不要求出示，我就觉得没有义务拿出来。法官在判决理由中提到一个毫无根据的事实，我面前放着的这封信就可以证明他的错误。尽管我不怀疑自己保持沉默的适当性，但我当时还是觉得有些不自在。

三

"为了仁慈，我必须冷酷。"哈姆雷特在去见母亲的路上这样说。同样，律师在走向法庭的路上如果也这么说，那些无力区分真相与正义的人就会觉得很奇怪。正义是某种大于真相并且比真相更为亲近的东西。真相仅是正义的一个因素，正义的整体在于让各方满意。为此目的，法律有成功之外的其他考虑。正义必须给予败诉方，至少能为败诉方做最大限度的申辩。整个事情都摊开在光天化日之下，应该给每个有关的人一种安全感。司法的运作不是为了引出真相，正如科学的方法不是为了从原子里提取正义一样。

辩护，要求律师从某种待证事实开始，这既是实际情况，也是法律主张。律师会见证人和去法律图书馆，都是为了获得某些东西。如果他是抱着开放的心态去的，那将浪费大量的时间。他首先要在心中形成定见，这是理所当然的，他这样做仅仅是为了更易于发现有利于自己的东西。他死盯住最能满足其委托人利益的结论，然后开始努力说服他人同意这个结论。

当律师为一个他明知有罪的人辩护时，摆在律师面前的问题，只对业外人士来说才是困惑不清的，律师并不经常受这种问题的困扰。再真实不过的事情是，律师需要说服的首先是他自己。无论开始时他多么疑惑，到他草拟辩护要点时，他都发现自己越来越相信自己所说的。之后，当他在法庭上开始辩护时，他的确信已经是完全的、非常真诚的，说话时很难不假戏真做，相信自己正在说的话，相信到让自己都感到震惊的程度。他所关心的不是我们有多么震惊，而是我们是否被说服。他意识到，不具有说服力的论点还不如没有，因为这暗示着他没有更好的论点。

四

有人质疑，承接明知是不在理的案子的律师是否损害了诚实这一良好情感？律师可以这样回答："先生，在法官决断以前，你并不知道它是不是在理。你要公正地陈述事实，一个并不使你信服的论点却可能使法官信服：如果这论点确实使法官相信，那么为什么你是对的，而他是错的呢？"

律师对委托人是否有罪知道得非常清楚。不清楚案件是否在理的，不是律师，而是法律。法律不知道这一点，是因为它正努力去发现。因此，法律要每个人都得到辩护，每个有争议的案件都得到审理。法律应当使律师承接案件变得容易，而无论他是否认为这是个有问题的案件。这一点非常重要。

我们希望尽可能让律师轻易地承接不在理的案件，律师界助其一臂之力的方式是这样一条伦理准则："在论点中声称自己深信委托人的无辜，或者深信自己事业的正义性，这对律师来说是不适当的。"称之为不适当，是便于律师觉得他不是必须这样深信。是的，承接一个不在理的案件，或者为有罪的人辩护，或者提出你不相信的主张，这都没什么不道德。这在伦理上是中性的，是自由选择的。有一幅关于律师辩论的素描：一位端庄的年轻妇女坐在他近旁，她身边有个小男孩正吮着棒棒糖。题目是"如果他不是在攻击孤儿寡母，就是在为孤儿寡母辩护"。可以刺痛一个律师良知的案件，总会撩拨另一个律师的美德。每一案件都有两个方面，每有一名律师站在错的一方时，都有另一名律师站到对的一面。

我不是玩世不恭，不是讨论行事的道德，而是讨论辩护的伦理，它是指导一个人如何为他人做事的特殊的道德法典。律师在职业道路上走得越远，就越是脱开我们通常的道德，职业要求他们平等对待正确和谬误、邪恶与美德。在某种程度上，法律执业像自由演讲，既为我们之所恨辩护，也为我们之所爱辩护。除了古代的祭神仪式，我不知道还有什么其他职业能够提供这样多的机会，让你欣赏美德并运用邪恶，或者如果你愿意，也可以运用美德并欣赏邪恶。当然，这种仪式在某些神庙里可以由处女举行，在另一些神庙里也可能由妓女举行。

第十二章 对 抗 制

五

让我们回头重新思考、重新建构律师对委托人的"完全的奉献"。事实上,"完全的奉献"并不完全,律师要有所保留。如果律师完全奉献给委托人,则委托人所得到的东西要少于他有权期望的分量。因为如果一个人将全身心奉献给另一个人,他便毁伤贬低了自己,另一个人所得到的自然就少了。这不是一个悖论,而是一个简单的心算。法律执业是代理式的,不是利他式的,因而律师必须从基督精神返回淡泊哲学,代理式的超然能够更好地为委托人服务。

一名律师如何确保超然?有两种方法。所有的律师,或者几乎所有的律师,都熟悉其中一种或两种。一种方法是将整个事件作为一场游戏。我不是在说体育运动的正义理论,我是在谈律师与委托人的个人关系,以及他超脱于委托人的必要性。永远不要责备律师将诉讼视为一场游戏,尽管你可以以此指责一位法官。另一种方法是具备一种工匠意识。在游戏中,只要你竭尽全力,就会令人满意,全不必得到好的分数。尽力做好一件事情而全不顾其有用性或目的性,我想不出还有什么比这更具兴奋感了。

★ 在纽约曾有这样一起案件:两名律师被指定为一个被控谋杀罪的男人辩护,委托人告诉两名律师,他还犯有两起不为警方所知的谋杀案。两名律师依他的指点,在一处废弃的矿井中发现了两具尸体并拍了照片。然而,直到委托人在几个月后坦白了这些罪行,他们才将这一切告知警方。不仅如此,一名被害人的家长曾向其中一名律师询问过有关他们失踪女儿的情况,这位律师否认掌握了任何信息。门罗·弗里德曼,一位法学院院长,杰出的法律伦理学者,曾这样评论该案：

> 对抗制——律师在其中发挥着重要作用——预见到律师会频繁接触委托人的有关信息，这些信息非常可能被归于犯罪，甚至可能得知委托人真的犯有严重罪行。在这种情形下，如果要求律师泄露该信息，那么，保守秘密的义务就会毁灭，与之一起毁灭的还有对抗制本身。[1]

♣ 法庭不是通过唇枪舌剑解决个人恩怨的场地，不是封闭的仅有讼争当事人利益的舞台。审判是国家治理的一个过程。法院代表政府，并且不那么直接地代表社会。法院的判决以国家权力为支撑，审判则饱含着公众的利益。杰罗姆·弗兰克似乎并不赞成对抗制，他的诸多著作似乎都在主张"实事求是"，许多中国人肯定喜欢他的观点：

第二节　争斗与真相

我们说今天的审判方式是"理性的"，就是在推定，组成审判庭的那些人，法官和陪审员，在每一案件中都会对所有实际存在的证据进行理智的询问，为的是尽可能确定案件事实的真实性。这被称为"调查"或"真相"的案件审判方式，它所得出的不过是一种推测，尽管是一种有知识基础的推测。

这种审判方式的成功受到至少两个条件的限制：（1）法官或陪审

---

[1] Monroe H. Freedman, *Lawyer's Ethics in an Adversary System* (Indianapolis, Ind: Bobbs-Merrill, 1975).

团可能无法获得所有的重要证据；（2）法官或陪审团可能没有能力进行关于真相的询问。实际上，我们的审判模式通称为"抗辩式"或"对抗式"，这种模式以所谓"争斗"理论为基础，这种理论从作为私人争斗替代物的原初的法庭发展而来。

许多律师坚持认为，"争斗"理论与"真相"理论相契合。他们认为法庭发现案件事实的最佳方式是让每一方尽可能努力奋战，以一种强烈的派系观念，让法庭注意那些有利于本方的证据。当两个立场对立的人尽可能偏颇地争辩时，我们获得了最公平的判决，因为可以肯定，在这种情况下，不会有任何重要的因素被忽视。

毫无疑问，这一见解包含了良好的见识。热忱的、偏袒一方的律师有时确实能够提请法庭注意某个证据，而这个证据在一次不带偏见的询问中反倒可能被忽视。除了案件的事实因素，对方的律师也可能提请法庭注意某些法律规则的细节，若不是这一提醒，法官可能不会知晓这些细节。因此，"争斗"理论有许多我们无法放弃的宝贵品质。

但是，立场对立的律师之间的偏袒也经常妨碍关键证据的发现，或者导致关键证据的展示以一种歪曲的方式进行。我将努力向你说明：我们已经使争斗精神走到了危险的极端。这在如何驾驭证人的问题上也许最为明显。一位法官写道："陌生的环境及其伴随的焦虑和匆忙，证人可能受到哄骗或威吓，交叉询问可能造成混淆，这一切都可能引发重要的错误和疏忽。"

亨利·塔夫特（Henry Taft）告诉我们："讲实话的证人经常被误解，这不足为奇，因为证人紧张的反应会产生一种印象：他们或者是回避问题，或者是有意作伪证。一位诚实的证人在接受直接询问时，他的回答快捷、诚恳，并给人以良好印象；而在交叉询问中，他态度大变，怀疑为他设置了陷阱，因而犹豫不定，对简单的问题也斟酌良久；在被要求重复某些问题时，也似乎在'争论'，在抗议律师的不公正，甚至要求法庭的保护。"然而，法庭正是这样引出证词，并以之为基础作出影响公民生命和财产的判决的。

在向法庭举证的过程中，有经验的律师会使尽浑身解数，尽可能减少对其委托人不利的证词在法官或陪审团那里的影响。如果证人胆小怕事，被陌生的庭审方式搞得惊恐万状，那么，律师在交叉询问中就利用这些弱点，使证人混淆不清，看上去像是掩盖了重要的事实。对于好激动但却是诚实的对方证人，要让他以最令人不快的方式展示他最令人讨厌的性格，为的是让他无法取信于法官或陪审团。有时，只要让对方的证人看上去比实际上更有敌意，就可以毁掉其证据的影响力。可以使他夸张或者隐瞒某事，然后再让他自己说出来，使他的作证丧失价值——尽管这是判决所要依赖的唯一证据来源。

律师不仅寻求使对方证人信誉扫地，而且要掩饰本方证人的缺陷。在庭审前会见证人的时候，如果注意到该证人矫揉造作、举止矜持——这可能使他难以取信于人——则律师会教他如何在作证时掩饰这些缺点；律师要教会易怒的证人隐藏火暴性情，教导趾高气扬的证人抑制骄矜傲慢，使法庭无从观察证人的真相和正常的举止，因而也就无从准确估价证人。

律师们毫无顾忌地炫耀这些策略的成功，还将这种做法大加吹嘘："当你进行交叉询问时，你应当抓住证人陈述中的矛盾之处，你的下一个问题可能脱口而出：'好吧，让我们来听听你的解释。'不要这样问，因为他可能要解释，如果他解释了，你的论点和揭露他的机会就都会失去。如果你适当地、生动有趣地进行了交叉询问，陪审团自会看出矛盾之处，进而在他们心中产生你所期望的印象。这比你在交叉询问中指出矛盾，更能令陪审团对该证言产生怀疑。"同时，不要让任何有害于本方的可靠证据帮助法庭获得真相。

通常,任何事实,如果有害于委托人,而律师又认为对方无法证明,则律师将不会承认这些事实的存在。如果律师知道,一位证人不准确的作证有利于自己的委托人,则律师会阻碍那个可能暴露其不准确性的交叉询问。他会提出一些令对方措手不及的作证,使对方没有时间找到、会见并传唤可以反击这一作证的证人。一位律师在律师协会的一次讲座中说:"能够出奇制胜的因素应当隐藏起来。你一定不要触及你的对手还蒙在鼓里的事情。显然,陷阱不应被揭开。事实上,你可以在陷阱上再撒几片叶子,使你的对手更大胆地迈上他误以为是坚实的土地。"

这些战略通常是有效的,是为了防止法官或陪审团正确评价证人的可信性,并且是为了隔绝那些法庭为接近真相而本该得到的证据。一句话,律师的目标是胜利,是赢得争斗,而不是帮助法庭发现事实。他不希望法庭得出有见识的推测,如果这与自己委托人的利益相违背的话。我们目前的审判方式就相当于在一位外科医生做手术时在他眼睛上撒辣椒末儿。

这使我注意到争斗理论所忽视的一点:法庭的判决不仅是私事,它以法庭的命令告终,这一命令是最严肃的政府行为之一。法庭不仅是政府的一个机构,而且要记住:如果该命令得不到自愿的遵守,将导致动用警察、司法官乃至军队。法庭的命令事关重大,除非存在某些事实,使某一法律规则起作用,否则法庭不应该发出这样的命令。

在刑事案件中人们认识到,不利于被告的法庭判决,是重大的政府行为,没有真实的事实为其正当基础,就不能作这一判决。在刑事案件中,政府要为导致错误判决的事实错误承担责任,如果被告是因这些错误而被定罪的,那么政府要对这个无辜的人进行赔偿。

在民事案件中，政府通常所承担的责任是有所不同的。这类案件的诉讼依然遵循古代的"自我救济"的传统。通常，法庭几乎全部依赖某方诉讼当事人能够提供并且选择提供的证据。如果某方的律师缺乏技巧或勤勉，或者缺乏资金以支持为获取证据所必须的审前调查，则如我所说，其结果可能使关键的证据没有提供给法庭。如果不是当事人提供的证据，无论多么重要，政府官员都没有义务去发现该证据并将其带到法庭上。

然而，法庭在民事诉讼中因对真实事实的误解而作的判决，其后果可能像在刑事诉讼中判无辜者有罪一样严重。一个人会因错误的民事判决而失去工作或积蓄，变得一贫如洗，他所遭受的境遇可能像被投入监狱一样可怕。他的贫困可能使他成为公众的负担，可能使他的孩子们成为少年犯而锒铛入狱。然而，在任何司法区域内，政府都不会因一项非刑事判决给某个人造成了严重损害而负赔偿责任。我认为，在这方面我们的法律体系有某种基本的缺陷，难道政府不应该因强制执行我们的"私权"而承担责任吗？

假定在美国 A 起诉 B，声称 B 通过欺瞒的手段取得了 A 的猪。一条法律规则说，如果 B 真的干了这事，则 A 有法律上的权利要回那头猪或者等值的钱。如果 A 通过伪证而胜诉，这一有利判决是否构成对该法律规则的强制执行？对我的这个问题，一位律师朋友回答说："从理论上说，是这样的。已认定的事实在理论上必须被假定是真实的。"他的回答并不令我满意。事实上，我的朋友说，即使法庭真的对90%的案件的事实都做了错误的认定，法庭依然要强制执行这些规则。

可以想象有人会说："公众尊敬该规则，并且它已渗透到公众的习惯中，只要公众不知道这是一次错误的适用，那么正确适用与错误适用就没有什么不同。如果你认为用错误的判决剥夺他人金钱是非正义的，则我的回答是，那些被有效掩盖的非正义，不仅对社会无害，反而对社会有益，因为它们充当了有益的榜样。不要对这类错误吹毛求疵。"我怀疑是否会有读者同意这种观点。

没有人怀疑，发明通过解决纠纷来维持和平的法庭，标志着人类的一个巨大进步。但是，难道我们对这一进步如此满意以至于裹足不前了吗？我认为，法庭的基本目标应当是特定纠纷的公正解决，是特定法律诉讼的公正判决。纷争的公正解决，要求法庭能够并且努力接近特定的争议事实。我反复强调，法庭的正义是零售的，而不是批发的。法庭在每一特定案件中发现事实的工作，因而呈现为现代法庭最重要的工作之一。尽管我对许多能干的法官充满了欣羡与敬意，我仍然必须说，这项工作没有达到其可能达到和应当达到的水平。

★ 柯蒂斯说："司法的运作不是为了引出真相，正如科学的方法不是为了从原子里提取正义一样。"弗兰克法官会同意这一观点吗？他会不会这样反问："没有真相，何谈正义？"弗兰克又会如何看待下面的引文：

> 正义，作为一种职业理想，在某种程度上被腐蚀了，因为有关正义的文化使人很难说律师的生活是牧师式的，而牧师的目标，除了正义之外，还有同情和希望。同情是忠告的核心，而忠告是律师绝大部分时间在做的事情。律师在绝大部分时间里不是分配、运用或者服务于正义，而是服务于那些知道和想要知道如何渡过难关的人。正义无疑是一种重要

的职业美德，但不足以成为一般律师所信奉的人生理想。[1]

♣ 在刑事案件中，国家是法律争端的一方。这一事实能够解释为什么政府在这类案件中更卖力地寻求真相，而在民事案件中则不是这样。如果法庭为解决私人纠纷而亲自进行寻找真相的询问，这显然危及它作为中立裁判者的身份。哈利·索宾（Harry I. Subin）律师讲了下面的故事，特别适宜讨论辩护律师的职业伦理问题。

第三节　不一样的使命

大约20年前，我代理了一起抢劫、强奸案。被害人是这么说的："凌晨回家的路上，一个男人走上前来，用手枪指着我，从我手腕上拿走一只表。他把我带到附近一个停车场，命令我躺在地上，脱去衣服。我抱怨说地上太硬了，不舒服，于是他就带我到街对面不远处他的公寓里。在接下来的一小时里，我们发生了性关系。最后，这个男人说我们必须离开，免得被跟他同住的女人发现。我就说，既然你得到了想要的东西，就把手表还我吧。他答应了。我们一起离开公寓时，他说要去把车开过来。可他没去开车，而是溜进旁边的公寓，留我在门厅里傻等。你问我为什么等在那里，因为我还指望着拿回自己的手表，那表是珍贵的礼物，是我男友送的。"

后来的情况是：被害人始终没能拿回手表。他们离开公寓大楼以后，这个男人又让她等在街上，再次推托说自己去把车开过来。这个

---

〔1〕 Thomas L. Shaffer, *On Being a Christian and a Lawyer* (Provo, Utah: Brigham Young University Press, 1982).

时候，被害人走进附近的警局，向警方报了案。被害人对袭击者做了充分的描述，与我的委托人非常吻合。她还细致描述了公寓内部的情况。随后，警察来到公寓，在公寓里留了字条，要我的委托人来警局一趟。被害人在警局当场指认了他。他当时被允许回家，随即在公寓中被逮捕。手枪也找到了，但没有发现手表。

正式指控提起后，我介入了本案。在几次会见中，我的委托人始终坚持说与这个所谓犯罪没有任何关系，他甚至从没见过这个女人。他告诉我说，案发前的那个夜里他曾去过很多地方，先是去了姑妈家，然后跑到新泽西州一间酒吧，案发时，他就在那个酒吧里。他给出了一个男人的名字，说这人可以为他作证。他说实在搞不懂这个女人是怎么知道他的一些情况的，比如公寓里面什么样，他和一个女人同居，他曾是个音乐家，也弄不清这个女人是如何认出他来的。他说自己没必要强奸什么人，他有个女人，并且，一次旧的枪伤让他做了手术，正在康复中，没办法干那种事。他还说自己不至于蠢到这种地步，抢劫一个女人，还带着她到处走，最终带到自己的公寓里再强奸她。

我觉得他的话有些道理，被害人的叙述中确有可疑之处。令人不解的是，一个意图实施强奸的男人，竟会在乎被害人感觉停车场地上不舒服。再说，一个刚刚被人强奸的女人，似乎应当一有机会就逃离现场，而不是一心惦记着拿回手表。与此同时，我也怀疑我的委托人没说实话。我认为，如果被害人以前从未接触过他，就根本不可能如此了解他和他的住处。的确可能有人冒充，并使用了他的公寓，不过他不曾说过有什么人可能这么做[1]，而且这种假设不能解释被害人

---

[1] 她曾说侵犯她的人是用钥匙开门的。同时，也没有破门而入的证据。

向警方做的精确描述。虽然辨认程序有瑕疵——警方只提供了一个辨认对象，这不免有某种暗示作用，但是，被害人在案件过程中有足够的时间观察侵犯她的人。我不相信被害人会随机挑选一个人，用强奸来诬告他。他们都声明以前并不认识。

我的委托人可能向我撒谎，这有两种解释：其一，他有罪，只是他看不出向我承认有什么好处。向他人承认自己犯了罪，又是这种性质的罪，那可是很尴尬的。不仅如此，他害怕告诉我真相，惟恐我再告诉别人，或者以为我不会热心帮助干了这种事的人。其二，他无罪，不过他认为编个故事是最好的选择。性关系可能是自愿发生的，这个女人向警方举报他是出于气恼，因为我的委托人拒绝归还那块手表——可能不是偷的，而是遗忘在公寓里的。他也许有超过法律后果本身的考虑，比如，觉得必须彻底否认卷入此事，因为承认这次的性关系会危害他与同居女子的关系。基于同一理由，他可能决定"要一下律师"，先抛出自认为最好的辩护。他不明白，国家在刑事案件中负有重大的证明责任，不会单凭这个女人对他的言辞指控就定他有罪。

我和委托人多次讨论了全部案情后，我断定他很聪明，也没有心理异常的迹象。我确信，他既然明白自己处境不妙，也知道最初讲的故事不足以支持他的辩解。于是，我将交谈推进一步，指出他的"正确"答案不免让我紧张，因为他已经处在伪证的边缘。然而，他还是一口咬定最初的说法。

我开始拿不定主意了。我同时怀疑被害人和被告人关于案情的不同版本，可想而知，陪审团会有相同的怀疑。不过，问题出在他俩身上，不是出在我身上。我要做的只是向法庭提交我的委托人的案情版本。

第十二章 对 抗 制

这样做是必须的吗？基于对对抗制精神的信奉，我断定这样做不是必须的。刑事辩护律师"不同的使命"要求我走得更远，不仅要以法律上正确而又有说服力的方式提交委托人的案情版本，而且应当以合法的方式使检控者陷入困境，而无论事实究竟如何。

基于这样的使命感，我得出结论：简单地采用被告人的立场，讲述他的案情版本，即使是真实的，也太冒险了。除非我能找出一个"不在现场"的铁证——考虑到被害人的有力指证，这一点已经是不可能了。我认为最稳妥的方式是攻击被害人的案情版本，即使她说的是真相。不过，既然我的委托人坚持自己的原创故事，我就有义务为这个"不在现场"的辩护去调查取证，尽管我打定主意不用这个辩护理由。我和助手们随后访问了委托人提到的每一个人，按照他说的路线计时走了一遍，试图找到其他的目击证人。结果没发现任何有价值的线索。他提到的酒吧里的那个人，不能证明他当时也在酒吧。他给出的时间表恰好印证了被害人声称案发的时间。他的姑妈说他的确来过，但那只是傍晚的时候。

"不在现场"的辩护显然无望了，我又回到自己的初始战略，准备去"诋毁"被害人的事实版本。我请求法官进行一次预审，其间，被害人作证前起誓说自己对事件的描述都是事实。她的版本恰如我上文描述的那样，而她的态度是客观的，丝毫看不出臆造的迹象，我也就此确信她说的是真话。她是这样一种女人：即使不是老于世故，也是世事洞明。这也解释了我曾有的疑惑——被卷入一桩尴尬事件后，竟然作出那种出人意表的反应。

我向委托人说明，我们没找到他"不在现场"的佐证，而被害人的证词听上去却更可信。依我的判断，如果不能找到其他证据，陪审团不会相信"不在现场"，考虑认罪是比较适宜的选择，这至少可以大大缩短刑期。这个案子，象征了整个纽约州的刑事司法制度，在漫无目标的漂向解决的过程中，暂时搁浅在那里。

就这样过了一段时间，委托人打电话给我，说他有了新的证据，他的姑妈愿意作证说案发当时他们正在一起。我根本不信。我提醒他，上次与他姑妈见面时她可不是这么说的，即使陪审团听了他姑妈这样的证词，也不会相信的。

记不清是这次还是后来，反正我的委托人认罪了。记得非常清楚的是当我知道真相后的那种迟疑，我吃不准是否应当改变辩护方针。我真希望自己不知道真相。我开始从心理上而不是伦理上理解了，律师为何不想知道委托人的真实故事。

好在这个难题没有困扰我太久。我认定，对真相的了解不足以改变我的辩护策略。这是因为，刑事辩护律师的使命就是击败指控，我实在不知道还有什么比这更重要。我要做的只是向陪审团提交一个"事实"版本，使陪审团对被告人"有罪"发生怀疑。

这样看来，我的难题不在于委托人的故事是假的，而在于这个故事不可信，也不可能以合法的方式使它听上去可信。为了获胜，我们不得不提出一个比"不在现场"更好的理由，避免伪证。因此，辩护必须在没有被告人作证的前提下进行，因为在法庭上宣誓后再编造脱罪谎言是一种犯罪行为。不过这不是个难题，因为被告人不作证时，辩护不仅可以继续进行，而且可能进行的更加顺利。不是每个人都善于在证人席上成功说谎，我也并不觉得我的委托人有这等本事。

可以构造两种辩护：第一种是指认错误。我们可以争辩说，在双方最初遭遇时，被害人对被告人的观察机会是有限的，因为当时天色未明，街上还是黑漆漆的。可以想见，被害人当时的情绪一定极为紧张。[1] 我们要引入一位专家证人，让他指出目击证人辨认错误的风险是很大的。我们要指出当时在警察局里进行的辨认是不可靠的。不过必须考虑到，被害人曾与被告人共处了相当一段时间，还带着警察到过公寓，错误指认的辩护看来难以奏效。

第二种是女方同意。这样辩护不仅可以否定强奸的指控，而且可以搞掉抢劫的罪名。我们要做的只是造成一种怀疑，怀疑性交并非强迫进行的。怀疑的根据是两人相遇的那个戏剧化场景，以及被害人自愿去往被告人的公寓。而那块号称是被抢劫的手表，要么是粗心落在公寓里的，要么根本就没在那里。

"女方同意"的辩护可以完全在交叉询问中完成，也可以辅之以向陪审团的申辩——被害人在关于暴力的问题上缺乏可信性。我可以强化被害人故事中的最令人惊诧的地方，比如被告人体贴入微地将被害人带回公寓，以及被害人等着拿回手表，而她原本可以迅速奔向警局。我可以指出，被害人没能认出那支用来抢劫的手枪，而那块据称被抢的手表根本就没有找到。没有任何身体强制的痕迹，没人听到有呼喊声，也没有任何搏斗过的迹象。我还可以争辩说，即使我的委托人轻率到在自家附近抢劫、强奸一个女人，他还不至于愚蠢到把被害人带到家里。我还考虑调查被害人的过去，以她过去的不贞质疑她现在的信誉。[2] 然而，我不想这么做，因为我知道，上述做法虽然是合法的，但却是根本错误的。

---

[1] 这个质疑在交叉询问中对我是比较安全的，被害人无论怎样作证都会陷入困境。如果她承认当时很慌乱，就正好符合我所说的不可靠的指认；如果她说自己当时很镇定，就不会再有人相信她……

[2] 只要启动审判，通过展出被害人以前性活动的细节来为难她，是司空见惯的做法。

不过，即使不去诋毁这个女人的人品，我还是可以主张，这只是一次偏离预定轨道的临时起意的幽会。被告人不必证明被害人做了虚假指控，更不必证明诬告是为了解释那天整晚她都去了哪里，或者为了解释她是怎么丢掉手表的。只要陪审团有理由怀疑被害人的指控，就注定会对被告人无罪开释。

所有这一切在法庭上究竟会怎样上演我还不得而知，但可预测的是，这个案子会长期拖延，以至于检控方被迫提出一个无可辩驳的指控——非法持有枪支。现在想来，我真不知道当初凭什么认为在法庭上这样大干一场是正当的。我站在陪审团面前，充作寻求真相的样子，实际却在努力欺骗陪审员们相信一个彻头彻尾编造的故事——这个女人是同意的，而事实上她是在枪口下被迫与被告人性交的。我竟然准备声请对被告人无罪开释，理由是控方没有尽到原本可以尽到的举证责任，原因只在于我让真相看起来像是谎言。允许辩护律师做这样的事情，社会能够得到什么补偿吗？坦率说，我还真没看出来。

然而，其他人看出来了，虽然他们也遭受批评，但他们的确代表着多数人的意见。他们仰赖下面两种说法之一：第一，律师们不可能掌握足够确定的真相后再对委托人的案件发表意见；第二，辩护律师即使知道真相，也不必关心这个真相。两种说法能够成立吗？

★ 法律权威们在讨论"真相"理论和"争斗"理论时，多数美国人是支持后一理论的。在"美国诉韦德案"（United States v. Wade）中，大法官拜伦·怀特（Byron White）写道：

> 法官有义务定罪，同时有义务确定没有罪及无辜。他们必须专注于使刑事审判成为确定犯罪事实的程序。在这个程

度上，我们所谓对抗制，根本不是对抗式的，也不应该是对抗式的。但是，辩护律师却不一样，他没有确定或提供真相的义务，他必须并且乐于防止无辜者被定罪。我们坚决要求他为委托人辩护，而无论其无辜还是有罪。我们在不罪及无辜方面的利益，使律师能够让国家自我举证，而无论他认为或知道的真相是什么。我们所支持或者要求的辩护律师的义务，在许多情况下，与寻找真相即使有关，也是微乎其微的。

♣ 随着电视庭审实况的出现，公众已不再只凭电影和电视剧来构思律师的形象、理解法律诉讼中的辩护了。但是，几乎任何电视节目、新闻或小说，都没有涵盖大城市刑事法庭中日常进行的、不惹人注意的、大规模的审判过程。下文选自詹姆斯·米尔斯（James Mills）的《黑白道》（On the Edge），从中可以看到双方的律师整天纠缠于大量的贫穷被告人的案件，通过辩诉交易，就罪与非罪进行谈判。

第四节 与正义无关

马丁·厄德曼（Martin Erdmann）认为自己可能是反社会的。6 岁时，他喜欢偷偷溜过家里铺着红地毯、有旋转楼梯的门厅，向摆在那儿的棕榈花瓶里吐上一口。长大后，他没有很多朋友，说不需要。他 57 岁，是个未婚的拥资百万的律师。他曾为之辩护的罪犯，数量堪称世界第一，因为他是纽约前 5 位的最好的律师，他使那些罪犯比他们有权希望的要早几个月或几年回到大街上。他的委托人不是黑老大、银行贪污犯或者枪杀老婆的行政官员，而是杀人犯、夜盗犯、强奸犯和抢劫犯——人们街谈巷议的罪犯就是指的这些人。

25年间，厄德曼已经为超过10万的罪犯辩护，让他们在监狱少待了成千上万年，而在这些年中，他们实施的抢劫、强奸、夜盗和谋杀又数以万计。想到自己曾"插手"这些坏人的恶行，他深感无聊与无关。"我与正义无关，"他说，"如果你说我对自己的所作所为没有道德反应，那你是对的。"

他才是对的，就像我们的对抗式的司法制度、陪审团审判、无罪推定和第五修正案一样是对的。如果热衷于为被告人解脱有什么不对的话，那不是厄德曼的错，而是制度的错。刑法对于辩护律师而言，不意味着衡平、公正或者适当的刑罚或报复，它意味着为他的委托人争得一切可以争得的东西。也许在98%的案件里，委托人都是有罪的。正义是检察官的奢华享受，只有他们才誓言"实现正义"。辩护律师并没有沐浴在这高尚誓言的堂皇里，他们发现自己绝大部分时间里都在为有罪者工作，为一种司法制度工作。这一制度的基础是一项有效而又矛盾的原则：为了保护无辜者，必须放掉有罪人。

厄德曼确实是在尽可能多地解脱有罪的人。他为"法律援助社"工作，这是一个私人组织，它与纽约市签有合同，代表每年涌入该市多家法庭的17万9千名贫困的被告人。他主持该社最高法院分社的工作，领导55名律师，每年挣23 500美元。头枕着老爹留给他的几百万美金，钱对他来说没什么意义。25年前，如果不是会计告诉他工资单搞混了，他所有的工资存折还会一直塞在办公桌的抽屉里。如果从事私人执业，他可以有6位数的收入，也许还有更大的声誉。他厌恶别人说他奉献。"那简直是胡扯，唯一不能用来形容我的字眼儿就是'奉献'。我把它留给做了某种牺牲的人。我没有牺牲任何东西，我还人缘不坏的唯一原因是我喜欢争胜。"

第十二章 对 抗 制

厄德曼不像一个应该争胜的人，他瘦小，没有威严，每周一的上班路上，都要把他本就不多的头发理得很短。西装松松垮垮，略微曲背前倾的走路姿势。他的脸很瘦削，薄薄的嘴唇，突出的眼睛。他住的陋屋只有一间卧室，位于曼哈顿东区，没有电视，很少接电话。"我从父亲那儿学来这一招——几小时坐在屋中，任凭电话一直响着"。他通过明信片与人对弈，从商品目录上买圣诞礼物，除了工作和吃饭，很少外出。被告人向他借钱，总能如愿。他资助黑人学生奖学金，被"纽约城市中心"列为赞助人。他唯一的自我放纵是去康涅狄格州75英亩的周末度假营地，还有每年一个月的单人垂钓之旅。他说："我早就发现自己是个独立自足的人。"

厄德曼早上4点45分起床，读书到6点30分，然后乘3英里的地铁到城里的刑事法院大楼。他摸黑儿走过空荡的走廊，到自己的办公室。7点30分，离开庭尚有两个半小时，就他一个人。再过10到15分钟，他的老板、刑事部主任律师米尔顿·阿德勒会来。然后陆续来到的有电话接线员、职员、其他律师、保释的被告、儿子在狱中的母亲、满身呕吐物的可恶吸毒者、静坐在墙边木椅上的受惊吓的人、口中骂骂咧咧的愤怒的人和头插羽毛奇装异服的精神病患者。

人潮开始汹涌之前，厄德曼坐在办公桌旁翻阅当天的案卷。霍华德，21岁的黑人青年，被控使用棍棒和刀具抢劫一个男人的钱夹。霍华德的母亲去探监，带去干净衣服，带回要换洗的衣服。她不知道对儿子最大的危险不是抢劫的指控，而是在8×6英尺的牢房里睡在他上面的男人，罗伯特·菲利普斯。这个人7年前从州精神病院逃走，重又抓获，释放，然后因谋杀一位22岁的姑娘和一个孤儿而被捕。在精神病院又待了3年之后，他被宣布在法律上是精神正常的人，现正等待对他谋杀行为的审判。厄德曼翻阅着案卷，说："精神病院的囚禁者告诉我，他们会一直关在那里，直到承认对他们的指控，然后贴上精神正常的标签，送到这里来认罪。"他打算把霍华德的案子交给艾丽斯·施莱辛格，一位仍然能够相信她的委托人是无辜者的年轻律师。她擅长厄德曼所说的"扎实办案"，给被告及家属的时间比案件的实际需要更长。

阿德勒走进来，说了些昨天他参加的一次会议的事情，会上他与检察官、法官讨论了如何让更多的人假释出狱。厄德曼听着，没说什么。他的理想主义只剩下残骸，为了应付日常大事小情的压力，他老是摆出一副玩世不恭的神气。他微笑，他大笑，他刺破从其他律师那里飘浮来的天真幼稚的小气泡。

艾丽斯出现在门口，一位30岁左右的小个子年轻妇女，有一头黑色长发。她想知道如何向检察官施加压力，让他开启对一位保释被告人的审判，这个被告人被控抢劫罪。"我们就不能给他们点儿压力？我的委托人非常紧张和沮丧，他希望赶紧熬过审判。"

厄德曼说："当然，你随时可以提出不予受理的动议，因为缺少控方。就说你的委托人正在承受巨大的精神压力，因为有这样可怕而不公的指控悬在头上。"

"不要这样笑，"她说，"这回他可是清白的。"

厄德曼收起笑容，说："好吧，也许检察官正不知到哪儿去找被害人，不管怎么说，你的被告已经取保，为什么要催着他们找他的麻烦？如果他们发现了被害人，开始庭审，再假设由于某种极端偶然的原因，你的委托人被定罪，又被送入监狱，那可比现在要糟多了。"

她不太情愿地表示同意，走开了。厄德曼静静坐在办公桌旁，眼望着一大堆纸张，缓缓说道："她要学的东西太多了，她会学到的。会伴着许多眼泪，但她会学到的。"

厄德曼带好要用的卷宗，乘电梯到13层的一个法庭。他在陪审团席一把软椅上坐下，又开始看当天的30个案卷：伪造、抢劫（多半是行凶）、夜盗、贩毒、持枪袭击、放火、鸡奸、未遂谋杀。他将这些案卷排列在陪审团席前面的架子上，然后坐回去，等待检察官和法官。法庭里只有他一人，一个昏暗而肃穆的地方——为了显得威严，其实只是让人觉得压抑。棕色的墙壁，棕色的桌子，棕色的与教堂一样的靠背长凳，这一切吸收了头上低瓦数的灯泡所发出的微光。

一位检察官走了进来，厄德曼向他问起即将开审的一起绑架案的情况。"负责该案的检察官正忙着另一个案件，至少一个月也搞不完。"厄德曼笑道："太好了，我希望他能等到被害人30岁时再受审，那也不赖。女孩儿8岁被绑架，现在11岁了。"检察官摇摇头，走开了。又有两位检察官来了，厄德曼同他们打趣说笑，以确定自己的存在：他比他们年长一倍，更有经验，更有知识，也更狡猾。"我的声望极高，这一点是确定无疑的，"他说，"这是精心造就的，神话在这一行非常重要。"

法官进来了，他叫米歇尔·施威特泽尔，高而瘦，灰白头发，当了26年法官，其中16年与厄德曼有密切的工作关系。他扫视屋内，向私人律师们、厄德曼和几位检察官们打招呼。书记员叫了一个名子："约瑟·圣地亚哥！"

厄德曼摸索着卷宗，从中抽出一份，说道："我的案子。"一位检察官也从自己桌上拣出一份，他们缓步走向法官席。厄德曼拿出了起诉书副本和另一位法律援助律师早些时候会见被告的笔录，检察官有一份大陪审团听证摘要和被告供述记录的副本。凭这些材料，在下面的三四分钟里，法官、检察官和厄德曼将决定定罪的可能和刑期的长短，与此同时，被告本人就坐在被告席上，并没意识到庭上发生的一切。

审判已经过时了。在纽约市，几千名被捕者中才有一名以庭审告终。政府已经没有时间和金钱来负担冠冕堂皇的无罪推定，也负担不起只有陪审团审判才能定罪的信念。今天，政府实际上对每个被告人说："如果你愿意放弃没有证据支持的无罪声明，我们将用一个轻刑补偿你。"被告人问："有多轻?"然后是检察官、律师和法官凑在法官席上讨价还价，这被称为"辩诉交易"。

整个过程像玩一场游戏，附带着一套规则与仪式。权力掌握在被羁押人手里，因为不断增长的犯罪已经将我们的司法体系推向混乱和瘫痪的边缘，被告本人成了唯一可以出来帮一把的人。政府需要认罪请求，以推动法庭尽快结案，而被告人出卖认罪请求，以换取政府唯一能够支付的现钞——减轻处罚。但是，无论最终达成怎样的量刑，这种讨价还价的真正结果却从未受到质疑。有罪者总是赢家，而无辜者总是一败涂地。

为了玩好这个游戏，律师必须冷酷无情。他在一个已瘫痪的体系内工作，又反对这个体系。在它倒下时，他应毫不犹豫地踢上一脚，趁它羸弱不堪时占足每个便宜。在这个游戏中，没人会比厄德曼玩得更漂亮。

法官施威特泽尔浏览了一遍检察官呈递的大陪审团听证摘要，检察官是一位名叫杰克·雷特曼的戴眼镜的年轻人。然后，法官从眼镜上面看着他们，问："你想怎么样呢，马丁?"

厄德曼还吃不准，他的委托人被控在街上抢劫后，又在被害人脸上、颈上、胸部、腹部和背部连刺数刀，与此同时，被告人的同伙从背后抱住被害人。厄德曼说："他们的身份还有很大的疑问，警察的报告复本上说，被害人第二天在医院里拒绝辨认照片，因为他说无法从照片上辨认攻击者。"

"阁下,"雷特曼说,"医院在他身上打了 65 个补丁。"

"等一下,"法官说,并从听证摘要里找出一段快速读给厄德曼听:"他们逃到一幢公寓楼中,警察问管理员是否看见他们,管理员说他们跑进了 3A 房间,警察冲进去抓住他们,并把他们带到医院让被害人辨认。"他抬起头。厄德曼从未听过大陪审团这些听证,这证词听起来对他不那么有利。"你看,马丁,这案件没毛病。"他坐直身子继续说:"我谈谈我的想法,刑期 1 年,先行羁押折抵刑期。"圣地亚哥已经被监禁 10 个月了,由于表现良好再减些刑期,这一量刑可以让他今天就出去。厄德曼表示同意,检察官也点头,并将材料塞回卷宗夹。"把他带来",他说。

圣地亚哥及其同案犯一起被带来。两人都 21 岁,个子不高,一副挑战的神情。同案犯叫罗德里格兹,他有自己的律师,这位律师也同意这个量刑。律师们向两名被告解释这一出价,告知他们,这个出价只在他们事实上有罪的情况下方为有效。无论是法官、检察官还是律师,都不能允许无辜的人承认有罪。圣地亚哥和罗德里格兹一脸茫然。他们说,他们是清白的,没做任何事情。辩护席上一阵鼓噪和不安。然后,法官问道:"你们希望再被传唤一次吗?"

"是的,阁下,"厄德曼说,"再传唤一次。"被告被带了出去,下楼回到看守所。厄德曼看着圣地亚哥的会见记录,一种油印的表格,上面有姓名、年龄、住址、教育程度、受雇单位的空格,下面是对案情的看法。圣地亚哥陈述:"我没有罪,我没做任何违法的事。"他以前从未被捕,他说自己和罗德里格兹在公寓睡觉,警察突然闯进来抓了他们。在几周前的一次提讯中,他也没有认罪。

"跟他们谈谈。"法官建议说。厄德曼和他的同事一起走向看守所的门口。一位法院的行政官员为他们打开门,他们从法庭昏暗、安静的棕色世界进入明亮、嘈杂、满地烟头儿的门厅里。门在他们身后砰的一声关上了。从下面某个地方传来喊声和牢门关闭声。门警吆喝一声"开门",并引导他们走过一条黑暗的楼梯,来到一扇闪着的铁门前。里面的狱警打开门锁,让他们走进一条黄色的、像男厕般贴了瓷砖的走廊里,左边是窗子,右边是巨大的有长板凳的牢房。

有 20 多人挤在牢房里,几乎所有人都肮脏不堪,蓬头垢面。一些胆小的年轻人孤单地坐在长椅上,其他年龄大的站在那里说话,就像在哈莱姆街角上说话那样自然。突然,说话声停歇了,在押的人们像期待喂食的动物,转头对着厄德曼和他的同事。另外 3 名律师也走了进来,不多时,话音再次响起——在押人和律师相互争论,用关于罪与罚的监狱黑话解释、乞求和欺骗:"我能让你两次乱跑(2 年监禁)……我知道有个家伙得了 E 和一套公寓(E 级重罪,1 年监禁)……你想要一颗子弹(1 年监禁)吗?"

厄德曼走向牢房尽头,圣地亚哥在铁栅边上等他。厄德曼把脚放在铁栅的一根横梁上,在膝上放平案卷,掏出一支"鸿运"牌香烟,点燃后吸了一口。圣地亚哥注视着,然后突然开始滔滔不绝地慷慨陈词。厄德曼让他安静下来,平静地说:"先让我知道我需要知道的事情,然后你想说多少就说多少。"圣地亚哥站在齐胸高的钢制隔板间边上,另一边是洗手间。几步之外,罗德里格兹正隔着铁栅同他的律师谈话。

"如果你没做什么违法的事,"厄德曼对圣地亚哥说,"那么谈这个就没意义了,你将接受法庭审判。"

圣地亚哥拼命点头。"我没做任何事,我在睡觉!我以前从没遇到过麻烦。"这是 7 个月前的初次会见后,他第一次有机会向律师讲

第十二章 对 抗 制

他的故事，所以拼命一吐为快。厄德曼无法制止他的滔滔不绝，也就不再管他。圣地亚哥喊道："我们就是在公寓里睡觉，警察闯进来把我们从床上抓起来带走，我们什么都没干。我从未见过这个人，可他却说是我们干的。连我都不知道我们干了什么，我在这里已经10个月了，我没见过律师什么的，两个月没洗澡，每天被关24小时，不能刮胡子，没有热的饭菜，我受不了，我要自杀，我要出去……"

厄德曼此时脚还放在横梁上，掏出烟来，打断他，冷静地慢慢说道："好吧，这很简单。你要么有罪，要么无罪。如果你有罪，你可以认罪，他们会判你1年，在目前情况下，这是个好的选择，你应该这样选择。如果你声称无罪，就不得不接受审判。"

"我没有罪。"他说得很坚决，点着头表示肯定。

"那么你要接受审判了。但是陪审团会听到警察跟随你们进入公寓楼，管理员让警察到3A房间，他在那儿抓了你们，那人又在医院认出你们。如果他们判定你有罪，你可能要被判15年。"

圣地亚哥对他的话全未留意。"我是无辜的，我什么都没干，但我要离开这里，我要——"

"好吧，如果你确实干了什么，有那么一点儿罪，他们会给你折抵刑期，你现在就可以走了。"

"我是清白的，但我愿意接受1年刑期。如果我接受了，今天就可以走吗？"

纸张开始从厄德曼的膝上滑落，他抓住它们放回原处。"如果你服罪，今天就可以走，但如果你没有罪，没人会让你服罪。"

"可我没做任何事。"

"那你就不得不待在这里，等待审判。几个月，也许更长时间。"

这对圣地亚哥来说太沉重了。他向后退了一步，摇摇头，转身快步回来。"可是——"

回到楼上的座位，厄德曼对法官施威特泽尔说："他没有犯罪记录，阁下，他也不承认有罪。你知道，我对没有前科的人非常慎重。"

"你知道我也慎重，马丁。"

"他说两个月没洗澡了，24小时被关着，他想出去，我不责备他。"

"马丁，我不能因为他要洗澡而接受他认罪。你希望我和他们谈谈吗？"

"阁下，我认为这是个好主意。"

圣地亚哥和罗德里格兹又被带上来，领到紧挨法庭的一间陪审团的小休息室里。法官向被告人宣读了听证摘要，确保他们知道案情对他们不利。

现在罗德里格兹说他愿意认罪，法官让他讲讲抢劫发生当晚的情况。罗德里格兹说，他和圣地亚哥走在街上，撞见被害人并同他说话，被害人有一把匕首在衣兜里，最后被割伤了，"但我什么也没做。"

这与最初的描述有了距离，承认曾与被害人在一起，并确实有一把匕首，这对厄德曼来说已经足够。他看着法官，"现在我相信他是有罪的。"法官和检察官回到法庭。厄德曼问圣地亚哥说："你不打算认罪吗？"

"打算，伙计，我告诉过你，我要出去。"

"那么，法官会问你某些问题，你必须给出适当的回答。"他向罗德里格兹努努嘴。"他抓住被害人，你用刀刺。我们进去吧。"

他们返回法庭，站在法官席前。施威特泽尔再三问圣地亚哥是否认罪，圣地亚哥再三拒绝。如果这是诱他招认的诡计，那该如何是

第十二章 对 抗 制

好？精疲力竭的施威特泽尔放弃了，转向罗德里格兹。罗德里格兹认罪，被量刑。厄德曼斜靠在书记员的办公桌上，双臂交叉在胸前，怒视着圣地亚哥。这个无知、愚蠢、邪恶的年轻人，已经受用了厄德曼一大堆才智、经验和知识的帮助，但他拒绝认罪。厄德曼的脸上布满了厌恶的神情。通过他的双眼，可以看见双眼背后的怒火，还有不加掩饰的鄙夷。

被告们被带出了法庭。书记员传唤一个私人律师代理的案件，厄德曼趁机吸了一根烟。他走到法院工作人员的一间小休息室。厄德曼已经忘了圣地亚哥。他站在窗边，一只脚蹬在暖气上，望着"坟墓"——他的众多委托人的家，一个充满出卖、鸡奸、打斗、谋杀，到今年为止有6起自杀的地方。"坟墓"中的1800人有80%是法律援助社的委托人。几周前，一些在押人不满这里的拥挤、蚊叮虫咬和官方的忽视，愤然决定看一下暴动会有什么收获。随暴动而来的是雪崩般的研究、讨论、调查和报告。其中一些有所帮助，一些则纯属歇斯底里。

厄德曼看着工人在骚乱过后的"坟墓"清除被烧窗子的碎玻璃和破损的长椅。"永远不会再这样了，"他说，"一旦他们发现可以通过暴动而得到善待，就永远不会这样了。今天的被告们已经在告诉法官，自己要什么样的量刑了。前几天我有一个委托人对我说，他知道这个制度已经行不通了，他们需要认罪，他也乐于帮忙，服罪，以换得8个月的刑期。有罪者能好好休整一下，而无辜者对认罪后出狱感到压力巨大。无辜者受难，社会受难。"

厄德曼接着说："如果被告们真的聚在一起，他们就真的给这个制度出了个难题。如果他们都决定不认罪，并坚持一直不认罪，又会怎样呢？建议的刑期会越来越短，6个月、3个月。如果这还不奏效，他们仍不认罪,也许法庭会挑 15 或 20 个人去审判,给他们最重的量刑。而如果那还不管用,我就不知道该怎么办了。被告们有主动权,而一旦他们发现了这一点,那可就麻烦了。"

那个顽固的圣地亚哥已经浪费了他 40 分钟,现在出现另一个问题。厄德曼的一个叫亨德森的委托人,说他正在福利机构的廉居所睡觉时,突然一个男人手持木棍向他"扑来"。而这个男人却说自己正努力叫醒亨德森,可亨德森"像长耳大野兔一样猛然跳起",当胸刺了他一刀。亨德森被控未遂谋杀。

厄德曼在法庭外通往看守所的过道上与亨德森谈话。天开始下雨了。窗子不透光线,又没关严,冷风凄雨直灌进来,使亨德森觉得很凄惨。他是个吸毒者,21 岁,瘦瘦的,有副深沉、失落而又迷茫的眼神,有张悲伤而没有生气的脸,好像所有牵动笑容、蹙额、恐惧或愤怒的肌肉都被切除了。他站在那里瑟瑟发抖,穿一件肮脏的白衬衫,没穿袜子,没有鞋带儿,鞋后部被踩下去,像拖鞋一样,双臂僵硬地把手插在没有腰带的卡其布裤兜里。他沉静地告诉厄德曼,他想接受审判。

"好,你当然有这权利,但如果你有罪,我跟法官说了,他会给你 1 年的刑期,以前关押的日子也可折抵刑期。你在这里多久了?"厄德曼翻着文件夹,找寻日期。"半年。这样的话,如果你表现良好,再过 4 个月就期满了。这就看你是不是有罪。"

亨德森点头说:"对了,这就是为什么我希望陪审团审判,为了确定我是不是清白的。"

"好吧,如果你接受审判,你可能要等上 4 个月,然后你赌 0 到 5 或 10 年的刑期。即使你被无罪开释,你仍然要再过 4 个月。"

亨德森移动的脚步在发抖。"我明白,"他胆怯地说,"所以我想最好还是接受审判。"

厄德曼就这么看着他,没有像对圣地亚哥那样有气,但却不无疑惑,想要弄个明白。厄德曼离开他,走回法庭。"准备审判吧,"他宣布说,"不必费心传唤他了。"检察官雷特曼在文件上做了记号,他们开始进行下一个案子。厄德曼坐在陪审团席上,接下来的几个被告有私人律师,所以他就等在那里:观察着,微笑着,他的凸眼温和地嘲笑周围那些不知就里的人,觉得很好笑。

法官在问一名被告从哪儿搞到那支子弹上膛的手枪。"找到的。"厄德曼在这个男人回答之前小声说道。

"我找到的。"那人说。

"在哪儿?"法官问。

"某个人给他的。"厄德曼说。

"某个人从我身旁走过,塞给我的。"被告说。

厄德曼微笑了。"真令人惊奇,"他自言自语,"有多大可能性让人追赶着将东西塞在手里——枪、手表、钱包,等等。"

另一位检察官叫瑞奇·洛,一位黑人,年轻,瘦高个儿,双排扣衣服,时髦,梳着非洲发型。黑人被告们进入法庭时会迅速环顾四周,他们看到一位白人法官、白人辩护律师、白人书记员、白人速记员、白人法警,然后是坐在桌子紧那边儿的一个黑人,庭上唯一的黑人,而他,却是一个敌人。洛是从圣约翰法学院毕业的黑人小伙子,坐在有华尔街父亲、达特茅思和耶鲁法律背景的百万富翁厄德曼的身边。

但这种具有讽刺意味的对比只是表面的,在内心中,厄德曼鄙视自己的背景。他称自己与父母相比是"极左派",而他在青年时代花了大量时间努力让父母激进起来。法学院毕业后,他去"一家令人窒息的华尔街律师事务所",在那里,他的首项业务是去发现佛罗里达州一家赌场拒绝长毛狗入内是否合法。他退出了,"二战"期间参了军,并加入了法律援助社。"当我碰到一个记不清在哪认识的人时,我就说:'又见到你了,真高兴,你什么时候出来的?'不管他是从大学和军队出来的,还是从监狱出来的。"

法警带进一个上了年纪没有牙齿的黑人,他有一头乱发和数之不尽的犯罪记录:强奸、袭击、鸡奸和武装抢劫。他被控企图强奸一个4岁的波多黎各女孩。一些人驾车经过时发现这个人正坐在一段矮墙上,一个女孩儿在他两腿之间挣扎,他们解救了女孩。厄德曼、洛和施威特泽尔法官谈了一会儿。法官建议1年刑期。洛又看了一遍陪审团的听证记录,他一般总是附和施威特泽尔的意见,但这一次他提出反对:"我不同意,阁下,我不同意。"

厄德曼讲了一些劝解的话,但洛不让步。他说:"不,我不同意,阁下。如果不是这些人坐车经过,看到了那女孩儿,一切都可能发生,一切。"

施威特泽尔本人迫于地区上诉法院的压力,要了结这些案件,他给洛施加压力,礼貌而温和。他指出女孩儿并未受到伤害。

"我不同意,阁下,"洛说,"不能同意,这真令人憎恶。"

施威特泽尔插话:"这也令我憎恶,我们仅仅是在案件日程表的意义上讨论本案。"

"阁下,我们一直在依案件日程表为法庭腾出空间。这次我不能,我不能。"他将案卷塞回夹子。"准备庭审吧,阁下。"他回到起诉方的座位,向记录人大声宣布:"人民已经为审判做好了准备。"

厄德曼一言未发。当他经过洛的座位走向陪审团席时,洛问他:"马丁,我不理智吗?"厄德曼停了一下,非常严肃地摇摇头。"不,

第十二章 对 抗 制

我不认为你不理智。"

洛很沮丧。下一个案件尚未传唤,他就绕过桌子,边摸索着案卷,边大声说道:"阁下,如果他当即服罪,我给他1年刑期。"

法官怒视了洛一眼。"你只能建议1年刑期,由我来给他1年刑期。"

厄德曼在辩护席上对被告说话,洛不住地晃着脑袋,他正遭受痛苦,他向法官席跨了一步,绝望地说:"他应该得到3年的刑期,至少3年。"

施威特泽尔说:"我知道他应该。"

厄德曼现在站起身,为记录起见,做了惯常的发言:"阁下,此时被告希望撤回其无罪申辩,对第二项指控表示服罪,二级未遂袭击,E级重罪,这一服罪涵盖整个指控。"

现在轮到洛代表人民做接受认罪的发言,接受为E级重罪,即刑法中最不严重的重罪。他站起来说道:"阁下,人民谨建议接受这一服罪申请,并且……"他停下不说了。下一句话应是"以正义的名义"。他坐下去,假装在卷夹上写什么东西,然后轻声地,像是希望别人听不到,低头向着桌子说:"……以正义的名义。"

施威特泽尔退下去吃午餐了,而洛和厄德曼乘电梯下楼,洛仍然心情沉重。"如果女孩的妈妈打电话,希望知道那个试图强奸她女儿的家伙怎么处理了,我能说什么呢?"厄德曼玩世不恭地笑笑。"告诉她:'别说英语,别说英语,别说英语。'"

今天,厄德曼与一个朋友同桌就餐,这朋友不是律师。朋友问他:在法庭上为明知有罪的人辩护,并让其获得自由,那是一种什么感觉。

"好极了!绝对美妙!你在空中起舞,并对自己说:'这怎么可能？我一定做了非常出色的工作！'这是一种欣快的感觉。当陪审团负责人宣布'无罪'时,只要看看法官脸上震惊的表情,就觉得值了。这贪婪的感觉,就如同你以 15 比 1 赌赛马一样,你战胜了几率、真知灼见和精明的人。"他大笑着说下去:"胜利的喜悦,使任何的道德情感都黯然失色了。"

朋友问:"但如果你为一个奸杀 5 岁女孩的人辩护,他被无罪开释,1 年后又因奸杀另一名 5 岁女孩而被捕,你又会怎样呢?你还会以同样的热情为他辩护吗?"

"恐怕会的。"

"为什么是恐怕?"

"因为我认为绝大多数的人不会赞成这么做。"

"这不让你关注吗?"

"我不关注已发生的犯罪或者被放掉的罪犯。如果我关注,就无法执业了。我关注的是每一委托人都得到最好的辩护,如果他有 20 万美元的话。如果你是一名医生,希特勒找到你,说你是世界上唯一可以治好他的病的人,你会为他治病的。"

午饭后,厄德曼在法院的大厅里停步,买了一包糖。一位法院工作人员看到厄德曼顺走廊过来,喊道:"哎,马丁,法官已经到了,开始叫你的案子了。"

厄德曼说:"那你认为我该怎么做呢,跑着进去吗?"

狱警带进一个 21 岁的姑娘,被控持刀抢劫。厄德曼在辩护席上与她谈话,这时洛走过来说:"马丁,E 级,1 年,怎么样?"

姑娘看着洛。"他说什么?他是谁?"

洛一边走开一边说:"别听我的,我是敌人。"

她想知道为什么她要进监牢。厄德曼告诉她:"不管是对是错,

第十二章 对抗制

人们认为不应该被抢劫。因此,一旦他们被抢劫,他们就给出一点时间用来关押抢劫的人。"她问这 1 年刑期能否吸收她的另一项暂缓执行的量刑。厄德曼问洛,洛表示同意。她仍在犹豫,最后拒绝了提议。

"怎么了?"洛说,"她要 1 年,我给她 1 年,她要吸收其他的罪,我也同意。这真不可思议,他们说了自己想要的,而我们却被认为是卑躬屈膝。"

法庭上的事结束后,厄德曼返回自己的办公室,艾丽斯走了进来,简略对他讲了自己的一个委托人的情况:一名妇女,明天要进施威特泽尔的法庭。艾丽斯说:"她绝对没有罪。"她走后,厄德曼的微笑变成了怅惘和怀旧。他自言自语道:"对谁有罪谁无罪有一种绝对的感觉,这一定非常美妙,我真希望还有这种感觉。"

阿德勒走进来,他问厄德曼:"我能对他们说什么?杰克说他要离开,因为工作在嘲弄他。他原以为是在为被践踏者辩护,但却发现他们充满敌意,还对他撒谎,所以他要离开。艾丽斯过来对我说:'这个制度对罪犯来说太美妙了,对无辜者却是一场灾难。他们中的一些人一定是无辜的。'对此,你能说些什么呢?"

"你什么也不用说,"厄德曼回答,"因为这都是真的。"

那天晚上,厄德曼回到家,躺在摇椅上喝了几杯苏格兰威士忌,与一位前法官共进晚餐时又喝了两杯。借着酒力,出现在这位前法官主持的纽约大学法学院晚间讲座上。10 名学生坐在有靠垫的不锈钢转椅上,会议室里铺着红地毯,所有的一切都新颖、豪华和摩登。人们希望他讲一讲陪审员的遴选和庭审中的战略战术。在这些题目上,他被公认为是大师级的人物。

他打开一包烟,点燃了,俯身在桌上。有两个学生是女孩子。大多数的男生穿着牛仔裤，蓄着长发。厄德曼了解他们眼中的目光。他们认为会有无辜的委托人，他们认为将服务于同胞、社会与正义。他们不明白，他们将要为之服务的是这个制度。他希望给他们讲一些生活的事实。他开言道："你们是推销员，所要卖的产品是没人特意去买的。你要卖的是一个非常可能有罪的被告人，"他们望着他，"所以你要伪装你的产品，用正义来包装它，使它成为正义的符号。你要让陪审员相信你是真诚的，相信你所卖的产品其实不是这个被告，而是正义。你必须让他们相信，受审的不是被告，而是正义。"

学生们留心听着，没有人做笔记。"你的工作在庭审之前和之后，陪审团遴选和辩论总结，两者之间是一堆丑陋的证据。在选择未来的陪审员时，你要在他们看到你的产品之前，在他们听到证词之前，卖出你的产品，还要种下辩护的种子，软化控方的打击。如果你知道一位警官将作证说，被告刺了一个老太太89刀，你不能回避这一切。你最好自己提出来，告诉他们将要听到一位警官作证说被告人刺了老太太89刀，然后，当作证来临时，你就不会突然倒抽一口凉气了。"

一个女孩子提到"坟墓"里的暴动，问厄德曼怎样才能给予在押人迅速的审判。在暴乱中，在押人要求少些拥挤，改善饮食，消灭老鼠和害虫，这些甚至都得到友善的狱警的支持。但他们所谓迅速审判的要求，尽管得到新闻界强烈的支持，却是不那么真诚的。"坟墓"里的在押人基本上都是有罪的。在押人知道，他或者认罪，或者在审判后被定罪，并且还要服刑。他还知道，延迟对他是有益的，证人消失，警察遗忘，被害人失去复仇的愿望。随着检察官看到自己案件的萎缩，他们不断降低要价。同时，"坟墓"里在押的时间，可以折抵量刑后的刑期。厄德曼想向学生们解释这一切，但他知道不会有太多的人相信。

第十二章 对 抗 制

一个学生问:"保释的被告又怎样呢?"

"保释在外的人几乎永远不必接受审判。如果你的委托人获得保释,即使有审判,那也至少是3年以后的事。案卷会从一个检察官的抽屉深处转到另一个检察官的抽屉深处,直到它化成灰烬或者检察官同意折抵刑期的申请。"

一位学生问到辩护律师的诚实的责任,这引起了厄德曼的微笑。他说:"我仅有的责任是对我的委托人的,我自己不作伪证,不说谎,而我的委托人,爱怎么扯谎就怎么扯谎。"

法院深陷困境,以至于在押人感到像在噩梦中一样,在司法混沌的流沙中下沉隐没。在骚乱后的惊恐中,为了缓解"坟墓"的过分拥挤,成立了一个特别法庭,以利于让那些因各种上诉而被带到"坟墓"里等待听审的人尽快回到州监狱去。一个被告满怀愤怒地走进法庭,他因用雨伞将人刺死而被判在星星监狱服刑20年至终身监禁。1年前,他被带到纽约进行上诉审。他没有得到听审,11个月来没见过律师。最后,在法庭上他愤怒地向法官大声叫喊,警卫向他围拢过来。

法官将事情搞定,安排在下周听审,被告被带了下去。在"坟墓"这个地狱边缘又待了1年,他终于得到了判决。法官等到门在囚犯身后关上后,看着厄德曼,又看了看检察官,他说:"现在这人得到了喊冤的机会。"

亨德森准备接受庭审了。他每天都回到法庭下面的看守所里,等待那几乎不存在的审判机会,因为律师、检察官、法官和法庭必须同时为审判做好准备。每天,他坐在看守所里等待上面法庭叫他的案子,等到了,又被忽略过去。除了明天再来,没有任何确定的结果,再一次被叫到,也不过是为了再一次被忽略。像这样过了几天之后,厄德曼再一次跟他谈话，看他是否改变了主意。他还是老样子，同样的衣着，同样的死无表情，同样疯狂地坚持庭审。厄德曼试图鼓励他服罪："如果你犯有某种罪行的话。"亨德森仍然顽固地要求审判。厄德曼离开他，走向法庭。

厄德曼对法官的不尊重（施威特泽尔是个例外）是强烈的、广泛的，以至于时常可以归结为阶级仇恨。当厄德曼手下一个年轻律师被判藐视法庭罪并罚金200美元的时候，他离开施威特泽尔的法庭，冲过去救援。他与法官争论，哄骗他撤回定罪处刑。等到出了法庭来到走廊上时，厄德曼神情中充满嘲讽，愤愤地说："他是个恶霸，我要把塔克尔（厄德曼手下的一名高级律师）派到这儿几天，对他说'没有服罪请求'，让他尝尝苦头。不，我要亲自来，这次要记录在案。"厄德曼记起来，两天以前，那位法官的小轿车在法院门前被盗了。"我本该告诉他不要因卡迪拉克被盗而过分伤心。"

厄德曼说："只裁决法律问题，而把罪与非罪留给陪审团去裁决的初审法院法官太少了，地区上诉法院的法官也好不了多少，他们是摇身变为夫人的妓女。有人问我想做一个法官吗？我说，那还要看我是不是能成为自己心目中的那种法官。成为法官的唯一办法是玩政治或者买政治，而我甚至不知道时价。"

厄德曼还在走廊里大骂那个藐视什么的鸟罪名。这时，一名律师跑过来说，一个被告因杀人被关在"坟墓"里5个月了，却拒绝了折抵刑期和缓刑的建议。厄德曼急忙回到法庭上。被告人和他的女友一起玩一种"打了就跑"的黑人区游戏，游戏者轮番用铅管击打对方。他说他游戏时喝醉了，不知道打他女朋友有多重，两人都晕过去了。第二天早上醒来时，发现她已经死了。他没有前科，法官考虑一个极轻的刑罚，律师和检察官也同意了。无论法官、检察官都没有心情听

第十二章 对 抗 制

被告进一步讨价还价。厄德曼与被告交谈,很快让他认了罪。杀人只判5个月。当他离开法庭时,一位检察官说:"马丁,你放跑了谋杀犯。"

厄德曼兴奋地说:"我总是放跑谋杀犯。"

他回到办公室,艾丽斯经过他的办公桌时,厄德曼记起早上《时报》登载的有关霍华德的消息,他与一名精神失常的人关在一个牢房里,这个案子厄德曼3周前安排给了艾丽斯。

"喂,艾丽斯,"他向她打招呼,"祝贺你赢了第一个案子。"

她耸耸肩。一名叫芬奇的律师走过来,厄德曼对他说:"别忘了祝贺艾丽斯,她刚赢了第一个案子。"

"真的?"芬奇说,"太棒了。"

"是的,"厄德曼笑了,"被告叫安东尼·霍华德,他的同监狱友昨晚勒死了他。"

不久前,他很不情愿地同意一名记者和他共进晚餐。记者问:25年来,他为之辩护的人中只有一个无辜者,他是否依然乐观。

"你永远也不能明白,知其有罪比知其无辜更容易。无论如何,如果你知道被告有罪,那辩护就容易多了,你没有使其免于不公正刑罚的责任。"

"你对今天的法院和司法制度有何感想?"

"我认为是向人们说明实情的时候了。每个人都这样胆怯,没有人愿意告诉公众:原拟用来清理混乱的那些最低限度的措施现在不管用了。如果只有两条路进出纽约,而某个人问'我们有什么办法解决交通问题'?回答将是'没有,除非我们修更多的路'。你只调整一下红绿灯是无济于事的。只对法院修修补补也是无济于事的,我们需要更多的法院、更多的检察官、更多的法律援助机构和更多的法官,这将花掉很大一笔钱。如果平均每人50美元可以保证不遭行凶抢劫、夜盗和强奸，那么我不知道你能凑多少钱。纽约有800万人吧？"

"出路在哪里？"

"我从不认为这是我的难题。直到今天，一切都是有益于被告的，他也是社会共同体的一员。当你说'人民诉约翰·史密斯'的时候，约翰·史密斯也是人民的一部分。作为一名法律援助律师，我认为让一切平滑运转，以便给我的委托人更长的刑期，这不是我的难题，这是法院的难题。"

他停住不说了，想了一会儿，心潮起伏。"如何为被指控者改善司法环境，推进正义？法院从未问过这个问题，就只关心如何清理案件日程表，就只关注如何让这帮坏蛋尽快入狱，并在里面待得更长。这许多年里，他们从未问过如何让被告得到更多的正义。这就是为什么我不太关注这个制度。"他气愤、冷漠，不再说话，只关注一块羊肉。

"会有一天，车都根本没办法走了吗？"

"会的，如果每个被告都拒绝辩诉交易而只要求审判，1年之内，这个制度就会垮掉。需要3年延迟才能等到审判，监狱骚乱也会持续，被告将列队上街了。"

"当这一切发生时，您将做什么呢？"

"这是个有趣的问题，到那时做什么都晚了。过不了多久，一切就太晚了。"

次日中午，厄德曼回到施威特泽尔法庭下面的看守所，透过栅栏问一个贩毒者，是否有人愿意为他担保。"有，我妈在辛辛那提。"他正要把电话号递给厄德曼，这时狱警要开门塞进更多的人，厄德曼向一旁让开。其中一个在押人是亨德森，那个想要审判的毒贩。他走进来，面色迷蒙，无精打采，一气儿走到牢房中央，停在那里，向前直视。足有3分钟，既不挪步，也不旁视。然后，他两步走到长椅边，坐下，将双手放在膝间，在那里搓着双手。

5个小时后，施威特泽尔法官就要结束这一天的案件了。旁听者都离开了，只剩下法庭工作人员。每个人都疲惫不堪。为了加快进度，施威特泽尔告诉狱警把今天没有处理完的看守所里的人都带到法庭门外，等待叫他们的名字。出现了5个人，他们的案子都已延期，现在只不过是清点一下，以确保没有遗漏。

最后一个是亨德森。一名狱警架着他的胳膊走了进来，一个人说："这是亨德森，他被延期了。"狱警刚往法庭里跨了几步，听到这句话后，迅速让亨德森回转身，带他走向门外。亨德森迅速经过法庭时，留下了像是挥鞭甩出的弧形。他以狱警为轴环望一周时，死寂、麻木、僵尸般的眼神，其中某种东西触动了在场的每个人，看来非常怪诞，又陌生，又可怜，每个人都禁不住苦笑了一下。

★ 你觉得如果厄德曼相信被告没有得到正义，就阻挠检察官和法官，直至司法体系瘫痪，这样做是否合乎正义？为什么法官和律师很在乎让被告在法庭上公开陈明自己服罪？辩诉交易的主要目的是什么？那些对监狱制度丧失信心的法官或律师，允许被告通过辩诉交易离开监狱，这样做适当吗？

白人与黑人共同组成的陪审团,1867年。

The Bettmann Archive,Inc.

第十三章

信奉陪审团

如果要我来决定人民最好是在立法机关被忽略,还是在司法机构中被忽略?我会说,将人民置于立法机关之外害处更少些。法律的执行比法律的制定更为重要。

——托马斯·杰斐逊

法官:陪审团作出裁决了吗?

陪审长:是的阁下。我们,陪审团,一致同意即使被告人果真实施了犯罪,有罪的却是我们。出错的是美国的社会制度,我们所有人都必须分担罪责。

法官:判处陪审团5年徒刑。

——课堂上的经典

那些为了获得些许安全而放弃基本人身自由的人,既不配享有人身自由,也不配享有安全。

——本杰明·富兰克林:《对总督的回答》,1755年,镌刻于"自由女神像"基座中

♣ 有关陪审团的诸多资料，用卡尔·卢埃林的话说，是邀请读者将它们作为"照亮社会本质的烛光"，借以了解这一法律机构如何运作，了解这个形成并继续使用陪审团的社会。运用陪审团作为确定真相并探查、表达社会共同体伦理的场所，英美法在这方面是独一无二的。

简单说来，现代的小陪审团或称庭审陪审团被委以这样的职责：在特定案件中确定事实并运用法律。大陪审团的责任是确定有无足够的证据提起正式的刑事指控。为了理解陪审团审判的功能及其文化，我们要检视中世纪的陪审团及其在 21 世纪审判中的潜在后继者——DNA、诱供麻醉药和其他询问"真相"的技术。根本问题是：引导我们接受和赞赏陪审团的那些文化信仰和历史背景，以怎样的方式限制了我们接受其他形式的法律裁决？接受其他形式的法律裁决，是否会腐蚀我们两个世纪以来的民主和法治信仰？

第一节　陪审团的过去和未来

神明裁判是以对神的信任为基础的，以神的指引来确定被指控者有罪还是无辜，从而解脱法官和他人作出决定的责任。更为重要的是，神裁表达了一种信念：生活中发生的或者世界上存在的每一件事，都是神意的直接表达。由于中世纪英格兰社会中宗教信仰的力量，神裁以及王室对其结果的强制执行，被接受为一种正统的法律制度。

神裁最有趣也最有意义的是，它于法官之外尚需一位神职人员的主持。比如，火与热的审判，要求被指控者将手探入一锅沸水，从中取出几块小石子后，立即用干净的布将手包扎起来，并由法官加以封印。一位神职人员要主持这个仪式，3 天后去掉手上的包扎，当场宣布这只手是化脓了，还是痊愈了。如果化脓了，被指控者就是有罪。这是上帝的判决，而在场的神职人员和国王的法官，肯定又增加了这一结论的合法性。

从 21 世纪回眸望去，这种法律制度是大可批判的。它既与真相毫无理性联系，又与结论没有科学相关。神职人员受到自身关于"罪"的知识的影响，可以轻易形成自己对于境况的判断。多种的偏见，从个人的态度到国王的报复，可能都会渗透进来，从而扭曲判断的"真实性"。神裁本身似乎就是一种惩罚，甚至对那些被宣布为无辜的人也是一样。

但是，我们不能简单地宣布神裁依附于愚昧。在古人对精神存在的明确赞赏中，它触及了某种重要的、为理性和科学年代所忽视的东西。至少我们看到，正是一种共同信仰才导致他们接受神裁，正如另一种共同信仰导致我们拒绝神裁一样。陪审团审判与神明裁判似乎很难说有什么不同，像一块硬币的两面，它们分享了同一个中心。我们今天对于陪审团的几乎是神秘的崇敬，与彼时公众对神裁的崇拜也许难分轩轾。两种审判为不同社会制造的真相的确定性和裁决的可接受性，都达到了定纷止争和用权发威所必须的程度。

陪审团和神裁的区别不在于它们的功能，而在于两种看似背道而驰的制度所服务的社会主流文化价值观的不同。中世纪英格兰指望的是上帝的判决和教会的权力；21 世纪的美国，作为宪政创造者们开明价值观的继承人，指望的是理性和平等。

英格兰最早的陪审团，不是确定罪与非罪，而是代表国王进行指控，以此扩展王室权威。在国王尚须拼命扩展"法律"以控制冲突的私力解决的年代，亨利二世于 1166 年以《克拉伦登法》使陪审团控诉书成为全国性制度。通过它，每村有 12 名地方骑士或"自由守法之男性"受命提出谋杀、偷窃或纵火的指控。被告人受到这样的指控之后，不得不进而面对"水的判决"，也就是水的神裁或审判。

时至 13 世纪前半叶，某种更像我们所知的陪审团的东西出现在英格兰的谋杀案件中。那些觉得自己是"因恶意和怨恨"而被控谋杀的人能够从国王那里取得一个"令状"，让他们有资格得到 12 名"担保人"的审理，以确定指控是否恶意所为。如果这 12 个人裁定指控是恶意的，则无须神裁。如果裁定指控并非恶意，神裁就势在必行。这种初步的"确认"，不是针对有罪，而是针对指控的诚信。越来越多的被控谋杀者乐于接受这种"确认"，而极力避免神裁，这种"确认"给王室带来了可观的税收。

伴随这种程序的发展，教会严厉打击神裁，并且给予陪审团更大的发展空间。1215 年，也就是英王同意《大宪章》的那一年，罗马第四次"拉特兰会议"禁止神职人员举行任何与神裁有关的宗教仪式。这一决定的原因尚不清楚，但没有了宗教的首肯，这种定罪体系开始丧失合法性，在国王的法官那里也产生了实质的混乱，弄不清如何能够达到对罪与非罪的确定。在接下来的混乱与摸索中，陪审团审判开始成为决定事实要点的方式之一，但这还不是我们今天所体认的陪审团审判。

运用陪审团审判，其核心难题是公众不愿将其接受为确定有罪的合法手段，大多数人依然对神明裁判充满信心，因为它是上帝的判决，对陪审团裁决缺乏信任，因为它是人的判断。事实上，1275 年以前，甚至臭名昭著的重罪也并不交付陪审团审判，人们不敢确定这种制度能否赋予裁决以合法性，或者它是否太过神秘、异端和陌生，以至于无法委之以如此重要的任务。

早期的陪审团至多是一种过渡性程序，尚未固定下来。事实上，它非常相似于审前讯问。陪审团不是基于证据作公正的决定，而是行使指控职能，审判对象也主要是某人在村中的总体声誉。15世纪之前，甚至不允许证人向陪审团提供信息；几乎到了1700年，被指控者才获得强制证人出庭作证的权利。

从美国现代的法律过程看，无论陪审团有怎样的缺点，它确实服务于这样的目的：将权威的核心从国王转到臣民，从一人之治转到多人之治，并最终转为法治。陪审团开始将解决纠纷的正当决定之权，从上帝转给同样是神秘存在物的理性人。至17世纪，这种转型又因个人主义的开明哲学、理性主义和法律的正当程序而不断累积。隐私的价值和个人的神圣性，作为个人生活和政治民主中的一个决定因素，被添加到早期美利坚合众国陪审团的经验中。同样，个人良知和对社会共同体正义感的体认，对于陪审团的作用也是至关重要的。时至今日，陪审团评议仍然被小心翼翼地保护起来，但是，减少陪审团所耗费的金钱和时间的呼吁，显示出陪审团在美国精神中的重要性正在衰减。

支持陪审团审判的价值观，紧张对立于鼓吹科学审判的价值观。这种紧张关系可以从加利福尼亚州一起普通刑事案件"人民诉柯林斯案"[People v. Collins, 438 P. 2d 33 (Cal. S. Ct., 1968)] 中得到生动说明。

本案庭审中，控方能够提供的只有间接证据。除了被害人，没有目击者。被害人所能提供的信息仅仅是：一个梳马尾辫的金发碧眼的白人妇女抢了她的手包，逃离时，钻入一辆等候的黄色敞篷汽车，由一个留着连鬓胡须的非洲裔美国男子驾驶。也许是自觉证据有点薄弱，检察官延请了一位数学和统计学专家作为证人。

这位专家证人作证说，根据检察官提供的一系列可能性，他的统计学计算结果显示："两被告人（拥有被害妇女指证的明显特征者）无罪，也就是抢劫实际由另一对具有相同明显特征的一对男女所为，这种可能性只有一千二百万分之一。"陪审团给两个被告人定了罪。上诉审中，加利福尼亚州最高法院推翻了定罪。在审查了控方假说中的一系列统计学错误以及能够实际证明的事项之后，法官萨利文（Sullivan）说到了法庭拒绝专家证词并推翻定罪的核心理由："面对一个生出可能有罪的指数公式，没有几个陪审员能够抵抗诱惑而不倾情于这些指数；毫无疑问，陪审员们受到了数学证据展示的神秘的不当影响，但却未能评价其相关性或者证据价值。"

"人民诉柯林斯案"提前警示了未来的法律文化信仰可能发生的根本转变。想象一下，一旦被告人被注射诱供麻醉药后，准确发现真相的可能性高达 99.9%，那时是否轮到医师而不是牧师充当法官了呢？

★ 一旦科学成为审判的主体，它所带来的益处将以失去隐私为代价。反对自我归罪的权利、对抗国家无所不在的权力的正当程序也将从宪法中删除，或者宪法本身就是多余的。一种基于科学之神秘、用以确定罪与非罪的、占有支配地位的新的文化和新的法律机构，将终结对普通人理智和判断的信仰。我们受专家控制，专家又受谁的控制？以科学的名义实施的独裁将更难抗拒，因为反独裁在此就是"反科学"。本书编著者之一邓子滨撰写的下文《测谎仪：对精神的刑讯逼供》，刊登在 2001 年 5 月 1 日中国的《南方周末》上：

《南方周末》2001 年 4 月 12 日第 8 版上赫然出现了硕大

的标题:"测谎仪在启动",配以略加技术处理的照片,与其说营造了一种神秘,不如说制造了一种崇拜。

长期以来,科学一直改变着我们的生活,也一直改变着我们的司法。面对不断攀升的犯罪,善良的人们期望借重一剂科学的灵丹妙药,将犯罪分子手到擒来,测谎仪的启动正是这种心态具体而微的反映。测谎技术的推广者正在说服人们相信测谎仪是一件利器,能够卓有成效地帮我们破案,还可以在不计其数的其他领域帮我们确定别人对我们是否忠诚。

从该篇报道上具有推介、暗示作用的信息中,我们可以看到,某教授参与并侦破过350多起重大和疑难案件,作出"绝对没有问题"的结论,宣称"用测谎技术对无辜者测试,当时就能确定;而真正的犯罪嫌疑人经测试,最快5分钟就能交代问题"。

问题的关键不在于测谎仪的准确性如何,而在于某些人所盼望的、测谎仪在未来中国社会的大行其道,会不会真的保障或者至少是有助于司法公正?回答是否定的。如果说测谎仪有什么进步意义,那也只能说它是从拷问肉体进化到拷问精神,虽有一副科学的面具,但却无法遮蔽它的本质:测谎是一种对精神的刑讯逼供。

现代的测谎仪与古老的刑具,相似之处在于它们都经过了精心的乃至是科学的计算。刑具的设计根据是肉体对痛苦的感知和耐受力,其目的正如贝卡利亚所说,是让痛苦成为真相的熔炼炉;测谎仪则是利用不受人的意识控制的植物神经系统,让真正的犯罪嫌疑人"最快5分钟就能交代问题"。

肉体刑讯逼供的成败，是看你的骨头硬，还是我的鞭子硬；而测谎技术的成败则取决于测与被测之间的精神较量，因为说到底，测谎仪是专家们利用数据、指标来证明你是否说了真话，通过一大堆精心准备的提问，在被测人的植物神经上大做文章。为测谎仪蒙上科学的面纱，丝毫不能掩饰它使嫌疑人经历了一场精神浩劫。一个对测谎仪的原理不甚了解并已被无可奈何的司法人员搞得筋疲力尽的嫌疑人，面对一群操纵着诡异莫测的仪器的专家所精心准备的问题，他的心理决不像专家们所声称的那样"放松"，他的精神所受的折磨绝不亚于刑具带给肉体的痛苦，只是这种痛苦有了文明雅致的外表。

其实，当今科技的发展已经使测谎仪落伍了，国外的技术专家们研发了多种令人振奋而又有效的技术，用来"偷听人的潜意识"。比如，精神麻醉分析利用药物抑制被讯问人的中枢神经系统，让他处于半清醒状态，从而减弱袒露真相的阻力。如果这些技术实现了许多头脑冷静而又急功近利的专家的预期，那么实验室会比法庭更有效、更不可抗拒地揭示真相，最终使我们今天所知的刑事诉讼程序成为多余的东西。试想，如果专家们终有一天可以利用他们占有的科学，准确无误地辨别有罪与无辜，那么，类似沉默权、无罪推定、司法公正之类的玩意儿，在法律上和逻辑上又有何必要呢？我们的司法系统从此可以简化为一个警察、一台测谎仪、一名监狱管教。

更令人恐惧的是，《南方周末》的编辑用黑体字告诉我们："从面对面的测谎到长途电话远程测谎、脑电波测谎、瞳孔测谎；从刑事侦查到反贪、投保、员工考核和情感测谎，这门技术正在介入生活的各个层面。"

这令我们想起了美国电影《国家的敌人》：既然我们有卫星定位，如果在每个孩子出生时就给他皮下植入某种不可去除的感应器，不就可以随时知道他在哪里了吗？据说，这有利于预防孩子被绑架。还有专家设想在每个人的大脑里安装一个"摄像机"，记录并可随时回放他的所作所为，那样的话，就再没有破不了的案子，再不必立什么军令状。我们必须记住，技术不是天生造福人类的东西，它也可以被用来统治和压迫那些没有执掌该种技术的人，控制他们，支配他们，事先知道他们要干什么，事后知道他们干了什么，最终做到让他们干什么他们就干什么。

事实上，测谎仪所潜藏的危险比它已经获取的功利要大得多。测谎仪的热衷者在努力倡导、推介、改进他们的仪器，终有一天，这门技术会改变自己目前尚显窘迫的多舛命运，取得合法、有效而直接的证据的地位，因为它与被称为"证据之王"的口供联姻，便可直逼垂帘听"证"的宝座。到那时，我们不得不把专家奉为领袖兼法官，让他们用他们的技术来保护我们，给我们安全、秩序与祥和，那样的话，我们就可以高枕而卧了。

高科技向司法的渗透是必然的，它在司法中的作用有两种情况：一方面，像指纹分析、血液检验、笔迹鉴定等，已经为司法所接纳，在此，科技所处置的都是客观证物，而不是心理分析；另一方面，像测谎仪这类针对人类精神世界的工具，则是悬在我们头上的达摩克利斯宝剑。

在美、日等高科技国家，测谎仪不仅不受司法垂青，反而受到诸多的限制，这首先是因为那里的司法公正不是由专家，而是由宪法所保障的正当程序来维护的，其次是因为这些国家法律所确认的沉默权，使测谎仪成为逻辑上不必要的东西。在我们今天尚未赋予犯罪嫌疑人沉默权的情况下，测谎仪的潜在危险会随着它的不断改进而渐露狰狞：我让你选择测与不测，但当嫌疑人选择不测时，只能证明他的心虚，只能加重他在司法眼中的嫌疑，只能增加自己的"不测"，因为专家已经告诉你，我的测谎仪对于无辜者是百分之百准确的，如果你真是无辜的，又有什么好怕的？

我毫不怀疑测谎仪有它科学的一面，不过，准确率不是它存在的理由，因为刑讯逼供也可能准确地抓到坏人。我所关注的是，一旦我们被诱导去相信、去迷恋某些技术和专家时，就已经与现代的司法理念格格不入了。某些国家的人民，由于不相信法律的专家即法官，早已逐步发展了陪审团制，让不具备专业知识的人民来主宰司法的命运，这既是在对抗权力，也是在对抗技术，因为两者都有专断的危险和趋势，都会渐渐剥夺和蚕食人民的权利和尊严。如果没有外行的民众的制衡，法庭不是被权力所支配，就是被专家所左右。

在刑事案件中，公正有赖于平衡被告人和司法机关天然的不平等的法律资源，以保护犯罪嫌疑人不受权力与技术的独霸者的侵害。我们对真相的追求只能服从于某种更高的社会价值，而且，我们要警惕某些过分热忱的技术笃信者向我们的推介与灌输，职业角色会使某种仪器的生产者成为新时代并不穷困的卖炭翁。当"投保、员工考核和情感"已经用上了测谎仪,而且一时之间洛阳纸贵热炒脱销的时候,我们已经看到一个幽灵在司法门前徘徊。

测谎与精神麻醉分析等技术都是从意识被削弱、被操控的人那里攫取事实,这些事实是被讯问人在正常情况下不愿坦白的。在这个意义上,每一项这样的技术都导致对隐秘和意志自由的侵犯,都磨蚀了人的尊严。我们正努力构建的对抗式的诉讼制度,尽管不能被证明是确认真相的最恰当的媒介,但在其前行的每一步,都体现着民主对人类尊严的强调。技术可以使某些人轻而易举地获得真相,但却更轻而易举地控制了我们的精神世界。这种对于精神世界的窥探,如果不是法庭在民主而公正的程序保障下所为,就只能意味着恐怖。真相与尊严的天平如何倾斜,将有赖于一个社会是选择效率还是选择自由。

第二节　要求陪审团审判

邓肯诉路易斯安那州案　[**Duncan v. Louisiana, 391 U. S. 145 (1968)**],大法官怀特发表最高法院意见:

上诉人加里·邓肯,在路易斯安那州被判普通殴打罪。依该州法律,普通殴打属于轻罪,最高刑为2年监禁和300美元罚金。上诉人要求陪审团审判,但路易斯安那州宪法仅对可能判处死刑或苦役监禁的案件才允许陪审团审判,所以主审法官拒绝了这一要求。上诉人被定罪,要在县监狱服刑60天,罚金150美元。上诉人要求路易斯安那州最高法院进行复审，理由是，拒绝给予陪审团审判，侵犯了美国宪法赋予他的诸多权利。州最高法院认定："被上诉的判决没有法律方面的错误"，拒绝颁发调卷令。上诉人要求本院复审，主张美国宪法第六、第十四修正案保障的权利，即，量刑可能长达2年以上的刑事被告人有权获得陪审团审判。

所提出的问题是，一项权利是否"构成我们所有世俗和政治机构基础的人身自由和正义的基本原则"，属于一项"为公正审判所不可或缺的基本权利"？摆在我们面前的、宪法第六修正案所保障的、获得陪审团审判的权利符合这些标准，但路易斯安那州的立场却是，宪法没有给各州强加这样一项义务："无论某一罪行及其刑罚的轻重，在任何刑事案件中都要给予被告陪审团审判。"因为我们相信在刑事案件中的陪审团审判是美国司法配置的基础，所以我们认为宪法第十四修正案所保障的获得陪审团审判的权利也是宪法第六修正案所保障的内容。摆在面前的上诉就是这样一个案件，我们因而认为，拒绝上诉人获得陪审团审判的要求是违宪的。

陪审团审判刑事案件的历史已经被频繁提及。为现在论述之目的，我们再做下述说明即已足够：到我们的宪法写就时止，陪审团审判刑事案件已经在英格兰存在了几个世纪，许多人溯至《大宪章》寻找凭据，它作为反对独裁统治的手段而得以保持并适当运作，而反对独裁统治是革命先驱的主要目标之一，表述于1689年的《权利法案》。

陪审团审判与英格兰殖民者一起来到美国，并得到殖民者的有力支持，而王权对陪审团审判的干涉则备受憎恶。陪审团审判也是1765年10月19日"美洲殖民地第一次代表大会"即"印花税法案代表大会"所采纳的决议之一。起草人将这些决议表述为"殖民地人民最基本的权利和人身自由"："获得陪审团审判是这些殖民地中每一大英帝国臣民固有的和无价的权利。"

"第一次大陆会议"在其1774年10月14日的决议中，反对拿皇家俸禄的法官所进行的审判，反对在英格兰审判发生于各殖民地的犯罪。"会议"就此声明："各殖民地有资格承受英格兰普通法，尤其有资格承受伟大而无可估量的、获得由邻近地区同阶人士依该法审判的特权。"

《独立宣言》严正地反对"法官听命于英王个人的意志，在法官的任期内依赖其薪俸"，反对英王"在许多案件中剥夺我们获得陪审团审判的权利"，反对英王"将我们押往大洋彼岸接受审判"。宪法第三条第二款规定："除弹劾案外，一切犯罪皆由陪审团审判，此种审判应在该犯罪发生的州内进行。"

反对宪法的呼声随着《权利法案》的通过立时销声匿迹。宪法第六修正案规定："在一切刑事诉讼中，被告享有由犯罪发生地的州和地区的公正的陪审团予以迅速而公开审判的权利。"最初的那些州所各自通过的宪法，保证了陪审团审判，而随后加入联邦的每一州的宪法，也以各种形式保护在刑事案件中获得陪审团审判的权利。

即使是如此简略的历史概述，也足以有力支持"在刑事案件中获得陪审团审判的权利"是我们司法制度的基础，这也是本院反复认可的重要一点。联邦和各州宪法所保证的陪审团审判，反映了关于法律实施和司法运作方式的一种见解深刻的判断：赋予刑事被告人陪审团审判的权利是为了防止政府的压迫。

那些书写了我们宪法的人，从历史和经验得知，有必要防止为铲除异己而无端提出的刑事指控，有必要提防对上级权威言听计从的法官。宪法的构建者们致力于缔造一个独立的司法机构，但又一再强调保护被告人不受专擅行为的侵害。赋予被指控者获得同阶陪审团审判的权利，就是给予他一种无价的安全保障，以防止腐败的或者过分热忱的检察官的侵害，防止屈从、偏袒或怪癖的法官的侵害。如果被告人宁愿要陪审团的普通理智判断，也不愿接受受过更多教育但可能较少同情反应的法官，那么他应当有权得到陪审团审判。

不仅如此，联邦和各州宪法中有关陪审团审判的条款反映了一个基本判断：不愿将加诸公民生命和人身自由的刑罚权委之于一个法官或一群法官。对不受制约的权力的恐惧在刑法中被表达为：坚持让社会共同体参与有罪还是无辜的确定。这个国家严格遵从由陪审团审判严重刑事案件的权利，以对抗暴虐的法律实施，具体体现为宪法第十四修正案规定的正当程序，因而必须受到各州的尊重。

当然，陪审团审判有"它的弱点和被滥用的潜在危险"。我们注意到，长久以来，尤其是本世纪，在有关司法运作的著述中的争论：允许未经训练的外行在民事和刑事诉讼中确定各种事实，这样做是否明智？争论的核心是明示或暗示地主张，陪审员没有能力充分理解证据或者确定事实问题，因而他们是不可预测的堂吉诃德般狂热而充满奇思怪想的人，接受他们的审判比一场赌博冒险好不了多少。不过，最近对于刑事案件陪审团的详尽研究得出结论：陪审员们确实是理解证据的，他们在面对的绝大部分案件中都能达成正确的结论，并且，当陪审员与法官有意见分歧的时候，通常是由于陪审员们坚持服务于某种目的，正是为了这种目的，我们才缔造并运用陪审团。

多长的监禁期或者多少罚金才足以要求陪审团审判？我们采取的客观的确定标准，主要是这个国家的现行法律和惯例。在联邦系统内，轻罪被定义为刑罚不超过6个月监禁和罚金不超过500美元的犯罪。50个州中有49个州规定，刑罚不超过1年监禁的犯罪，有时包括普通殴打罪在内，交付没有陪审团的审判。不仅如此，18世纪晚期的美国，没有陪审团也可以审判的犯罪绝大多数是刑罚不超过6个月监禁的犯罪。然而，我们无须在本案中划定轻罪与重罪的严格界线。我们所追求的目标足以让我们认定：基于这个国家过去和当代的标准，可判2年监禁的罪行是一项重罪而非轻罪，因此，上诉人有资格获得陪审团审判，拒绝其要求是不正确的。

撤销原判，发回依本意见重审。

♣ 陪审团对人民来说是权利，对国家来说是政治，是必须有人民参与的政治。下文仍然选自托克维尔的《论美国的民主》。

第三节 陪审团首先是一个政治机构

讲述美国的司法运作，就不能不提及陪审团这个机构。陪审团审判可以从两个观察点加以考虑：作为司法制度和作为政治机构。陪审团首先是一种政治机构。我所谓陪审团，就是随机选择一定数目的公民，赋予他们暂时的审判权。以陪审团审判来压制犯罪，对我来说，似乎是政府中出色的共和因素。理由如下：

陪审团这个机构可以是贵族的，也可以是民主的，依陪审员来自的阶级而定。但它一直保存其共和性质，因为它置社会的真正领导权于被统治者或者部分被统治者手中，而不是置于政府手中。强制从来不过是瞬间的成功因素，而紧随强制而来的是权利的观念。一个只能在战场上对敌的政府，很快就会被摧毁。政治性法律的真正制裁要到刑事立法中去寻找，如果短缺了这种制裁，法律迟早会丧失其说服力。有权惩罚罪犯的人，才是社会的真正主人。陪审团这个机构将人民本身，或者至少是某个阶层的公民，提升到法官的地位上，因而将社会的领导权赋予人民或者某个阶层的公民。

每个美国公民都是适宜的而又有法律资格的选举人。美国所理解的陪审团制，对我而言，似乎是作为普选权的人民统治的直接而最终的结果，它们是使多数得以进行统治的两种相等力量的手段。凡是选择以自己的权威进行统治，指挥社会而不是遵从社会的指导的人，都摧毁和削弱过陪审团。都铎王朝将拒绝有罪判决的陪审员投入监狱，拿破仑曾让自己的代理人选择陪审员。

陪审团首先是一个政治机构，应被视为人民主权的一种形式：当这种主权被推翻时，陪审团必然被摈弃，或者必须使之适应建立该主权的各项法律。如同立法机关是国家的立法机构一样，陪审团是国家的执法机构。为使社会能以稳定而统一的方式得到管理，有资格成为陪审员的公民的名单，必须随选民的名单扩充或减少。我认为这是最值得立法机关注意的观点。

当陪审团被用于民事案件时，我依然确信它是一个政治机构。法律如果不以一国的习惯为基础，就总是处于不稳定的状态：习惯是一个民族唯一持久而坚韧的力量。当陪审团只为犯罪而设时，人民只能在特定案件中看到它偶尔的行动。在日常生活中，人民习惯于没有陪审团，它只被看成获得正义的一种手段，但不是唯一的手段。

相反，当陪审团在民事案件中起作用时，其适用便是经常可见的。它影响着社会共同体的所有利益，每个人在其运作中都会给予合作：因此，它深入到生活的所有习用之中，它使人的思想适应其特殊方式，并逐渐与正义思想本身联系起来。

无论以何种方式运用陪审团，它都对国民性发生强有力的影响。当它被引入民事案件中时，这种影响会极大地增强。陪审团，尤其是民事案件陪审团，将法官的精神传递到所有公民心中；而这种精神及其伴生的习性，正是为自由制度所做的最佳准备。它教导所有的阶级都尊重已经判决的事项，养成权利的观念。如果这两种因素被除去，则对独立自主的热爱只能变成具有破坏性的激情。

陪审团教导人们做事公道，每个人审判邻人的时候，要像他自己有朝一日受邻人审判一样。在民事案件中，这一点尤为千真万确，因为虽然有理由害怕刑事追诉的人不多，但每个人都有可能涉及诉讼。陪审团教导每个人要勇于对自己的行为承担责任，有男子汉的自信，没有这种自信，任何政治美德都不会存在。陪审团赋予每个公民以某种管理者的身份，这使他们觉得对社会负有义务，并感到自己在政府中的角色。通过强迫人们将注意力转到他人的事务上，陪审团擦去了构成社会锈垢的自私自利。

陪审团对于判断的形成和一个民族自然智力的增加有重大的贡献，我认为这是它的最大益处。可以将陪审团视为免费的公设学校，永远对外开放，每一陪审员在此学习自己的权利，与上层阶级中最有学识和最开明的人士进行日常交流，熟悉实践中的法律。通过律师的努力和法官的建议，甚至两造的激烈辩论，上述的一切都成为陪审员力所能及的事情。我认为，美国人的实践智慧和政治敏感主要归功于他们在民事案件中长期运用了陪审团。

我不知道陪审团是否有益于涉及诉讼的人，但我确信它对审理这些诉讼的人极为有益。我将陪审团视为社会能够用以教育人民的最有效的手段之一。

在民事案件中，法官是两造冲突中无私利的仲裁人，陪审员要相信法官，洗耳恭听法官的意见，因为在这种情况下，法官的智慧完全支配他们的智慧。正是法官，总结各种让陪审员的记忆力疲乏不堪的论点，引导他们顺利通过诉讼程序的曲折路径，将他们的注意力指向那些事实问题，并告诉他们如何回答法律问题。法官对他们的影响几乎是无限的。

看来似乎是限制司法权力的陪审团，实际上是加强了司法权力，任何其他国家的法官，都没有人民分享法官特权的国家的法官强大有力。美国的司法人员能将职业精神渗透到甚至社会的较低阶层，是特别借助了民事案件中的陪审团。因此，作为使人民进行统治的最有活力的手段，陪审团也是教育人民如何进行好的统治的最有效的手段。

♣ 1972 年，阿兰·谢福林（Alan Scheflin）在下文中发表了对陪审团否决制的看法。

第四节　说不的权利

根据陪审团否决原理，陪审员有着固有的权利，不顾法官的指导，依良心径自达成无罪裁决，被告人有权使陪审团得到这一指导。这是"良知"在陪审团评议中扮演法律认同的重要角色的时刻。

在英属殖民地时期的 1735 年，一个纽约的陪审团，在公认的最优秀的律师安德鲁·汉密尔顿的激励下，向政府对持不同政见者的压迫说"不"，还被告曾格以自由。曾格未经市长授权，出版《纽约周刊》，暴露某些政府官员的腐败内幕。尽管政府召集的大陪审团拒绝起诉曾格，但他还是被逮捕，以煽动性诽谤罪指控他。假如陪审团遵从法官的指导，他们将不得不认定他有罪。

为了排除这一障碍，汉密尔顿坚决主张陪审员"有权超越所有争议，同时确定法律和事实"，他勉励陪审团："在裁决自己同胞的生命、人身自由或财产过程中，用自己的眼睛去看，用自己的耳朵去听，用自己的良知去理解。"他对陪审团所做的结案陈辞，今天仍像其200多年前发表时一样铿锵有力：

  摆在法庭和陪审团各位先生们面前的，不是微不足道的私人利益；你们正在审理的，不是一个可怜的印刷商的案件，也不只是纽约的案件，不是！它的后果影响着大英帝国政府统治下美洲大陆每个自由人的生活。这是一个最有价值的案件，一个事关自由的案件。我毫不怀疑，你们今天的正直行为，不仅使你们有资格受到同胞的热爱和尊敬，而且每个要自由而不要奴役的人都会祝福你们，给予你们尊荣，就像对待挫败暴政企图的英雄一样。通过一个不偏不倚的、未被玷污的裁决，你们奠定了保护我们自身、我们后代和我们邻人的高贵基础。自然法和我们的法律已经赋予我们一项权利——人身自由——至少通过说出真相，写出真相，暴露并反对这块土地上的专横力量。

  殖民地陪审团经常拒绝实施大英帝国议会制定的航海法，该法旨在使所有的殖民贸易都通过母国进行。殖民地陪审团释放了因违反航海法而被扣留的船只，它们这样做，通常是公然蔑视法律和事实的。为了回敬陪审团否决程序，大英帝国建立了专门的海事法院。这些法院的首要特点是没有陪审团，这在殖民地居民中造成巨大痛苦，是最终激化出美国革命的主要怨愤之一。

  美国革命的前夜，陪审团否决在广义上已经成为美国司法制度不可分割的一部分。陪审员可以评价和决定事实和法律两种问题，这一原则被当时杰出的法学家们所接受。约翰·亚当斯在 1771 年 2 月 12 日的日记中写道：如果法官的指导与基本的宪法原则相抵触，

> 那么，一位陪审员仍有义务依照法官的指导，或者甚至依照特殊的事实，做一般性的裁决而将法律问题委之于法官吗？每一个有感情、有良知的人都会回答：不。在这种情况下，依据自己的最佳理解、判断和良知，作出与法官的指导相反的裁决，这不仅是他的权利，也是他的义务。

亚当斯的推理基于这样一条民主原则："普通人在每一判决中都应有完全的控制权，即关键的否决权"，就像他们对政府的其他决定一样。在采纳宪法之时，陪审团否决的观点存留下来。像国父们所深知的，没有陪审团否决制，假手法官的政府（或者通过法官的权力统治）将变成一种明显的可能，甚至成为现实。在"曾格案"审判过程中，两名律师主张，那个依国王的"意愿和喜好"就任的法官不应坐在审判席上，他们被判藐视法庭罪并被逐出法庭。如果殖民地居民忘却了曾以正义和法律的名义肆虐的司法邪恶，那么，星座法院就是不太久远的记忆。因此，如果国父们意图通过某种公众控制来限制麻木不仁的法官权力，那么，陪审团制就是一个方法：对压迫者的权威说不。

想对陪审团否决制有适当的理解，要求我们将其视为法律和司法运作过程中自由裁量权的行使，这一自由裁量权是对检察官轻率检控的有效制约。如若没有正义、公正和仁慈，任何法律体系都无法充分施行其原则。依庞德之见，在落实法律过程中，"陪审团目无法律是极大的正确。"因此，陪审团是站在国家意志和人民意志之间的，是

防止街头出现战壕的最后的法律堡垒。在很大程度上，陪审团给予司法制度以合法性，而法官控制的陪审团会毁掉这种合法性。

如果一位陪审员赞成某个被告的行为，或者至少觉得其行为是正当的，但他因受法官的强迫而给被告定罪，那么，他对这个逼他违反良心命令作出裁判的法律制度就会失去尊敬。同阶审判的概念也因否定了陪审员依个人道德行事的权利而遭到阉割，因为如果陪审团是"社会共同体的良心"，怎能剥夺这种依良心行事的权利呢？一位被迫违背自己的判断而作出判决的陪审员，将反抗这个让他背叛自己的司法制度。任何一种制度，如果必须靠强迫人们损害自己的原则而立足，就不值得人们去尊敬。

如果像否决原则的某些反对者所说的那样，陪审团的自由裁量权导致一个无法无天的社会，那么，没有自由裁量权又会导致什么呢？几年前，纽约警察局要在长岛高速路上赚点外快，它给每个违反任何一条交通规则的司机开了一张罚单，激起了人们反对这一行为的巨大呼声。虽然部分怒气是发泄在这个卑鄙狡猾的聚敛之道上，但还有部分怒气是针对这种缺乏自由裁量不分青红皂白的执法方式的。如果没有自由裁量，法律制度会形同儿戏。但是，有权者手中无限的自由裁量权却也可以变成专横。对人民而言，裁量权的适度行使，不仅是民主的基本原则，也是陪审团否决制的主要理由。

让"街上的普通人"卷入或参与公共政策的制定，这是最重要的民主原则之一。在司法框架中，陪审团已经成为反映这一信念的机构。"街上的普通人"变成"陪审席上的普通人"，作为社会共同体的代表坐在那里。作为"社会共同体良心"的体现，他通过司法过程而使判决的权威合法化、高效化。

民主制度的主要特征是公众能够对政策制定者进行有效控制。就司法过程而论，这只能意味着一件事：如果"陪审席上的普通人"要发挥他作为"社会共同体良心"代表的作用，有效参与公共政策的制定，那他必须握有制止任何"擅断"的权力和权利。不仅如此，他必须被告知，他有宪法上的权利来行使这一权力。

因此，陪审团的工作是双行车道。社会共同体价值观被注入法律制度，使法律的适用回应着人民的需要，而参加陪审团则使人民感觉到他们在更大程度上参与了政府，从而使政府进一步合法化。假如像国父们所意识到的，严重背离民主之路的情况经常发生，则陪审团可以运用最后的否决权，来纠正司法的严酷、屈从和暴虐。

陪审团为发掘良心提供了一种制度机制。陪审团否决制使社会共同体能够说：某条法律太严，某项起诉太重，或者某个被告行为正当，不应施以刑事制裁。除非陪审团能够起到社会共同体良心的作用，否则我们的司法制度就会变得僵化不堪，导致矛盾的逐步激化，最终威胁制度本身的延续。换言之，陪审团是必不可少的安全阀，可以让社会适应自身内部的压力和紧张。

♣ 谢福林始终关注陪审团否决权，在上文发表近 20 年后，1991 年，他再次提出要通过陪审团软化苛刻的法律，并且强调否决权首先应被告知。

第五节　仁慈的陪审团

软化法律命令的苛刻，并依社会共同体的道义感作出裁决，陪审团的这项权力和权利向来是被承认的。然而，广泛的争论在于，是否应当告知陪审员拥有此项权威？支持者将这种知情权视为民主财富不能让予的部分,而反对者认为这等同于混乱和无政府。虽然马里兰州和印第安纳州的法官仍在告知陪审团有最终决定权,但绝大多数法院却已拒绝这样做了。

司法的这种不诚实不断受到质疑,在过去一些年里,一场持续的群众运动开展起来,目的是促成这样的观念:我们的陪审员应当被充分告知他们的权力。关于陪审团否决权的告知,已扩展到更大范围的越来越多的公民和陪审团候选人。这一运动为的是使"陪审团否决权"的观念恢复生机,并将其与民主的基本观念相联结。如果法官们告知陪审员真正的权力,那么我们的司法制度就会更加完善。

有关陪审团否决权的争论已经沉寂了半个多世纪,直到20世纪60年代,才作为反越战示威审判中的辩护战略重又复苏。如上所述,大多数法官拒绝诚实地告知陪审员具有否决权。这种拒绝在20世纪60年代并未显著损害司法的合法性,因为当时很少有人知道否决原则。20世纪90年代的情况则迥然不同,陪审团否决运动比以前任何时候都要活跃,陪审员们在最近的著名案件中似乎已经开始援用其否决权。[1] 更令人注目的是,争论中提出了基本的、尚未得到回答的、有关宪政民主中的统治权问题。因此,否决的支持者寻求两个主要的法律制定者——选民和立法机关——的帮助就不足为奇了。

---

[1] 近来广为人知的、陪审团否决制发挥作用的审判是关于伊朗武器禁运事件的,陪审团只对较轻的指控裁决有罪,而对其他指控均认定无罪。此后,主审法官杰克逊在哈佛法学院发表演说,表达了他的不满。他认为,甚至是在至少十几个罪名都有"绝对优势"证据的情况下,陪审团仍然没有对更多的指控裁定有罪。布鲁斯·费因在专栏文章里驳斥了杰克逊法官,说他"对陪审团否决法律的权力尖酸刻薄吹毛求疵"。杰克逊法官曾说:"陪审团不是微型民主或微型立法机关。它不应任性行事,那是无政府主义。他们应该遵循法律。"费因回敬道:"在特定案件中,陪审团否决制并不比检察官拒绝起诉注定无法定罪或者有特别减轻情节的罪行更具有无政府主义的色彩,也并不更像在立法意义上对刑法的废止。"

1989年夏，蒙大拿州成立了"陪审团充分知情协会"。这个全国性、非营利、无党派的组织，致力于使陪审员充分知悉其权利，它赞助了1990年11月举行的一届有关陪审团权利议案的会议，旨在制定一个战略计划，游说立法者通过"充分告知陪审团权利"的制定法，保护传统的陪审团否决权利。

陪审团否决运动成功与否的关键是公开性。人民需要被告知，陪审团有被充分告知的权利。陪审团否决在最主要的刑事审判中都成为新闻，因为其中有吸引公众注意的价值冲突。关于陪审团否决制的文章频繁出现在报纸和杂志上。新闻报道的优势在于它可以覆盖众多的人，但它接触众人的时候，陪审团否决问题并不非常急迫，因而对陪审团候选人来说，知晓陪审团否决的权利，对于陪审团评议可能有更直接的影响。1990年1月25日，《圣地亚哥读者》发布了一则3/4页的广告，题为：

现任和未来陪审员请注意：

你们可以合法地开释反堕胎的"违法者"，即使他们是"有罪的"。如果你是陪审员，正在审判因支持"挽留生命"而阻拦通往堕胎手术室道路的人，法官可能会告诉你，无论你是否同意他们的行为，你都应判他们有罪。他没有讲真话。

这则广告出现的时机是精心策划的。对于被控在诊所门前犯有妨害罪的被告人即将开审。这则广告意在影响陪审团，不让他们作有罪裁决。圣地亚哥这则广告出现前3周，法院门前已经有人在散发传单了。警方告诫示威者：游说陪审团是一项重罪，他们可能因此而被捕。示威者受到警告后停止了行动。为了消除这些已散布的信息的影响，法官们特别要求陪审员不要理会这些传单。

许多这样的传单歪曲了对否决制的讨论。陪审团候选人读到这些传单，会误导实际的陪审团评议。只有来自法官的关于陪审团否决的准确指导，才能消除这一难题。事实上，许多传单、手册比误导走得更远，它们甚至建议或者暗示陪审团候选人应当欺骗法官。

不是所有的反堕胎者都甘于沉默，对其中一些人而言，直接的欺骗似乎是正当的。上百万的陪审团候选人看到了类似的广告、传单和宣传手册。这意味着，无数的陪审团会包括这样的成员：他们隐瞒自己知道否决制，他们对否决制持有极为错误的看法，而且他们试图"教育"其他陪审员拒斥不喜欢的法律。

陪审员们可能知道一些关于否决的事，可能正确，也可能不正确，对此，法官如何是好呢？尤其是，如果法官决定给出一种反否决制的指导，那正好强化了宣传品中的观点，反倒无法纠正其中的谬误。这是一个令人沮丧的嘲讽：法官们继续拒绝给予准确的指导，事实上正在制造着力图避免的无政府。

大众对"充分知情的陪审团"的热衷，加强了我们先前的见解，即，法官应当给予陪审员有关陪审团作用和权力的指导。法官必须正确裁定程序问题，并且正确引导庭审，使争议各方都受到宪法的全面保护。陪审团没有权力创制新的法律或者评价面前法律的合宪性，应当尊重立法机关制定的法律，毕竟，这些法律反映了社会共同体多数的民主意愿。但是，陪审员们也应被告知：他们在本次审判中代表社会共同体，并且，最终责任是确定已经发生的事实，将某一法律适用于这些事实，产生一个公正而公平的裁决。这种诚实的指导必将强化我们国家对民治政府的信奉，必将有助于人民与他们的法律更加和谐。

加利福尼亚州的陪审团指导辞

陪审团的女士们、先生们：

作为法官，本人有义务就本案适用的法律指导诸位；作为陪审员，诸位有义务依循我所陈明的法律。

陪审团的职能是审判事实问题，这些事实通过向本庭提交的起诉书和被告的无罪答辩状呈于诸位面前。诸位在履行义务时，既不应受怜悯被告的情绪的影响，也不应受反对被告的激情或偏见所左右。

你们仅应受制于向本庭的举证和我向诸位陈明的法律。法律禁止你们受制于情感、臆想、同情、激情、民意或公众情感。人民和被告都有权要求你们，他们也的确在要求和期盼你们，本诸诚实而平和之心，考量权衡本案证据并适用法律，以此达成公正裁决，而无论其结果如何。

马里兰州的陪审团指导辞

陪审员们：

这是一起刑事案件，依宪法和马里兰州的法律，在刑事案件中，陪审团既判断事实，也判断法律。因此，关于法律，无论我怎样告诉你们，其目的只在于帮助你们达成公正而适当的裁决，但这不应束缚你们——陪审员，你们尽可以按照你们的理解，接受法律并适用于本案。

第六节　不必理睬法官

美国诉多尔蒂等人案［United States v. Dougherty et al., 473 F. 2d 1113（C. A. D. C. 1972）］，巡回法院法官莱文戴尔（Leventhal）：

9名被告中有7人对定罪提出共同上诉。上诉人基于以下理由希望撤销原判：（1）初审法院法官错误地驳回了被告们提出的无需律师而自行辩护的动议；（2）法官错误地拒绝指导陪审团有权不顾法律和证据径自裁决无罪；（3）法官实际给予的指导，迫使陪审团作了有罪裁决。基于被告人的第一条理由，我们撤销原判，发回重审。为了给重审以适当的法律规则，我们考虑了第二和第三项理由，但结论是不能接受这些理由。

毫无争议的证据显示：1969年3月22日，星期六，上诉人闯入华盛顿特区西北第15街的道尔公司办公室。他们将纸张和文件扔了一地，有的还扔到楼下大街上，在办公家具和设备上乱涂乱画，还在这些物品的表面泼洒血一样的物质。控方通过道尔公司职员的作证，证明被告是未经允许而擅自闯入的，并且证明了损害的程度。

上诉人说，陪审团非常清楚地认识到，他们有不采纳法官的指导——甚至是关于法律问题的指导——的特权，而且，他们还具有法律上的权利，得知自己有上述权力。我们探究这一问题，为的是界定基于本院命令而进行的重审的性质。

不理睬主审法官有关法律的指导，径行作出无罪裁决，陪审团所具有的这种不可复审且不可撤销的权力，向来与这样一种法律实践和先例相共存：要求陪审团顺从法官就法律问题所进行的指导。在殖民拓荒时期与共和早期，就存在这两种不同的主张。尊敬的约翰·亚当斯、亚历山大·汉密尔顿以及众多杰出法官的见解和表述是：陪审员们有义务依其良心裁决，即使该裁决与法官的指导相反；他们在刑事案件中是事实和法律的判断者，不受法庭意见的束缚。

随着对国王任命的法官不信任，以及随国王退位的法官撤换，人们越来越接受这样的观念：在共和制度下，对公民的保护，不在于认识到每一陪审团有权自创法律，而在于变更法律时应遵循民主程序。

在1835年"美国诉拜提斯特案"（United States v. Battiste）中，法官强硬支持了这样的观念：陪审团的职能在于接受法官给它的法律，并将其适用于事实。这一有影响的令人尊敬的裁定，在全国得到越来越多的认同。要求自立的幼稚冲动，逐渐开始适应现实；先前的反叛，现在受到自身命运的约束；稳定和发展的实际需要，超过了抽象的离心力哲学。法官不再是表现王室恩惠和影响的殖民工具，而是国家主流知识分子的重要组成部分。他们只受制于普通法的传统和专业意见，用庞德的话说，有能力提供"真正的司法正义"。

"拜提斯特案"扭转了潮流，但也有交叉涌流。在19世纪中期，这个国家还受杰克逊式民主理念的影响，它刺激了由人民直接选举法官的要求，对于法官创造的普通法的不信任，加强了法典的改革运动。时至19世纪末，陪审团的作用是作为象征和整体而被尊重的，而不是指导它有权做它想做的任何事。旧有的规则，今天仅作为一个遗迹而存在。

陪审团否决权是以人身自由和民主的名义提出的，但它却蕴涵着最终的无政府的逻辑。下面是1970年"美国诉莫兰案"（United States v. Moylan）所表达的关切：

  鼓励个人自行决定遵从何种法律，同时又允许他们凭良心不遵从法律，这将招致混乱。如果给予每个人选择权，让他不受惩罚地不遵守那些依个人标准被判断为道德上不可接受的法律，那么，任何这样的法律体系都不会长久存活。容忍这样的行为，不是上诉人所声称的民主，而是无可避免的无政府。

认为陪审团这一特权蕴涵无政府的风险，这种观点代表的是哲理和逻辑的思维习性，而不是社会学家们的预言。虽略有夸大其词之嫌，但其潜在的风险却是无可辩驳的。相反，陪审团否决制的推介者显然是在假定：说出陪审团的权力，不会导致其滥用，至少不会明显有害地导致其滥用。这种假定是公平的吗？

如果关于陪审团如何运作的告知方式有了变化，那么，陪审团的运作方式就可能有剧烈的改变。陪审团知道得非常清楚，其特权不限于法官在正式指导中所说的那些选择。陪审团从不止一种选择里获得它对法律制度安排的理解。这里有从法官那里得到的正式交流，也有从整个文化——小说、戏剧、影视、时事评论、历史传统中得到的非正式交流。输入的总量基本足以向陪审员传达特权和自由的思想：在特定案件中可以背离法官的指导。法律是一个体系，也是一种语言，其引申意义可能未被记录，但却是其生命的组成部分。

法治或司法之治，涉及价值选择和客观事物的条理安排，对此，整齐划一在任何社会或者团体中都是不可能的，尤其是在我们这样一个文化和利益千差万别的社会。为了在差异中寻求一致，作为全国的座右铭，必须有某种形成决定的程序，这一程序是由符合民主理念的过半数或简单多数产生的。将小型立法机关的作用委任给小陪审团，如果它不能取得一致，就必须解散，由此使刑法及其运作陷于瘫痪，这种僵局与其说深化了，不如说出卖了"民主是可行的"这样的主张。

不仅如此，像否决制所蕴涵的，一位陪审员知道法律谴责什么，而他有事实上的宽宥权力。然而，明确告诉他有否决的特权，等同于告知他：事实上是他形成了那谴责的规则。那将是过分的责任，对陪审员的心理也是过重的负担。一名陪审员是被召来自愿为公众服务的，他有资格受到保护。他知道某一行动是正确的，但也知道该行动在社会共同体里是不受欢迎的，此时，他可以清楚地对朋友和邻里推诿说，他仅仅是依从了法官的指导。

偶尔用之有利健康的药品，每餐食之则有害健康。陪审团这一特权广泛存在，令人们广泛赞同，将其视为"对冷漠的法官和独断的检察官的必要抗制"，这一事实并不能形成一种命令，让法官必须告知陪审团拥有该种权力。相反，实践中有益的做法是，以聪慧的方式构造对陪审团的指导，足以让陪审团对案件涉及的价值观有如此强烈的感受，以至于陪审团将这一案件视为对自己最高良知的召唤，必须独立发起和采取一种与既有指导相反的行动。不守法的陪审团应局限于一些偶然场合，这种例外并不违反甚至可以看成是加强了法治的整体规范效果。一次明确的对陪审团的指导，传达了一种暗示的赞同，这冒了贬低法律结构的风险，这种法律结构保障了真正的自由和有序的解放，既反对独裁专制，也反对无政府的混乱。

首席法官贝泽伦（Bazelon），部分同意，部分反对：

我的见解基于这样的前提：否决制能够也应该在刑事过程中发挥重要作用。我不认为这一原理之所以存在仅仅因为我们没有权力惩罚拒绝执行法律的陪审员，或者没有权力重新起诉其无罪开释缺乏正当性的被告人，而是认为该原理使陪审团能够将公平感和个别正义带入刑事过程。法律规则的起草者们无法预见和考量每一个这样的案件：被告的行为虽然违法，但却不具有可谴责性，就像他们只能在意外事件和疏忽大意之间划一条粗略的界线一样。只有陪审团——作为社会共同体价值观的代言人——才必须去发现这微妙而不易察觉的界线。

我看不出有任何理由说，陪审员们会不计后果地滥用其权力。毕竟，信任陪审团，这是我们整个刑事法理的柱石之一。如果这一信任丧失了基础，则我们应予反思的，就不只是否决原理了。

有一个经常引用的滥用陪审团否决权的例子：顽固的白人陪审团无罪开释那些针对黑人犯下罪行的白人。这种令人厌恶的做法所产生的羞耻感为民权运动增加了动力，反过来使主要民权立法化成为可能，还刺激了平等保护条款重现活力。我们从这些滥用权力的例证中吸取的教训，有助于创造一种气候，使这类权力滥用不那么容易生存。

不仅如此，否决权的高尚运用加强了法治的整体规范效果，为我们评价刑事法律的实体标准提供了重要的切入点。陪审团不愿让被告为违反法律禁令而承担责任，这本身就促使我们思考这些法律的道德性问题。一项原理若能为我们提供如此关键的洞察，就不应被逐入地下。

★ 谁鼓动陪审团否决法律？媒体对某些臭名昭著的审判的过分报道，使陪审团否决制的运用增加了还是减少了？它所反映的社会共同体良心的程度增加了还是减少了？针对特定的即将到来的审判，利用传单、付费登报启事来敦促陪审团行使否决权，会带来什么危险？托克维尔写道："任何其他国家的法官，都没有人民分享法官特权的国家的法官强大有力。"陪审团否决是强化还是弱化了托克维尔的论点？

有人问：陪审团否决理论诞生于法、英、美各国革命的暴风骤雨中，是否适宜于我们今天的法治而非人治的社会？

1992年5月，洛杉矶4名白人警察殴打非洲裔美国黑人洛德尼·金，但被陪审团宣告无罪，陪审团中没有非洲裔美国人。一名业余摄像师将殴打过程拍成录影带，全国上下通过电视看到了殴打场面，法庭以之作为本案证据的主要部分。这一无罪宣告是陪审团否决行为吗？4年以后，辛普森被无罪开释，他被控谋杀前妻及她的朋友罗·戈德曼。这起案件之所以有这样的结果，一些美国人认为是由于陪审团否决制，但多数美国人认为是由于未能超越合理怀疑地证明有罪。

陪审员应否被告知否决权？这一讨论的结果，部分有赖于双方各自如何看待美国社会的性质。一些人将否决权看成是普通人在保护"进步"政治行动不受政府压迫；另一些人指出否决权历史上曾授权不容异己的公民回避法治并且践踏被告人的权利。因此，如何看待应否告知陪审团否决权，取决于如何对社会进行政治评价。

第十四章

选择陪审员

> 我们的陪审员,虽然来自不同的族群,出身各异,但他们是卓越而杰出的。
>
> ——杰克·温斯坦

♣ 我们这个社会中的公民,其背景、传统和生活经历都更为复杂多样,在此,如何定义同阶陪审团尤为至关重要。悬系其上的,不仅是审判的公正性,而且有陪审团制和法律本身的合法性。谁是同阶人员?这个问题的重要性被"陪审团主要是一种政治机构"的主张所放大。像杰斐逊所说,因为成为陪审团一员的机会如同选举资格一样,是公民权的重要组成部分,所以,界定同阶陪审团就是在界定谁属于美国。

21世纪的基本事实是:美国正成为一个多种族社会,其中的少数身份的概念不断地重新界定。非洲裔、拉丁裔、亚裔和太平洋裔以及土著美国人的总百分比,从1990年的25%上升到2000年的30.6%。人口预测显示,如果目前的增长率保持下去,到2050年,非白人将占总人口的49.9%，美国将不存在多数种族了，而是一个名副其实的少数群体组成的国家。下文写于1989年，肯尼斯·卡斯特（Kenneth Karst）在文中提出了到底"谁属于美国"的问题。

第一节 平等与归属

平等的理想是美国公众生活中文化的主旋律之一。从《独立宣言》到总统就职的效忠宣誓，有关平等的华辞丽句塑造着我们的国家。从殖民时期开始，平等在历史上一次又一次成为振奋精神的呐喊，成为一种许诺，成为举国信奉的章程，触动着我们的情感。

对法律能力的信任，在美国人中相当普遍。平等主义的主流一直贯穿美国社会，因而我们经常诉诸法律，以实现我们的理想。不过，也有理由相信拉尔夫·达伦多夫（Ralf Dahrendorf）的讽刺警句："在法律的'前面'人人平等，但在法律的'后面'不再平等。"奴隶制和种族隔离，对生于国外者的歧视，对某些宗教信仰者参与政治的限制，将妇女实际排除出公共生活之外——所有这一切都在提醒我们，法律可以成为集体压迫的工具。平等与公民权早在内战后就已明确写入宪法第十四修正案，不过，我们的宪法已被塑造得有助于实现这种被合法化的压迫了。

触及平等问题的法律有其两面性，这种"美国的两难"反映了美国社会的主流态度。美国白人真诚地献身于这个国家的平等主义和个人主义的理想，不过，他们同样接受对黑人的平等和个性的制度性剥夺。我们的社会对待妇女和文化上的少数群体也有着同样的两面性。美国人——白人、男性和本土出生者——何以能够世代生活在他们的平等理想与实际行动的不和谐中？技巧再简单不过：将处于从属地位的群体排除出去，然后再界定社会共同体及其公共生活。

尽管每一公民都可以声称具有一系列基本的法权，但其中一些人几乎肯定是局外人。真正的成员资格要由宗教信仰、种族、语言或行为这些额外的检验标准来决定，这些检验标准因不同的时间和不同的族群有显著的差异。每一代人都传给下一代一个没有答案的问题：谁真正属于美国？

平等与归属是不可分的：界定美国平等理想的范畴，就是界定国民共同体。在美国，对于平等公民身份的权利主张，总是夹带着一种情绪化的指责，尤其是当不平等与民族、性别、宗教信仰或种族划分挂起钩来的时候。这些情况之所以触动人心，是因为它们触及归属感和自我意识。归属是人的基本需要。每个人的自我都是在社会母体中形成的，的确，自我的概念与社会群体的理念不可分割。最令人痛心的剥夺，莫过于将人逐出社会共同体，不承认他们的成员资格，将他们贬为局外人。当法律成为排挤工具时，伤害尤烈。

民权运动的主要成功之处在于，重新正式界定了美国地方的和全国的社会共同体。大量的以前被逐出这些共同体公共生活的美国人，被正式认可为平等的公民。接纳的机制是宪法，宪法是全国上下最权威的官方价值观的体现，这对所有的人都很重要。

法律和政府不仅提供了所有不同文化必然分享的公共舞台，而且界定了使社会团结起来的诸多意义。在一个多文化的国家，什么是美国文化？这一文化的确切特征是什么？谁将自己视为国民共同体有充分参与资格的一员？这类问题可分开阐明，但这种分开只是个角度问题。"谁属于"的问题，其实是一个关于美国的含义的问题。

★ 每年都有一些著名的案子，当事人斥资聘请社会科学家帮助挑选公正的陪审员。但是，不是每个人在陪审团遴选中都能利用昂贵的社会科学的帮助，因而大多数被告人必然依赖律师运用宪法和法律的技巧来确保陪审团具有广泛的代表性。最重要的一点是，现存的和发展着的法律标准，是否足以应对在多元文化的社会里界定同阶陪审团这样复杂的问题？"Jury of Peers"这一短语可以回溯到1215年的《大宪章》，事实上，《大宪章》中提到的同阶陪审团代表了英格兰贵族们的一种企图，即，保证他们的特权不受国王的侵夺，而并非是贵族之外的公众的平等学说。尽管如此，获得同阶陪审团审判，这一观念在英美法系已经根深蒂固，它意味着被告人应当获得与其性别、社会地位、种族或经济状况相同者的审判。

是否存在陪审团候选人的"可识别的群体"被"制度性地排除"的情形，法庭对此进行了调查。近年来，通过检视强制剔除的运用，法庭已经将其重点从陪审团候选人转向了陪审团本身。通过强制剔除，一位律师可以不经法官同意便排除某些人员，并且不必做任何解释。在一个特定陪审团的遴选过程中是否发生了违宪的歧视，其判断标准也在不断变化。与此同时，陪审团遴选中的扶持行动及其合宪性问题也被提了出来。

第二节 强制剔除

拜特森诉肯塔基州案 [Batson v. Kentucky, 106 S. Ct. 1712 (1986)]，大法官鲍威尔陈述最高法院意见：

本案上诉人声称，阿拉巴马州利用强制剔除，将与他同种族的人排除于陪审团之外，从而剥夺了对他的平等保护。

上诉人是一位黑人，在肯塔基州被控二级夜盗罪和接受被盗物品罪。在杰斐逊巡回法院第一天的审理中，法官当场询问陪审团候选人，以动机为由免除了某些候选人的陪审义务，又允许当事各方进行强制剔除。检察官强制剔除了4名黑人，从而选择了一个仅由白人组成的陪审团。辩护律师在该陪审团宣誓前提出了解散陪审团的动议，理由是检察官的做法侵犯了被告人依第六和第十四修正案享有的从广泛的社会共同体中选取陪审团的权利，以及依第十四修正案享有的受法律平等保护的权利。庭审法官没有对动议作明确裁定，但他认为，当事各方有资格运用强制剔除，排除他们想要排除的任何人。

　　陪审团裁决罪名成立。在向肯塔基州最高法院提出上诉时，一个重要主张便是检察官利用了强制剔除。肯塔基州最高法院维持了原判，进而裁定认为，被告如果声称缺乏公正的广泛选择，他必须当庭展示存在着对属于某一群体的陪审团候选人有系统的排除。我们签发了调卷令，并且推翻了原判。

　　最高法院认可这样的观点：一州有目的并处心积虑地以种族为由拒绝黑人参与司法运作，这样做违反了平等保护条款。这一原则在最高法院决定中，一贯并且一再被确认，我们今天再次肯定这一原则。

　　选择陪审员过程中有意的种族歧视，侵犯了被告受平等保护的权利，因为这种做法剥夺了陪审团审判意图确保的对被告的保护。陪审团的理念就是，由与被告人同阶的或者平等的一些人组成一个团体，他们被选择或者召集是为了确定这个被告人的权利；也就是，被告人的邻居、同事、同盟或者社会上有相同法律身份的人。庭审陪审团在我们的司法制度中占有中心位置，它确保一个被控犯罪的人不受检察官或法官的专横擅断。陪审员必须是"漫不经心选择的"，以保证被告依第十四修正案享有的"保护生命和人身自由免受种族或肤色偏见"的权利。

最高法院已经认识到,一州基于种族原因而拒绝一个人参与陪审团,是对这个被排除者的违宪歧视。歧视性的陪审团选择,所损害的不限于被告人和被排除者,而是直接触及了整个社会共同体。有意将黑人逐出陪审团的遴选程序,损害了公众对司法制度公正性的信赖。司法制度内部的歧视是最危险的,因为它是危害黑人公民安全的种族偏见的催化剂,对所有公民而言,平等的司法正是法律旨在保障的。

因此,最高法院裁定认为,当法律意在以种族为由排除某些人的陪审资格时,就是在剥夺平等保护,并且,宪法禁止所有形式的陪审员遴选时的种族歧视。既然第十四修正案贯穿司法程序的始终,一直保护着被指控者,一州便不能一边拟定陪审团名单,一边又在遴选过程中诉诸歧视。

虽然检察官通常有资格运用强制剔除,但是,"平等保护条款"禁止检方基于种族原因而排除陪审团候选人。被告方为了证明在选择庭审陪审团过程中存在一个有意歧视案件,首先必须指出存在一个可识别的种族群体,并且检察官利用了强制剔除将与被告同种族的人排除出去。其次,强制剔除构成一种陪审团遴选实践,这种实践允许"歧视"。最后,被告方必须显示:检察官利用这种实践,以种族为由将某些陪审团候选人排除出去。

一旦被告方给出了表面充足的证据,举证责任就转移给了起诉的州,要由它给出对剔除黑人陪审员的中性解释。然后,庭审法院有义务确定控辩双方孰是孰非。我们要求庭审法院敏锐注意利用强制剔除进行的种族歧视,旨在强化平等保护,深化司法目的。从我国多民族的人口构成着眼,如果我们确保没有公民因其种族而被剥夺陪审资格,那么公众所敬仰的刑事司法制度和法治必将得到巩固和加强。

本案中，上诉人适时地对检察官剔除所有黑人陪审员提出了反对。因为庭审法院直白地拒绝了这种反对，没有要求检察官对其行为给出解释，所以我们将本案发回重审。如果庭审法院认为，诸多事实可以表面充分地证明存在有意的歧视，而检察官对其行为又不能给出一个中性的解释，那么，我们的先例要求推翻对上诉人的定罪。

大法官马歇尔的赞同意见：

我同意大法官鲍威尔为本院所写的雄辩意见，它向铲除陪审团遴选中可耻的种族歧视迈出了历史性的一步。最高法院的意见明确阐释了利用强制剔除进行种族歧视所蕴涵的危险，以及这种歧视与平等保护条款的格格不入与背道而驰。最高法院今天的决定将不会终结陪审团选择过程中的种族歧视，要达到这一目标，只有彻底废止强制剔除。

当被告证明了一个表面充分的案件时，法庭面临的困难是要评价控方的动机。任何检察官都能轻易声言各种表面中性的、排除某一陪审员的理由，而法庭对这些理由的再评价却力不从心。检察官公然的谎言也不是这里唯一的危险，一位检察官可能力图让自己相信自己的动机是合法的，可能对自己说了谎。检察官本人自觉或不自觉的种族主义，可能使他接受并支持这一解释。正如大法官兰奎斯特所言：检察官的先入之见是基于他们对特定陪审员将如何投票的"本能看法"。

然而，"本能看法"可能常被作为种族偏见的代名词。即使所有当事人以最善良的意图对待最高法院给下级法院的命令——该命令要求它们全方位地克服种族主义——我也怀疑这些命令的要求能否被满足。值得记住的是，在各州之间的战争结束114年后，种族或者其他形式的歧视仍然是一个生活事实，既存在于司法运作中，也存在于我们的整个社会中。

★ 大法官马歇尔认为，在强制剔除问题上，消除种族主义的唯一办法就是从根本上废止强制剔除。如果马歇尔的办法被采纳，那么陪审团审判的代价是什么？又有什么收益？在人种如此多元的社会中，几乎有无穷无尽的对人的归类方式。一旦法院开始了识别人口特征的过程，那么，这个过程应当在哪儿结束呢？

第十五章

陪审团的式微

> 将臣民的自由置于12位同胞之手,没有哪个暴君能够容忍这么做。因此,陪审团不只是一项司法制度,也不只是一副宪法轮翼。它是一盏明灯,向人们昭示自由长存。
>
> ——帕特里克·德夫林

♣ 陪审团是一个受到威胁并且正在淡出的机构。被高度宣扬的陪审团审判,仅属于"证明了规则的一些例外"。不仅如此,有不断增加的证据显示,陪审团审判在民事案件中正在受到高举侵权法改革大旗的人的攻击。

陪审团这一机构深深植根于那个支撑着民主本身的启蒙价值观中:信任普通人并尊重对理性的运用,将个人作为政治统治和社会决策单位的核心,将对政府权力的实质限制作为维持个人自由和隐私的手段,通过由普通公民直接负责的诉讼,实现对公共生活基本条件的民主控制。如果陪审团审判被削弱了,民主自治政府的基础也会随之松动。如今,据说60%的人在被召集参加陪审时不愿费神出面,又据说总体上对判决和宣告的信任不断下滑。美国陷入诉讼爆炸，已经损害了经济。审判不仅昂贵，而且有风险，因为陪审员都是贪婪的、失控的。虽有大量证据反驳了这些主张，但这种信念受到传言的支持，得到媒体的强化，已经成了所谓"占支配地位的常识"。

陪审团审判服务于基本的民主授权功能——"我们，人民"，它也提供了一个不可腐蚀的手段，使社会共同体的日常价值、信仰和良知，可以在形式主义的法律制度中反映出来。陪审团审判不仅保护了个人，也使社会共同体成为定义自己价值观和行为标准的核心力量。托克维尔不遗余力地指出，如果美国人不运用陪审团这一自由的政治机构，则人与人之间的疏离与隔绝最终会为专制打开大门。这一警告在今天看来似乎特别重要，因为现在乐于为陪审团效力的人实在太少了。托克维尔在"美国人怎样以自由制度对抗个人主义"一章中写道：

> 专制在本质上是多疑的，它将人与人之间的隔绝视为其延续的最可靠的保障，并且总是竭尽全力使人与人隔绝开来。人心中所有的恶，专制最欢迎利己主义：只要被统治者不互相爱护，专制者也容易原谅他们不爱他。专制者不会让被统治者来帮助他治理国家，只要被统治者不想自治，他就心满意足了。他颠倒黑白，把齐心协力创造社会共同体繁荣的人污蔑为乱臣贼子，把自私自利从不同情别人的人颂扬为善良公民。

关于当前陪审团审判活力衰竭的证据，让我们看到能够威胁陪审团的方式是多种多样的。在民事案件中，绝大多数显然是在庭外解决的。2000年的联邦司法统计显示，93.8%的被告人认了罪，只有4.4%的被告人经陪审团审判后定罪或者无罪开释。10年来，这种情况大致延续着。因此，我们不再是一个审判的世界，而是一个认罪的世界。

当陪审团审判真的开始时，仍然有其他的坎坷。"缩小陪审团规模"和"废除一致裁决"的理由，通常是希望缩短陪审团审判的长度，从而节省时间和纳税人的金钱。陪审团遴选以及陪审员听取证词的复杂性和技巧性也都在发生着变化，富有的人或集团能够支付昂贵的代价组建所谓模拟陪审团，它与真正的陪审团有相同的特征，能够预演律师的举证和辩论效果，从而帮助律师了解在真正的陪审团面前如何最有效地驾驭案件。

一旦坐在陪审团席上，陪审员们不得不面对相互对立的专家证人所提供的医学、法医学、科技或者其他复杂的证据，它们可能把陪审员们搞得晕头转向，以至于他们在裁决时实际上根本无法理睬这些证据。结论是：陪审团审判在美利坚合众国实际上已经不存在了。如果这是一个公正的结论，那么，不仅民主价值观可能处于危急之中，或许民主自治政府本身也已经被没收，让位于强大利益集团的寡头政治。莫顿·霍维茨（Morton Horwitz）在《美国法的变迁》（*The Transformation of American Law, 1780－1860*）中首先指出了陪审团弱化的端倪：

第一节　商人不喜欢陪审团

在大多数情况下，商人不喜欢陪审团，对此不应有什么惊讶。一方面是法官与律师的联合，另一方面是法官与商业利益群体的结盟，其主要标志之一是1790年以后陪审团权力的迅速削减。

几种平行的程序设置限制了陪审团审判的范畴。在18世纪的最后几年里，美国的律师极大地扩增了"特别案件"或者"保留案件"，这一程序设置是为了回避陪审团，将法律要点交由法官解决。

另一个关键的程序变革——判定重审——在18—19世纪之交的一些美国法院迅疾取得胜利。判定重审，无论有何理由，在革命的一代看来，都是大可质疑的。英格兰的法院一直不欢迎重审，控制陪审团是与我国的自由制度格格不入的，重审不可因任何理由而被采纳。

然而，重审不仅在19世纪的最初10年变成了司法武库中标准的武器，而且被扩展到允许推翻与证据之证明力相反的陪审团裁决，尽管有人反对说，法院以前也会重新评价陪审团就冲突的证词所作的判断。纽约州和南卡罗来纳州首先接受这种突然的政策转变，为的是推翻陪审团不利于海事保险商的裁决；而宾夕法尼亚州最初允许重审，也是发生在商业案件中。

在18世纪末，即使是保守的法学家，也广泛坚持这样的观点：即使在民事案件中，陪审团不仅对于事实，而且对于必须涉及的法律，都是适当的判断者。然而，在19世纪最初的10年里，律师界迅速促成这样的见解：法律与事实有着极大的区别，相应的，法官和陪审团的功能也就有了相对清楚的分离。主审法官在主持陪审团的过程中，对涉及的每一法律要点都会提出自己的意见。这种制度性的变革，迅速成熟为一种控制陪审团的精巧程序体系。

很明显，时至1810年，原本是建议性的法官指导，已经变成了强制性的，因而陪审团不再拥有决定法律问题的权力。法院和当事人迅速意识到已然发生的这一转型，不久便开始表述出一条新的原则：法律要点应当由法官决定，而事实问题应当由陪审团决定。这些程序变革使美国法学家对商业法态度的巨大转型成为可能。陪审团之被征服，其必要性不仅在于控制陪审团的具体裁决，而且在于发展出统一的、可预见的、由法官制定的一套商业规则。

法律不再只是解决纠纷的力量，还成为社会控制和变革的积极而能动的手段。在此条件下，必须有一种无争议的、有权威的规则源泉，以调整商业生活。法官对仲裁的敌意和商人禁止司法之外纠纷解决的愿望，两者产生于同一来源：法院对商业利益群体不断增加的积极而热切的态度。

1830年之后，在法律概念的众多变化之外，还出现了一个重要的制度创新——州立法机关不断增加一种倾向：消除陪审团在评估征地损害赔偿时的作用。在与铁路建设有关的征地中，这一运动真正得势。1830年至1837年间，这样的立法在多个州都战胜了反对者。结果是，铁路公司轻易地取得土地，却提供很少的补偿或者根本就不提供补偿。

♣ 劳拉·杜丽（Laura G. Dooley）在下文中审视了民事陪审团与女性的关系，她指出诋毁陪审团和贬损女性有某种显而易见的关联。

第二节 我们的陪审团

现代美国的陪审团在公众意识里有两种截然相反的形象：一是作为旗帜而受人尊敬的文化偶像，它对民主的贡献可与选举比肩；二是被谩骂为专断的非正义的代表，它的裁决结果被视为道德沦丧的证据。过去数年里，引人注目的陪审团裁决，激化了关于陪审团的争论。

面对陪审团的这种文化模糊性，法院开始解释什么是宪法所说的平等保护和不偏不倚的陪审团，并且要求陪审团中应当包括妇女和少数群体。[1] 但是，随着这种兼容并包理论的发展，对陪审团的权力也不断加以限制，它所享有的尊显大大少于18世纪的前身。我们民主机构中最具多样性者，竟然受到法律限制和文化蔑视。陪审团的权力受到程序设置的制约，这种制约确保了法官的最后话语权。

如同妇女，陪审团一方面受到言辞至极的赞颂，另一方面却在法律体系中被贬得难有作为。法官们描述判错案的陪审团时，所用的语言通常与贬低妇女判断力的语言是明显一致的："易受情绪左右"并且"不善逻辑思考"，因此，陪审员的非理性是一种始终存在的威胁，必须不断加以制约。

女性的传统形象是非理性的、情绪化的和感情用事的。正是这种陈旧观念，长期以来延迟了妇女成功参与陪审团和投票选举的民主实践。一旦无法从政治上直接将妇女排除出陪审团，她们的权力便被巧妙限制，通过设置程序加以控制，通过花言巧语加以损害。当然，被贴上诋毁女性的用语标签的，正是那些在案件裁决问题上与主审法官意见相左的陪审团。没有屈从法官的意志，是该陪审团唯一的错误。

陪审团效率低下的论调贯穿了本世纪的始终，这一论调最热衷的倡导者一直就是法官，他们的地位使其政策见解有着超乎一般的分量。以法官杰罗姆·弗兰克为例，他是陪审团的著名批判家："很难想象一个比陪审团更容易达到不确定、反复无常、前后不一、不顾先例——全然不可预测的机构。"陪审员们被他描绘成"臭名昭著地易

---

[1] 在第103届国会上，100名参议员中只有6位妇女，而在435名众议员中只有47位女性。1988年，妇女在联邦司法机构中仅占7.4%，州法官中妇女只占7.2%。

受影响和左右",并且"无可救药地对事实发现无能为力"。

弗兰克将法官视为典型的父亲,这种弗洛伊德式的情结,生动说明了法庭主角们的言辞最终贬低的不仅是陪审团,还包括一般的公众。他的观念是:公众之所以垂青陪审团审判,原因就在于陪审团反知识、反逻辑的品质。使严厉的法官父亲缓和下来的"教化机构"必然是这位"陪审团母亲"。而弗兰克虽然极力让法官们承认完美的逻辑判断的不可能性,但却仍然坚决贬斥陪审团。他直截了当地说:"陪审团使正义的有序运作实无可能。"

首席大法官沃伦·伯格对于现代诉讼不断增加的复杂性和联邦法院的审判延迟的关注,导致他举起了修补民事陪审团审判的大旗。在1984年的一次讲演中,他认为现在是"探究替代传统陪审团审判的可能性"的时候了,"因为拖延的民事审判所难倒的几乎都是蜷缩在陪审席上高贵的陪审员们"。伯格质疑现代的陪审团是否"真的具有代表性",因为专业人士、企业经理、科研人员,以及"有能力解决复杂的经济或科学问题的人,由于强制剔除,很少有幸留在陪审席上"。

在过去的一百多年里,两种法理倾向——使陪审团更具包容性的运动和对陪审团权力不断增加的司法限制——交替主宰了陪审团的发展历程,这种状况制造了一幅令人不安的权力斗争的图画。赤裸裸的现实是,陪审团的权力受到外部的控制。如果这就是我们所青睐的司法制度,那么我们必须公开承认其反民主的特征。如果我们不想看到陪审团制在现今条件下的颠沛流离,就应该通过扩大陪审员的影响力,表达我们对其诚信和理智应有的尊敬。更为重要的是,我们必须警惕这样的事情:被我们认为是民主的机构,仅被用来掩饰我们尚未批准的集权。

第十六章

一 致 裁 决

《十二怒汉》是有史以来描写"陪审团评议"最为出色的电影,它包含了有关陪审团制度的真知灼见。很多人觉得一致裁决已经过时,但这部影片却让我们坚信必须原汁原味地保留陪审团制度。陪审团是社会的良心,当刑罚绞肉机就要吞噬无辜生命的时候,陪审团是有望阻止悲剧发生的最后一道防护网。

——保罗·伯格曼:《影像中的正义》,1996 年

♣ 大法官道格拉斯在"阿珀达卡案"(Apodaca et al. v. Oregon)中说:陪审团评议可以采纳多数意见,这个论点有诸多的错误。裁决的可靠性的减小缘于这样一个事实:不一致的陪审团不必像一致的陪审团那样充分地讨论和评议。一旦达到必要的多数,就不再要求进一步的考量。即使持少数意见的陪审员,如果有机会,将有可能说服多数派。这种劝服的确不时发生在要求陪审团一致裁决的那些州里:在大约 1/10 的情况下,少数最终成功说服转变了最初的多数,而这些

案件可能具有特殊的重要性。据说，没有证据显示多数陪审员会拒绝倾听其投票不再必要的那些持不同意见者的声音。然而，人类的经验告诉我们，礼貌和学术交谈不能取代真诚而激烈的、为达成一致所必须的争论。在本案中，无论其对话如何礼貌，总共也没有超过41分钟。

第一节　九比三的定罪

约翰逊诉路易斯安那州案〔Johnson v. Louisiana, 92 S. Ct. 1620 (1972)〕，**大法官怀特陈述最高法院意见**：

依路易斯安那州宪法和刑事程序法典，其刑罚为苦役的刑事案件，应交由12人陪审团审判，9名陪审员表决作出有罪裁决。本案的原则问题是，依宪法第十四修正案的正当程序和平等保护条款，这些允许在某些案件中作非一致裁决的规定是否有效？

上诉人约翰逊争辩说，为了赋予超越合理怀疑的标准以实质内容，依宪法第十四修正案的正当程序条款，一州必须在所有刑事案件中排除合理怀疑，并且要求陪审团的一致裁决。无可置疑的是，陪审员们应被告知，只有在超越合理怀疑地确信有罪的情况下，才能作有罪裁决。当然，并没有这样的主张：如果本案的定罪是一致裁决的，证据方面就可以不达到超越合理怀疑的标准。上诉人关注的事实却在于，不是所有陪审员都投票赞成有罪裁决，因为有3人主张被告无罪，超越或者说排除合理怀疑的标准没有被满足，因而对他的定罪是不坚实的。

我们从一开始就注意到，最高法院从未认为陪审团一致裁决是法律正当程序的必需品。我们没有任何根据认定：9名陪审团裁决有罪就是未能遵循必须超越合理怀疑的法官指导。我们没有理由相信，占多数票的陪审员们，在意识到自己的责任和对被告人身自由的支配权力的情况下，会简单地拒绝倾听提交给他们的赞成无罪的论点，并且终结讨论，达成有罪裁决。相反，更可能的情形是，某位陪审员提出了主张无罪的合理论点，他或者使自己的论点得到响应，或者说服足够多的其他陪审员一起阻止有罪裁决。只有当少数陪审员已经没有说服力却仍然坚持无罪的意见时，多数陪审员才会终结讨论，并付诸表决，以多数票胜出。因此，我们的结论是，就9名陪审员的有罪裁决而言，该州尽到了超越任何合理怀疑的有罪证明责任。

为了"方便、快捷、经济地落实正义"，路易斯安那州允许不太严重的犯罪由5人陪审团审判并在一致的情况下作有罪裁决；较严重的犯罪要求12人陪审团中的9人同意，方可作有罪裁决；最严重的犯罪要求12名陪审员一致裁决定罪。本上诉案件的性质，只要求9名而不是5名或12名陪审员的有罪裁决。我们在这一分类中没有发现不公与恶害。

上诉人不过是挑战路易斯安那州立法机关的判断力，该机关显然试图按照罪与罚的轻重来区分证明有罪的难度。我们没有被上诉理由说服，不认为这一立法判断在宪法意义上是有缺陷的。

因此，路易斯安那州最高法院的判决应予维持。

大法官斯图尔特的反对意见（大法官布伦南和马歇尔附和）：

保障在刑事庭审陪审团遴选中没有制度性歧视，这是宪法第十四修正案的基本点，目的一直是确保在落实刑事正义过程中公民的广泛参与。然而，今天的判决认同对一条规则的消灭——该规则要求有罪或者无罪都必须由全体陪审员一致裁决。依照今天的判决，9名陪审员可以完全漠视同一陪审团中不同种族和阶级成员的不同见解。

只有陪审团的一致裁决，才能使潜在的偏执与顽固减到最低程度。持这种偏执与顽固态度的人，可能在证据不足时定罪，或者在有罪证据清晰明了时裁决无罪。

陪审团一致裁决的要求，像其他宪法性要求一样重要，它提供了简单而有效的、为几个世纪的经验和历史所认同的方法，以对抗社会共同体的激情和偏见给正义的公正落实带来的损害。

我持反对意见。

♣ 同样持反对意见的还有杰弗里·阿布莱姆森（Jeffrey Abramson），他在《我们，陪审团》（*We, the Jury*）中极力推崇一致裁决。当然，他的说理是从历史简述入手的：

第二节 要一致还是要多数

600多年来，一致裁决已经成为陪审团审判的一个显著而确定的特征。首次有记载的一致裁决出现在1367年，当时，一个英格兰法院拒绝接受11比1的有罪表决，而那个反对者表示，宁可死在狱中，也不同意有罪裁决。此后，一致性的要求得以巩固。

一些美洲殖民地在17世纪曾短暂授权多数裁决，这明显是因为不熟悉普通法程序。但是，到了18世纪，裁决必须一致，已经成为共识。的确，1972年以前，没有任何对一致性要求有争议的刑事案件到达最高法院。

今天，30多个州运用少于12人的陪审团审理至少一部分并非微罪的案件，但没有几个州利用最高法院的允许来尝试非一致的裁决。路易斯安那州和俄勒冈州仍是仅有的授权在未达一致时对重罪作有罪裁决的两个州。佛罗里达州准许陪审团多数裁决谋杀罪成立，决定被告的生与死，然而，陪审团的这一建议只是咨询性的，可以被司法推翻。一些州准许被告人放弃获得一致裁决的权利。

即使是最高法院 1972 年的几个裁决，也不是要打开多数裁决的闸门，虽然那些决定代表了对一致裁决规则的显著贬斥，剥夺了宪法保护，将其留给各州选择接受或者不接受。那么，处在一致裁决规则背后的又是什么呢？

关于一致规则与多数规则的政治理论

为什么一致裁决的理想在陪审团中如此根深蒂固？历史没有明确回答这个问题。一些证据表明，这一理想在中世纪的一些机构中占有总体优势地位，它一直存活到现代，变成公众信赖陪审团的合法性和准确性的柱石。与此形成对照的是，至 15 世纪，"议会的决议过程变成公开的多数主义"。

一致裁决规则具体表达了一种理想——关键在于评议而不是表决，在于一致而不是分歧。投票者拉上帷幕私下表决，而陪审员则面对面讨论他们的分歧。在选举中，数字决定一切，这使弱小或边缘群体能否被有效代表成了问题；在陪审团中，一致裁决的做法使得个人见解不能简单地被忽视或者被投票胜出。

荒唐的是，最高法院从一致裁决那里撤回了宪法保护，否定了一致裁决对于评议的广泛性的贡献。实质上，一致裁决是以集体智慧为模式的陪审团的关键要素，亚里士多德将这种集体智慧独树为代表民主的最佳论点：当"多数"统治时，每个人都被视为孤立的普通人。当这些普通人聚在一起时，比他们各自做决定时，能够获得更多的理解："因为身处多数之中的每个人各有一份德行和谨慎，当他们聚在一起时，形成的行为方式是一个人的。一些人理解这一部分，一些人理解另一部分,这样,他们便理解了全部。"

最终,一致性的要求使陪审员必须做极为广泛的评议,从中流淌出集体的智慧。每个人都必须从别人的角度来考虑案件,以寻求社会共同体的良知。每个人都必须依次说服别人或者被说服。

一致裁决与评议的理想

最高法院就一致性所进行的争论,提出了一些有诱惑力的实证的和哲学的问题。从实证的角度看,有怎样的事实证据可以支持多数的结论,即,非一致裁决不会影响评议的彻底性?从哲学的角度看,要求来自不同群体的人们评议共有的正义感,这意味着什么?

民主集会如何达到超越孤立个人的理解的共同智慧?响应亚里士多德对这一问题的诠释,为一致裁决所做的最好辩护,就是赞美陪审团将各行各业的人聚集起来,每个人不可避免地带有植根于各自宗教和伦理背景的不同价值观,而每个人又都有足够宽阔的胸襟欣赏来自另一背景的人带入讨论的智慧。

陪审员进入评议室时,都是怀着形成于信仰、民族或性别的见解和价值观的。承认这一点,不是在指责陪审员需要自我克制的偏见,而是珍视一种民主集会所启发的特别丰富的对话,其原因正在于它把来自不同群体的人带入一次共同的交谈。然而,在陪审团中,这些人必须明确懂得,他们的目标不是去代表、保护、主张他们自己群体的利益,而是与他人一道寻找真相和共享正义;在必要时,以自己的背景为这种寻找做积极的贡献,但也倾听他人依经验而形成的更好的见解。

一致性的要求有助于陪审员们理解,他们的作用是相互说服,而不是相互投票胜出。通过评议,陪审员贡献了知识,获得了集体智慧,而不是沦落为只代表自己同类的先入之见和利益。

一致裁决废止后的实际影响

实际说来，陪审团允许 9 比 3 或者 10 比 2 的裁决而不是一致裁决，会有什么不同呢？在"阿珀达卡案"和"约翰逊案"中，最高法院总结认为，其影响非常之小。可以推定，"解散的陪审团"会减少，因而该体系的效率会增加。最高法院还认为，控辩双方都不可能因这一转变而谋取单方优势。评议将一如既往地进行，并且评议是彻底而可靠的，能够代表反面的意见。

最高法院的决定刺激社会科学工作者进入新一轮实证研究。这些研究支持了大法官道格拉斯在"阿珀达卡案"中的反对意见，他主张，"礼貌"的讨论（多数可能屈尊与其投票不再必要的少数说个明白）与"激烈"的争论（当多数必须说服少数时出现）有所区别。少数派在表决中的成就从心理上受限于少数派的人数。评议可能在继续，但它是作为一种选择，而不是作为一种义务。一旦多数有了足够裁决的票数，评议中多数与少数的摩擦就变得微弱而平淡了。

最后，也是最重要的，实证研究显示，非一致裁决的陪审员们比之一致裁决的同仁，对自己的结论更少肯定性。多数裁决中未投赞成票的陪审员很难认为正义得到了落实；弃权者会感觉多数甚至没有认真倾听他们的意见。在非一致裁决的指导下，多数派的成员意识到，当他们达到 8 或 10 个成员时，就不必回答所有反对的论点了。一个后果是，非一致裁决的陪审员不那么频繁地相互纠正有关事实的错误，因为身处少数的人知道这种努力是徒劳的。

这些研究说明，陪审团评议的质量与一致裁决有关，其关联大大超出最高法院 1972 年的估计。不仅如此，所有的研究到今天为止都证实，在非一致裁决的条件下，陪审员不那么满意。因此，一致裁决规则必须被视为核心成分，它保障了陪审团在社会共同体眼中使司法合法化的能力。

在我们这里,评议是陪审员职责的精华。用多数裁决取代一致裁决,将改变陪审团的基本制度设计以及该设计所提倡的行为。如果陪审员们必须一致裁决,他们就知道自己的任务不是投票。尽管他们有分歧,但必须通过对话、说服的艺术或者反过来被说服来接近正义。陪审团制不凡的天才之处一直是强调评议,而不是投票或代表。废除一致裁决将削弱对话,非法律专业人士正是通过这种对话,才相互教导了他们普遍的正义感。

♣ 如果陪审团审判在美国的衰落是真实的,它对我们民主的健康和生活的质量必将发生重要影响。谁是寻求取代民主自治政府的统治者呢?是我们对陪审团审判重要性的过低评价使"我们人民"成为造成民主衰落的共犯吗?

关于陪审团的任何文章都可以由托马斯·杰斐逊论述民主的名言开始,用阿列克西·德·托克维尔对陪审团处于危急中的警告作结:

  凡是选择以自己的权威进行统治,指挥社会而不是遵从社会的指导的人,都摧毁和削弱过陪审团。

Wouter Van Twiller 的判決

The Bettmann Archive, Inc.

第十七章

冲突的解决

　　每一个社会都有其广泛的选择,来应付个人纠纷引发的冲突。诉讼只是从回避到暴力等诸多选择的一种。纠纷和解的各种方式,以及社会认可的任何选择,传达出人们所钟爱的理想,表达了人们对自己的看法,也反映了与他人关系的质量。它们显示出,无论人们是希望回避还是鼓励冲突,是压制还是温和地解决冲突,最终,社会最基本的价值观在纠纷和解过程中被揭示出来。

——杰罗德·奥巴克

♣ 冲突总是由"人民"通过自己的行为制造的,并且是由他们的信念定义的。但是,社会的分工、劳动的专业化和国家的兴起,已经造成法律机构与社会其他部分如此彻底的分离,以至于如果不问及社会共同体的参与问题,便无法确定法律的功能是什么。

　　冲突的裁决,如同立法政策的制定,是一种统治形式。关于这种统治,人们可以追问:"谁是政治上的统治者?"但是,人类冲突的深度、模糊性和复杂性，不断提出更广泛的问题，因为纷争涉及对集体信念和价值观的质疑。法律制度在美国社会有多种职能，最基本和最成问题的作用是充当冲突解决与纠纷和解的主要场所，在此，法官被期待为社会冲突的最后仲裁者。这是美国文化的一个独特之处。

美国的纠纷解决方式向来是多样和复杂的。藏在我们历史经验角落里的是一些神秘的实验，以验证一种持续的对律法主义传统的抗制。纵观美国历史，法治明显被拒斥，而热衷于用替代手段来理顺人际关系、解决个人之间不可避免的纠纷。非法律的纠纷和解手段的成功，一直有赖于社会共同体的一贯共识。如何解决纠纷，从相反角度说，就是如何维护社会共同体。历史上，仲裁和调停是优先的替代手段，它们是作为共同体自治的一种本土方式而兴盛发达的。出于对法律和律师的怀疑而发展起来的冲突解决模式，反映了对社会和谐的共同憧憬：超越个人冲突，实现无需法律的正义。

对替代法律的手段的兴趣，在 20 世纪 70 年代末 80 年代初被重新唤起。"替代性纠纷解决"，也就是 ADR，其思想基础是一系列预设的前提：对抗制过程本质上存在许多问题，虽能导致判决，却使当事人两极对立，不可能再恢复关系。对抗制过程要求将纠纷转型为法律上的权利主张，这样做的后果之一是使问题恶化。调解导向的方案代表一种公众参与司法体系的形式，这一体系原本不允许社会共同体的涉足。"社会共同体调解"的思想代表了对律师及司法职业垄断的挑战。与对抗制的"惩罚性"司法不同，允许人们面对面交流他们的故事和体验，导出一种和解感，使关系的恢复成为可能。法律角斗场的对抗制司法模式瞄准的是胜败，调解型司法模式看重的是合作互利。

在过去 20 年里，纠纷解决运动以指数形式增加。当前有上千种调解方案与当地法院密切配合，各州的律师协会也纷纷表示支持。这尤其值得注意,最初各州律师都是反对这些方案的。律师们现在领悟到,调解可以提供新的战场和新的市场。一些州已经通过了强制调解立法,尤其是在家庭法的领域。不仅如此,冲突解决在各类院校都有讲授,有关纠纷解决的课程在法学院成为必修课。

对这些发展尚有许多反对意见,最强有力的反对意见来自有组织的妇女运动,尤其来自被殴妇女的代言人。他们坚持认为,调解损害了妇女已经通过长期、复杂的政治和法律斗争而获得的权利。将这些案件从法院转到调解场所,代表了将配偶虐待和家庭暴力"非犯罪化"的又一次企图。批评还在于,虽然私下的和自愿的纠纷解决过程不受正式的证据规则的限制,可以帮助人们构建有创造性的冲突解决方式,但是,它们也会损害人们的权利,因为正当程序的保障没有了。因此,调解服务于强者的利益,而不是平衡了利益,它使弱者更弱,强者更强。下文中,卡莉·门克尔—麦杜(Carrie Menkel-Meadow)认为,纠纷解决先要借助于律师对纠纷性质的归类。

第一节 通过律师解决纠纷

感觉或认为自己受了冤屈的人将原委说给律师,律师通过对"事件和关系"加以"分类"而将纠纷转型,以"惯用的处置程序"重新界定纠纷的性质。这一"限定"纠纷的过程发生在律师与当事人互动的各个阶段,可以做有意义的实证研究。

律师在最初会见当事人时就开始限定纠纷了,他不是让当事人自由讲述故事,界定纠纷构成,而是将案件归类为"侵权"、"合同"或"财产"纠纷,以便依法律的特征来提出问题。这既可以限定一个纠纷语境,也可以混合法律和非法律的纠纷范畴。这样一种混合纠纷的经典例证是房东与房客纠纷案,其中的关系要点和政治要点(比如在控制租赁地区)混合了严格的法律问题(比如租赁义务、养护义务等)。

开始的努力是与对方谈判,律师会塑造一个让对方律师认同的案情,以便要求老一套的补救性解决。一旦谈判开始,纠纷便被进一步限定,要点被风格化,对纠纷内容的陈述被仪式化,原因就在于诉讼的过程限制。在谈判中,律师开始向对方索要他将向法庭要求的东西。律师基于对庭审结果的分析来筹划"最小的让与"、"目标"和"保留"要点。因为法庭对问题的解决将导致一种胜败分明的裁定,所以律师将谈判过程只看成法庭审判的前期版本。因此,律师运用他将在法庭上运用的相同的原则和规范性请求,寻求相互说服,让对方相信自己是正确的,现在就应当胜出,双方不必承受进一步的金钱或时间损失。

律师相互寻求的补偿,可能严格限于他们认为法庭在审理本案时补偿权力所及的范围。因此,多数的谈判,像多数的诉讼一样,被转化成直接的、一方受益一方受损的金钱游戏。谈判解决变成了妥协,双方都做些让步,以避免严酷的胜负解决。但妥协可能是不必要的,因为没有满足双方的真正需求。假设两个孩子为一块饼干争执起来,父亲作为纠纷解决者,像大多数律师一样,可能寻求"明显的"妥协解决,将饼干一分为二。但这样做却排除了"更好的"解决,因为一个孩子可能渴望饼干,而另一个则喜爱糖果。

在提供顾问意见时,律师告诉当事人什么样的补救在法律上是可能的,由此不再探究当事人更青睐的或者更容易从对方得到的替代性解决。一些纠纷当事人宁愿要对方承认其损害行为,也不愿接受金钱。一旦律师介入,法律体系——虽然只是非正式的——便被启动

第十七章 冲突的解决

了，解决难题的对抗制结构便迫使双方的要求两极化和程式化，进而阻遏了许多可能的解决方式。

★ 在将纠纷转型、归类的过程中，律师的角色是朋友吗？许多研究者检视了当事人为什么要诉诸法院。维勒姆·奥伯特的答案是这样：

> 为什么冲突双方背离"理智的"行为，甘冒剧增的、让一方彻底失败的风险而诉诸法院？其中最一般的原因可能是人们往往过高估计自己的获胜机会。只有极少数非典型的案件，才有一方百分百胜算的估计。为什么人们高估自己呢？原因是有利于本方的论点更容易得到，也更容易被接受。有理由说，人们缺乏对案件全面的洞察，积极的方面更容易被过分体察。法律诉讼有着道德标签。预料在法庭上的失败，通常意味着怀疑己方的道德正当性。个人对这种道德疑惑的抗拒，自然而然使实际的预见不甚可靠，甚至需要保持一种对另一方的道德攻击态势。在法律案件代表的生活领域中，人们很难完全理智，很难不偏不倚地以实证为根据预见未来。[1]

♣ 卡拉·菲舍尔（Karla Fischer）等人发现，"打老婆也是有文化的"，但他们同时发现，"调解"这种属于文化人的行为，不适于遏制家庭暴力，应当有更多的法律强制才行：

---

[1] Vilhelm Aubert, *Journal of Conflict Resolution*, Volume XII, No. 1, 1967.

第二节 殴妻文化

他总喜欢挑我的毛病,即使是他让我那么做的。无论什么,总不合他的胃口。要么是我太胖了,要么饭没做好。我认为他就是想打我,打我是为了让我觉得自己什么都不是。而且,我没做错任何事就是我做错了事。我不知道如何与他交流,因为他总是像这样对我(用食指划一条线)……这就是他的重要信号,让我闭嘴,要不,就把我踹到桌子底下去。

一名被殴妇女与她的虐待者的关系,经常涉及只有他俩知道的微妙话语和符号交流,这是一种殴妻文化。认识到殴打关系中的文化成分,对于政策的制定有重大意义。要讨论的是,调解是不是一种适宜的、处理家庭内部暴力的机制?作为主旋律,我们坚决主张,因为调解模式只对趋于改善的冲突起作用,所以调解的思想和实践都基本上不适合殴妻事件。

数据显示,涉足离婚程序的妇女都很可能被殴打,包括那些处在调解期间的妇女。许多被殴妇女甚至是已离婚或分居的,这证实了一个研究结果:"对一个妇女来说,最危险的时候是她与配偶离婚和分居的时候。"与虐待者分居,事实上可能增强暴力的可能性和严重性,因为虐待是虐待者所剩无几的支配和控制被害人的手段之一。已进入离婚调解阶段而遭殴打的妇女,保守估计也在10%~50%之间。但令人惊讶的是,几乎没有哪个州为家庭暴力提供特殊的规则,根本没有一种机制甄别这类案件。

有一些鼓吹调解的文章认为，调解与法院系统相比多一些个人色彩，因为法院历来对被殴妇女的诉求反应迟钝，被殴妇女难以得到拘束令的保护。警察通常未能逮捕虐待者，检察官很少起诉家庭案件，而法官和陪审团不愿将进入司法体系的虐待者定罪量刑并投入监狱。刑事指控仅仅试图控制家庭暴力并且做得不够，没有触及殴打的社会原因，因此需要更加注重利用同情感来处理家庭暴力。通过直接处理暴力，包括其原因与和好手段，夫妇可以实际体验到救济与支持，知道别人也共享了他们的体验。并且，调解给被害人以力量，给虐待者以自新，是典型的具有建设性的冲突解决，为结束恶性循环的暴力提供机会。调解能够有效终止进一步的暴力，有立竿见影的实际效果。

但事实上，实证研究显示，这些文章所声称的"调解可以保护被殴妇女不受进一步的暴力"，可能是不真实的。被殴妇女如果是经调解而不是经有律师介入的法庭审判，分居后更容易再遭虐待。其实，律师比调解人更善于运用特殊的策略"挑战"殴打者。比如，律师可以更轻易地求助于保护令或警察介入等法律强制，以寻求增加暴力者自身的不利后果。一些律师坚决主张，被害人永远不必为她们的人身安全进行谈判，安全是一项基本的权利，在任何情况下都不应拿来进行讨价还价。强迫被害人与其虐待者谈判，既弱化了家庭暴力的犯罪性，又强化了当事人之间的不平衡。"就停止暴力而进行的调解，永远都是不适宜的。"

♣ 下文中，詹妮弗·史密斯（Jennifer Smith）拿 ADR 与辩诉交易做了有个人特色的比较，她认为应当丢掉辩诉交易。

第三节 抛弃辩诉交易

在民事案件和轻微犯罪领域里，替代性纠纷解决（简称 ADR）的使用已经增加，但 ADR 还很少用来解决涉及重大犯罪的纠纷。有一项在刑事司法中适用 ADR 的建议，可以作为对当前辩诉交易和审判的常规替代，或者说是对辩诉交易进行修正。这个建议规定必须参加调解会，只在少数情况下才最终采用庭审。

过去，在控辩双方的权力斗争中，公众的利益并没有得到充分而必要的代表。检察官感兴趣的是有利于定罪的纠纷解决制度，而辩护律师感兴趣的是有利于无罪的纠纷解决制度。但是，公众的利益在于平衡收益和成本，以便用每个美元最大限度地购买正义。

现在，ADR 鼓吹的观点是：争论利益总比争论是非好。但是，当涉及抢劫、袭击乃至对无辜公民的谋杀时，ADR 消除了我们在刑事司法制度中想要的所有要素。刑法，精确说来，就是要确定谁是对的，而那个错了的人又应受怎样的惩罚。然而，许多涉及道德判断的纠纷确实可以通过 ADR 得到有效解决，包括人质危机和环境污染案件。道德的判断和惩罚的愿望，并不天生阻碍通过 ADR 来解决重大犯罪。

当然，公开审判服务于一些重要目的：见证犯罪行为的下场，保障伴随公开审判的公正，维护先例，实施制裁。庭审还为刑事被告人提供了许多程序保护，而这些保护在调解中却可能遭受损害。因此，挑战在于，要设计这样一种 ADR 制度，既可以处置控辩双方相互竞逐的利益，又能够比现有的替代手段做得更好。

我所建议的是一种强制的调解制度。控辩双方都要拿给调解人一份不对外公开的案情摘要，各自从本方的角度描述案件的特殊情节，并且开列和解的条件。未能达成和解也不会受罚,不过,双方都须用最多 30 分钟时间来倾听对方的案情摘要,描述和维护本方的和解条件。

美国律师协会从控辩律师中筛选一些调解候选人,主持我所建议的调解。调解人的质量控制标准和培训要求,也是由这些候选人确定的。调解人的责任是促进,不对实体公正负责,不必努力影响调解的实体结果。

谈判中的陈述是不公开的,但最后辩诉协议的某些部分可以公开。居中调解者要保存关于讨论和结果的书面记录,以备上诉或数据统计之用。为了确保实体结果不因种族、阶层或其他歧视而扭曲,县、州、联邦的数据必须是可以追踪的。与此相对,调解人对讨论的描述也是被封存的,除非一方对和解提出了上诉。这种情况下,该描述可用来说明和解无效,但不能用于其他程序。

律师们可以代表政府,也可以代表被告。在庭审时不能放弃的宪法保护,在调解时也不能放弃。任何涉及认罪和承担法律责任的和解都需要一个简易的庭审,让法官来确保被告是在明知的情况下放弃某些宪法权利的,同时也让被告理解其认罪决定的法律后果。不是所有的被告都须认罪,比如离家出走的少年干了小偷小摸之事,如果他同意完成一个改造计划,就可以避免起诉。

证据规则在调解中可以暂停适用,但是,任何在庭审时不可采纳的证据,在调解时也不可采纳。这将鼓励广泛的和解讨论,而又不损害被告人获得庭审的权利,如果他要履行这种权利的话。双方当事人都有资格进行证据展示,其程度犹如庭审,尽管他们可以通过协议决定放弃正式的证据展示。

还以离家出走的少年案为例,双方当事人可以决定,犯罪事实已经不重要了，因为双方同意最佳的和解应当是让少年不再浪迹街头，不再有偷窃的必要。被告可以援用第五修正案不得自我归罪的权利而保持沉默，但是，任何一方都可以纳入一个条款，约定如果对方没有如实陈述事实，则和解无效。比如，控方可以要求写明，一旦证据显示被告不只负责驾车接应逃跑，还亲自扣动了扳机，那么和解就是无效的。

依照和解条款的不同，司法审查的内容可能也不同。任何一方当事人都能以程序错误或者违反和解条款为由向法院上诉。被告保有就和解提出上诉的权利，理由可以是证据失当，也可以是违反宪法，或者有新的证据证明被指控者是无辜的。

居中调解者不能干预控方决定和解中的要约与承诺的能力。然而，他可以帮助双方当事人进行信息沟通，帮助他们克服毁灭性的谈判诡计，探究寻求迅速和解的、潜在的个人原因。中立的第三方的存在，还会减少任何一方实施不道德行为的可能性。任何一方，在外人的眼皮底下，便难以威胁、敲诈、藐视或恐吓对手。谈判的立场如果经不起面对面的考验，就要被迫撤回。

与庭审相比，调解的最大益处在于，当事各方有能力创造性地对犯罪行为作出反应。目前，法官和陪审团在定罪量刑时，只能在严格的法律限制中做有限的选择，其决定通常涉及长期的监禁，对被告人及其家庭和社会共同体都产生了意想不到的负面影响。在调解中，当事各方可以采纳范围广泛的、习惯使然的解决方案，包括儿童抚养协议、被害人赔偿、严厉的监禁、戒毒措施、心理健康服务和工作培训。

即使本建议得以落实，由于利益各方的数量和其他可变因素，不可能进行大规模的引入，故此很难预测它会对刑事司法体系产生怎样的影响。然而，考虑到强制调解可能获得的潜在收益，我提议在某个有创新精神的县或州进行一次试验。为此目的，值得对这个实验计划可能遇到的问题做一些利弊推敲，并且预测一些它在落实过程中要解决的问题。

我的建议能够使刑事司法体系更加有效地运作，随着刑罚的削减，可以减少被监禁者、犯罪率、再犯率和昂贵的庭审。还有一些不能一眼分辨的收益，比如增加了公正性和准确性，通过减少犯罪并减少对男青年的监禁，会有更多的健康家庭，也能增加公众的责任。这些收益需减去付给调解者的费用，减去创造性量刑所引起的社会服务的额外支出。还有，将严重犯罪引入调解，比庭审耗费更少，而将轻微的犯罪引入调解，却可能比目前的非正式解决更加昂贵。

从理论上说，本建议并未减少控方的任何权力，检察官个人也没有经济损失，当然，正式的调解可能导致工作量的增加。检察官代表公众，他会珍重这样一种能力：绕过或者打破规则，以对付有组织犯罪，挽救被绑架者生命，或者找到炸弹。这种冲突是真实的，而我所建议的制度将迫使社会公开讨论这些问题。在公共安全和公民自由的界限问题上作出决定。

总之，这个建议将辩诉交易带到阳光下，并且最大限度地减少使用那个最耗时、最笨重、最昂贵以及最不可预测的机构，也就是陪审团。本建议增加了最小的额外程序，以换取最大的责任上的改进。我们将首次检视整个司法体系，以确定它到底是种族和阶层歧视的最后堡垒，还是达到最大正义的基本工具。我们还将改变刑事司法体系，使之从一个不加区别地适用罚金、监禁和处决的机制，变为一个更灵活的、对不当行为作出适当反应的机制，防止再犯，减少犯罪，帮助实现安全社会的目标。

♣ 社区调解始于这样一个想法：纠纷的便捷解决应当发生在正式的法庭之外。在过去15年中，这一想法已经被制度化。作为一种结果，调解现在与司法体系紧密地结合起来，其结合方式却是这个想法的早期提倡者不喜欢的。下文中，萨莉·梅丽（Sally E. Merry）探讨了如何借鉴非工业化社会的调解，试图为美国司法开具一份药方。

第四节　社区调解

尽人皆知，美国法院没有能力以迅速、有效而又令当事人满意的方式解决微小的、个人之间的纠纷。20世纪美国社会不断增加的城市化、多变性与异质性，已经损害了以家庭、教会和社会共同体为根基的非正式的纠纷和解机制。许多法律专家坚持认为，正规的法院及其对抗辩式审判的执著，严格的程序规则以及对审判的依赖，已经不适宜处置产生于现存社会关系的争执。

美国律师协会、美国司法部、美国仲裁协会、美国调解和冲突解决研究所以及许多社会团体，正在尝试运用以社区为基础的调解，解决微小的个人纠纷，认为这将提供一个更人道、反应更灵活且更易于接近的司法形式。然而，一项研究表明，社区调解在城市化的美国可能提供的司法基本上没有达到它的预期水准。

每个社会都发展了一系列解决纠纷的机制，其中一些是非正式的以血统、氏族、宗教联盟或家庭这些本土机制为根基的，另一些则更正规、更有强制性、更依赖政治等级制。随着小型的、以血亲为基础的社会向大规模的、复杂的、城市化的社会过渡，纠纷当事人越来越多地转而求助于正式的纠纷解决机制。然而，社区调解致力于扭转乾坤，将控制某些分裂和冒犯行为的职能归还给当地社区。

在社区，纠纷可以通过调解、妥协和恢复原状来处理，其强制力来自共同体的社会制裁和当事人平息纠纷的愿望。它以更宽泛的道德叩问和责任分担替代狭窄的法律原则的考量，以妥协替代输赢，以补偿和非正式的社会压力替代罚金和监禁。显然，调解似乎满足了两种皆大欢喜的利益结合：一种利益是关注司法的高质量和可接近性；另一种利益是应付严重的法院拥塞和飞涨的法院成本。

从以血亲制度为其政治机构的农牧民族到集合成民族国家的农业村落，调解一直是社会了却纠纷的重要模式。在第一种类型的社会中，调解是替代暴力、争斗或战争的手段；在第二种类型的社会中，调解是为了避免诉诸暴力或法庭。调解是即时的，纠纷发生后，当事人巩固自己的立场前，立即着手调解。谈判是公开的，邻里和亲友可以提出意见，也可以责备无理的当事人。即使调解者私下会见当事人，公众也可以通过双方亲友得知讨论的内容。

调解者安排损害赔偿。他们的职能通常是谈出一个双方满意的结果，途径是交换财物、划定新界或者公开致歉。仅仅含糊地承诺以后改进自己的行为是不够的，像侮辱、通奸、袭击乃至杀人，通常要通过牛、羊或其他习惯认可的一定数量的有价物予以赔偿。调解程序通常在达成协议后结束，但若债务没有即时偿付，他们通常是不满意的，要提供肥沃的土地作担保，以备未来的纠纷。调解过程的最后一步，典型地是一种和解仪式，无论是黎巴嫩村落里的咖啡聚饮，还是像革命前的中国那样，由理亏者款待村众大吃大喝一顿。

调解者是受人尊敬的有影响力的社会共同体成员，他有经验和公认的解决纠纷的技能。成功的和解巩固了他们的尊显和政治地位，而且通常还能从当事人那里得到某种报酬。调解人通常有特殊的宗教身份，富于技巧地组织谈判，精通共同体的规范和谱系，公平正大，这些声誉为他们带来更多的案件和更大的政治影响。调解者不是外来的权威,而是亲族、年龄相仿者、当地村落或其他社会团体的非正式领袖,一般比纠纷者有更高的社会地位。当纠纷涉及更高社会阶层时,通常需要外来者。

既然调解者通常是有权势和影响的,失去他们的善意,本身就是令人担心的。共同体本身也施加着和解的压力,不驯服的纠纷当事人成为闲言指责的对象。巫术和关于疾病的超自然的信仰,也是恢复和谐关系强有力的刺激因素。强制还来自维持与对方和平关系的需要,终结这种关系可能损害政治、经济或血亲间的交易。无论如何,调解者的决定都不是以国家强制力为后盾的。当然,不平等者之间的纠纷,其和解也是不平等的,一般是弱者做更大的让步。调解者的权力越大,强加一项不平等的解决方案的能力也越大。

以上所分析的小型社会的调解,对于城市化的美国有着重要意义。

城市化美国的调解比小型社会的调解更敷衍、更拖拉、更不具体。案发后的听案,一般要进行7到11天,这段时间可能意味着纠纷当事人已经强化了自己的地位。大部分案件是法官推荐的,其间,原告人已经决心抵制协商和解。人们试验将调解的听案延迟3个星期,让纠纷"冷却"下来,但实验结果却支持即时介入的明智性,因为这段时间后出席调解的当事人急剧下降,社区成员既无从参与协议,又不能压服当事人遵守。

调解的有效性有赖于一个有凝聚力的、稳定的、道德一致的共同体的存在,然而,美国大城市一般不存在引导纠纷当事人接受妥协和解的共同体压力,纠纷各方很少置身于需要维持合作关系的封闭而团结的社会体系中。即使纠纷各方来自同一街区,除非他们被结合于同一社会结构中，否则也缺乏必要的凝聚力。

躲避和搬迁虽很常见，但它们通常是在漫长的冲突和无计可施之后的选择。在低收入、多种族的住房规划建设中，多数纠纷都经历了漫长的忍耐：狂吠的狗、昏暗的楼、小偷小摸。纠纷当事人很少求助于街区负责人。启动社会共同体公意的努力，在一个分割的、多样的共同体中收效甚微，因为它的社会网络在很大程度上受限于各自的种族集团。长远看来，纠纷是在一方或双方撤退之后才最终得以终结的。美国的社会结构是支离的，人口是流动的，人们没有多少调解纠纷的需要和妥协的动因。

尽管调解人通常是从"本社区"选出的，但对纠纷者来说，他总须是个陌生人，才能确保他的不偏不倚。但这又意味着他缺少个人经历、名誉、当地以往和解的知识储备，而这些对调解者的成功是至关重要的。这些调解者无法以共有的道德体系来解决纠纷，因为每一调解中心的服务区域广大，不得不用各种规范和价值观处理来自不同街区的各种案件。

在那些希望维持其既有关系的当事人中，公民纠纷解决方案才最为有效。尽管大多数的调解强调孤立解决"现存社会关系"中的冲突，但这一术语掩盖了以下两种关系的重要区别：有着很长的历史，但现在正在终结；虽然历史短暂，却有着长远的未来。租户同房东妥协的愿望，在其打算再住10年时比他下周就要搬走时要大得多。因此，在当事人希望和解而不是希望获胜的情况下，调解者更容易取得成功。

调解更适于通过简单的以物易物即可解决的具体纠纷，而不适于那些产生于侮辱、敌对、虐待等爱恨情仇的纠葛。后者的解决，通常涉及改变行为或加以回避等模糊承诺，研究显示，这样的案件最不适于长期的调解解决。当事人认为适宜慢慢解决的是出租与承租、骚扰和返还金钱或财物案件,而家庭或孩子抚养及邻里纠纷最不适宜调解。具有讽刺意味的是,最经常提倡适用公民纠纷解决的案件,正是最不适宜调解的,审判可能更有效、更公正地处理这类案件。

美国的调解方案被认为"没有牙齿",所以建议赋予强制传唤权,并且调解协议在法律上能够强制执行。调解一直被高比例的"不出场"困扰着,许多调解得以进行是因为有法庭的影子,当事人意识到,不达成一致将使他们回到法官面前。这便威胁着调解的首要魅力——较少的强制,较多的共识。进而,这一趋势使准司法的幽灵携强制之权徘徊于法院门前,控制公民而又不给其正当程序和控辩对抗的法律保护。这样的准司法机构可能变成国家扩展其权力的形式,侵入公民的日常生活,而又不考虑公民的法律权利。

种种迹象表明,调解方案颇遭微词,因为它们没有能力处置社会冲突的根源问题,比如,不平等、贫困、失业、种族主义或男性至上主义。我在研究中发现,纠纷当事人将纠纷诉诸法院,只是将其作为一种制裁,而不是将其作为解决纠纷的场所。尤其那些少有能力使用暴力的妇女和老人,他们威胁要去法院或真的走进法院,不是因为他们期望赢得一个有效的判决,而是为了平衡已倾斜的天平。如果这就是法院在解决纠纷中扮演的角色,那么调解显然无法充分取而代之。至少从理论上说,弱者在法院可以要求一个法律上公正的了却。当然,大量研究表明,法律也同样使不平等长久存在下去。一种模式的纠纷解决,若其结果清晰地反映了社会经济和政治的不平等,它在一个基于法律平等的政体里,终将是不可接受的。

在秩序和自由这两个相互冲突的目的之间,社会总须作出某种选择。笨拙的、形式主义的正当程序过程,至少从理想上是为了保护自由、维持法治、反抗国家压迫。然而，这些为保护个人自由而设置的程序保障的代价，可能是某种程度的混乱、分裂以及诉讼的低效。20世纪美国的变迁已经使社会共同体对人们行为的控制逐渐松动，给不守成规、分裂破坏、离经叛道的个人更多的自由。随着非正式社会控制的解体，可感知的无序与日俱增，这已经导致人们强烈要求由法院来恢复秩序。

从这个角度说，公民纠纷解决运动是反常的：它谋求将控制不可接受的行为的权力交还给当地的共同体，并且是以个人自由尤其是位卑权微者的个人自由为代价的。特别有益的教训是，在美国，调解自然发生的那些背景也正是位显权重者对人们极尽操控之能事的那些环境。我们对调解方案将做什么所知甚少，但它们包含着这样一种可能性：国家在法治之外不断增加对个人行为的控制，并且以个人自由为代价来加强社会秩序。

♣ 丹尼尔·麦克吉利斯对调解方案优缺点的解释略微不同于前文作者：

> 虽然调解在许多方面是成功的，但肯定没有完成许多原定的乐观目标。人们期望调解能减少法院讼累，为余下的案件解放资源。证据显示，调解在这方面做的远远不够。一个推论是司法系统成本的预期减少（调解比审判低廉），但还没听说法院将未花掉的钱寄回国库。事实上，就每个案件的平均费用而言，某些调解方案是相当昂贵的。对各种调解方案有了大约10年的经验后，我们可以自信地说，美国人民

尚不急于奔向调解之门。[1]

马克·尤姆布里特（Mark S. Umbreit）在下文中提出让被害人直面加害者，不过作者也知道，多数人不会同意他的主张，我们也能感受到他的犹疑。

第五节 面对加害者

对于一般人而言，让犯罪被害人直面其加害者的想法是难以接受的。然而，从北美到欧洲，犯罪被害人越来越多地在调解人主持下与加害者面对面接触。被害人有机会告诉加害者犯罪如何影响了他们，并得到萦绕不去的问题的答案，比如："为什么是我？""你一直在跟踪我吗？"那些犯罪人也能讲他们的故事，承认自己的行为过错并且改过自新。双方在一起有机会谈出一个彼此都能接受的对被害人的补偿方案。

20世纪70年代中后期，美国印第安纳州有了被简称为VORP的"被害人与加害者和解方案"。至今，VORP已经深刻影响了更广泛的领域，尤其是私人的、以社会共同体为基础的机构和一些与教会有关的组织。

被害人与加害者调解当前的发展是以一种社会理论为背景的，这一理论描述了司法的两种不同范式。古老的范式是报应性司法：国家是主要的被害人，焦点在于破坏了国家利益的加害者，个人被害人处

---

[1] Daniel McGillis, *Community Dispute Resolution Programs and Public Policy* (U. S. Department of Justice, National Institute of Justice, 1986).

于从属地位。报应性司法范式主张被害人与加害者之间的对抗关系，强调施加严厉的刑罚，以威慑或预防未来的犯罪。犯罪行为所具有的个人特征没有得到任何重视，个人被害人的利益也遭到忽略。在这一古老范式中，加害者与被害人之间的实际冲突被强化了。

现代的范式是恢复性司法：将犯罪定义为人对人的侵犯，而不是对国家利益的侵犯，焦点放在为未来解决问题，而不是为过去确立责罚；不是施加严厉的刑罚，而是强调以赔偿作为恢复双方关系的手段，双方的和解是最终的目标；被害人不再被忽视，不再处于被动地位，而是将双方置于积极的、面对面的解决问题的角色中。

当犯罪被害人处于完全被动的地位时，一种无力的、易受伤害的感觉是他们的共同体验，一些人甚至觉得遭受了第二次伤害。报应性司法系统经常将被害人作为一个客体、一件证据，而不是一个有感觉和利益的人。加害者则很少有机会理解或者面对其罪行给他人造成的真正影响，很少能够得知被害人也是人，而不是虐待的目标和客体。加之违法者会为自己的罪行做诸多辩解，因而经过报应性司法过程，愤怒、沮丧和冲突会步步升级。

调解犯罪被害人与加害者之间的冲突，虽然没有超出调解的基本定义和准则，但是，这种调解起作用的背景还是与传统调解显著不同的。

几乎所有其他调解都发生在关系平等或不平等的个人之间（地主与佃农、丈夫与妻子、雇主与雇员、农工与放贷人，等等）。而在被害人与加害者冲突中，绝大多数的调解参与者是陌生人。冲突的要点更明确，有明确的被害人和已经承认罪行的侵害者。调解以问题解决为目的，促进一种作为恢复性的正义感，方法是互通信息以及双方亲自参加的赔偿谈判。

权力失衡是大多数调解者主要关心的，正是因为这里有明确的被害人和明确的加害者，所以也存在严重的权力失衡。某个人被侵犯了，因而必须直接给予被害人特别的关注，以保证他不受调解过程的第二次侵害。这种对于被害人的格外关切，不能以调解方案对加害者的漠视或者违反第三方主持的谈判程序为代价，而且，被害人必须是绝对自愿参加调解方案的。调解的时间和地点不能破坏当事人的安全感、妥当感和方便感。

一些调解者认为，对陌生人适用调解是非常困难的。然而，经验说明情况正好相反，情感的和历史的包袱少了，重要的是打破成见和相互恐惧，而不是应付情感负荷以及长期的关系所酝酿的背叛和不信任。调解时还经常遇到两代人之间的权力失衡，加害者经常是少年或者年轻人，而被害人是成年人。当加害者不善表达时，在与被害人会面前，为他做好准备甚至训练，就是极为重要的事情。这种准备可以在年龄与交流差异的语境中平衡双方的力量。

美国人对犯罪与刑罚有着强烈的感受，这些感受通常来自媒体和政客渲染的最凶恶残暴又最不具有代表性的罪行。我们是一个极端崇尚刑罚的国家，在世界上有最高的人均监禁率，仅次于俄国。不过，自调解进入刑事司法过程之后，一方面，有越来越多的证据表明，这种调解可以极为契合于社会共同体的正义感和公平感；另一方面，某些官员和公民依然强烈反对这种体现恢复性司法理念的调解过程。当代美国文化中根深蒂固的还是报应性正义感，强调代表国家利益的严厉刑罚，以处分被侵害人的直接利益为代价。在不远的将来，这一切不会有重大的变化。

♣ 被害人与加害者调解适合所有的刑事案件吗？它的适当性有赖于犯罪的严重程度吗？有赖于当事人参加此种调解的自愿性吗？这一

方法涉及哪些危险？何种调解人适合这种调解？这种调解应否秘密进行？恢复性司法是我们司法制度中一个真正而合法的目标吗？

下面的故事由安妮·福勒（Anne Fowler）向《波士顿星期日环球报》（*The Boston Sunday Globe*）的读者讲述。我们从中看出，非正式的纠纷解决可以用于正规法庭之外的冲突，反映出非正式过程的目标不一定是"解决"冲突，也可以是建立对话和交流，以便消除愤怒，降低暴力的可能性，在高度的两极分化中促成可能的一致。

第六节　与敌人谈判

1994年12月30日上午，约翰·萨尔维走进位于布鲁克林的"计划生育"诊所，用一支步枪打伤3人，杀死了接待员莎农·洛内，当时，她正在接听电话。随后，萨尔维驾车到两英里外培根大街的"早产健康服务所"，在那里，他又开枪打伤2人，杀死了接待员尼科尔斯。

萨尔维20分钟的暴行震动了全国。"赞成选择者"悲痛、愤怒而震惊；"赞成生命者"也惊恐而忧虑，他们的事业竟然与这种骇人听闻的行为有了瓜葛。州长、主教以及许多人都呼吁，"赞成选择者"和"赞成生命者"双方的领导人应当坐下来谈谈了。

我们6个人，3个属于"赞成选择者"，3个属于"赞成生命者"，响应了这种呼吁。在近5年半的时间里，私下会晤超过150小时。这是一种令我们震惊的经历，我们首次披露这些不公开的会晤。我们以个人身份参加，不代表各自的组织。

我们谈话的目的，不是为了寻求共同的基础，也不是为了妥协，而是要与对手进行公开的交流，远离两极分化的媒体的闪光灯，建立相互尊重和理解的关系，减少堕胎争论的火药味，当然，也为了降低未来枪击案的可能性。我们每个人都同意参加对话的时候，仍然处在布鲁克林谋杀袭击的震恐之中。随着第一次会谈日期的临近，我们都开始焦虑起来。

在会面之前，"赞成生命者"一方做了祈祷。弗朗西丝·霍根，一位律师，"妇女扶持生命协会"会长，担心与"赞成选择者"领导人的对话可能制造"一个丑闻"。马德琳·麦考梅什，一位药剂师，马萨诸塞州"公民拥护生命协会"会长，害怕与那些直接参与了取人性命的人坐在一起。巴巴拉·索普痛恨诊所里的谋杀，她担心直接交流只会使分歧加深。虽然索普疑虑重重，但作为一个社会工作者，"波士顿大主教管区赞成生命办公室"主任，还是非常渴望与对方的会面。

"赞成选择者"也心存疑虑。作为马萨诸塞州"计划生育联盟"的主席和CEO，尼基·尼科尔斯·嘉宝直接受到枪击事件的影响。她觉得对话会有帮助，但不知道对话是否会转移我们的精力，使我们不能专心协调自己的组织对枪击的反应，也不能专心帮助医治雇员及其家属的创伤。梅丽萨·科伽特新近被任命为马萨诸塞州"全国堕胎权利行动联盟"分支机构主任，她不知道如何向董事会和同事们说明花在这种对话上的时间是值得的。安妮·福勒是"圣约翰教区"的教区长，她相信，以她教区长的身份而赞成选择，她的观点可能不被任何一方尊重。然而，作为一个神职人员、和平主义者与行动主义者，她不得不接受这个邀请。

两个在所有会晤中都起了调和作用的对话促进者也焦急地期待着。劳拉·查辛，"公共交谈项目"的主任，害怕这个对话弊多利少。苏珊·波德兹巴是来自布鲁克林的独立的公共政策调解人。她回忆说，暴力的威胁依然存在，如果某个坏人发现了我们的对话怎么办？

第一次会面简直让人精疲力竭。我们在彼此的称呼上就难以达成一致。除一人而外，大家同意使用彼此都能接受的、实际上要加引号的"赞成生命者"和"赞成选择者"的称呼。至今，嘉宝还不以"赞成生命者"称呼对方，因为她也是赞成生命的。科伽特也不太情愿使用这些术语，但她有两个结论：为了将和平对话进行下去，我们需要使用对方愿意接受的称呼；时间一长，我开始将"赞成生命"看成是对方的信仰描述。

我们对孕妇子宫中物应如何称呼也莫衷一是。赞成选择的妇女认为"未出生的婴儿"的称呼是不可接受的，而赞成生命的妇女不同意使用"胚胎"一词。为了继续下去，尽管不太自然，我们同意"人类胚胎"一词。开场中的意见交换，实际上将我们带到了分歧的核心。神经在磨损，裂痕在加深。

为了有助于倾听并解说分歧，场地规则是非常关键的。我们不打断对方，不卖弄技巧，也不进行人身攻击。最重要的是，会谈应当是完全秘密的，除非我们所有人都同意将其公开。我们还承诺了某些人依然难以做到的事：不为自己的事业进行争辩。这个协议是为了防止恶意的争论。

我们确实相信，这个场地规则是维护我们对话长久生命力的基础。我们知道自己的观点会受到质疑，但却不会受到攻击，所以才能够公开倾听并且坦诚解说。可这并不容易。从一开始，我们就觉得一种巨大的紧张，也就是，在尊重不为自己的立场进行争辩的协议与说服对方改变立场的渴望之间的紧张。

场地规则还要求我们不使用极端的修饰词。在早期的一些会谈中，我们列出了一些敏感词句，这些词句几乎是不可能想清楚、听仔细并且建设性地回答的。"赞成选择者"如果被称为"谋杀者",一定会火冒三丈,或者,当堕胎被称为"浩劫"或"灭种"时,也一定会非常愤怒;而"赞成生命者"会被"受精之物"、"终止妊娠"之类非人化的用语所激怒,因为这样的提法实际上模糊了他们"堕胎就是杀人"的信条。

我们还讨论了"对方"会使用的某些陈词滥调。如果被归类为听命于男人的宗教狂热分子,没有受过教育而又道貌岸然,对处在危机中的妇女和出生后的孩子都漠不关心,那么,"赞成生命者"就会有被人中伤的感觉。如果被贴上反儿童、反男性、反家庭、高自标置、自我中心和不道德的标签,那么,"赞成选择者"也会有被人伤害的感觉。

早期的会谈虽有诸多不快,我们依然彼此走近了。在一次会面时,我们每个人都讲述了自己为什么要在堕胎问题上投入如此之多的时间、精力和才智。这些解释和说明是极度个人化的,但仍然令在场的人深受启发和感动。在第四次会面后,我们同意将会面继续下去,直到"枪击案"一周年。我们担心那时候波士顿在堕胎问题上的紧张对立会集中爆发出来。

1995年12月30日晚上,大约700人聚集在布鲁克林一座教堂悼念洛内和尼科尔斯。我们"赞成选择者"一方的3人都参加了祈祷,祈祷的人群中还有两名"赞成生命者"的成员,霍根和索普,以及索普的丈夫大卫·索普。看到另一阵营的人参加进来,对我们来说,是悼念仪式中最有意义的时刻。嘉宝在发言中对"同意和不同意我们观点的祈祷者"都表示了感激之情。福勒在布道时提醒我们:"上帝召唤所有爱好和平的人。"

到这个悲伤的周年纪念日为止,我们每个人都已经以不同的方式思考对方了。在为重大问题进行斗争的同时，我们还跟踪彼此生活中的个人事件，分享快乐，分担悲伤。更多的相互理解，意味着更多的相互尊敬和关怀。相互之间增加的理解，影响了我们各自作为运动领导者的讲话方式。新闻媒体虽然不知道我们在进行会晤，但它们开始注意到我们的公开表述有了变化。

《环球》的一篇文章中写道：在主教和州长等人呼吁下，过去一年里，双方的嗓门降低了，至少在一些活跃分子那里是这样。现在很少听到"婴儿杀手、谋杀者、纳粹"之类的称呼了。降低嗓门是一个信号，无论分歧有多大，大家都更注意用爱、和平和尊重的口气与人讲话了。降低调门不仅是更好的举止，也证明是更好的政治。

1996年初我们继续会面，因为我们预见到，即将到来的对萨尔维的审判，对活跃分子和公众的安全构成新的挑战。一时间，"赞成生命者"行动起来，唐纳德·斯贝茨神父作为弗吉尼亚州"赞成生命者"的首脑人物，宣布他计划到波士顿，依照《环球》的说法，去声援他所谓的萨尔维的"正当行为"。

麦考梅什给斯贝茨写了一封信，霍根和索普也签了名。信中写道："您所公开声明的对暴力的接受，悖逆于赞成生命运动所代表的一切。在这样一个困难时期，马萨诸塞州不欢迎您。"斯贝茨及其同盟者反击了麦考梅什的指责，声称她背叛了自己的事业。不过，他没有来。

不断增加的信任，在我们之间开通了可靠交流的"热线"。一旦有迫近的人身危险，"赞成生命者"的领导人就会提醒嘉宝。嘉宝说："这降低了我的焦虑，并且使我非常感动，因为我知道，另一边的人也在关心我的安全。"

在过去5年半时间里，我们努力探索了堕胎争议的各个方面。比如，生命何时开始，妇女的权利，未出生者的权利，为什么妇女要堕胎，等等。我们还探究了其他一些复杂而富有挑战性的问题：女权、性教育、安乐死、自杀、死刑、法律在社会中的作用以及个人责任。

我们对分歧是有所预见的，不过有时冲突还是会突然降临。当一方不明智地使用某些词时，会令对方感觉专横和无礼。一个颇具挑衅性的词是"暴力"。当"赞成选择者"用它指枪击和对诊所、医生、工作人员的其他攻击时，"赞成生命者"却相信堕胎也是一种暴力。

在讨论中，我们努力让对方接受或者理解我们的信仰。这些交谈揭示了一个深刻的分歧。我们看到，在堕胎问题上的不同意见，反映了两种不可调和的世界观。如果这是真的，为什么我们还要继续会面呢？因为当我们面对对手时，我们看到了她的尊严和善良。包容这种明显的矛盾，从精神上拓展了我们。我们继续会面，因为我们在智力上也拓展了。难得有机会参与持久而坦诚的有严重道德分歧的交谈。这让我们思想更深刻，语言更准确。我们还希望成为更明智、更有效率的领导者。我们对自己的政治对手有了更多的了解，学会了避免过激的反应，学会了集中精力正面主张我们各自的事业。

从第一次充满恐惧的会面之后，我们学会了待人以体面和尊敬，同时，我们在堕胎问题上都更加坚信自己的观点。我们希望，对这段经历的描述将鼓励各地的人们考虑，在堕胎和其他漫长的纠纷中参与对话。在这个两极对立的冲突世界里，我们瞥见了一种可能性：可以直率而热忱地表述不同意见，为一个更加文明和富于同情的社会贡献力量。

双方观点如下：

"赞成选择者"这样描述他们的观点：	"赞成生命者"这样描述他们的观点：
我们体认的不是左右我们道德决定的、唯一普适的真理。相反，当我们寻求明智的、合乎伦理的、富于同情的选择时，我们必须考虑一个范围广泛的价值观。我们尊重妇女就其包括生育在内的自身健康和福利作出决定的道德能力。 一位妇女的选择反映了她对各种生活情境的权衡：她的重要关系，她的经济、社会和感情资源与义务，她的健康，她的宗教和哲学信仰，以及她为之承担责任者的福祉。 我们在一个广大而深邃的世界，受制于命运的安排，它使我们的同情和判断相互竞逐以致经常冲突。一位妇女尊重生命的珍贵，她承认并且尊重自己精微的关系和承诺。的确，我们相信，生命的复杂性可以成为道德智慧和勇气的源泉。	我们相信一个普适的真理。我们作为天主教徒，相信每个人的生命在上帝心中都自有其起源。这种人的神圣起源，要求我们保护和尊重每个人的生命，从怀孕到自然死亡。 涉及人类内在尊严的真理，可以通过关于人的生育和起源的、理性和科学的原则来理解。的确，信任和理性是共鸣的，它们都肯定了一个不变真理：每个人的生命都是内在神圣的。 堕胎杀死的是人类家庭中最脆弱的成员，也就是未出生的孩子。出生的权利是最基本的人权。如果它得不到保护，其他的权利都将受到威胁。 我们非常理解，某些妇女经常面对绝望的处境。我们依然需要努力创造一个环境，没有任何孕妇感觉必须在自我福利和孩子生命中作出选择。如果一位孕妇感觉堕胎是她唯一的选择，那么，这是爱和人类共同体的彻底失败。

♣ 这种缓解冲突的模式在其他场合是否有用？这一过程对于更大的、似乎是不可解决的堕胎冲突会有什么影响？参考大法官布莱克默恩在"罗诉韦德案"中有关堕胎的意见：

> 我们毫不迟疑地承认，我们意识到堕胎争议的敏感而牵动人心的性质，意识到即使在医师中间也同样存在着尖锐的分歧，我们还意识到这一问题所引发的深刻而又似乎是绝对的信念。一个人的哲学观点、经验阅历、对人类艰难生存的粗浅体会、信仰教育、对生活和家庭及其价值的态度、建立并遵循的道德标准，所有这一切都会影响人们有关堕胎的思想和结论，并且使这些思想和结论染上个人色彩。不仅如此，人口增长、环境污染、贫困和种族背景都会使问题复杂化而不是简单化。当然，我们的任务是不带情绪和偏见地以宪政手段解决这些要点。[1]

劳拉·内德尔（Laura Nader）在下文中坚决反对 ADR，并且将这个问题上升到正义之存亡的高度。

第七节　以正义换和谐

替代性纠纷解决，也就是 ADR，它的提倡者们所写的几乎每一样东西都有致命的弱点，僵化，没有历史感，缺乏对文化的理解，根本没有进行实验的社会语境。1976 年"庞德研讨会"的主旋律是"如

---

〔1〕 Roe v. Wade, 93 S. Ct. 756.

何迅速、有效而低耗地分配正义"。但是，研讨会不是关于如何分配正义，而主要是围绕效率与和谐，或者如何清除国家中的对抗，消解法院中的"垃圾案件"，比如消费、环保、女权等案件。

特别值得一提的是，尽管研讨会讨论了如何疏通正义落实的渠道，却没人谈到防止违法行为的措施，也没人讨论法律面前不平等的权力，更没人探讨集团诉讼或总体解决。被忽视的事实是，纠纷解决是偏颇的。街区司法中心可以处置吠犬事件，却不能对付"不在地主所有制"，不能处置被激怒的消费者或者有毒废弃物的案件——所有这些冲突都高居公民难题的前列。

过去的"太平绅士"可以运用自己的智慧面对面地解决相对平等者之间的纠纷，而今天我们所面对的是散在的公民与庞大而集权的组织之间的冲突。当事人之间在力量上严重失衡，因此，我对支持 ADR 的绅士们虽然怀有敬意，但我还是要问他们的"丰硕成果"是什么。说有超过 400 个街区司法中心在运作，但却说不出它们提供了什么急需的救济。并且，街区司法中心虽然没有保存其承办案件的公开记录，但是，对它们的工作进行研究的人仍然知道，对大多数美国消费者来说，涉及消费产品和服务的纠纷解决机制基本上是不存在的、无从接近的、无效的、昂贵的或者不公正的。

美国在 20 世纪 60 年代那些年里，许多社会团体感觉被什么力量激励着，纷纷抱着自己的日程和纲领抛头露面，其中有民权组织、消费者协会、环境保护组织和妇女权利组织，等等。那些认为美国人变得好讼喜争的人，正在寻求补正他们看作对抗模式的东西。

从 ADR 获益的是一些大公司。大部分潜在使用者对 ADR 不感兴趣，是被迫就范的。这种胁迫类似于要求一个癌症患者在手术前必须经过放射治疗，虽然外科手术是患者的首选。公民们经常意识到，他们正在因与 ADR 技巧相关的强制策略而丧失作为原告的权利，而研究者们已经发现，调解人可能在人们认为他们正在调解时实际进行了审判。

有人建议说，我们需要法律的给予者，宽宏仁爱的君主，来对法律体系中的错误拨乱反正。而我却坚持认为，纠纷解决运动远不是什么救星。纠纷是社会基本的和制度性问题的症状，是在缺乏民主对社会资源的控制的情况下产生的最重要的症状之一。将 ADR 的现有形式视为包治百病的灵丹妙药，这是不可接受的，因为它是在以正义换和谐。

拉选票的人们

The City Chanters A Scene from the "Wilkes and Liberty" Riots.
(©Hulton Getty/Tony Stone Images)

第十八章

网络空间的冲突解决

> 从这个大一统的年代、这个孤独的年代、这个老大哥的年代、这个骑墙的年代,向未来,向过去,向一个思想自由的时代、一个和而不同的时代、一个存在真理的时代、一个人的痕迹不被抹掉的时代——致敬!
>
> ——乔治·奥威尔,《一九八四》

♣ 网络空间可能是一个有变动、有趣味、有创造性甚至有利可图的地方。然而,它却不是一个和谐的场所。网络环境允许一个人与志趣相同的人迅速取得联系,不过,欺骗与不和的机会也同样存在。该如何解决产生于网络空间的纠纷?在美国,一个案件是在马萨诸塞州听审,还是在加利福尼亚州听审,取决于纠纷发生地或者当事人所在地。有一套复杂的规则决定着某个案件是属于州管辖,还是属于联邦管辖。然而,当纠纷产生于网上时,该活动的发生地在哪里呢?

如果可以在网上购物、游戏、付款,就应当可以建立网上解决纠纷的系统。网上纠纷解决,简称ODR,其潜力在于电脑的如下能力:

连接当事双方，让他们进行交流，并且利用其信息处理的优势。纠纷解决，无论发生在法庭内外，其实大部分都是一个信息的取得、解释、交流、提供和评价的过程。

卡夫卡的守门人是妨碍公民接近法律和正义的各种力量的比喻和象征。接近法律所需的费用昂贵，法律图书和资料都远离公众或者不易运用，威严而陌生的建筑物干扰了人们的权利主张，妨碍了纠纷的公正解决。像本书许多文章所表明的，繁复的法庭程序和法律职业本身，通常也都充当了守门人，使公民远离法律，不让他们接触法律。

在卡夫卡的寓言里，守门人的职责只是排斥。然而，守门人典型情况下是具有双重职责的：排斥一些人，接纳另一些人。并且，郑重而威严的建筑物可以增加人们对司法权威的尊敬，进而促进法律的运用。如果一个人熟悉了这种复杂的知识体系，那么它们将是既有力量又有效率的信息发现系统。律师们许多时候虽是入口的障碍物，但在其他时候也可以是赶走守门人并得以进入法的大门的工具。

虽然我们一想到法律就免不了说到法庭、律师、警察，但每一法律过程的核心都不外乎是信息。法律是一种有机体，它的生命之血就是信息，而交流媒介是输送该信息行遍肌体的动脉和静脉。新的媒介带来变革，因为它们提供了新的传输、编程、组织、储存和公布信息的机会，也提供了新的与人和机构交往的机会，并且挑战那些先前掌控信息的团体。

"网上冲浪"者可能已经遭遇了版权、隐私、淫秽、专利、商标或者宪法第一修正案的问题。对法律这些领域的关注，主宰了公众对法律和互联网的讨论。这些都是触及经济、政治和社会主题的重要法律领域。然而，新科技的影响超越了特定的法律规则，新的交流模式触及法律职业、法律实施、纠纷解决和标准设立的方式，它们是守门人,影响我们与法律的交往能力,也触及我们对正义的体验。

作为守门人的新科技,是更可能邀请我们进入,还是更可能对我们加以排斥?是更可能服务于个人,加强我们的自治,赋予我们力量,还是更可能侵犯我们的隐私,维持现状,服务于既得利益?是为我们提供了赶走守门人的工具,还是为已经就位的守门人提供了支援?大卫·约翰逊(David R. Johnson)在下文中讨论了法律的边界问题。

第一节 法律与边界

全球性的以电脑为工具的交流,打破了地域界限,创造了全新的人类活动领域,并损害了基于地理边界而适用法律的可行性与合法性。尽管这些电子通讯摧毁了地理边界,一种由屏幕与口令构成的新边界却已经出现,它将虚拟世界与原子构成的真实世界分离开来。这种新边界圈定了一个明显的网络空间,需要属于自己的新的法律和法律机构,并且有能力创造它们。以地域为基础的法律制定和实施机构,发现这种新环境颇具威胁性。但是,既有的地域权威可能还要学习如何尊重网络空间参与者的自律努力,网络空间参与者最为关心的是有关思想、信息和服务的新的数字化交易。与属地管辖原则相分离,新的规则将出现在许多在线空间里,以统管广泛的虚拟空间中的新现象。

所有的法律看来都明显是地域性的。物理空间(民族国家或者其他政治实体)的边界和"法律空间"的边界一向有着普遍的联系。如果我们将一张"法律地图"与一份世界地图叠加在一起,那么,两张地图基本上是重合的。对于物理空间及处于该空间的人和物的控制,是主权和国家的固有属性。法律要求某些实施机制相配合，而法律实施在很大程度上有赖于对违法者实施人身控制和施加强制的能力。

适用于合同、侵权或犯罪行为的法律，历史上一直受当事人或行为的物理位置的影响。美国政府不能将自己的商标法强加给在巴西运营的巴西人的企业，因为这会与巴西政府对其公民运用的垄断权力相冲突。我们总体上接受这样的观念：地理边界内的人们是为这一边界内一切活动制定法律的权威本源。"被统治者的同意"意味着，受一套法律统治的人必须在法律形成过程中有其作用。

网络空间极大地损害了法律和它的物理位置的关系，可以说，网络急剧颠覆了基于物理空间边界的规则制定体系。网络空间没有以地域为基础的边界，因为信息的网络传输费用和速度完全不依赖其物理位置。而许多政府对于跨越其地域边界的电子信息的第一反应是试图阻止或规制这些信息。这些政府不是尊重网上交易者自律的努力，而是设置贸易壁垒，试图对任何跨界运输征税。它们特别垂青这样的主张：进入其管辖范围的信息可能有害于当地的居民。随着网上信息对当地公民越来越重要，拦截的努力也越来越增强。这种忧虑不仅对本国公民的隐私权产生负面影响，而且严重侵犯私人在信息方面的财产利益。

不过，控制电子信息跨境流动的努力是徒劳的，至少在那些希望参与全球性商务活动的国家是徒劳的。一个个的电子能够轻易而没有任何实际障碍地"进入"任何主权领域。跨境信息量实在太大，超出了政府机构对其进行有效控制的能力。美国海关官员已经总体上放弃了这种努力，他们只对过境的有形货物主张管辖权，没有对通过调制解调器传输的有价物主张强制报关权。银行和证券管理者将地方规章强加于全球性金融市场的战役，看来也是以失败告终的。

许多国家的所谓保护方案都落空了。原因在于，被禁信息的顽强寻觅者，只要重新配置其联接，就能看上去是住在其他地方，处在特定的地区、州或国家之外。不仅如此，法律制定者主张控制网上活动的理由是，那些活动构成对有形管辖范围的"进入"，任何以领土为基础的权威当局都能轻易作出这种主张。如果当局对其公民进入网络的任何行为都要加以规制，那无异于说新加坡或伊拉克以及任何主权国家，都能规制美国公司在美国境内进行的网上活动。所有这些以网络为基础的活动，以这种观点看，必须同时受所有的领土主权者的法律统治。

有一种观念认为，发生在网址上的行为的影响，会从一个物理位置四射出去，形成影响力度逐渐减弱的一系列同心圆。这种观念，无论在非虚拟世界中多么有道理，在适用于虚拟空间时便支离破碎了。一个物理位置上处于巴西的网址，对巴西境内人的影响不会比身处比利时的人更大或者更小。调整网上活动的任何规则，都不能以某个地缘政治实体为其合法性的渊源。网民是无处不在的。

不理睬地理边界的电子媒体使法律陷入混乱，因为它创造了全新的需要法律规则统辖的现象，但是，当前属地主权者都无法令人满意地实现这种统辖。比如，电子信息交流创造了巨大而全新的交易记录总量，对隐私保护的性质和充分性提出了严肃的质疑。然而，产生这些记录的信息交流，可以同时存在于许多不同的领土管辖区域，应将何种实体法用于保护这种崭新的易损的交易数据？法国警察可否合法地接触从美国到日本的网上信息记录？这些问题，在现有的法律领域内还不能得到妥善处置。

难题可以由简单的原则加以解决：将网络空间想象为一个独特的"场所"，以利于在承认网络空间与真实世界的边界的前提下进行法律分析。运用这一方法，我们不会再问网上交易发生在地理世界的"什么场所"，而是要问一个更突出的问题：对于这个新"场所"以及在其间参与各种活动的人，什么样的规则最为适合？需要发展何种机制以确定规则并强制执行那些规则？

将网络空间视为一个独立的"空间"，对它适用特别的法律应当是自然而然的事，因为进入这个由存储的网上信息构成的世界，要通过一个屏幕和一个口令所形成的边界。对于网络空间而言，确有这么一个"场所"，因为那里的信息是恒久的，对许多人都是开放的。你知道自己什么时候在"那里"，没有人偶然误入网络空间的边界。显然，网络空间不是一个同质的场所，在各种不同网址上发现的群体和活动都是独具特征的，因而每一区域都会发展一套独特的规则。

跨进网络空间，这是一个有意义的行为，它使"网络空间法律"的适用对那些越过电子边界的人来说是公平的。边界的主要功能是被跨越它的人辨别出来，比如，当你处在"美国在线"的网域时，你宁愿去遵守它们的"服务规约"，而不愿去揣测德国人将如何规制你的活动。

♣ 安妮·布兰斯科姆（Anne W. Branscomb）在下文中特别关心的是个人信息权利，当前互联网的发展使这个问题愈加严峻。

第二节 谁有你的名字和地址

卡尔·奥本戴尔是曼哈顿一位律师，他花去几年时间，就为了不让母亲遭受信件的侵害。这些信件是花样百出的劝购信，从收费低廉的豪华旅行到可议价的昂贵商品，应有尽有。一周可以收到两三封诱惑信，绝大部分值得立即抛入废纸篓。而卡尔的母亲却回复了800多封这类信件，并且提供自己信用卡信息，用以偿付邮购物品。当信用卡结账单上显示，实际支付通常多于应该支付的数额时，卡尔劝母亲不要再回复这些花哨不实的信件了，它们绝大部分都是骗人的。

卡尔意识到，母亲现在的姓名和地址无可挽回地储存于许多商技高超但不负责任的买卖人的电脑里，他决心将母亲迁往一个新地址，希望她摆脱无休止的邮件侵袭。卡尔极为小心，小心得让我们感觉多余。他没有在邮局的地址变更表上泄露母亲的新住址，而是让信件直接寄往自己的办公室，因为他知道，新地址会立刻进入一个全国性的电脑数据库。

每天晚上，"美国邮政局"通过其200个地区数据处理中心，综合所有当天由未起疑心的邮政消费者填写的地址变更卡。然后，将这些卡片上的内容输入田纳西州孟菲斯的一台电脑。在那里，它们与"全国地址变更"数据库的信息系统加以核实。这样，"全国地址变更"名录被20多个有经营执照的经理人得到，他们又将这些名录提供给大宗邮寄人，正是这些大宗邮寄人将我们的信箱填满了劝购信，受益者是邮政部门和直邮投递公司。

地址变更卡确实警告我们：该地址可能给予其他人。真实的情况是，它确实给了其他人。每年4千万填写地址变更卡的美国人，并未意识到这一信息可以被任何肯付3美元的人得到。不仅如此，邮政局没有为客户提供其他选择。如果你想收到信件，就必须接受这样的现实：几天之内，甚至几小时之内，你的新地址就会掌握在全国各地的直邮经营者手中。

据美国邮政局说，为客户提供其他投递方式将太过昂贵和费时，困难和成本也将大大超过客户处理垃圾邮件的不便。美国邮政局声称，运用电脑化和标准化的地址，每年节约了 3 千万美元，而这还仅是电脑自动处理的超过 1 600 亿信件的 1%。全国地址变更档案，即美国邮政局唯一的包括真名的档案，记录了 9 千万个迁址行为。邮件经营者只要与变更档案进行核对，就会立刻得到新的地址。即使每年有 1/5 的美国家庭改变住所，也有理由假定，任何有效率的邮寄人经过 5 年时间都会在其数据库中拥有绝大部分正确的地址。

直邮或者邮寄订货业务制造了"垃圾邮件"，信件包括：慈善募捐、政治竞选、环保倡议、赛马彩票、杂志订单、投资方案、食品服装甚至节食秘方。大宗邮件占美国邮政总量的 40%。

每一位邮政客户都上了大约 100 个邮寄名录，并被存储在至少 50 个数据库中。许多这类名录所包含的信息都属于公共领域，是公共目的所要求的，无法将我们的名字从中去除。对那些被过多的邮件搞得精疲力竭的人来说，努力从经营者的数据库中挣脱出来，几乎成了他们的全职工作。我担保一定是这样，因为我刚花了 5 年时间抵御直邮商对我的侵扰，我租了个邮政信箱，以缓解家用信箱的拥塞。

美国邮政局是直邮工业的合伙人，当前的做法使美国邮政局背了黑锅，但它的确为 75 万雇员提供了就业利益，而真正的赢家是直邮商。最终的输家可能是这个星球上的森林，它们被砍伐来制造纸山，又转化为没人要的信件。从回复率看，只有 1%~2% 的人回复直邮信件，绝大部分没有拆看就扔进了垃圾堆。垃圾回收的费用也在上升，多半用于回收那些第一次生命被浪费的纸张。许多环保主义者提出，禁止"垃圾邮件"是挽救地球的重要步骤。

所有这一切都返回到那个简单的问题：谁有权接触你的姓名和地址？理想的观点认为，你的姓名和地址是特定的个人财产，应在严格的控制之下。更现实的观点认为，你的姓名和地址是公开的知识，在大多数情况下，任何费力去收集它们的人都可以得到它们。

我们每个人都生存着，出生时间和地点被适时反映在公共记录中。但是，充分接触这些信息却不是一项绝对的权利。姓名和地址不被非法传播，许多寻求保护这种个人权利的案件已经进入法院。然而，多数法院虽然认识到联邦雇员对自己姓名和地址的专有权，但却裁定这种权利是最小化的，几乎认为它不够重要，以至于在公共利益需要对它予以暴露时，雇员没有权利加以拒绝。

在各州，法院更趋保护隐私已被侵犯的公民的姓名和地址。1989年纽约州的一起案件，就是为了反对将姓名和地址传播给"纽约枪支俱乐部联盟"而起诉的。法院确定，这是对隐私的非法侵犯，因为这里的信息公开被用作商业目的，而不是服务于政府目的。

就邮件而论，最高法院已经承认一种观念：一个人的家是他的堡垒，主人对其门径有排他的控制权。但这种观念反映在一个判决之中时却规定，主人对何种邮件可以寄往这个堡垒仅有少量的控制权。你可以禁止"引起色情或性欲"的邮件进入家门，如果你签署一份书面请求给邮局的话。

1974年的《隐私法》禁止公开邮政客户的姓名和地址。然而，美国邮政局的地址变更数据库的经营者声称，他们公开这些地址的行为是符合一个例外条款的，这个条款允许为"日常用途"和在"符合收集它们的目的情况下"公开它们。如此说来，为了保护高效率的信件邮递，为了避免1/3错址邮件所造成的损耗和延迟，美国邮政局将地址向商业邮件经营者公开，便合乎这些地址被收集的目的了。

法律禁止邮政信箱用于接受美国邮政局信件以外的目的，拒绝他人利用信箱的便利，并且强烈声明，信箱是美国邮政局的财产，而不是你的财产。这被认定是保持美国邮政局垄断一级邮递的必要手段。

这也解释了为什么一些报纸发行部门为自己的客户提供了独立的投报箱。许多大宗投递服务，既没有动用姓名和地址，也没有搅扰收件人，而仅仅是不加选择地投放在每家每户的门前。

两个世纪以来，邮件一直是由公共服务机构投递的，其理论假定是，一种由基础设施确保的廉价信息交流，对于国家的凝聚力是至关重要的。近年来，美国邮政局要减少亏损，用一级邮递养活三级邮递，因为一级邮递是特别收费的。但是现在的收费结构一直在调整，以便更好地反映不同等级邮递的真实费用。预先拣选和电脑甄别的邮件已经构成邮递总量的一半，它便宜而有效地传递出去，美国邮政局依靠邮寄大户来维持自己的服务，与工业联手才能帮它摆脱赤字。

《美国法典》的立场是，美国邮政局不能任意将姓名和地址提供给任何公众成员。美国邮政局绕过了该法的精神，宣布邮件名录的经营者不是独立的实体，而是帮助美国邮政局及时、有效投递信息的"代理人和特许经营者"。据此，你怎么还没得出结论：你的地址和邮箱的主人不是你，而是美国邮政局呢？现在，人们越来越反对未经允许而使用他们的名字和地址。

我们被淹没在邮购目录、劝购信和彩票的海洋里，但比这更危险有害的是整编来自多种渠道的信息，然后将其与电脑的分析结果相联，形成关于我们的品味、兴趣和活动的档案。这种能力让我们想起了乔治·奥威尔的小说《一九八四》，其中的老大哥知道关于每个人的每件事，并且运用这种彻底而可靠的知识驾驭他们的生活。的确，这样的世界仍然存在于某些一党统治的政权之下，报纸上一篇文章鲜明地刻画了这一切：

　　某研究所二楼一扇锁着的门后，是一个小房间，里面的档案从地板堆到天棚。全所600名教职员工每人一份档案都在这里，尽管从不允许他们向内窥探，他们的生活中却有这些档案如影随形。作为该国复杂的社会控制和监视系统的组成部分，当局实际上保存着除农民以外每个人的档案。大多数人有两份档案：一份在他们的工作单位，另一份在当地警署。城市的每个公民从上学起就开始建立一份个人档案，它伴随着这个人上完中学、大学直至就业以后。尤其对官员、学生、教授和党员，档案中所包括的政治评价影响着职业生涯的前程，也关系到是否准予离开这个国家。

由政府收集和控制的公民信息，公民却无法接触到，这种不断增加的可怕现象促使国会通过了《信息自由法》，该法允许公民看政府部门掌握的档案；而1974年的《隐私法》限制政府部门收集关于个人的信息。该法限制政府机构将为某一目的而收集的数据用于另一目的，但它没有对私人部门的商业信息收集作出相应规定。今天，最令人担心的是私人企业的信息收集，而不是警察部门、联邦调查局或者国内税收机关。

每一收银台都有一个电脑屏幕，一个电子装置在读取顾客携带的"积分卡"。卡上的芯片记录着每一购买物，还有买者的姓名、地址、年龄、社会保险号、收入、孩子、宠物和其他个人信息。积分卡是一场改变市场的技术革命的工具，将激发人们对个人隐私被侵犯的空前恐惧。购物者使用这种卡是自愿的，作为交换，他们得到的是投其所好的特别出价，但他们没有意识到商店拿积分卡还有其他用途。想象一下，可口可乐公司知道喝百事可乐的家庭的名址，就能跟踪销售。

在夏日的花粉热季节里，电视观众被邀请拨打电话800，以获得本邮编地区有关花粉的信息。有50万人作出回应。这实际是一家抗过敏药公司的营销策略。自动识别系统记下了拨叫者的电话号码，用来确定拨叫者的地址和姓名，再与从其他来源获得的信息相结合。

婴幼儿用品工业在通过直邮而接近未来妈妈方面做得最为成功。美国每年有三四百万妇女要生孩子，许多经营者早就着手获取未来妈妈的名录了。随着她们购买孕妇服装和幼儿家具或者报名参加未来父母培训班，孕妇的身后留下了非常丰富的记录，只须有系统地收集和整理即可，甚至她们的姓名也可以从产科和妇科医生那里得到。

《美国宝贝》杂志还收集和出卖订户的名单。因此，某一特殊地区的姓名和地址受到了很好的关照，这是假定未来妈妈们会心平气和高高兴兴地面对源源不断的劝购信。但是，想象一下，一位妇女出现在未来妈妈的名单上之后，她却意外流产了，那么这种推销攻势会给她带来怎样的悲痛：欢笑的婴儿在欢笑的妈妈的怀抱中的照片，会洪水般地涌入她的信箱里，一直到她的宝贝本该出生的那天，以至延续好几个月。

在另一个领域里，保时捷轿车在美国的销售全凭对30万最可能购买这种优质跑车者的识别。保时捷努力以合法手段瞄准潜在的买家。一次颇费人力的尝试是从8千万汽车拥有者中鉴别出2百万最富裕的人，然后只瞄准那些家庭收入在10万美元以上者。产品的魅力应该是为每一被瞄准的买家的兴趣而特别剪裁的。

每一次信用卡购物都产生出这类能制造交易的信息。拨打800或900电话、住院、抵押或者还贷，都需要使用信用卡。每个人都在向其他人提供自己的行动信息：何时在支票上签名，何时买了一辆新车，何时看医生，何时迁入新居，何时旅行，买某种可乐。当这些数据被累积并与其他统计资料匹配之后，便给出了相当合理的关于我们行为模式的生动描绘。

《商业周刊》的一位记者毫不费力就可以得到副总统的信用记录。进而，不仅有可能知道你的任何事情，而且你还难以从试图找到你的人那里逃开。华盛顿特区的律师们收到下述劝诱："如果你难以找到一位失踪的证人、遗产继承人、债务人、股东或者其他任何人，我们有非常之多的信息给你，我们能够提供你要找的几乎任何人的现住址。"看来，保留隐私的唯一方法是从信用经济中脱身——只付现金。

早在1994年夏，国会采取行动，保护公民不受因机动车和驾驶执照记录的公开而造成的损害。这个《驾驶人员保护法》之所以被迅速通过，是由于1989年丽贝卡·谢弗被谋杀而引起的公众忧虑。被害人的家庭住址是凶手从机动车记录中得到的。这项保护法规定，各州必须在3年之内立法禁止透露车辆登记中的个人信息，该法标志着在选择和控制个人信息方面向前迈出了一小步。

直邮协会已经提出了一个"销售自由"的动议，以保护直销商所声称由宪法第一修正案保障的向消费者传递信息的权利以及消费者所主张的得到市场信息的权利。这样的说服工作要花费250万美元之多，全部由直邮协会成员资助。但是，宪法第一修正案的原意是保护民主政府中的政治讨论。只是到了后来，最高法院才勉强承认第一修正案所保障的权利适用于广告。直销者自称的兜售其商品的权利，显然不能推翻过去几十年逐渐进化的第一修正案所保护的隐私权。

鉴于第一修正案已经鞭策国会认可了邮政消费者的权利，以防淫秽广告投递到家中，最高法院的判决提出，没有宪法上的障碍阻止国会采取更具有深远影响的行动，要求邮寄者将不情愿的客户从投递名单上去掉：

第十八章 网络空间的冲突解决

在现今复杂的社会中，由于他人的多种意图使然，我们无可逃避地成为被囚的听众。但是，必须保存足够的个人自治的手段，允许每一住户控制不想要的邮件。让住户对于什么可以越过其门槛做排他的、最后的判断，这无疑在一定程度上阻碍了他应该收到并加以考虑的思想、信息和论点的流通。今天的促销手段，由低廉的邮资所赞助的过多的批量邮件，以及不断增加的、将出卖庞大的邮寄名录作为产业本身的做法，已经将邮递员从一个私人交流的使者变成了大宗邮寄者的助手，他们向每个家庭递送未被要求的、通常是没人想要的邮件。

我们的松动与让步等于为侵入发放许可，并且这比不允许收音机听众或电视观众关掉讨厌乏味的声像更不明智。宪法中没有任何条款强迫我们去听、去看任何我们不想听到、不想看到的东西。我们看不出有任何理由，因为寄送的是印刷的文字或图片，就赋予它们一种优越地位，有一个古老的观念："一个人的家是他的城堡，甚至国王也不能不请自入。"这个观念丝毫没有丧失其生命力，也没有任何例外。任何人都没有权利以令人厌恶的方式与他人交流。

我决定买一部四轮驱动的汽车，为的是跨越科罗拉多的高山。电子数据库为我提供了各种信息服务，让一位潜在买家收集到当前有售车型的所有信息。一个人可以寻找特定厂商的所有车型，或者特种汽车的所有厂商。这就是自由选择的内涵。我唯一的担心是，我会遭受野营器材直邮劝购洪水的淹没，因为那些公司会推测我的四轮驱动车一定引出露宿之旅。

作为一种后果，我们更加关心电脑正对我们做什么而不是它能为我们做什么。商业信息获取者和信息提供者正在公众愤怒的波涛中冲浪，如果他们不理智而迅速地行动起来，那么波涛很可能变成巨浪。信息产品的经营者不能变成偷窥者，偷窥者的行为侵犯了我们的隐私。我们的姓名、地址和个人交易都是有价的信息资产，我们对它们拥有财产权，至少，我们应该为我们的姓名、地址和购物档案被使用而取得对价。我们要主张这些权利，否则就会失去它们。

♣ 依《独裁者的生活》（*Plutarch's Life*）一书记载，古罗马的建国者挖了一条深沟，以划定罗马的边界。罗马法对移动界石的处罚是极其严厉的，而古罗马万神殿给予守界之神尊显的位置。空间疆界非常重要，它标志着权力和控制的界限，时至今日依然如此。由政治家谈判出来并由城乡规划者绘制的各种地图，是所有权、地域和管辖边界的集大成者。在管辖区内，本国的法律和风俗习惯可以适用，本国的权力可以行使，本国的警察和军队可以驻巡。但是，在网络空间里，比特只响应终端 terminals，而不理会守界神 Terminus。

乌托邦社会实验的可能性以及处女地的观念，让我们能够洗涤过去、刷新未来，这些都是不断出现的人人熟知的神话。从在新世界创造新人类的希望，到开辟免于敌对的遥远乐土的畅想，人们一如往昔地相信，有可能将人类带入一个未经触动的新空间，从而改善人性，期许太平。网络空间显然已经成为一系列乌托邦之梦的晚近栖息地，只不过乌托邦梦想家们有很大的可能梦断这个新世界。虚拟共同体，介乎游戏与尘世、模拟与社会之间，可以帮助我们重新设想一套机构和制度，质疑和重铸关于自我、政治和法律的思想。

后 记

徘徊在法的门前

本书以卡夫卡的《审判》中一篇古奥而悲辛的寓言开始，以当代社会个人信息保护的话题作结，是结构开放、素材多样、观点纷呈的英美法治图谱。寓言"法的门前"，既是本书的序曲，又是本书的主题，它描述一个乡下人试图求见法，却终其一生被守门人挡在法的门前，令人扼腕唏嘘，又百思不得其解。

一系列的问题困扰着我们：乡下人有了难处，何以想到要去求见法？是听了别人的建议，还是依循旧例？是否有人提醒过，守门人会挡在那里，可能永远见不到法？然而，悲剧在于，有人竟然不顾一切，在痛苦的煎熬中，矢志不渝地徘徊在法的门前。法的诡谲，人的彷徨，浓缩在卡夫卡的寓言里。无怪乎有人不无夸张地说："所有西方法律的论述，都不过是卡夫卡的注脚。"

对法意的抽象思考，向来不是英美法的强项。在英美法看来，法意就像一张地图，来源于地域，又脱离了地域。地图上的跨越是不真实的，它抹杀了双脚丈量的路程，贬低了酷热跋涉的意义。类此，英美法的传统热情，不在于定义，而在于先例。遵循先例是英美法的精髓和骄傲，没有遵循就没有法治；而突破先例则是英美法的必然和无奈，没有突破就没有生机。变幻演进中，英美法保持着稳健与持重的古风，又酣饮着喷涌而跳荡的清泉。先例的遵循与突破，好比一把用了几百年的斧子——已经换过两个头和六支柄！

英美人将"知法有益"巧妙转换为"知先例有益"。如果说遵循先例仅仅意味着"相同情况相同对待"，那么，在法的门前，守门人让谁进门，不让谁进门，得以进入法门者如何晋见，都要循规蹈矩，率由旧章。但实际情况并非如此，人们不时遇到无先例可循的新情况，如何理解"不同情况不同对待"便成为一个更具挑战性的议题。很多情况下，对"情况"的巧妙解释，消解了"相同情况相同对待""不同情况不同对待"的原则，法的面相被遮盖，或者被扭曲。这便引出另一些问题：乡下人要不要打倒守门人，冲进门去，用"违法"的方式见到法？如果从法那里讨不到满意的说法，可否索性将法拉下宝座打个鼻青脸肿，直接实现"铁拳的正义"？

遇到两难的不只是乡下人，判例显示，美国矿工曾因违反罢工禁令而被定罪。矿工们争辩说，禁止罢工的命令违反了宪法。但美国最高法院却说，矿工们本应就禁止令本身上诉，而不应先违反禁止令，再针对定罪上诉；矿工们没有漠视法定程序的权利，更没有将战斗带到大街上的自由。这一裁决所传达的信息是：服从法律才有自由，否则就要面对强制。

秩序当先的社会都竭力培养人们对法的忠诚，并且努力将忠诚变成习惯。在法的门前，乡下人就习惯了等待和恳求，根本没想过还有其他出路；守门人则习惯了与乡下人的对峙，甚至没考虑过向里面通禀一声。当权力关系充分内化后，权威便达到了极致，无权者的卑贱意识也达到了极致。可以说，政治上的投降和冷漠，缘于长期的无权力的生活体验，而当权者又极为擅长制造"跟我走，你就会幸福"的假象。

有权力者的首要任务是设定利己的日程表，因为哪种议案进入讨论，决定了谁将驾驭随后形成的制度。那些没有能力决定日程的人，甚至连质疑日程的机会都没有。日久天长，渐渐习惯了只投赞成票。法秩序由此建立，而守门人则是这一秩序的标识。深居简出的"法王"，可能根本不知道有人守在他的门前，更没想到守门人公然违抗"法旨"，将求见者挡在门外。看似位阶低下的守门人，当道而立，背靠权威，能够决定谁人入门，实际决定了法王的工作日程——能否见到求见者，见到哪个求见者。

在法的门前，守门人既是秩序的维护者，也是民怨的激发者，这种矛盾的角色在警察那里得到最好的印证。人们经常想到"守门人"和"守夜人"的角色之争，也经常说不清警察是"正义的化身"还是"不得以的恶"，或者兼而有之。美国影片《撞车》中的白人警察，既是一个利用盘查权骚扰黑人女性的流氓，又是舍命救助恰巧为同一黑人女性的英雄。经验证明，人们对警察权的恐惧，与对严重犯罪的恐惧成反比。换言之，犯罪猖獗时，人们容忍警察权；秩序良好时，人们限制警察权。"9·11"以后警察权的扩张及其逐渐回收，就生动地说明了这一点。当然，旨在扩张警察权的人，也可能故意制造某种恐慌。

在反恐、反毒的压力下，自由主义在英美还有多少倾情支持者？还有多少人质疑航空公司登机前查验身份证的要求，思考身份证是否与炸弹一样威胁飞行安全？本书读者会看到，在英美，的确有人大声疾呼：身份证迫使你在行使诸多宪法权利之前，不得不向政府证明你是谁。这意味着我们忘记了，纳粹正是利用身份证上列明的宗教和种族背景，为围剿犹太人铺平了道路；20世纪70年代的南非则利用身份证限制黑人公民的活动，为种族隔离大开方便之门。

"早先,人只有一个躯体和一个灵魂,今天还得外加一个护照,不然人们不会把他当人看待。事实上,自第一次世界大战以后,最使人感到世界意识大倒退的,可能莫过于限制人的行动自由和减少人的自由权利。……早先对付罪犯的一切侮辱手段,现在都用在每一个旅行前或正在旅行的旅客身上了。那些旅客一定要交出左侧、右侧和正面的照片,头发要剪短露出耳朵,还要留下指纹,过去只要求拇指指纹,现在则要10个指头的指纹;此外还要出示各种证明,健康证明,防疫证明,警察局证明,推荐信;还必须出示邀请函和亲属的地址;也必须有品行鉴定和经济担保;还要填写、签署一式三四份的表格,如果一大堆表格中缺少了哪怕一张,那么你就丢失了自己。"[1] 其实,我们的身份及其合法性不是由政府恩准的,恰恰相反,政府的合法性倒是由我们赋予的。如果政府用一个号码来确定一个人的身份,就是剔除了人的本质,最终将毁灭一个自由的社会。

随着社会日趋庞大,分歧、迷惑、憎恨和恐惧替代了共鸣、理解、宾服与爱意。混沌之中,人们失去了相互信任,互不信任的人们需要某种游戏规则,于是寄希望于民主。毋庸讳言,民主是不信任的产物。民主的游戏规则是诉诸多数表决,它要寻觅并体现公意。这又意味着首先要回答"谁能代表公意?"不过,假定我们找到了公意,就应当立即考虑确立一个原则:某些领域的问题不得付诸公意表决。否则,少数就会听任敌对多数的主宰,被合法地置于永久的仆从地位。问题并未就此终结,一旦允许付诸表决,公意又如何表达?是投票选举,还是街头抗议?虽称"投票",尚有举手、记名和不记名之

---

[1] 〔奥〕斯特凡·茨威格:《昨日的世界——一个欧洲人的回忆》,徐友敬等译,上海译文出版社2018年版,第417—418页。

分，而围绕街头示威者的警戒圈，则传达了一个不太敏感的信息：示威者处在犯罪的边缘。当人们对现存制度提出质疑时，很容易被视为罪犯、疯子或者叛徒。

更进一步，当质疑达到瓦解现存秩序的程度时，行动主义者至少暂时成了无政府主义者。对许多人而言，无政府主义仅仅代表混乱或者无序，而没有意识到它古已有之的深厚学术根基，更没有意识到它也尊重以正确方式产生和维护的秩序。不过，无政府主义者相信，不可能有什么未来的"蓝图"，无论其设计者多么具有远见卓识，强加一个"蓝图"，就会复活那先前促成革命的独裁与暴政。

早期的制宪主义者必定是一些极有耐心的人，他们不停地讨论、争论、坚持、妥协。虽然他们认为克服独裁与暴政的只能是民主，但他们也敏锐意识到民主所潜藏的危险：没有财产的多数人，一旦进行投票选举，可以利用选举权危害作为文明基础的财产安全。因此，必须设计司法审查与制衡体系，使颠覆现存制度尽可能困难重重。美国最高法院的"九个老男人"整天喋喋不休地争吵，正是为了制造这重重困难。

不过，许多信奉"自由至上"的人，在"9·11"的震撼冲击下，对过去的理念产生了怀疑，转而要求安全和秩序，并且不惜以他人甚至自己的自由为代价。可以说，两座摩天大楼的倒塌，真正考验的不是国家安全，而是国家法治。当有人问一位军方辩护律师，作为一名忠诚的战士，为什么要状告政府设置的海外特别军事法庭时，这位海军上尉回答说：质疑制度是最高的忠诚。忠诚就是捍卫宪法，而非盲从命令。这个法庭没有独立的法官，进行秘密审判，有罪裁决不得上诉，无限期地拘禁被怀疑是恐怖分子的人，并且将他们指认为"敌方作战人员"，进而剥夺他们作为战俘应受的保护。这样做是不对的。

恐怖分子没有能力摧毁我们所珍爱的自由，不过如果我们不小心，也许我们会做到恐怖分子做不到的事情。这一状告，现在已经有了结果。

一个国家只有不侵犯"坏人"的权利，才能更好地保护"好人"。话虽如此说，但我们必须看到，所谓"司法制衡"，并没有妨碍议会和总统向"恐怖分子"乃至"恐怖国家"开战。司法总是滞后的，从告诉、审理到判决，有一个漫长的过程。在这个过程之中，美国打赢了"反恐"战争，又赢得法治的美名，实在是一举两得的好事。这一切有一个漫长的历史积淀过程，美国《独立宣言》的52位签署者中有25位律师，这些人在塑造他们的美国之梦时，一定都听说过洛克的名言："法律终结的地方，暴政就开始了。"律师是美国民主与法治成功的必要条件，在法律和政治生活中发挥重要作用。尤为重要者，当整个社会被法律浸润之后，几乎所有的政治问题迟早都会诉诸司法解决，而不是相反。

司法解决，需要一定的礼仪程式。到目前为止，人们勉强承认，根本没有尽善尽美的审判模式，而对抗制审判可能是最不坏的选择，它能更好地发现真相。这是因为，对抗制所造成的偏袒一方的律师，反倒能够提请法庭注意那些被中立者所忽视的证据。而真正保障审判之对抗性质的，是控辩平等、法官居中的制度安排。人们很难说清什么是"居中"，但人们容易看出什么是"偏袒"。可以说，在刑事诉讼中，凡延续了侦查行为的，就是不中立的法官。

与法官分享权力的是陪审团，"它是照亮社会本质的烛光"。赋予被告人获得陪审团审判的权利，就是为了对抗政府的压迫。那些书写美国宪法的人，从历史经验得知，有必要防止党同伐异的刑事指控，有必要遏制过分热忱的检察官，更有必要提防对上级言听计从的法官。陪审团审判，就是给予被告人一种无价的安全保障。也因此，"凡是选择以自己的权威进行统治，指挥社会而不是遵从社会指导的人，都摧毁和削弱过陪审团"。

陪审团的不凡之处还在于，对于有罪认定以及死刑量刑，要求陪审团成员的一致裁决。这一规则表达了一种独特的民主理想：关键在于评议而不在于表决。几百年来，虽经坎坷与波折，一致裁决还是成为公众信赖陪审团的合法性和准确性的柱石。这是因为，在选举中，数字决定一切，这使弱小或边缘群体不被有效承认；在陪审团中，一致裁决的做法，却使个人见解不被简单地投票胜出。每个人都必须依次说服别人或者被说服，从而寻求社会共同体的良知。

当然，冲突的解决不是必须去求见法的，不去求见法，就不会被挡在法的门外。从古至今，每一个社会都有诉讼之外的广泛选择。在美国，刑事领域的辩诉交易，民事领域的仲裁调停，都是优先考虑的替代手段，这与几十年来的司法拥塞是分不开的。再者，对抗制虽能导致判决，但它也制造了罪犯这种特殊的"国家的敌人"，人们在监狱围墙里看到污秽、腐败和野蛮，而在监狱围墙外却看不到犯罪的减少。

卡夫卡的守门人是一种比喻，而进入网络时代后，法的门前有了新的故事，主角不外乎是信息。信息操纵、支配着法的运作方式。网络科技打破了传统的规则，超越了国界和法域。口令和密码是进入网络空间的新的守门人，它们是制造了人与法的距离，还是有利于人们进入法门？新科技更可能服务于个人，加强我们的自治，赋予我们力量，还是更可能侵犯我们的隐私，维持现状并且服务于既得利益者？它为我们提供了赶走守门人的工具，还是为已经就位的守门人提供了支持？在《法的门前》一书中，也许能够寻到一些线索。

《法的门前》自 2012 年初版以来，始终是热销的法律读物。2019 年 7 月中旬，我赴美参加会议，顺访了马萨诸塞大学荣誉退休教授彼得·德恩里科先生，向他介绍了本书在中国的出版发行情况，同时向他建议，鉴于近十年来的世事变迁，希望未来有机会对本书进行某些修订。德恩里科先生用"难以想象"来描述中国读者对本书的热情，同意继续与我合作。不过，德恩里科先生特别提醒我，每一次修订再版，都是对喜欢原版的读者的一种"冒犯"。修订再版是一个漫长的过程，不仅需要编著者的勇气，也需要出版者的决心。在此，真的需要感谢北京大学出版社蒋浩先生的鼎力支持，以及杨玉洁女士的协力襄助。

邓子滨
2020 年 3 月 1 日